선우 석호 교수의 경영학원론

선우 석호 교수의

경영학원론

Management Principles

율곡출판사

들어가는 글

이 책은 실제 경영에 필요한 내용만을 모은 것이다.

이 책은 자유경제의 주역인 기업을 경영하는 원리와 성장단계와 프로세스(I부 기업경영의 본질과 프로세스), 소비자이론, 생산과 시장 이론(II부 경영주체의 선택과 균형), 사업기회 발굴, 자금조달, 조직과 인적자원 관리(III부 경영실무), 기업형태별 이해관계자와 지배구조, E.S.G경영, 혁신과 기업가정신(IV부 지속가능경영), 비영리조직의 경영과 21세기 한국기업의 경영환경(V부 미래경영환경)이라는 5개의 핵심 주제를 다룬다.

I, II, III부가 현재 상태를 유지하고 발전시키기 위한 경영지식에 초점을 맞춘다면, IV부는 장수를 위한 경영에, V부는 기업경영의 목적 자체가 달라지는 역할 변화에 초점을 맞춘다. I, II, III부에서는 효율극대화가 가치의 중심에 있다면, IV, V부에서는 공익이 가치의 중심에 다가선다. 다만, 본서는 기업의 공익에의 기여는 기업혁신이 사회혁신으로 이어지는 혁신의 확산에 있어야 한다고 제언한다.

본서를 통해 많은 분들이 기업은 혁신의 현장이고 경영인은 혁신을 이끌어가는 전문가라는 믿음을 가지길 빈다.

이 자리를 빌려 독자들께 감사한 마음을 전한다.

2013년 10월

선우 석호

제4장 생산이론과 생산관리

제5장 시장이론과 경쟁전략

III 경영실무

제6장 사업기회의 발굴과 평가

제7장 자본의 조달과 자본시장

제8장 조직운영

Ⅳ 지속가능경영

제9장 기업의 형태와 이해관계자

제10장 지속가능경영과 사회적 책임

제11장 혁신과 기업가정신

V 미래경영환경

제12장 공적기관과 비영리조직의 경영

제13장 21세기 한국기업의 경영환경

기업경영의 본질과 프로세스

part I

chapter 01_

경영학의 기본원리

chapter 02_

기업경영 프로세스와 공급사슬

chapter 01

학습목표

독자들은 이 장의 학습을 통해 다음의 질문에 답할 수 있어야 한다.

1. 시장구조에서의 기업의 역할은 무엇인가?
2. 생산을 위한 투입요소는 어떤 것이 있는가? 요소시장이란 무엇인가?
3. 인간 욕구의 특성을 두 가지로 말한다면 무엇일까?
4. 기업의 존재이유를 무엇이라 설명할 수 있을까?
5. 제품시장의 경쟁상황에 따른 시장형태들은 어떤 것이 있는가? 시사점은 무엇인가?
6. 기업의 함정이란 무엇인가? 왜 두려운가?
7. 경영의 본질, 경영활동의 순환과정, 대상별 경영관리들을 설명한다면 무엇일까?
8. 이해관계자들, 그들의 이익, 이에 상응하는 기업의 목표 그리고 MBO는 무엇인가?
9. 경영학과 미시경제학의 관계, 여타 경영학 관련 학문을 설명한다면 무엇일까?
10. 경영학의 기본 원리 1, 2, 3은 무엇인가?

경영학의 기본원리

들어가기

기업은 제품을 생산하기 위해 조직된다. 제품은 재화(goods)나 서비스(services) 모두를 포함하며, 제품을 꾸준히 잘 팔리게 하기 위해서는 우선 소비자들이 원하는 제품을 찾아, 잘 만들고, 그들이 필요할 때 손쉽게 구입할 수 있도록 해야 한다. 시장이 경쟁적일수록 가격을 낮춰야 하고 한번 구입한 고객이 다시 찾도록 노력해야 한다. 이를 위해 기업은 변화 속에서 기회를 찾고, 위험을 수반한 투자를 해야 하고, 조직원들에게 동기를 부여하여 지속적으로 개선된 제품을 만들어내야 한다. 한시라도 게으름을 피우다가 계획된 목표를 이루지 못하면, 달리던 자전거가 갑자기 멈추면 넘어지듯 기업은 부실해진다. 부실이 심화되어 도산에 이르면 생산활동에 참여한 모든 이가 경제적으로 힘들어지지만 성공을 거듭하면 부와 명예를 누린다. 성공에 이르는 길은 험난하고 확률적으로도 적다. 기업에게는 언제나 험난한 장애물이 있게 마련이고 성공적인 경영 없이 이를 넘어서기 어렵다. 가끔은 행운도 따라야 한다.

따라서 경영자는 기업을 성공적으로 이끌어야 할 막중한 책임을 지고 전문적인 능력을 보유하면서 불확실한 경영환경에서도 기업이 살아남아 성장할 수 있도록 조직원들을 이끌어 가야 한다. 경영학은 변모하는 환경 아래에서 사업기회를 찾고, 위험을 무릅쓴 투자와 기업조직의 활성화를 통해 기업가치를 창출해 내는 경영자의 의사결정 논리를 설명하고자 하는 학문이다.

1.1 시장경제구조와 기업의 역할

본 절에서는 시장경제와 시장경제구조 아래에서의 기업의 역할을 설명한다.

시장경제구조

〈그림 1-1〉은 일반인의 제품 구입, 즉 제품과 돈을 맞바꾸는 거래행위가 일반인과 기업 간에 어떤 교환을 촉발하는가를 일목요연하게 보여준다. 우선

그림 1-1 시장경제구조 아래의 소비-생산의 자금순환과정

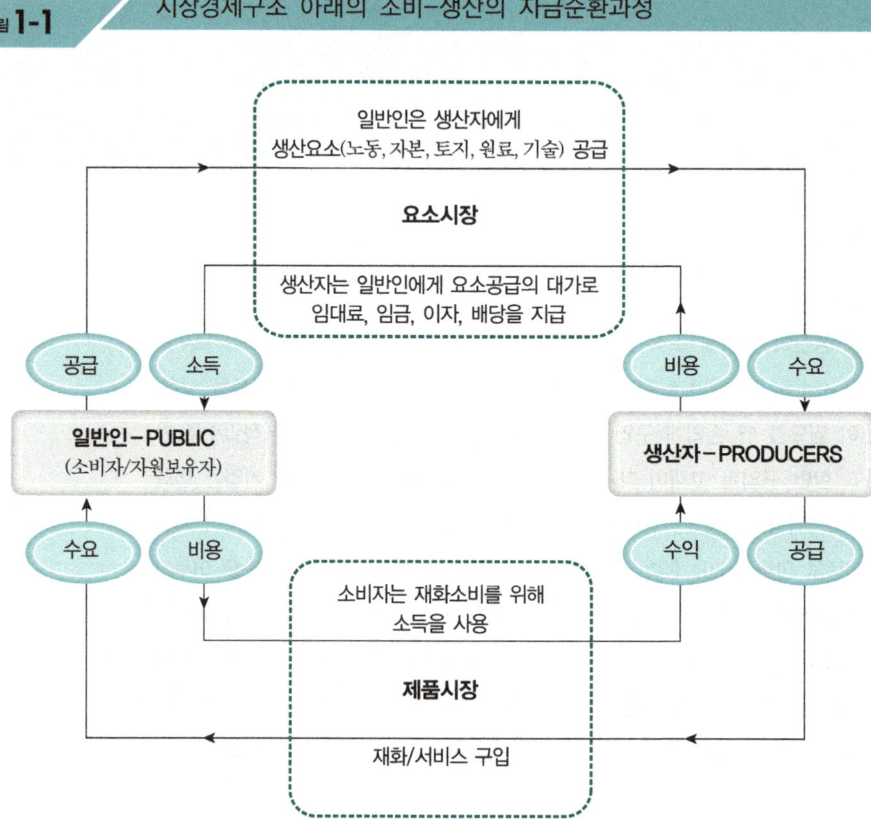

〈그림 1-1〉의 하단은 소비자와 기업 간의 제품거래과정을 설명하고 있다. 대부분의 평범한 일반인(public)은 노동의 대가로 얻은 소득(income)을 생산자에게 지불함으로써 원하는 제품을 얻게(거래) 된다. 이런 거래가 이뤄지는 시장을 제품시장(product market)이라고 한다. 기업은 이 거래로 수익(revenue)을 얻는다.

흥미로운 점은 이런 흐름을 일으키는 에너지의 원천이 소비자, 즉 일반인들로부터 나온다는 점이다. 〈그림 1-1〉의 상단은 기업과 일반인 간의 요소거래과정을 설명하고 있다. 생산자인 기업은 일반인으로부터 생산에 필요한 노동, 자본, 토지, 원료, 기술 등을 구입하여 제품을 만들고, 일반인은 기업에 노동과 자본 등을 제공하여 소득을 창출하게 된다.

제품시장

일반인인 우리는 오늘도 어김없이 아침이면 일어나 출근 준비를 한다. 직장에 도착해서 하루종일 일하면서 소득을 만들지만 소비도 많이 한다. 목욕하고, 식사하고, 지하철을 타고, 퇴근 후 가족과 외식도 하고, 아이들 학비도 대고, 가끔 병원도 가고, 여행도 하고, 원하는 와인도 마시는 등등 수많은 소비를 한다. 소비를 통해 풍요로운 삶을 유지할 수 있다. 소비를 통해, 배도 부르게 하고 등도 따뜻하게 하고 멋진 옷도 입고 지식도 얻고 건강도 유지하고 가족과 유쾌한 시간도 보내고 우정도 다진다. 일련의 이런 소비는 우리의 행복과 직결되어 있다.

제품(product)은 재화(goods)와 서비스(service)[1]로 나뉜다. 재화와 서비스는 개별적으로 제공되지만 엄밀히 말하면 동시에 제공되는 경우도 많다. 우리가 백화점에 멋진 양복 한 벌을 사러 갔다고 가정하자. 양복은 재화이지만 판매직원의 친절한 설명, 자동으로 제공되는 포인트나 기다릴 때 제공되는 따스한 녹차, 그리고 30분 내에 바지 길이를 줄여주는 수선은 서비스이다.

이런 재화나 서비스는 본인 스스로 만들기도 하고 가족들에 의해 제공되기도 하지만 대부분은 가족 외의 생산자로부터 돈을 주고 구입한다. 떡볶이 같은 단순 제품들은 1～2인의 가족기업들이 생산・제공하지만 규모의 경제와 같은 경제논리가 적용되는 제품들은 가족기업보다는 전문경영인에 의해 경영되는 큰 규모의 기업들이 제공한다.

요소시장

노동, 자본, 기술과 같이 제품제작에 들어가는 투입요소를 줄여서 **요소**(factors)라 하며, 이들은 각각 특이성을 가진 개별적인 **요소시장**(factors market 또는 resource markets)에서의 거래를 통해 공급된다. **노동시장**(labor market)에서는 근로자의 생산성을 기준으로 가격(임금)이 결정되고, 자본이 거래되는 **자본시장**(capital market)에서는 채권, 주식의 경우 각각 신용이나 변동성 위험을 기준으로 가격(이자 및 예상수익률)을 정한다. 모든 시장이 그렇듯이 요

---

1. 용역이라고도 한다.

소가격은 수요와 공급의 크기에 변동된다. 일할 사람이 많아도 일감이 없으면 높은 임금을 받을 수 없고, 기업들이 투자할 곳이 없어 자금수요가 적으면 대출이자를 내려야 한다.

수요와 공급 그리고 균형

소비자나 공급자는 다수이고 그들의 입장은 제각기 다르다. 어떤 소비자는 비싸도 반드시 구입하려는 반면 어떤 소비자는 싸야 관심을 가진다. 입덧을 하는 임산부가 겨울에 수박 한 조각 먹고 싶다고 하면 남편은 가격 불문 사와야 한다. 그때의 그 맛은 아내에게 수십 년의 기쁨이 될 수 있기 때문이다. 보통 사람들은 겨울에 수박이 귀하기 때문에 가격을 따질 수밖에 없다. 가격이 내릴수록 수요는 늘어난다. 반면 공급자는 가격이 올라야 공급을 늘린다. 겨울 수박은 연료비가 많이 들어 웬만큼 가격이 높지 않으면 생산할 메리트가 없다. 이익이 안 나기 때문이다. 아래 〈그림 1-2〉는 수요곡선, 공급곡선, 그리고 균형가격을 개념적으로 보여주고 있다. 가격이 내릴수록 사고자 하는 사람이 늘어나는 특성을 가진 다양한 수요자와 가격이 오를수록 생산 · 제공하려는 사람이 늘어나는 다양한 생산자가 시장에서 만나 서로 흥정을 한다고 하자. 높은 가격에 살 의사가 있다 해도 비싸게 살 바보가 없듯이, 마찬가지로 낮은 가격에 팔 의사가 있다 해도 싸게 팔 바보가 없다. 그러나 그들은 사

그림 1-2 수요곡선, 공급곡선, 그리고 균형가격

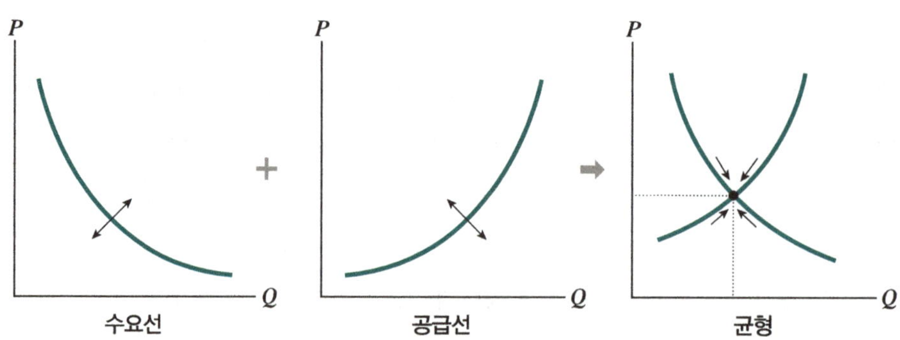

(주) 시장균형가격은 경매시장에서의 가격결정 메커니즘에 의해 결정된다.

거나 팔고 싶어 한다. 이런 에너지가 충만한 시장에서 어떤 상황이 연출되면 모두 만족할 수 있을까? 경매시장(auction market)을 통해 양측은 만족을 얻을 수 있다. 수산경매시장과 미술품을 파는 소더비 경매를 상정해 보자. 수산시장에 어부들은 갓 잡아온 싱싱한 생선을 상자에 담아 잔뜩 쌓아놓고 전국의 도매상들은 와서 흥정을 한다. 어제의 낙찰가격을 고려하여 어부들은 얼마 이상의 가격을 받되 경쟁을 붙여 제일 비싼 가격을 제시한 사람에게 판다. 영화에서 많이 봤듯이 소더비 경매도 비슷한 절차를 거쳐 매각된다. 매도자(생산자)가 최저가를 설정하고 경쟁을 붙인다. 만약 최저가에 안 팔린다면 다음 날 가격을 낮춰 경매에 내놓는다. 시장에서의 가격은 경매시장에서의 낙찰가처럼 한계수요, 공급에 의해 결정되는 가격이고 한번 결정되면 수요자, 공급자 공히 그 가격을 받아들여 거래를 성사시킨다. 그리고 그 거래가격이 그날의 가격이 된다.[2] 따라서 '**시장에서의 거래**'란 수요와 공급이 일치하는 점에서 결정된 가격에서의 거래를 의미한다. 우리는 다양한 수요자와 다양한 공급자가 만나 만족하면서 합의한 비교적 안정적인 가격을 **균형**(equilibrium)가격이라고 부른다.

기업의 역할과 존재이유

시장경제구조 내에서 생산자 역할을 수행하고 있는 기업의 미션은 무엇인가? 기업이 인류사회에 어떤 미션을 수행하고 있는가 살펴보자. 앞의 설명에서 보듯이 인류의 소비를 원활하게 하고 소비자인 **인간의 욕구를 충족**시키는 것이 기업의 미션이고 이런 미션을 성공적으로 수행할 때 기업이 존재이유(raisond' être)를 가짐을 알 수 있었다. 그렇다면 인류사회에의 미션을 제대로 수행하기 위해서는 우선 인간의 욕구를 이해해야 하며, 그 특성은 흔히 다음의 두 가지로 요약된다.

2. 대규모의 보다 보편적인 경매시장은 주식시장이다. 주식투자자는 전산으로 공시되는 가격별 매도 · 매수 세력을 보면서 매도 또는 매수거래를 한다. 데이트레이더(day trader)는 가격별 매도 · 매수 세력을 감안하여 초 단위로 승부를 건다. 1~2분 내에 싸게 사서 비싸게 팔아 0.1% 수익을 냈다면 연 기준으로 엄청난 수익률을 낸 것이다.

- 다양성(diversity)
- 충족되지 않는 욕구(insatiability)

다양성이란 같은 효용을 가진 서로 다른 두 개의 재화가 있을 때 동일한 재화 두 개보다는 각각 하나씩 소비하기를 선호한다는 것이다. 예를 들어, 바나나와 사과를 하나씩 먹었을 때 기쁨이 각각 100일 때, 바나나 두 개나 사과 두 개보다는 각각 하나씩을 먹는 것을 더 선호한다는 것이다. 매일 중국음식만 또는 양식만 먹으라 하면 어떨까? 쉽게 이해된다.

충족되지 않는 욕구란 흔히 '끝이 없는 탐욕'으로 대변되는 심성으로 소비량에 한계가 없다는 것이다. '더 많이, 더 많이, 특히 옆집보다 더 많이……' 심성이다. 특별한 경우지만 성형으로 나이를 극복하려는 욕구나 불로초를 찾고자 하는 왕들의 열망이 이를 대변한다.

불행하게도 기업은 인간의 이런 욕구를 충족시키기 위해 존재한다. 어쩌겠는가? 그들의 욕구가 끝이 없으니. 여하튼 이런 인류의 욕구를 충족시키고자 많은 기업들은 20세기 이후 엄청난 기술투자와 혁신으로 놀랄만한 문명의 발전을 이뤘다. 한국도 1970년대 이후 혁신과 기업가정신의 발현으로 놀랄만한 경제발전을 이뤘고, 대부분의 중산층들은 과거 왕들도 누리지 못했던 소비를 누릴 수 있게 되었다. 그러나 모두가 행복한가? 하는 질문에 대해서는 '아닌 것 같다'라는 답이 많다. 그 이유는 무엇일까? 기업에도 함정이 있다. 함정에 빠지지 않기 위한 치열한 사투 속에서 피로가 누적되었기 때문이다.

기업의 함정과 경영의 필요성

기업의 함정은 **파산**이다. 기업은 존속하면서 지속적으로 인간의 욕구 충족을 위해 성장하면서 지속적인 창조활동을 영유하고 싶으나 경쟁에서 뒤지면 결국 정리(파산)될 수밖에 없다. 만일 함정에서 벗어나기 위한 사투만 있을 뿐 제대로 된 경영이 없다면 조직은 피로감에서 벗어나지 못하고 파산하게 된다. 예로 조직원을 혹사시켜 비용절감만을 꾀할 경우 조직은 피로감에서 벗어나지 못하고 새로운 활로를 찾지 못해 결국 파산의 길로 들어서게 된다. 차라리 더 악화되기 전에 회사를 매각하여 새로운 경영진으로 하여금 탈출구를 찾도록 하는 것이 더욱 현명할 것이다.

이렇듯 경영은 기업의 존폐와 직결되어 있는 문제이다. 경영은 이익을 추구하는 기업뿐 아니라 정부, 공적기관, 비영리기관 등 다양한 조직운영에 필요불가결한 요소이다.

기업 간 경쟁과 시장형태

기업들은 제품을 생산 · 판매하여 소비자들에게 만족을 제공해 주고 그 대가로 수익을 얻는다. 수익에서 비용을 제하면 이익이 되는데 이 이익이 기업의 몫이 된다. 이것이 커질수록 주주 등 기업과 관련된 많은 이해관계자들은 더욱 기쁘다. 따라서 그들은 경영자로 하여금 더 많은 이익을 창출하도록 요구한다. 제품을 만드는 데 제약이 따르지 않는다면 많은 기업들이 이익을 낼 목적으로 같은 시장에 뛰어들고 많은 생산자들이 같은 고객을 향해 구애를 펼친다. 기업 간에 경쟁이 생기는 것이다. 어떤 기업이 이런 경쟁 속에서도 이익을 계속 낼 수 있다면 우리는 이런 기업을 **경쟁력**(competitive edge) 있는 기업이라 말한다. 따라서 '**이익창출능력=경쟁력**' 의 등식이 성립한다.

시장은 여러 가지 형태가 있다. 어떤 시장이 소비자도 많고 경쟁자도 너무 많아 공급자(기업)가 이익을 내기 어려운 경우 이 시장을 '**완전경쟁시장**(perfectly competitive market)' 이라 한다. 반면 극단적인 경우로 시장에 공급자가 한 명이면 '**독점**(monopoly)',[3] 이들의 중간 형태로 소수의 공급자가 존재하는 시장은 **과점화된 시장**(oligopoly), 기업이 다수 존재하지만 시장이 세분화되어 어떤 부분(예: 지역)에서는 한 공급자(기업)가 독점력을 가지는 시장은 **독점적 경쟁시장**(monopolistic competitive market)이라고 부른다.

- 완전경쟁시장(perfectly competitive market)
- 독점(monopoly)
- 과점화된 시장(oligopoly)
- 독점적 경쟁시장(monopolistic competitive market)

---

3. 소비자(구매자)가 한 명이고 공급자가 다수인 경우는 수요독점(monopsony)이라 한다. 전기시장과 같이 한전이 다수 발전사로부터 구매하는 유일한 구매자인 경우 한전은 수요독점자이다. 아울러 모든 한국의 국민은 한전으로부터 전기를 사올 수밖에 없으니 독점기업이기도 하다.

이 같은 시장의 형태가 중요한 의미를 가지는 것은 기업의 이익취득 기회가 시장 상황에 따라 다르기 때문이다. 시장이 경쟁적이 될수록 기업들은 다른 기업 대비 추가적인 이익취득 기회가 줄어든다. 새롭고 창의적인 제품을 출시해야 하는 이유는 그 제품에 대해 독점적인 위치를 당분간 점할 수 있고, 따라서 높은 이익을 창출할 수 있기 때문이다. 기업이 지속적으로 성장하기 위해서는 타기업 대비 더 큰 이익을 창출하는 능력, 즉 경쟁력을 지속적으로 유지해야 하는데 이를 경쟁전략(competitive strategy)이라고 한다. 경쟁전략의 수립과 집행은 기업경영의 중요한 요소이다.

1.2 경영의 본질과 경영활동

본 절에서는 경영의 본질과 순환과정, 경영목표, 목표를 달성하기 위한 관리방식, 그리고 생산에서 판매에 이르는 경영관리 주제들을 설명한다.

경영의 본질

경영이란 보유하고 있는 자원을 효과적으로 배치하여 목표한 성과를 얻어내는 행위를 말한다. 기업의 경영목표는 앞서 언급한 대로 고객을 행복하게 만드는 일에 두어야 한다. 고객행복이란 매우 숭고한 기업의 경영목표이지만 추정이 어렵고 주관적이다. 한편 제품시장의 역할을 가미할 경우 고객이 행복하게 만드는 제품을 계속 생산하는 기업은 많은 이익을 장기간 낼 수 있고 안정적인 이익을 창출한다.

이런 기업은 자본시장에서 높게 평가받으므로 높은 기업가치를 얻게 된다. 아울러 기업가치는 시장의 평가를 거쳤으므로 객관적이고, 수치로 나타낼 수 있어 구체적이라 경영목표로 사용하는 데에 손색이 없다. 현대의 기업은 그런 이유로 기업가치를 경영목표로 선정한다. 기업가치란 자본시장에서 평가된 자산의 현재가치이다. 이는 투하된 자본, 즉 부채(debt)와 같은 타인자본과 자기자본(equity)의 합과 항상 같다.

경영이란?

"자원을 효과적으로 배치하여 목표한 성과를 얻어내는 행위"

기업경영의 목표는?

고객의 행복 (개념적) → 기업가치 (구체적)

기업가치란?

"자본시장에서 평가된 자산의 현재가치이다."
기업가치 = 자산가치 = 투하된 자본(부채 + 자기자본)의 시장가치

경영활동의 순환과정(management cycle)

경영은 어떤 활동으로 구성되어 있는지 살펴보자. 소속되어 있는 업종이나 다루는 품목에 관계없이 경영은 통상적으로 다음과 같은 순환과정을 반복하는 활동이다. 순환과정은 '무엇을 할 것인가(what to do) → 어떻게 할 것인가(how to do) → 성과 평가 및 보상(how to evaluate)' 의 3단계로 나눠진다.

❶ 단계: 무엇을 할 것인가(what to do)를 정하는 단계

사업 아이디어를 짠다. 사업 또는 할 일을 상상(imagination)하고 계획(plan)하는 일이다.
사업의 대상을 구체화할수록 좋다. 필요에 따라 강점 · 약점 · 기회 · 위협(SWOT) 분석[4]을 시행한다.

❷ 단계: 어떻게 할 것인가(how to do)를 정하는 단계

(2-1) 사업실행을 위한 조직을 만든다(organize).
(2-2) 제한된 자원으로 실행 프로세스를 구축하고 제품을 생산 · 판매한다(execute).

4. SWOT는 strength, weakness, opportunity, threat의 줄인 말이다.

(2-3) 실행에 필요한 업무간 · 조직간 마찰을 조정(coordinate)한다.

❸ 단계: 성과 평가 및 보상(how to evaluate)을 실행하는 단계

(3-1) 업무성과를 수량으로 평가하고 보상한다. 통제(control)기능이라 한다.

(3-2) 다음 업무의 효율 증대를 위해 개선점을 파악하여 피드백(feedback)을 실시한다.

단계별로 누가 지휘를 하느냐, 즉 업무 관장자가 누가 되느냐는 기업의 문화에 따라 다르다. 그러나 의사결정자의 조직상의 지휘체계를 바탕으로 판단하면 지위가 높을수록 '3단계 ➡ 1단계 ➡ 2단계' 순으로 역할을 관장하는 것이 바람직하다. 예로 임원과 사업부에 대한 평가 · 인사문제(3단계)는 최고경영자가 우선적으로 맡아야 하며 그 다음이 대규모 신규사업 선정(1단계) 등일 것이다. 예로 많은 사업을 보유한 대규모 집단의 경우, 이를 총괄하는 회장은 큰 방향 설정과 임원의 평가(3단계)에, 사장 및 사업본부장은 2단계의 무슨 사업을 할 것이냐에, 상무급 임원들은 2단계의 실행단계에 그들의 에너지를 집중한다. 단계별 중요도는 비슷하다 할 수 있지만 업무량으로 볼 때는 2단계의 작업이 대부분을 차지한다 해도 과언이 아니다. 따라서 양적인 면을 고려하여 2단계를 세분화하면 아래와 같다.

경영활동의 순환과정이란?

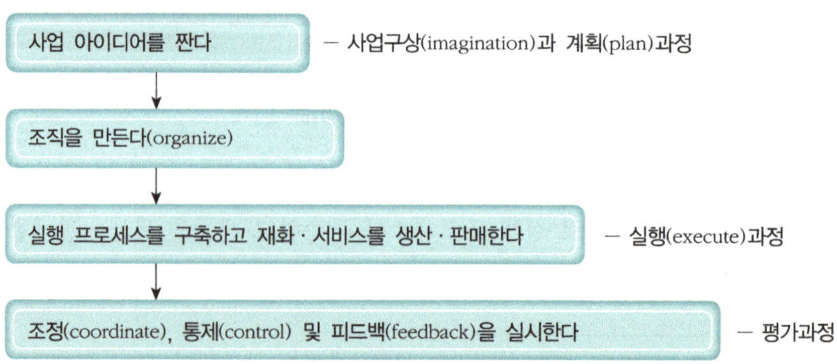

이해관계자, 경영목표 그리고 MBO

기업은 조직됨과 동시에 다양한 **이해관계자**가 생긴다. 대표적인 이해관계자로는 창업 대주주, 소액주주, 채권자그룹, 이사회에서 선임된 등기 이사, 집행이사, 직원, 부품공급자, 정부, 고객, 지역사회이다. 주식회사의 주인은 주주이며, 주주는 이사회를 구성하여 경영자를 선임한다. 경영자는 주주이익을 최우선으로 두어 회사를 경영해야 한다. 주주 중심 경영이 다른 이해관계자인 채권자, 소비자, 종업원, 정부, 지역사회의 불만을 야기하기도 한다. 이들 간에는 이해상충이 구조적으로 존재하기 때문이다. 이해관계자와의 마찰을 줄이기 위해서는 적절한 수준의 주주이익의 양보가 불가피하다. 경영자는 이사회를 설득할 수 있는 범위 내에서 **공동의 이익을 극대화**하는 방향으로 조직을 운영해야 한다.

다음의 〈그림 1-3〉은 이해관계자들의 이익과 기업의 목표, 그리고 목표지향 경영(goal oriented management) 방식의 하나인 **MBO**(management by objectives)의 관계를 나타내고 있다. 이해관계자들의 이익의 칸에는 소비자, 주주, 채권자, 임직원, 정부의 관련기업에 대해 원하는 바를 열거했다. 다행스럽게 이런 이해관계자들이 원하는 바는 기업의 목표인 기업가치 극대화 목표와는 큰 마찰이 없다. 기업가치가 커가는 과정에서 그들이 원하는 바가 용이하게 이뤄지기 때문이다. 다시 설명하자면 기업가치를 키우기 위해서는 현금

이해관계자들의 이익, 기업의 목표와 MBO 그림 1-3

(주) 기업의 합리적 선택은 목표에 긍정적인 것(+)이어야 한다.

흐름을 크게 그리고 안정적으로 창출해야 한다. 크고 안정적인 현금흐름이 창출된다면 열거된 이해관계자들의 이익이 손쉽게 성취 가능하다. 이에 기업가치는 이해관계자 간에 마찰 없는 기업경영목표이며 동시에 지속 가능한 기업경영의 목표가 된다.

이를 성취하는 방식으로 많이 쓰이는 MBO는 전사적으로, 또는 각 사업본부별로, 사업부 단위로 현금흐름과 연동된 목표(주로 목표매출 및 손익)를 미리 설정하고 성과가 이 목표 대비 몇 % 달성했느냐를 수시로 검증해 나가는 실적관리 방식이다. 이 방식에 의한 보상체계는 각 조직원들이 모든 의사결정에 있어 목표에 긍정적인 방향으로 행동하도록 유도한다. 우리는 목표에 적합하게 의사결정하는 행동선택을 합리적 선택(rational choice)으로 본다. 그렇지 않은 경우 비합리적 선택(irrational choice) 또는 반대로 행동하는 경우 위해행위로 간주한다.

대상별 경영 관리들

기업경영은 소비자를 행복하게 만드는 제품의 공급을 목표로 하여 경쟁상황에서 사업기회를 찾고, 적절한 프로세스(디자인, 제작, 대량생산, 유통, A/S, 금융)를 구축하고 관련된 종업원들에게 동기부여하여 구체적인 목표인 기업가치 극대화(안정적/큰 이익의 창출)를 이루는 작업이다.

앞의 시장구조에서 보았듯이 기업은 자본과 노동을 공급하는 요소시장과 제품시장으로부터 엄청난 압력을 받는다. 자원을 투입하여 프로세스를 구축하고 작동시키기 위해서 기업은 미리 자금을 확보하고 있어야 하며 그 자금을 공급한 주주와 채권자에게 약속한 적정 수익을 추후 돌려줌으로써 생명을 유지(survive)한다. 동시에 제품시장에서 경쟁력(이익마진)을 확보해야만 채권자에 대한 최소한의 약속을 지킬 수 있다. 고객으로부터의 호응이 좋아 이익이 많이 날 경우 회사 내에 자금이 누적되고 그렇게 되면 자동으로 생명력을 오래 유지할 수 있을 뿐 아니라 채권자에의 의존을 줄이면서 신제품개발도 할 수 있게 된다. 이로써 더 높은 경쟁력을 구축하게 된다면 사내 이익유보가 더 늘어나 탄탄한 재무구조를 구축한다. 재무적으로 선순환 구조(virtuous cycle)로 들어가는 셈이다. 반대로 이익을 못 내 투자자금이 부족해지고 신제품도 못 내놓아 경쟁사 대비 경쟁력(이익창출능력)을 잃게 되면 자본금은 점차 소진되고 빚은 늘어나 재무구조가 취약(높은 부채비율과 현금부족)하게 되어 결국 자본잠식으로 파산에 이르는 **악순환**(vicious cycle)에 빠진다. 모든 기업의 경영자들은 선순환 구조로 경영상황을 만들려 할 것이며 이를 위해서는 다양한 분야에의 관리가 필요하다. 이를 열거하면 다음과 같다.

1. 핵심역량 강화 및 미래 먹거리 개발, 경쟁사 대응전략 개발 = 경영전략

제품시장에서의 경쟁, 공정거래 행태, 규제 등의 여러 가지 환경변화를 분석하여 사업기회를 발견하고 강점을 활용한 **경영전략**을 구축한다.

what to do와 how to do에 관해 영향을 주는 경영환경을 분석한다. 사업구조조정이나 M&A 등을 주도하기도 하지만 마케팅, 재무, 생산관리에 환경요소를 제공한다.

2. 고객의 행복추구 = 마케팅

마케팅은 어떤 제품(product)을, 어떤 가격(pricing)에, 어떤 유통경로(place)로, 고객에게 전달할 것이며, 어떤 광고(promotion)를 통해 고객과 소통하느냐를 결정한다. 소위 **4P**를 결정하는 마케팅활동은 과거 제품판매에 치중했지만 고객의 만족도 제고로 그 방향을 넓혀나갔다. 그러니 궁극적인 마케팅의 목적은 고객의 행복을 추구하는 것이다. 고객에게 어떤 고귀한 가치를 제공해 줄 때 기업도 지속 가능하기 때문이다. 기술의 발달로 제품수명이 짧아 제품판매지향은 오래 갈 수 없으며 고객의 삶의 척도도 수시로 바뀌는 시대에 살고 있어 단순 만족으로는 마케팅의 효과를 지속시키기 어렵다. 마케팅에서의 의사결정은 생산관리와 함께 제품경쟁력을 결정한다.

3. 자본의 조달과 자본재 배치 = 재무관리(조달 및 투자, 위험관리)

자본을 자본시장에서 조달하여 각 부서에 매일매일 필요한 자금을 공급하는 재무관리자의 역할은 인체의 혈액을 공급하는 일과 같다. 30초만 머리에 산소가 공급되지 않으면 사람이 목숨을 다하듯이 기업도 유사하다. 또한 재무관리자는 자금조달자인 주주와 채권자에 약속된 수익을 돌려줄 책무를 지닌다.

또한 기업이 파산의 길로 들어가지 않도록 재무위험을 관리할 책무를 진다. 기업의 위험은 크게 사업위험(business risk)과 재무위험(financial risk)으로 나뉘며, 전자는 사업추진과 관련한 위험이고 후자는 부채비율의 상승 및 유동성 악화와 관련된 위험이다. 성장과 위험 간의 균형을 맞추고, 일단 위험 투자가 일어났을 때 재무적 수단을 이용하여 위험에 대한 대응책을 마련해야 한다. 여유 자본이 누적된 경우 이의 운용, 그리고 자본시장과의 소통도 재무관리자의 중요한 책무이다. 사업부별 경영성과를 평가하여 임직원을 평가 · 보상하는 틀을 만들고 사업구조조정이나 M&A 등을 자본시장 전문가의 입장에서 지원한다.

4. 조직구성과 조직원에 인센티브 부여 = 조직과 인적자원의 관리, 관리회계

기업경영도 결국 다 사람이 하는 일이다. 사람은 인센티브가 있어야 열심히 일한다. 한편 효과적인 경영활동을 위해 조직을 만든다. 경영활동은 기존 사업의 유지활동과 새로운 가치를 창출하는 혁신활동으로 구성된다. 조직은 개별 인간으로 있을 때의 행동양식과 달리 작동한다. 리더십과 팔로워십은 각각 조직의 지휘방식과 자발적 참여 정도를 형성한다. 리더는 우선 조직원 간에 공유된 가치가 기업의 경영목표와 일치되도록 해야 한다. 이를 위해서는 소통(communication)이 무엇보다도 중요하다. 왜 기업가치가 중요한지 각 조직원들은 자기의 자리에서 어떤 활동을 해야 기업가치에 기여할 수 있는지 이해해야 한다. 성과가 높은 조직과 그 조직에 많은 기여를 한 조직원은 높은 보상을 받아야 한다. 보상을 하려면 명확한 평가시스템을 구축해야 한다.[5]

5. 평가시스템이 공정하지 못하면 투서나 조직원 간의 비방이 일어나 우수 직원이 먼저 직장을 떠나는, 즉 '악화(惡貨)가 양화(良貨)를 구축(逐아내는)' 하는 나쁜 현상이 일어난다.

종업원도 수동적이 아닌 스스로 일을 찾아 열심히 그리고 제대로 일하는 팔로워십을 발휘하도록 노력해야 하며 팔로워십이 강한 종업원은 반드시 보상받아야 한다. 한편 **기업가정신**은 창업을 주도하는 위험추구자(risk taker)들의 정신이지만 기존 기업 내에서도 신사업을 일으켜 조직에 새로운 성장기회를 창출한다.

5. 생산성 및 품질 향상 = 생산관리 부문

물건을 싸게 그리고 잘 만드는 것은 기업이 보유해야 하는 기본능력이다. 창업기업은 제대로 된 물건을 만들어내는가가 최우선 과제이다. 어느 정도 성장하여 본격적인 관리가 필요해진 기업에서는 마케팅과 생산부서가 각각 제품기획과 생산을 담당한다. 마케팅부서에서 어떤 가격의 제품을 언제 어느 지역에 얼마만큼 만들기로 결정했다면 생산부서는 판매가보다 낮은 생산단가에 고객이 원하는 품질의 제품을 생산할 수 있어야 한다.

생산하고자 하는 제품이 다양한 부품으로 구성되어 있다고 하자. 기업 내에서 모든 것을 다 만들지, 외주를 이용할지 결정해야 할 것이다. 대부분의 제품은 많은 부품으로 구성되어 있고 일반적으로 상당부분의 부품을 외부기업들로부터 조달해 생산한다. 부품조달기업은 또다시 자신들의 외주업체로부터 그 하부의 부품이나 재질을 공급받아 부품을 제작한다. 수많은 부품들이 공급되어 완제품의 생산에 이르는 과정은 피라미드를 옆으로 눕혀놓은 사슬형태로 그려지며 이런 부품과 완제품 간의 공급체인을 **공급사슬**(supply chain)이라고 한다. 한국의 기업들은 중국을 위시하여 동남아, 유럽, 북미 등에의 수많은 공장·기업과 공급사슬을 구축하여 다양한 국가에서 제품을 생산 및 판매하고 있다. 세계적인 브랜드를 가진 한 신발회사는 개발용 시제품을 제외한 제품 생산은 전혀 자국에서 하지 않는다. 반면 공급사슬만 관리하여 자체 유통망을 통해 고객에게 판매한다.

매출원가(COGS; cost of goods sold) 중에 재고는 큰 부분을 차지하는 비용이다. 따라서 적정 수준의 **재고관리**는 중요한 생산관리 과제이다.

또 다른 주요 주제인 품질은 비용을 절감하기도 늘리기도 하는 주요 변수이다. 품질을 높이려면 값비싼 장비를 구입해야 하는 대신 품질이 낮아지고 불량이 늘면 반품 등 직접적인 불량비용 외에도 A/S비용 증가 및 제품 신뢰도와 재구매율 하락 등의 간접적인 비용이 크게 발생한다.

6. 기업정보의 창출 = 재무회계, 경영정보시스템(MIS) 부문

기업은 내외부의 이해관계자와 회사 경영에 관한 소통을 해야 한다. 대출을 공여할 은행이나 채권을 구입할 채권투자자는 회계정보를 분석하여 신용도를 파악한 후 투자여부를 결정한다. 신용도는 채무에 대한 지불능력을 말하는 것으로 이를 근거로 대출이자를 결정한다. 이는 기업의 이자비용이 된다. 증자를 통해 자금을 조달할 경우, 주식투자자는 예상수익률과 수익률 변동을 바탕으로 주식 잠재가격을 평가한 후 투자를 결정하고 투자 후 사후적으로 예상한 수익률을 요구한다. 이런 평가가 안 될 경우 기업으로의 자금유입은 불가능하다.

또한 기업 간 거래에서 우리 회사에 물건을 파는 또는 우리 물건을 사는 다른 기업들은 당사의 재무상태 수준을 평가하여 거래를 결정한다. 당사에 물건을 파는 다른 기업은 외상매출의 회수를, 물건을 사가는 다른 기업은 지속적인 양질의 물품공급에 따르는 위험이 없는지 확인한 후 거래를 결정한다. 이같이 회계정보는 기업의 신용도와 가치를 평가하는 가장 기본적인 정보로 회계정보의 변동(예: 영업이익률의 증가)은 즉시 채권가격과 주식가치를 재평가하여 기업가치를 재조정한다. 시장이 평가한 기업가치의 감소는 이사회로 하여금 CEO 교체로 이어진다. 이런 것을 막기 위해 회계정보의 조작이 이뤄지기도 한다. 이는 자본시장을 교란하는 범죄로서 인신구속이 가능한 형법으로 다스리고 있다. 전 세계적으로 모든 기업들은 기업활동에 대해 같은 원칙 아래 회계정보를 작성하여 제공하고 있으므로 국적, 업종이 달라도 기업경영 상태를 비교평가할 수 있다. 이런 회계원칙의 통합운용은 국제적인 자금거래, 상품거래를 원활하게 만들고 있다.

회계정보는 기업 내의 조직 운영이나 사업부 조정 등 매우 중요한 정보로 사용된다. 각 사업부의 평가, 원가분석, 조직원에 대한 보상에 가장 기초적인 자료로 이용된다. 기업이 다양한 업종, 다양한 나라에서 사업을 영유하게 됨에 따라 회계정보의 전산화는 불가피하다. 전산화된 회계정보는 다양한 분석을 가능하게 하여 제품단위별 · 활동단위별로 투입과 산출 분석(input/output analysis)뿐 아니라 각종 시뮬레이션을 가능케 하여 위험관리 및 경영혁신에 활용된다. IT기술을 활용한 경영혁신은 **경영정보시스템**(MIS)이라 부르는 경영학 분야에서 연구된다. 회계정보는 자금조달, 내부조직 운영 등 가장 기본적인 경영활동을 가능케 하는 가장 기본적인 정보이다. 기업의 회계정보와 자본시장에서의 거래정보를 합하면 재무 의사결정에 쓰이는 **재무정보**가 완성되고 이는 재무관리에 사용되는 기본정보가 된다.

7. 기업지배구조, 기업윤리, 기업문화 = 지배구조개선, 사회적 책임

과거 기업은 매출을 키우고 이익을 내어 성장하면 성공적이라 했다. 그러나 성장 위주의 기업경영은 많은 국가에서 기업 이해관계자 간에 마찰을 일으키고, 환경을 망치고, 주변 사회에 폐해를 끼치는 방향으로 전개되었다. 이 같은 패러다임의 지속은 소외계층의 확대, 지구온난화 등 반기업 정서 확대로 이어지고 중산층의 붕괴는 수요의 기반인 소비자의 층을 줄이게 된다. 즉, 지속적인 경영이 힘들 것이라는 반성과 기업 스스로 인류의 행복을 지향한 경영을 천명하게 되었고 이에 대규모 주주들, 특히 거대한 자본을 운용하는 기관투자자들을 중심으로 지속경영을 위한 기업의 방향전환을 지지하게 되었다.

지속경영은 E.S.G.로 축약되어 불린다. E는 **환경**(environment), S는 **기업의 사회적 책임**(social responsibility), 그리고 G는 **지배구조**(governance structure)를 의미한다. 그러나 이해관계자 우선순위별로 보면 G, E, S로 보는 것이 마땅하다.

① 지배구조는 이해관계자, 특히 주주의 이익이 지켜질 수 있도록 집

행임원들의 의사결정이 이루어지는지 감시·감독·통제하는 구조를 의미한다. 주식회사는 구조적으로 경영진의 전횡이 문제가 된다. 기업의 대형화와 더불어 대주주 감시가 없어진 후 경영권을 실제로 행사하는 공기업의 경우 경영진이 주주이익에 앞서 자신들의 이익을 앞세우는 경우가 매우 보편적이다. 경영진의 배를 채우기 위해 분식회계를 통해 비자금을 만드는 일부터 지나친 낭비나 과도한 임금, 방만한 운영 등 그 사례는 셀 수가 없다. 이를 방지하기 위해 이사회와 주주총회가 제대로 기능하여 경영진의 잘못된 경영을 감시해야 한다. 또한, 투명경영이 이루어지는지 사내·사외 감시가 강화되어야 한다. 더불어, 경영진이 기업가치를 극대화하는 노력을 하는지 감시되어야 한다. 자리보전을 위한 과도한 위험회피, 단기적인 운영 등이 문제가 되는 행태 등이다.

② 환경은 다양한 환경관련법에 충실히 따르는 것이다. 이는 선택이 아니라 의무이다. 방만한 운영의 결과 환경문제를 일으켜 기업 자체의 명성이 악화되어 시장점유율이 급격히 줄어드는 사례가 종종 발생한다.

③ 사회적 책임은 종업원의 안전, 건강, 교육, 자녀보육 및 교육에서 시작하여 부품공급자와의 협력관계 형성, 공정거래 질서준수, 소외계층 지원 및 문화 학술단체에 대한 지원에 이르기까지 다양하다.

이 같은 지속경영과제 ESG는 기업이 단기간에 돈을 벌기 위해 존재하는 것이 아니라 인류의 행복증진을 위해 존재한다는 기업문화의 정착으로부터 시작되어야 한다. 요약하면 경영자는 소비자 행복추구를 가장 중요한 미션으로 하는 이익창출활동을 지속하되 1) 투명경영을 통해 주주에게 투자위험에 합당한 대가를 지불하고, 2) 환경 및 공정거래관련 법 등을 준수하도록 사내 준법규정을 만들어 빈틈없이 시행하도록 하며, 3) 여유자금을 마련하여 사회적 책임투자에 이를 할애해야 한다.

기업은 주주가치 극대화에서 주주가치 적정화로 경영목표를 점차 바꾸어 나가고, 주주는 장기적으로 안정적인 수익을 기업으로부터 꾀하는 것이 지속경영에 위협을 주는 단기수익 추구보다 더욱 지혜로운 선택이라는 점에 동조해야 할 것이다. 경영진은 이 같은 경영목표의 수정이 지속경영을 공고히 하고 존경받는 기업이 되기 위한 과정임을 이사들이 납득할 수 있도록 설명해야 하고 절차상 이사회의 허락을 득해야 할 것이다.

1.3 학문으로서의 경영학과 관련 학문들

우리는 위 1.2절에서 경영의 본질과 목표, 관리 대상에 대해 살펴보았다. 경영자가 올바른 결정을 하기 위해서는 알아야 될 내용의 폭과 깊이가 넓고 깊을 뿐 아니라 변화하는 경영환경을 그때그때 이해하여 수시로 의사결정을 해야 하기 때문에 한 사람이 모든 것을 세세히 파악할 수가 없다. 직위가 높을수록 전체를 숲으로 이해하여 큰 결정을 올바로 내리는 지혜가 필요하고 직위가 낮아질수록 각 분야의 전문가로서 세세한 분야에 특화하여 올바른 대응을 해 나가야 한다. 경영을 하나의 학습의 대상으로 볼 때 어떻게 공부내용을 나누고 서로 연결하여 나무를 보면서도 숲을 같이 볼 수 있는지 또는 숲을 보면서 나무의 상황을 그려볼 수 있는지 알아본다. 경영의 기본원리를 이해하면 숲과 나무를 연결시키는 지혜를 어느 정도 구비할 수 있을 것으로 생각된다. 그리고 개인의 승진과정(career path)을 설계할 때 어느 분야에서 시작하여 어느 코스를 선택하여 위로 올라가야 할지도 함께 생각해 본다.

경영학의 대상

경영학은 변모하는 경제환경 아래에서 기회를 찾고, 위험을 무릅쓴 투자와 기업조직의 활성화를 통해 지속적인 고객가치창출을 바탕으로 **기업가치를 창출**해 내는 **경영자의 의사결정 논리**를 설명하고자 하는 학문이다. 따라서 경영을 이해하려면 몇 가지 해야 할 일이 있다.

첫째, 경제학을 이해하는 일이다. 경영의사결정은 다분히 경제주체들의 경제적인 욕구를 충족하는 과정을 이해하는 데에서 출발한다. 거시경제환경(물가, 경기, 환율 등)을 이해하면서 미시경제에서 설명하는 개인과 기업의 욕구가 시장에서 어떻게 표출되고 어떻게 균형을 이뤄나가는지 이해하는 것이 필요하다.

둘째, 인간에 대한 이해이다. 기업은 조직이고 조직은 모두 인간으로 구성된다. 또한 소비자도 모두 인간이다. 생산자로서의 인간은 어떻게 동기부여를 받고 소비자로서의 인간은 무엇을 통해서 행복해질 수 있는지 이해해야 한다.

셋째, 기업은 하루하루 자금이 없으면 활동을 멈춰야 한다. 자금이 어디에서 어디로 흐르는지, 그리고 돈의 가격은 어떻게 결정되는지 자본시장 작동 메커니즘에 대해 명확한 이해가 필요하다.

넷째, 기업의 사회적 역할에 대한 변화를 이해해야 한다. 기업은 기술수요자인 동시에 기술공급자이다. 문명을 이끌어 가고 있는 기업이 21세기 어떤 혁신에 주안점을 두어야 하는지 관심을 가져야 한다. 시장이 글로벌해지면서 기업은 더욱 커지고 그 활동영역이나 정보흡수력이 국가보다 더 커지는 상황에 이르렀다. 빅 브라더스(big brothers)가 되어 가고 있는 기업의 다음 행선지는 어디인가? 자율적으로 인간의 자유를 속박할 수 있는 능력을 제어할 수 있는가? 기업의 성장으로 인해 망가지고 있는 지구환경, 중소기업과의 격차확대, 소외계층의 확산 등에 대한 기업의 책임은 어디까지인가? 기업의 선택자유(freedom of choice)에 정부가 어디까지 제동을 걸어야 하는가? 등에 이르기까지 다양한 주제가 경영학의 관심대상이다.

경영학과 경제학

앞에서 설명했듯이 경영학은 기업가치를 창출해 내는 경영자의 의사결정 논리를 설명하고자 하는 학문이다. 경영자가 창출해 내려는 궁극적인 가치는 재무적인 가치 또는 경제적인 가치이므로 미시경제학의 여러 이론들이 바탕이 되고 있다.[6] 미시경제학의 주요 관점을 크게 둘로 나누면 1 경제주체(소비자와 기업)들의 행동, 2 소비자와 기업이 거래하는 시장의 특성으로 나눌 수 있고 이들을 설명하자면 다음과 같다.

1 (경제 모델 내에서) 개인이나 기업은 목표지향적이고 그들 행태는 목표나 기회가 구체화될 때 어느 정도 예측 가능하다는 것이다. 예로 만원을 들고 동네 마트에 고등어와 사과를 사러 간 가정주부가 각각 몇 개씩 살지를 예측한다. 또는 하루 500만원씩 식재료를 사오는 마트 주인아저씨가 동네 주부들의 수요정보를 알 경우 어떤 물건을 몇 개씩 미리 구입해 놓을지 예측한다. 주부는 효용을, 마트 주인은 이익을 극대화하려는 목표를 가지고 합리적으로 행동하기 때문에 분석 가능한 것이다.

2 경제시스템은 수요와 공급을 일치시킴으로써 균형을 이루려는 성향이 있다. 여기서 균형이란 영향력이 있는 개인이나 기업들 중 그 누구도 현재의 상태에서 변화를 원치 않는 그런 상태를 말한다. 예로 라면 한 봉지의 가격이 1,000원인데 생산자도 소비자도 매우 적정한 가격이라 믿어 변화를 시도하지 않는 그런 상태를 말한다.

다음은 경영학의 분야별 학문분야를 열거하고 미시경제학이 바탕이 되어 개발된 이 분야 이론들을 열거하면 다음과 같다. 참고로 1～7번까지의 경영학 분야는 1.2절에서 열거한 경영관리 대상과 순서가 같다.

1. 경영전략

경쟁자와의 관계에서 승리할 수 있는 전략의 구사가 경영전략의 주요 분석대상이다. 손자병법과 같은 전쟁전략에서 시작했으나 기업의 상황에서는 제품시장의 경쟁상황에 대한 이해로부터 출발한다. 완전경

6. 미시경제학은 소비자, 기업 등 경제주체들의 개별적인, 즉 미시적인 경제적 의사결정 메커니즘을 밝히는 학문분야이다.

쟁시장에서는 이론상 적정이익 이상을 낼 수 없기 때문에 불완전경쟁 시장에서 어떻게 부가가치가 높은 제품을 개발하는지 등 기업행태를 연구한다. 아울러 소비자 복지(consumer surplus) 침해부분에 대한 이해도 요구된다. 미시경제학 중에서 시장의 경쟁상황에서 이뤄지는 기업 간의 게임을 다루는 학문이 산업조직(industrial organization)이므로 산업조직론의 연구결과가 자주 활용되기도 한다. 이 같은 이해에서 출발하여 개발되는 경영주제로는 다음 내용들이 있다.

제품시장의 종류와 특성

- 가격제한 행위(limit pricing)
- 약탈적인 가격정책(predatory pricing)
- 경쟁적인 입찰 행태(competitive bidding behavior)
- 규제이론(theories of regulation)

2. 마케팅

소비자 가치창출을 위한 4P의 선택이 마케팅의 주요 주제이다. 소비자의 심리를 알아야 하고 자료분석이 소비패턴 예측에 기반이 되므로 심리학과 통계학이 기본이 된다. 경제학에서 설명하는 시장특성이론 또한 마케팅에 적용되며 이로부터 발전한 경영주제로는 다음 내용들이 있다.

- 제품특성(product attributes)
- 제품 포지셔닝(product positioning)

3. 재무관리

재무관리는 자금의 조달과 운용, 위험의 관리를 관장하는 분야이다. 재무관리는 재무학으로도 불리는데 분야는 대부분의 자본시장의 이론을 근간으로 하여 발전했다. 재무학은 경제학을 기본으로 하여 발전한 분야로 금융경제학(financial economics)이라고도 불린다. 관련된 내용으로는 다음과 같은 내용들이 있다.

- 피셔의 분리이론(Fisher' s separation theorem)
- MM 재무구조이론(Miller & Modigliani theory)
- 마코비츠의 포트폴리오 이론(Markowitz' s portfolio theory)
- 샤프-린트너의 자산가격결정모형(Sharpe-Lintner' s CAPM)

4. 조직행위론

인간과 조직에 관한 행태 연구를 실행한다. 동기부여, 기업가정신, 리더십, 팔로워십, 팀워크, 노동조합 등이 관심분야이다. 이 중에서도 주인인 주주와 대리인인 경영자 간 정보 불균형이 존재하는 상황에서 이들의 적정계약에 대한 것은 미시경제학으로부터 많은 영향을 받았다. 이렇게 영향을 받아 발전한 경영주제로는 다음 내용들이 있다.

- 경영자 인센티브(managerial incentives)
- 보상(compensation)
- 위험선택(risk-taking)

5. 생산관리 부문

공급사슬을 활용하여 어떻게 효율적으로 잘 만드냐가 주요 관심사인 만큼 최소투입과 최대산출 등 최적화(optimization) 개념이 해법을 산출하는 데 중요한 개념으로 작동한다. 다양한 계량적 기법들이 이런 해를 푸는 데 기본 기술이 된다. 경영수학에서 기본기를 다룬다. 최적화 개념 또한 자원의 효율적 배분을 지향하는 경제학의 기본 개념으로 다음 내용이 이와 관련되어 있다.

- 효율적 재고량(EOQ) 모델

6. 회계 · 경영정보시스템(MIS) 부문—정보경제학의 적용

경영활동을 원칙에 맞춰 명확히 정보화함으로써 자금조달, 외부로부터의 가치평가, 거래, 내부성과평가 등을 용이하게 할 수 있다. 회계는 경영의 언어이고 회계를 이해 못 하고는 경영을 읽을 수 없다. 반면 회계를 정확히 이해한다는 것은 올바른 경영의사결정을 할 수 있는 기본을 갖추었다는 것을 의미한다. 회계정보 내에 이미 기업의 재무적 상황이나 건전성이 표시되어 있기 때문이다. 회계정보를 잘 이용하여 조직원에게 공정한 평가와 보상을 할 수 있고 IT기술과 접목하면 경영혁신으로 경쟁력을 배가할 수 있다. 경제학의 한 분야인 정보경제학이 회계학에 접목되어 회계정보가 가치평가 등에 끼친 영향 등을 설명한다.

7. 기업지배구조 및 기업윤리

기업은 법적으로 기업과 다양한 이해관계자(stakeholders) 간에 이뤄진 계약의 묶음에서 권한과 책임이 발생하고 이를 근거로 활동한다. 기업은 주주와는 주주계약을, 채권자와는 채무약정계약을, 임직원과는 고용 및 보상계약을, 소비자와는 제품보증 · A/S 등의 계약을, 부품공급자와는 외상매입에 대해 언제 완납한다는 계약을 맺었으며, 정부와는 세전 이익에 대해 과세에 응하기로 약정되어 있다.

그러나 기업이 창출하는 현금흐름에 대해 모든 이해관계자가 같은 입장에 있지는 않다. 우선 기업의 주인인 주주와 대리인인 경영자 간의 마찰이 대표적인 사례이다. 경영자가 주주의 이익에 반해 행동하는 문제를 대리인 문제(agency problem)라 한다. 선진국의 경우 최고경영자의 과도한 소비가 주요 대리인 문제라면, 우리나라 재벌의 경우 오너라고 불리는 대주주가 대리인의 역할도 동시에 수행하면서 소액투자자와의 이해상충을 일으킨다. 예로 대주주 지분이 높은 회사로 수익이 높은 사업을 넘기거나 그 기업과의 거래에 있어 그 기업에 유리하게 거래를 하는 소위 터넬링 또는 일감 몰아주기는 대표적인 대리인 문제이다.

대리인 문제 외에도 종업원들의 안전이나 건강을 중요하게 생각지 않는다든지 약자의 입장에 있는 하청 협력사에게 자신들이 지불해야 할 비용을 부당하게 부담하게 한다든지 하는 사회적 또는 공정거래상의 문제를 일으킨다. 이는 법 이전에 기업윤리의 차원에서 해결해야 할 문제이다. 기업의 사회적 책임은 기업윤리를 넘어 기업을 둘러싼 폭넓은 사회에 대한 기업의 역할을 포함한다. 사회적 책임이 주주에 대한 봉사와 어떤 균형(balance)을 이뤄야 하는가? 종업원에게 봉사활동을 강제하는 기업이 좋은 기업인가? 많은 주제가 가능하다. 이와 관련된 주제어들을 살펴보면 다음과 같다.

- 대리인 이론: 이해상충과 대리인 문제
- 대리인 문제 관련 불공정 거래: 이전가격과 터널링(tunneling)
- 재벌의 형태: 지주회사, 순환출자구조와 소유지배 괴리도

경제학은 '제한된 자원에서의 최고 효용과 이익의 선택이 합리적인 선택'이라는 측면에서 경영학의 '효율성 사상'과 일관성을 가지고 있으며 경영학의 선행 학문이라는 점에서 경영학에 큰 영향을 주고 있다. 하지만 두 학문은 분석 대상에 있어 큰 차이가 있다.

경제학은 경제현상을 모델화하여 변수 간의 인과관계를 분석하여 경제현상을 설명하는 것이 관심사라면, 경영학은 다양한 불확실성 아래 어떤 의사결정들이 고객의 만족을 늘리고 궁극적으로 기업가치를 창출해 낼 수 있는가가 주요 관심사이다. 따라서 경영학에서는 어떤 시점에서의 자원의 효율적 배치, 즉 공간적 개념인 **효율성**(efficiency)뿐 아니라 의사결정 요소들의 적용의 선순위도 고려하는, 즉 시간적 개념인 **효과성**(effectiveness)도 매우 중요한 사상이다.

경제학 외의 관련 학문과 경영자로서의 나의 미래

본 과정에서는 이 내용들의 소개 정도에 그치며, 보다 깊이 있는 내용은 고학년에 개설되어 있는 경영학 관련 과목을 통해 익혀야 한다. 이를 이해함으로써 경영학에 조금 더 가까워지겠지만 그 수준은 그저 기본의 일부를 익힌

수준이라 생각된다. 관련 경제학의 논리를 바탕으로 시작은 했지만 훌륭한 경영자가 되기 위해서는 리더가 되기 위한 기본 소양을 다져야 한다. 마케팅, 재무와 같은 경영학 관련 세부내용뿐 아니라 인문사회학적인 소양, 소통능력, 리더십, 건강, 윤리의식 등을 갖춰야 한다. 문학, 철학, 심리학, 사회학, 정치학을 읽어 지성의 폭을 넓히고 소통능력이나 리더십은 동아리 및 사회활동 등 조직활동을 통해 스스로 발전시켜야 한다. 소통에 장애가 있다고 생각하는 사람은 전문가의 도움을 받아 훈련해서 그 장애를 극복해 나가야 한다. 건강을 위해서는 한 가지라도 잘하는 운동을 선택하여 꾸준히 하는 것이 좋다. 이런 운동능력은 네트워크 형성에도 큰 도움이 된다. 윤리의식은 자라난 환경에 의해 많은 영향을 받는다. 만약 잘못된 윤리의식을 가졌다면 음악, 사색, 종교적인 가르침을 몸으로 익혀 방향을 선회하면서 깊이를 더해야 할 것이다.

경영자가 되려는 것은 조직의 리더가 되려는 것이며 아울러 주변사람들을 행복하게 해주는 부가가치 높은 제품을 만들어 나도 떳떳하게 부유해지고자 하는 건전한 욕망에서 비롯된다. 훌륭한 경영자가 되기 위해서는 리더의 덕목을 갖추면서 떳떳한 부자가 되고자 하는 각오를 흔들림 없이 지켜 나갈 수 있도록 항상 공부하고 부지런하고 인내하고 도전하고 소통하는 버릇을 몸에 배도록 해야 한다. 성공한 경영자들의 소양을 분석한 자료에 의하면 전문성(professional)이 있고, 정직 · 성실 · 겸손하며(integrity), 네트워크(network)를 가진 리더이다. 이런 소양을 가진 이들이 과거와 같이 향후에도 성공하기 위해 또 다른 소양(예: 창의력 등)이 더욱 강조될 수 있을지 모르지만 지금까지의 연구에서는 위의 소양이 성공한 경영자의 소양으로 분석되고 있다.

큰 성공은 누구나 가질 수 있는 것이 아니다. 그러나 그 기회는 누구에게나 공평하게 온다. 다만 리더로서의 소양을 갖춘 자들만이 그 성공을 낚아챌 수 있을 뿐이다. 앞으로 각 장을 진행하면서 그 같은 내용들에 대해 지면이 허락하는 범위 내에서 간단한 사례로 설명하고자 한다.

1.4 경영의 기본원리

경영자는 숲과 나무를 다 볼 수 있어야 한다고 했다. 이는 그가 몸소 모든 현장을 보고 경험해야 한다는 의미가 아니다. 나무의 조그만 움직임으로 숲을 읽고 숲을 보면서 어떤 나무가 요동치는지 상상할 수 있어야 한다. 경영에는 숲이든 나무이든 이를 관장하는 원리가 있다. 원리를 이해함으로써 숲을 보면서 나무를 상상하고 나무를 보면서 숲을 이해하자는 것이다.

경영의 세 가지 기본원리 1, 2, 3

원리 ❶ : 고객가치를 창출하지 못하는 기업은 존재가치가 없다.

고객가치를 창출하지 못하는 기업은 이익을 낼 수 없다. 이익을 내지 못하는 기업이 존재가치가 없듯이 고객가치를 창출하지 못하는 기업은 존재가치가 없다.

원리 ❷: 성장과 위험은 상호 교환관계이다.

기업성장은 경쟁자보다 높은 이익을 낼 때 이뤄진다. 경쟁자보다 높은 이익은 불완전경쟁시장에서 독점력을 가진 제품의 생산 · 판매로 가능하다. 독점력을 가진 제품은 높은 이익을 내기 때문이다. 그러나 남이 시도 안 한 신제품이란 위험을 수반한다. 높은 수익성을 추구할수록 위험은 증가한다. 경영자는 위험을 택하되 위험을 관리할 수 있어야 한다.

원리 ❸: 자본비용을 상회하는 투자수익률을 내야 기업가치가 증가한다.

기업의 경영목표는 기업가치 증대에 있다. 기업은 투자자로부터 자금을 조달받아 자산을 구입한다. 자산을 운용함으로써 현금흐름을 만들어낸다. 투자수익률은 현금흐름을 자산으로 나눈 값이다. 한편 조달된 자금은 공짜가 아니다. 채권자와 주주에게 자본비용을 지불해야 한다. 자본비용이 5%라 하자. 투자수익률이 5% 미만이면 기업가치는 감소하고, 5%를 초과하면 초과한 만큼 증가한다. 사업본부장들은 매일매일 자본비용이 발생하고 있다는 점을 인식하여 자산의 효율을 높이도록 애써야 한다. 사업부와 이를 책임지는 임원의 보상은 이를 근거로 이뤄져야 한다. 기업은 목표지향적인(goal oriented) 조직이다. 경영자가 아무리 리더의 소양을 가졌다 하더라도 기업가치 창출이라는 성과를 내지 못하면 물러나야 한다. 이는 모든 조직경영에 적용되어야 한다.

세부 경영의 기본원칙들

경영의 기본원리 1, 2, 3을 세부 경영에 확산하여 원칙으로 발전시키면 다음과 같다.

마케팅 원리-(경영의 기본원리 1의 적용)

'좋은 물건이면 고객이 산다'가 아니라 '고객이 사는 물건이 좋은 물건이다'.

좋은 물건을 만든다고 다 팔리는 것이 아니다. 물건이 귀한 시대에는 물건 특히 좋은 물건이 귀했다. 잘 만들면 다 팔렸다. 그러나 고객이 물건을 고르는 시대에는 고객이 사는 물건이 좋은 물건이다. 기업은 좋은 물건을 만들려 하기보다는 고객이 살 물건을 만들어야 한다.

재무 원리-(경영의 기본원리 2의 원천이론)

위험과 수익률 간에는 정(+)의 관계가 존재한다.

금융자산의 경우 투자위험도가 높을수록 높은 수익률을 지불해야 한다. 위험을 회피하는 투자자는 높은 수익률로 보상을 원하고 증권발행자는 높은 이자나 수익률로 그 대가를 지불해야 거래가 성사된다. 선진국의 자본시장의 역사를 보면 장기적인 관점에서 투자위험이 높은 증권에 대해 높은 수익률을 제공했다. 이와 마찬가지로 실물자산의 투자에 있어서 높은 수익을 창출하는 사업안은 위험이 높은 사업이다. 만일 높은 수익을 창출하는 사업임에도 위험이 적다면 그 사업에 돈이 몰려 즉시 수익이 낮아지거나 과도한 경쟁으로 위험이 증가한다.

생산관리 –(경영의 기본원리 3의 적용)

드러난 불량은 빙산의 일각이다.

기업은 부가가치를 창출한다. 기획, 제조, 영업, 브랜드, A/S, 공급사슬, 재무 등 다양한 활동에서 부가가치가 창출된다. 불량은 반품으로 매출감소를 일부 일으키는 요소로 보이지만 기획, 제조, 영업, 브랜드, A/S, 공급사슬, 재무 등 모든 면에서 비용을 일으킨다. 상품기획을 다시 해야 한다든지, 재고누적으로 제조비용이 증가한다든지, 브랜드가치 하락뿐 아니라 기업의 명성 하락으로 주가 하락을 야기한다. 불량으로 인해 보이는 비용은 전체 비용의 극히 일부에 지나지 않는다.

인사관리

사람은 인센티브에 의해 움직인다.

사람은 동기부여가 될 때 열심히 일한다. 동기부여의 요인이 명예든 돈이든 자아실현이든 적절한 인센티브의 부여는 열심히 일할 사람에 대한 정당한 대가이다. 아무런 대가도 지불함 없이 열심히 일하라는 것은 권리침해이다.

경영자 평가 –(경영의 기본원리 1과 3의 적용)

자격이 아니라 성과에 의해 평가되어야 한다.

인류사회에서의 사람은 학력, 외모, 인격, 배경 등에 의해 평가된다. 조직에서의 평가는 조직이 지향하는 목표와 일관된 성과에 의해서만 평가되어야 한다. 기업은 목표지향적 조직이며 조직원은 그 목표달성을 위해 최선을 다해야 한다.

1.5 결론

본 장을 통해 여러분은 이제 경영학이 '명확한 목표를 얻기 위한 의사결정'을 다루는 학문임을 이해했을 것이다. 하지만 매우 다양한 내용을 이해해야만 적절한 의사결정을 내릴 수 있음도 함께 이해했을 것이다. 또한 여러분들이 훌륭한 경영자로 성장하기 위해서 얼마나 열심히 배우고 맹렬하게 살아야 하는지도 깨달았을 것이다. 본 장에서 다룬 경영원리 1, 2, 3은 단숨에 모두 이해하기가 어려울 수 있다. 앞으로 전개되는 내용들을 이해하면 이들 이론에 대한 이해가 더욱 깊어질 것이다. 본서는 제2장부터 생산, 소비자, 기업, 시장, 사업의 발굴, 자금조달, 인간과 조직관리, 기업형태, 사회적 책임, 혁신과 기업가정신, 공적기관의 경영, 경영환경 변화 등을 다루게 된다. 본 장에서 설명한 기본적인 경영원리들이 보다 구체화되고 실제에 적용 가능한 경영방식으로 발전할 것이다. 흥미를 가지고 접하길 바란다.

연습문제

01. 시장구조에서의 기업의 역할과 관련하여,

1) 시장구조에서 기업의 역할은 무엇인가?
2) 정부가 소유·통제하는 공기업도 시장구조 내에서 같은 역할을 하는가? 다른 점이 있다면 무엇이 다른가?
3) 기업의 역할은 인류가 존재하는 한 영구적인가?

02. 요소시장과 관련하여,

1) 요소시장에서 거래되는 상품은 무엇인가?
2) 요소 중 자본이 거래되는 자본시장에서의 가격은 무엇으로 표시되는가?
3) 요소 중 노동이 거래되는 노동시장의 특성은 어떤 것인가?
4) 요소 중 기술이 거래되는 기술시장에서 특허 등 지적재산권이 차지하는 중요성은 어떤 것인가?

03. 인간 욕구와 관련하여,

1) 인간 욕구의 특성을 두 가지로 말한다면 무엇인가?
2) 충족되지 않은 욕구의 사례를 들어보시오.

04. 기업의 존재이유와 관련하여,

1) 기업의 존재이유는 무엇이라 보는가?
2) 시장구조에서의 역할과 존재이유 간의 연관성을 설명하시오.
3) 기업의 존재이유는 변화하는가?

05. 시장형태와 관련하여,

1) 시장의 종류에는 어떤 것이 있는가?
2) 극단적인 시장의 두 형태는 무엇인가?
3) 차별화된 제품이 팔리는 시장은 어떤 시장인가?
4) 스마트폰 시장은 어떤 시장인가?

06. 기업의 함정과 관련하여,

1) 기업이 파산하는 본질적인 이유는 무엇인가?
2) 기업 파산과 경영의 필요성 간의 관계는 어떤 것인가?

07. 경영관리 대상과 관련하여,

1) 마케팅의 기능은 무엇인가?
2) 생산관리의 기능은 무엇인가?
3) 재무관리의 기능은 무엇인가?
4) 경영전략의 기능은 무엇인가?

08. 기업의 존재이유와 기업의 목표 그리고 MBO는 서로 어떻게 연결되는 개념인가?

09. 미시경제학이 경영학에 기여한 이론들과 관련하여,

1) 경영전략과 관련한 기여는 무엇인가?
2) 마케팅과 관련한 기여는 무엇인가?
3) 생산관리와 관련한 기여는 무엇인가?
4) 재무관리와 관련한 기여는 무엇인가?

10. 경영학의 기본 원리와 관련하여,

1) 본서에서 정리한 경영학의 기본원리 1, 2, 3은 무엇인가?
2) 원리 3에서 설명하는 자본비용과 투자수익률은 무엇인가?

11. 경영 기능별 원리와 관련하여,

1) '좋은 물건이면 고객이 산다'와 '고객이 사는 물건이 좋은 물건이다'의 차이는 무엇인가?
2) 모든 투자대상에 대해 위험과 수익률 간에 정(+)의 관계가 존재하는가?
3) '드러난 불량은 빙산의 일각이다'에 입각한 경영이 그렇지 않은 경영과의 차이는 무엇인가?
4) '사람은 인센티브에 의해 움직인다'라는 원리가 공무원 조직에는 적용이 잘 안 되는가? 그런 면이 있다면 그 이유는 무엇인가?
5) '자격보다는 성과에 의한 평가'에 입각한 경영이 그렇지 않은 경영과의 차이는 무엇인가?

chapter 02

학습목표

독자들은 이 장의 학습을 통해 다음의 주제에 담긴 내용을 알아야 한다.

1. 기업의 생명이나 규모를 설명하는 이론 1, 2, 3
2. 창업요소 1, 2, 3
3. 창업하려는 인간의 욕구와 정신
4. 창업단계에서 우선적으로 요구되는 경영능력
5. 기업의 성장과정
6. 기업의 쇠퇴의 형태
7. 기업가치를 창출하는 부가가치사슬
8. 생산 중심의 공급사슬과 ERP
9. 부가가치사슬을 확장하는 수평통합과 수직통합

기업경영 프로세스와 공급사슬

∷ 들어가기

기업경영 프로세스는 기업이 성장해 가는 성장 프로세스와 어떤 시점에서의 가치창출 프로세스로 나뉜다. 성장 프로세스는 '기업의 운명이 성장이라는 목표를 향해 가는 것'이라는 전제 하에 성장을 도모하는 과정과 성장을 이끄는 의사결정과정을 의미한다. 가치창출 프로세스는 어느 한 시점에서 바라본 제품을 만들어 가는 기능별 연계, 즉 제품기획에서 제조, 판매에 이르는 기능별 연계 프로세스를 의미한다. 전자는 시계열(time series)의 관점에서 본 프로세스이고 후자는 어떤 시점에서 바라본 횡단면적(cross-sectional) 관점에서 바라본 프로세스이다. 성장 프로세스와 가치창출 프로세스는 성장단계별로 가치창출 프로세스 내의 기능별 중요도가 달라진다는 관점에서 연결된다.

기업은 창업 후에 성장, 그리고 유지 · 발전하다가 쇠퇴(창업 → (초기)성장 → 유지 · 발전 → 쇠퇴)하는 과정을 겪는다. 우선 이런 진화과정을 이루게 하는 경영이론을 설명한 후 성장단계별로 어떤 모멘텀(momentum)이 있어야 다음 단계로 넘어갈 수 있는지 설명한다. 창업은 기업가정신을 가진 꿈을 가진 사람들에 의해 이뤄진다. 대부분의 기업들은 창업 후 서서히 사라진다. 모든 조물주의 산출물이 그렇듯이 영원한 것은 없다. 천년의 사랑은 있어도 천년 동안 살아남은 기업은 없다. 가치창출 프로세스는 부가가치사슬로 설명한다. 인류는 창조적인 파괴로 새로운 역사를 쓸 수 있었다. 창업하려는 에너지는 매우 중요하다. 팔릴 수 있는 아이템을 골라 일단 창업은 했다면 제대로 된 제품을 만들어내는 능력이 무엇보다도 중요하다. 초기 성장단계에서는 창업기의 능력을 확산시키는 것이 중요하다. 유지 · 발전 단계에서는 부가가치사슬의 모든 요소를 효율적으로 운용하되 큰 가치가 창출되는 역량을 확대하여 총가치를 극대화하는 능력이 중요하다. 기업의 각 성장단계에서 공통적으로 중요한 기능은 생산이다. 특히 일반 소비자를 대상으로 한 완제품의 대량생산은 수많은 자재 · 부품조달과 복잡하게 연계되어 있다. 이를 공급사슬이라 한다. 공급사슬 경영은 기업의 효율성에 지대한 영향을 끼친다. 기업의 큰 규모로의 성장은 크게 부가가치사슬의 두 축을 중심으로 이뤄진다. 부가가치사슬을 수평적으로 키우는 수평통합과, 수직적으로, 즉 다른 부가가치사슬을 가진 원료공급사업(상위)이나 완제품판매업(하위)을 합치는 수직통합이 있다. 이제 기업성장별 단계, 부가가치사슬, 공급사슬, 성장을 위한 통합방식을 이해해 보자.

2.1 기업의 창업, 성장 및 쇠퇴

본 절에서는 성장 프로세스를 설명한다. 성장 프로세스를 '기업의 운명이 가치가 큰 기업으로의 성장이라는 목표를 향해 가는 것' 이라는 전제 하에서 볼 때 성장을 도모하는 단계별 의사결정과정은 매우 중요한 기업경영 프로세스이다. 창업, 성장, 유지・발전 및 쇠퇴과정을 설명하면서 각 단계별로 어떤 의사결정이 중요한지, 다음 단계로 성장하기 위해서는 어떤 모멘텀을 살려야 하는지 살펴본다.

창업과정

창업과정은 실제 회사를 설립하는 과정과 이후 초기 수익기반을 구축하는 과정을 포함한다. 기술 중심 벤처회사들은 수익, 즉 매출을 창출하지도 못하고 문을 닫는 경우도 흔하다. 그만큼 기존에 잘나가는 대기업들에게 인정받고 그들에게 물건을 팔게 되기까지의 창업과정은 참으로 고된 시기이다. 이 시기 **투자비용**(CAPEX) 및 **운전자본**(working capital)은 대출자금보다는 창업자들의 납입금과 엔젤들로부터의 지분형태의 투자자금으로 충당하게 된다. 수입이 없으니 매달 조금씩 투자자금을 소진해 나가는 식일 수밖에 없다. 자금이 소진되어 가는 속도를 우리는 '타는 속도 또는 연소율(burning rate)' 이라고 한다. 마치 땔감을 쌓아놓고 외딴 곳에서 긴 겨울을 보내야 하는 상황인 셈이다. 6개월분이 남아 있으면 '매달 1/6씩 태운다' 라고 말한다. 거의 땔감이 떨어져갈 때쯤 다행히 제대로 된 제품이 나오고 기술상의 난제를 어느 정도 풀어 나갔다면 사업 리스크가 크게 줄어든다. 이럴 경우 대기업 등으로부터 품질인증 등을 받아 매출을 일으킬 가능성이 있게 되거나 실제 매출이 발생하게 되면 창업투자사와 같은 벤처캐피탈리스트들의 자금을 활용할 수 있다. 주식도 몇 배수로 평가받아 자금을 끌어들일 수 있는 단계에 이른다. 창업자에게 벤처캐피탈리스트로부터의 자금유치는 매우 중요한 모멘텀이다. 새롭게 유치된 그리고 창업자의 입장에서 볼 때 비교적 크다고 볼 수 있는 이 자금들은 생산을 위한 설비, R&D 보강, 영업 및 지원부서 확충 등에 쓰인다. 이 모멘텀을 잘 살려 고정비를 제하고 이익이 나는 과정으로의 진입을 위해 애써야 한다.

이익창출과정

창업과정을 거쳐 수익이 발생하고 판매량이 늘어 최소한 규모의 경제가 생기면 재무상으로는 **손익분기점**(break-even point)을 지나게 된다. 매출이 고정비와 변동비의 합을 지나는 판매량을 손익분기점이라 하는데 이후 지속적으로 판매량이 늘면 단위당 고정비가 줄어 이익이 발생하기 시작한다. 창업자들에겐 샴페인을 터트려도 되는 즐거운 시간이 될 것이다.

유지 · 발전과정

이익창출과정을 지나 이익이 누적되고 기업규모가 커지면서 여유자금이 생기게 된다. 여유자금은 **이익잉여와 부채여력의 합**이다. 부채여력(debt capacity)은 적정 부채비율을 유지하는 범위 내의 총부채조달금액을 말하며 실제 대출하지 않았더라도 손쉽게 낮은 금리로 은행으로부터 차입해 올 수 있는 자금도 포함한다.

이익의 배당 vs. 성장

이런 자금을 투자자금으로 사용할 것인가 여부는 여러 가지 사항이 고려된다. 즉, 성장을 계속할 것인가에 대한 결정이다. 일부 중소기업의 경우는 제품생명주기 내에서 기업을 운영하고 경영권이 유지되는 관리범수 내에 있는 기업규모로 키우겠다는 결정을 할 수 있다. 즉, 작고 알찬 기업의 규모로 남겠다는 것이다. 이런 창업자의 견해가 반영되는 경우 말고 일반적으로 상장되어 경영권이 분산된 현대기업의 경우는 성장기회에 대한 판단은 시장상황, 투자리스크 및 업종의 특성 등을 고려하여 결정한다. 여유자금을 동원하여 성장할 것인가, 성장을 당분간 포기하고 관망하는 자세를 가질 것인가는 사업기회의 타당성에 달려 있다. 투자를 통해 기업가치와 주주가치를 증대할 수 있음에도 그 기회를 회피하는 것은 주주에 대한 배임행위이다. 투자가 기업가치 훼손으로 이어질 것이라는 판단 아래 성장을 위한 투자를 안 하기로 결정했다면 운전자본 이상의 유보이익은 주주에게 배당이나 자사주 매입을 통해 배분되어야 한다.

유기적인 성장 vs. M&A

만일 성장을 꾀하기로 했다면 새로운 공장부지에 건물을 짓고 기계를 사와 신제품을 제작하는 **유기적 성장**(organic growth)방법을 사용할 것인지, 기존의 회사를 인수(M&A ; mergers & acquisitions)할 것인지 또는 이의 믹스[1]를 택할 것인지 결정해야 한다. 후자의 방법을 **비유기적인 성장전략**(inorganic growth strategy)이라 한다. 전자는 모든 것을 회사의 입장에 맞춰 설계할 수 있다는 장점이 있으며, 후자는 재무적인 측면에서 유리할 수가 있고 무엇보다도 그 사업에 즉시 진입할 수 있다는 장점이 있다.

수익모형의 쇠퇴

기업이 기업의 존재이유, 즉 소비자에게 제품을 공급하여 가치를 창출할 능력을 잃게 되는 과정이다. 제품이 소비자에게 외면당하면 수명을 다한 것이고 동시에 기업수익성은 떨어진다. 이익을 창출하는 신제품을 확보하지 못하면 자본이 잠식되고 채무에 대한 지불능력을 잃는다. 청산, 즉 현재의 상태에서 자산을 모두 매각하여 받은 돈을 채권자에게 배분하고 나면 기업은 지구상에서 사라진다. 기업회생과 관련해서는 2.3절에서 논한다.

다음은 기업의 수명이나 적정 규모를 설명하는 제 이론들을 설명한다. 세 가지 이론들로 제품수명주기설, 수익모형설, 적정규모론을 소개한다.

이론 ❶ **제품수명주기설**(product life cycle theory)

제품수명주기설은 제품이 '**개발 ➡ 성장 ➡ 포화**' 단계를 거쳐 수명을 다한다는 이론이다. 개발(development)단계에서는 시장이 불확실하고 소비자들의 기호를 알 수 없으므로, 소규모로 생산하되 제품에 대한 독점력을 가진

1. 부가가치사슬의 일부 기능을 기업인수로 대체. 예로 관련기술 보유회사를 인수하여 R&D를 수행하도록 하는 것 등이다.

그림 2-1 제품수명주기설의 설명도

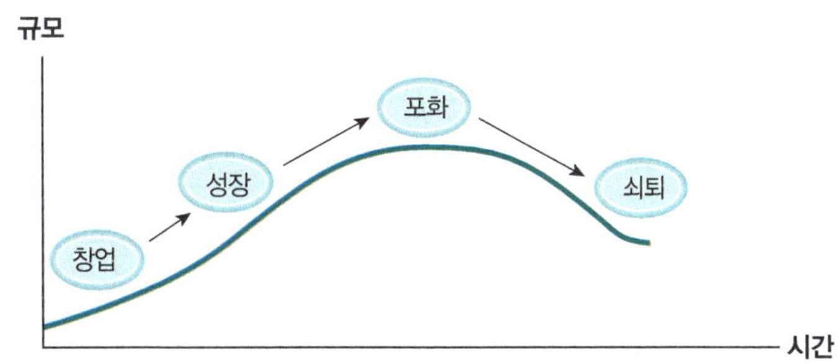

다. 이 단계에서는 가격보다는 제대로 된 제품의 생산과 수요규모의 확인이 중요하다. 수요규모가 다행히 손익분기점을 넘길 물량이라 판단되면 일반적으로 소규모지만 완제품생산에 들어간다. 시장에서 수요가 계속 증대하면서 제품의 시장과 기업은 함께 성장한다. 초기 성장단계가 지나면 이 상품의 시장은 포화(mature)기로 진입한다. 이 시기 초반에는 국내시장에서의 포화, 중반에는 해외시장 개척과 해외수출로 시장 확대를 꾀한다. 포화기 후반에는 국내외적인 대규모 소비가 일어나고 상품에 대한 생산 노하우가 노출되어 제품 표준화(standardize)가 이뤄지면 대량생산에 이점을 가진 또는 저임금 등 비교우위를 가진 다른 나라의 회사들로 생산기능이 이전됨과 동시에 제품개발사는 경쟁우위를 잃게 되고 모든 생산기반을 접게 된다. 개발에서 사업을 접거나 이전되기까지의 기간을 **제품수명주기**라 한다.

|생각 1| 당신이 생각하는 기업은 어떤 삶의 경로를 갈 것이라고 보는가?

이 이론이 설명하고자 하는 것은 어떤 기업이 그 제품을 개발했다 하더라도 수명이 있어 기업의 수명도 이와 함께 한다는 것이다. 이 이론에 의하면 기업에 투자한 자본가도 결국 힘들어지고 일정한 임금을 받는 노동자도 일자리를 잃어 더욱 힘들어진다는 것을 시사한다. 이 이론은 조선산업이나 IT산업 등이 유럽이나 미국에서 시작하여 일본으로 온 후 한국 등으로 넘어와 꽃을 피웠으나 중국 등 개발도상국으로 이전되어 가는 현상을 설명한다. 그러나 이 이론이 경쟁력이 이전되는 현상은 설명하나 기업이 새로운 수익모형을 만들어 오랜 생명을 유지하는 성공사례를 설명하지는 못한다.

이론 ❷ 수익모형론(sustainable business model theory)

앞서의 제품수명주기설은 한정된 제품수명에도 불구하고 많은 일등 제품 제작사가 오랜 생명을 유지하고 있는 현실을 설명하지 못한다. 그렇다면 기업들은 어떻게 생명을 유지하며 더욱 발전하고 있는 것인가? 또한 왜 어떤 기업은 문을 닫아야 하는가? 수익모형설은 기업이 다양한 제품군을 보유하고 있으며 각각의 제품들이 창출하는 수익을 잘 조화시켜 전사적으로 볼 때 어느 한 시점에서 안정적인 이익을 내고 있다면 각 제품들이 한정된 제품주기를 가졌다 하더라도 기업은 유지 및 성장할 수 있다는 이론이다. 이와 같이 기업의 수명은 제품주기에도 영향을 받지만 성장단계별로 다른 제품들을 잘 배치하고 새로운 부가가치를 부여하고 혁신하여 수익성만 유지하면 수명은 연장된다는 이론이다. 제품수명은 하나의 요소일 뿐 **경영상의 강점**과 **핵심역량 관리**가 기업의 흥망성쇠를 결정한다는 이론이다.

당신 기업의 강점은 제품인가, 조직력인가, 신사업개발 능력인가 또는 혁신의 능력인가? 기업의 강점을 수익모형과 연계시키는 방식을 설명한다. 이 방식이 작동될 수 있는 경영 프로세스가 어떻게 구축되어야 하는지 여러분 스스로 생각해 보자.

사례 ❶ 좋은 제품믹스로 승부하기

성장 비지니스(star)와 현금흐름 창출비지니스(cash cow)의 황금비율로 지속 성장한다.

사례 ❷ 하나의 성공조직이 제2, 제3 사업을 키워나가기

국가 발전 정도에 따라 성장산업이 달라진다. 과거 성공한 비즈니스를 이끌던 경영진이 새 비즈니스에 투입되어 새로운 성공신화에 도전한다.

사례 ❸ 벤처창업 후 매각 → 매각 대금으로 새 벤처

창업에 특화된 인적그룹이 회사를 키운 후 관리에 능통한 대기업에 회사를 매각하고 그 자금으로 새로운 벤처에 도전한다.

사례 ❹ 구조조정과 부가가치 부여, 혁신으로 높은 효율 유지

기존사업 중 가능성 있는 비즈니스만을 솎아내고 이에 디자인 등 부가가치를 부여하여 사업군을 성장형 사업으로 탈바꿈시킨다. 아울러 IT 혁신으로 비용을 줄여 수익성을 개선한다. 의식주처럼 수요는 항상 있되 표준화가 심한 전통산업 비즈니스에 적용된다.

|생각 2| 당신이 생각하는 비즈니스는 어떤 수익모형인가? 또한 지속 가능한 것인가?

이론 ❸ 적정규모론(optimum size theory)

적정규모론은 모든 기업이 대규모 기업으로 성장하는 것이 아니라 창업자와 같은 주요 의사결정자의 의도에 의해 작은 규모로 기업규모를 유지한다는 이론이다. 이 이론에 의하면 규모가 커지면서 조직원이 늘어날 때 창업 대주주 경영자는 직접 관리할 수 있는 **통제범위**(span of control)를 벗어나는 규모를 원치 않는다. 관리범위를 넘어선다는 것은 자신의 능력으로는 큰 기업을 운영하거나 존속시킬 자신이 없다는 뜻이다. 중소기업 고유의 아기자기한 맛도 없어져 경영하는 재미를 잃는다고 본다. 또한 기업규모가 커지면 **경영권**(management control) **유지**가 어렵게 된다. 창업자가 경영권을 자녀에게 상속하는 경영권 대물림은 대리인 문제를 제거하면서 고유기술의 보호 및 기술혁신에 대한 창업문화를 유지하는 데 유리한 방식이다.

요약하면, 관리 가능한 소식의 유지와 창업가족의 경영권 유지가 경쟁력 유지의 필수요건이고 창업의 목적일 경우 대주주 최고경영자는 큰 기업으로의 성장을 포기하고 작고 강한 기업의 유지를 선택한다는 것이다. 즉, '작은 규모 = 적정하고 아름답다(Small is beautiful!)' 고 인식한다.

(사례연구) 오스트리아, 독일, 대만의 강소기업들

(특이한 사례) 스웨덴의 발렌베리—자료를 찾아 어떤 특징이 있는지 연구해 보자.

|생각 3| 당신은 작지만 자기만의 왕국을 꿈꾸는가? 이럴 경우 경쟁력 유지가 가능한가? 정부의 중소기업 지원이 기업의 성장욕구를 막는가?

2.2 유지 · 발전을 위한 경영과정

본 절에서는 기업이 초기 단계의 성장단계를 지나 기업의 규모, 수익모형 등을 유지 · 발전시키는 과정과 이 단계에서의 경영 프로세스에 대해 설명한다.

기업 규모와 범위의 성장단계

기업은 제1장에서 설명한 대로 수익모형이 허락하는 한 성장을 도모한다. 작은 규모에서 안정화된 중견기업 형태로 성장하다가 많은 변화과정을 거쳐 다국적기업으로 성장한다.

지속성장 욕구의 배경

제1장에서 기업을 둘러싼 이해관계자들은 기업이 지속 성장하기를 요구한다고 설명했다. 성장은 불가피하다는 이론은 흔히 '자전거가 달려가다 멈추면 쓰러진다!' 는 말로 표현된다. 새로운 제품의 확보 없이는 죽는다는 이 표현은 앞서 설명한 제품수명주기론으로 설명된다. 수익모형론에 의하면 기업은 새로운 비즈니스를 발굴하여 수익모형을 건강하게 유지하는 한 존속할 수 있다고 했다. 존속을 위한 이런 성장패턴은 기업자산과 사업(또는 비즈니스)의 종류를 늘린다. 이 이론은 경제이론과 통한다. 한 사업에서의 자산규모의 증가는 규모의 경제(economy of scale)을 키우고, 사업의 다각화는 범위의 경제(economy of scope)를 늘린다. 경제성의 증가, 즉 낮은 비용으로 고객서비스를 극대화하는 능력이 커지면 이익이 늘고 기업가치가 증가한다. 이는 모

조직규모/복잡성 기준에 의한 기업 성장단계 그림 2-2

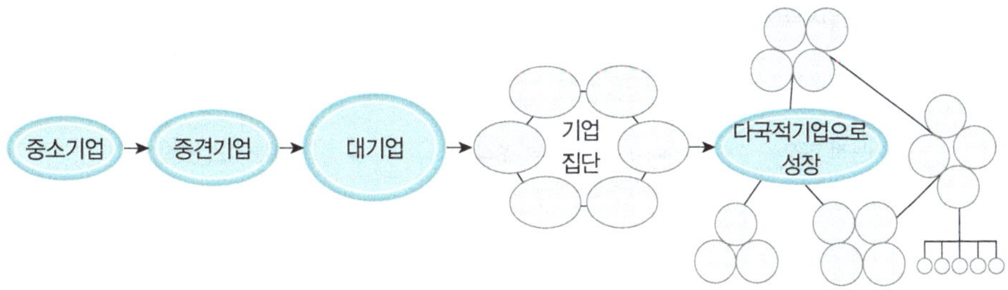

든 **이해관계자들의 이해와 일치**한다. 주주의 이익을 대변하는 대리인으로서 경영자는 경세이론에 맞춰 성장을 선택한다. 이런 성장욕구는 시장을 경쟁적으로 만들고 고객은 지속적으로 원하는 상품을 시장을 통해 공급받는다. 산업혁명 이후 인류의 역사는 이런 자본주의의 힘에 의해 문명의 혜택을 누리게 되었다.

만일 기업이 경쟁에서 밀리게 되면 수익모형은 악화되고 시장에서 퇴출된다. 경쟁에 이겨 대기업으로 성장한 기업은 좋은 인력을 확보하고 누적된 자금과 신용으로 신사업, 새로운 지역으로 계속 기업을 확장해 나간다. 조직은 커져 기업집단화가 되고 이 중 일부는 다국적기업으로 발전한다.[2]

기업 성장단계별 기업 구성요소의 변화과정

〈그림 2-3〉은 기업이 성장단계를 달리할 때 제품의 구성, 조직, 리더십과 경영에너지에 있어 경영자들이 어떤 변화를 겪게 되는지 설명하고 있다. 성장과정에서 경영자들은 그들이 각 단계별로 겪어야 될 변화들을 기업가치 증대와 연결시켜야 한다. 어떤 프로세스를 구축해야 이것이 가능한지 함께 고심해야 할 것이다. 성장단계별로 성장을 추구하기 위한 시기별 경영 프로세스를 **성장 프로세스**라 한다.

2. 2015년 이후 한국의 대기업은 기업집단화 단계를 거쳐 다국적 기업군으로 변모하는 단계에 들어설 것으로 예상하고 있다.

그림 2-3 기업 성장단계별 기업 구성요소의 변화과정

1. 제품과 지역

단일제품/단일지역/저부가 → 다양한 제품/다양한 국가/고부가 → 현지서비스

2. 조직

기능적 조직 → 사업부 조직 → 매트릭스 조직

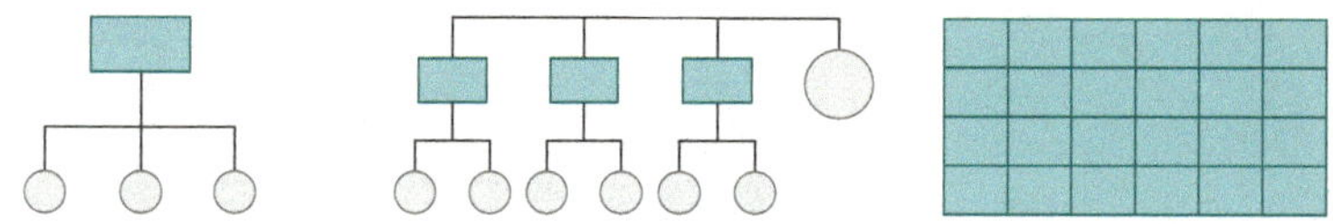

3. 기업의 경영원칙과 문화

고객의 국제화는 인력, 자금, 영업행태, 주주구성, 기술, 소통언어의 글로벌화
→ 글로벌 조직에 맞는 경영원칙과 소통 · 실행 문화의 정착

4. 리더십과 경영에너지

· 성장은 기업조직이 점점 복잡한 신경계로 변모함을 의미함
· 복잡해질수록 비전과 원칙의 공유와 이를 실행시키는 파워풀(powerful)한 경영이 요구됨
· 경영파워를 에너지로 본다면 이는 공유된 비전 아래 강력한 리더십과 팔로워십을 의미함

〈그림 2-3〉의 1, 2, 3, 4항들은 성장단계별로 각 기능별 구성요소가 달라지고 있음을 보여주고 있다. 여기서 **성장**이란 단순히 규모가 커진다는 것 이상의 의미임을 알 수 있다. 주제 1, 2, 3, 4는 모두 연계되어 있다. 예로 단일제품 수출 대기업이 현지화를 포함한 다품종생산체제로 커나가기 위해서는 현지 국가에서의 법인 설립 등 조직체계를 손질하고, 글로벌경영에 맞춰 현지에서의 자율결정 프로세스와 보상원칙 등을 바꾸며 기업문화를 보다 개방적으로 바꾸고, 복잡해진 조직을 이끌어야 할 리더를 발굴함과 동시에, 이들에 대한 인센티브를 제공하고, 조직원들을 국제화하는 등 변화가 일어나야 된다.

하나의 변화가 다른 변화를 유도한다. 최고경영자는 조직비전에 따른 기능별 변화를 시기별로 예측하여 그것을 실행할 수 있는 비전공유 프로세스를 포함한 다양한 형태의 성장 프로세스를 구축해 나가야 한다. 글로벌 조직으로의 변화가 조직원의 도전과 열정 없이는 성공하기 어렵다고 판단할 경우 글

로벌 경쟁에서 이길 수 있는 개개인의 역량 확충을 위한 역량강화 프로그램을 직급별로 수행 · 평가 · 지도하는 등 기존에 없던 새로운 경영 프로세스를 구축해야 할 것이다.

2.3 기업의 쇠퇴

본 절에서는 기업의 존재이유가 소멸되는 쇠퇴과정을 설명한다.

기업쇠퇴과정

기업쇠퇴는 **수익모형의 쇠퇴**이다. 소비자가 기업이 생산하는 제품을 외면하는 과정을 거쳐 최종 쇠퇴는 재무적으로 나타난다. 이는 첫 단계에서 유동성위기를 겪다가 이후 채권단이 빚을 도저히 갚지 못할 상태라고 판단할 때 파산이 결정된다. 기업이 채무(빚)에 대해 지불능력이 떨어지면 **유동성위기**(liquidity crisis)를 맞게 된다고 한다. 유동성이란 단기적으로 현금을 조달할 수 있는 기업의 능력이고, '그 기업, 자금이 부족하다더라', '급전을 빌리고 다닌다더라', '조심해라' 등의 소문이 나면 외부로부터의 추가 자금조달이 어려워지게 되는데 이때부터 유동성위기가 시작된다. 이후 매입채무나 일반채무(채권의 만기도래나 이자지급에 대해)를 지급 당일에 지급하지 못하는 상황이 발생한다. 이를 부도났다고 한다. 여기까지의 상황이 유동성위기라 볼 수 있다. 기업의 채권을 보유한 기업이나 은행들을 채권단이라 하는데 이들은 우선 유동성공급 문제가 단기적인지, 아니면 장기적인지 평가한다. 즉, 순자산이 남아 있는지, 자본이 완전 잠식되었는지 확인하게 되는데 보유자산을 다 팔아도 빚을 다 못 갚는 상황, 즉 **파산상태**(insolvent state)라고 확인되고 특단의 조치 없이 회생이 어렵다 판단할 경우 최종으로 부도처리한다. 이후 기업의 경영권은 채권단으로 인계된다. 이 시점 이후 주주, 경영진, 직원은 일체의 자산을 현 위치에서 이동시킬 수 없다.

용어

- **유동성위기**(liquidity crisis) **도래**: 채무에 대한 지불능력의 부족상황
- **자본잠식**: 순자산 < 0이 된 파산상태(insolvent state)가 확인되면 최종 부도처리
  ➡ 보유자산을 다 팔아도 빚을 다 못 갚는 상황을 의미

채권단이 최종 부도처리한 후 기업은 두 가지 운명에 놓인다. 하나는 청산이고 하나는 회생이다.

용어

- **청산**: 자산매각 후 순위별로 매각대금을 배분하는 행위
- **회생**: 도산법이나 채권단과의 합의에 의거해 기업갱생을 도모하는 행위

회생절차는 다음과 같다. 기업은 법원에 법정관리를 신청하고 채권단이 회생가치가 청산가치보다 크다고 판단되면 채권단은 법원에 회생계획서를 제출하고 법원이 이를 인정하면 회생절차에 들어간다. 법정관리에 들어가면 채무는 동결되고 추가적인 자금조달을 받아 수명을 연장시킨다. 전 대주주 임원은 경영에 참여하여 회생작업을 주도할 수 있다. 투자여력을 확보할 수가 없어 소수에 한해 회생에 성공한다. 이 외에 법원의 힘을 빌리지 않고 채권단과의 사적 합의로 갱생을 도모하는 워크아웃(work-out)과 워크아웃보다 더욱 유연한 자율협약이란 제도가 있다.

기업쇠퇴의 원인

기업쇠퇴는 제품수명주기가 다하고 수익모형이 쇠퇴하면서 발생한다. 진화론적인 해석에 따라 개선된 형태로 진화하지만 한정된 수명은 있다는 것이다. 기업쇠퇴를 일으키는 현상들을 분류하면 다음과 같다.

■ 성장과 위험 간의 균형상실

- 과잉투자와 저(低)수익구조 ➡ 손실 누적으로 자본잠식
- 부채조달에 의존한 성장정책 ➡ 부채비율 상승으로 인한 이자부담 상승

• 거시경제 및 금융위기에의 대응부족 → 거시지표(금리, 환율)의 큰 변동에 취약한 구조

■ 경영자의 과도한 위험선택

• (왜?) 주식은 옵션이므로 자산의 위험이 증가하면 주식가치가 상승한다는 성질을 악용함.

■ 고용원의 비윤리적인 행동 및 관리부족

• 배임행위: 종업원과 대주주 경영자의 회사자산 사취

• 사적 이익을 위한 과도한 위험선택: 파생상품거래

2.4 부가가치사슬과 공급사슬

우리는 앞에서 기업의 성장에는 어떤 단계가 있으며 성장단계별로, 각 기능별로 어떤 모습을 가져야 하는지를 〈그림 2-3〉을 통해서 살펴보았다. 그리고 어느 한 단계에서 다음 단계로 진입할 때 어떤 요소의 변화가 있어야 하는지 알아보고 이 변화를 실행하는 성장 프로세스에 대해 일부 사례를 들어 논의했다. 이를 통해서 성장 프로세스가 긴 기간 기업을 성장시키기 위한 경영 프로세스라는 것을 살펴보았다.

부가가치사슬(value added chain) **경영**은 어느 정도 성장한 기업이 보유한 부가가치사슬을 어떻게 관리하여 그 시점에서의 기업목표(기업가치 극대화 등)를 어떻게 달성하느냐에 관심을 둔다. 한편 창업과 쇠퇴기의 경영을 기업가 정신이 충만한 기업가나, 도산과정에 특화된 기업정리 전문가에 의해 이뤄지는 특화된 영역으로 본다면,[3] 부가가치사슬 경영은 유지 · 발전 단계에서의 전문경영인에 의한 경영이라 이해하면 되겠다. 초기 성장단계를 지나 고도의 경영관리가 요구되는 유지 · 발전 단계에서의 경영으로 개별 부가가치사슬을 총지휘하는 역할로 인식될 수 있다. 이 단계에서의 경영은 R&D, 디자인에서

3. 창업과 쇠퇴기의 경영이 유지 · 발전기의 경영과 시계열로 연계되어 있으나 이 시기의 경영은 유지 · 발전기 가치사슬의 일부분이 크게 강조되는 경영으로도 인식될 수 있다. 창업은 제11장에서 자세히 설명한다.

사후관리(A/S)까지의 전 경영과정이 물 흐르듯이 유연하게 작동하도록 또는 구슬이 매끈하게 꿰어지듯 프로세스를 잘 설계하고 구성원들에게 동기를 부여하는 일이 주된 내용이다.

왜 디자인에서 사후관리(A/S)까지의 전 경영과정을 부가가치사슬이라 하는가? 각 기능들이 사슬(실제로는 막대기로 그림)처럼 연결되어 있고 각 과정이 부가가치(value added)[4]를 창출하기 때문에 붙여진 이름이다. 기업의 기능을 이해함에 있어, 물건을 만들어 파는 기능 그 자체보다는 단계별 과정이 창출하는 가치에 초점을 맞춰 기능을 바라보자는 뜻이다. 따라서 생산 · 판매 관련 사슬뿐 아니라 사슬을 지원하는 인적자원관리, 재무, 법무, 구매, 특허 등이 창출하는 부가가치도 중시한다.

추가적으로 이해할 것은 부가가치사슬(value added chain) 중에서 가장 핵심인 생산과정을 기업 내외부의 수많은 부품공급자가 피라미드를 옆으로 눕혀놓은 사슬(chain)처럼 연결되어 있다 하여 공급사슬(supply chain)이라 부른다는 것이다. 공급사슬의 관리능력은 대량생산 및 유통체제에서의 생산성 및 제품(또는 서비스)의 품질을 결정하는 주요 요소이다. 먼저 부가가치사슬에 관해 설명한다.

부가가치사슬

기업이 목표로 하는 가치창출은 사슬(chain) 기능들이 창출하는 가치의 합이다. 이들을 회계적으로 명확히 추정 · 합산하지는 못하지만 개념적으로는 그렇다. 본 장에서는 각 기능이 어떻게 연결되어 있는지만 이해하고 각 기능별 부가가치창출 이론은 해당 장에서 다룬다.

생산관리를 위한 공급사슬

부가가치사슬 중에서도 기업의 가장 기본적인 기능은 제대로 된 물건을 적정한 비용으로 만드는 일이다. 이를 위해 생산은 20세기 초반부터 엄청난 변화와 발전과정을 겪었다. 21세기 들어와서는 소비자가 직접 고도의 물건을

4. 여기서의 부가가치란 경제학에서의 임금 등을 포함한 부가가치보다는 기업가치에 부가하는 가치이다.

그림 2-4 부가가치사슬의 모양(막대기형)

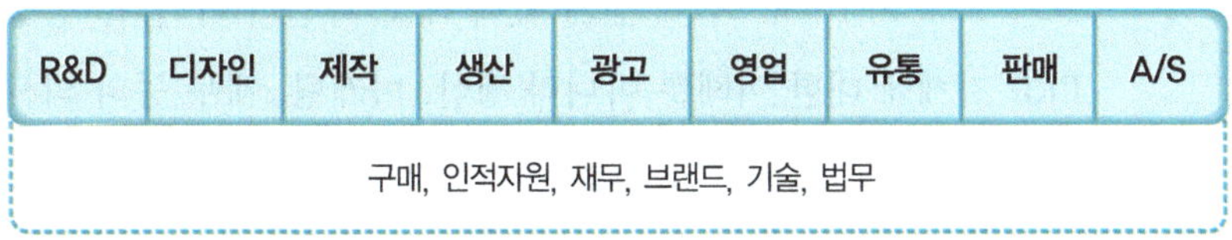

(주) 각 단계에서 가치가 창출되며 이는 기업가치창출의 원천

각 단계에서의 가치 창출사례

1. R&D: 현대자동차의 경쟁력은 R&D를 통한 품질개선
2. 디자인: 애플의 디자인과 CI 통합(look and feel)
3. 시제품 제작: 현대중공업은 모듈화, 육상건조, 동시 진행방식 시도로 건조기간 대폭 줄여
4. 생산: 파눅은 로봇이 로봇 생산, 도요다의 JIT(just-in-time)
5. 광고 · 영업: 지구의 가치를 높이는 회사, 두산
6. 유통 · 판매: 월마트의 무재고시스템 운영
7. A/S: 삼성전자와 엘지전자 고객서비스
8. 재무: ABB의 이익센타로서의 재무사업본부
9. 브랜드: 오리온의 초코파이

만들어내도록 도와주는 3-D 프린터가 출현하기에 이르렀다. 그러나 고도기술을 탑재한 대량생산은 기업의 몫이고 대량생산을 주도하는 기업은 수많은 기업들로부터 부품을 받아 제품을 제작한다. 기업 내외부의 수많은 부품공급자와 피라미드를 옆으로 눕혀놓은 사슬(chain)처럼 연결되어 있는 부품 및 자재 공급망을 **공급사슬**(supply chain)이라 부른다. 공급사슬의 관리능력은 대량생산 및 유통제제에서의 생산성 및 제품(또는 서비스)의 품질을 결정하는 주요 요소이다. 공급사슬 경영은 1970년대 컴퓨터의 범용화 초기에 MRP로 시작되었다. 자재요청 프로그램을 의미하는 **MRP**(material requirement program)는 원자재에서 중간자재 완제품에 이르는 자재를 생산계획에 따라 적시에 투입되도록 컴퓨터가 그때그때 관련정보를 제공해 주는 컴퓨터 프로그램이다. 이것이 1990년대 들어와 독일의 SAP사를 중심으로 전사적 자원관리인 **ERP**(enterprise resource planning)로 발전했다. ERP는 생산뿐 아니라 구매, 회계, 판매 등 모든 부가가치사슬의 거래관련 정보를 실시간으로 제공해 주고

있다. ERP는 거래 투명성을 제고할 뿐 아니라 수시로 경영상황을 종합적으로 볼 수 있는 경영정보 시스템에 기초 자료를 제공한다. 경영에 관련된 기초정보가 모두 ERP 시스템에 담겨 있다 해도 과언이 아니다. 경영학도라면 향후 ERP 자체에 대한 이해뿐 아니라 생산, 마케팅, 재무 등의 의사결정이 어떻게 ERP에 반영되고 ERP 정보를 이용하여 어떻게 올바른 마케팅, 생산, 재무결정을 할 수 있는지 연구하고 깨우쳐야 할 것이다.

2.5 부가가치사슬의 확장—수평통합

기업은 유지 · 발전 단계에서 경기가 불안하면 유지를, 경기가 좋을 것으로 예상되면 성장전략을 꾀한다. 기업성장이란 부가가치사슬을 확장하는 것이다. 즉, 가치사슬의 전부 또는 일부를 키우는 일이다. 제조를 위한 라인 증설은 생산기능을, 기술회사 인수는 R&D 기능의 확장를 의미한다. 경쟁사를 인수한 경우는 모든 가치사슬의 확장을 의미한다. 이런 확장방식을 수평적인 확장, 수평통합(horizontal integration)이라고 한다.

수평통합의 이점

수평통합의 경제적 의미는 규모의 경제를 늘려 단위 투입량 대비 생산량을 늘리고 시장점유율을 늘려 시장 리더가 되고자 하는 것이다. 제5장에서 자세히 논의하겠지만 시장의 리더가 되면 가격을 통제할 수 있는 힘을 가지고 높은 수익을 올리는 데 용이하다.

수평통합의 사회적 폐해

어느 한 기업이 시장에 영향을 줄 정도로 비대해지면 독과점의 문제가 발생한다. 한 예로 추가적인 수요가 있는데도 불구하고 기업이 물량을 줄여 가격을 올려 이익을 더 늘리려 한다면 고객은 높은 가격에 살 수밖에 없어 경쟁적인 시장에 비해 소비자 복지가 감소한다. 한편 경쟁자가 생기려 할 때 독점기업은 가격을 낮춰 진입하려는 기업을 고사시킨다. 진입장벽을 쌓는 것이다. 이 경우 잠시 가격이 낮아지니 소비자는 좋지만 경쟁자가 없어지면 결국 가격을 올려 이전과 같은 나쁜 상태가 된다. 정부는 공정거래법을 통해 이런 경쟁제한적인 독점자의 행태를 불법화하고 있다.

2.6 상위산업과 하위산업 간의 통합—수직통합

또 다른 확장방식은 수직통합(vertical integration)이다. 잠시 상위산업(upstream)과 하위산업(downstream)에 대한 이해를 하고 넘어가자. 제품을 만들려면 원료를 공급하는 소재산업이 있고, 소재들을 모아 중간제품을 만드는 제조사가 있으며, 완제품을 만들어 유통하는 완제품회사가 있다. 예로 휘발유가 소비자에게 유통되려면 원유를 구입·운반해 정유회사가 이를 정제한 후 유통망을 통해 소비자에 공급한다. 태양광 산업을 보자. 폴리실리콘이라는 원료를 제조하여 실리콘 봉을 만든 후 이를 반도체공정과 같이 디스크 모양으로 자르고, 이를 다시 정사각형으로 잘라 그 위에 전자회로를 심어 태양전지 셀을 만든 후 셀에 케이스를 씌어 모듈을 만든다. 이를 태양광 발전소가 원하는 넓이로 수백, 수천 개의 모듈을 연결한 태양전지판을 만들어 발전사업자에게 납품한다. 발전사업자는 건설회사의 공정과 같이 넓은 벌판이나 편편한 건물 옥상에 태양전지판을 깔아 전기 생산을 한다. 그러면 이를 최종소비자인 전력회사나 공장, 건물주 등 개별 소비자가 사게 된다. 원료가 있어야 산업이 시작되므로 원료 쪽에 위치한 사업자 또는 산업을 상위산업, 즉 업스트림(upstream)이라 부르고, 최종소비자(end user)에게 제품을 공급하는 사업자 쪽으로 위치한 사업자 또는 산업을 하위산업, 즉 다운스트림(downstream)이라 한다.

위의 예에서 원유 채굴자나 폴리실리콘 제조자가 가장 윗단의 업스트림 사업자이고 정유·유통사나 발전소가 가장 밑단의 다운스트림이다. 수직통합이란 업스트림이 다운스트림 사업자와 통합하는 것이다.

수직통합의 이점

수직통합의 경제적 의미는 서로 고정된 시장 또는 내부시장(captive market)을 확보하는 것과 거래비용을 줄일 수 있다는 데에 있다. 예로 원료회사 A와 중간재회사 B가 합병했다 하자. 이 회사들은 따로 있을 때에 비해 A는 확실한 매출처를, B는 확실한 구매처를 확보하게 된 셈이고, 이로써 양사는 수직통합을 통해 경영불안을 줄일 수 있다. 또한 부가가치사슬의 상하위 통합이 가능해진다. 생산기능 면에서 볼 때 따로 만들어 거래하던 것을 수직통합으로 한 공간에서 원료에서 중간재까지 물 흐르듯이 공정을 만들 수 있기 때문에 당장 거래비용을 줄이고 효율성을 증가시킨다.

수직통합의 단점과 사회적 폐해

기업의 관점에서의 단점은 경기변동에 대한 유연성이 줄어든다는 데 있다. 따로 존재할 때 그 산업 전체가 침체기에 들어갈 경우 그 폐해가 작은 규모로 일어나지만 수직통합 후 산업경기 침체가 장기화되면 수직통합을 한 만큼 폐해가 늘어난다. 전자, 조선, 자동차, 태양광 등 모든 산업이 장기 침체기에 들어갈 때 그 산업에 몰빵한 그룹일수록 오래 견디기 어렵다. 몸집이 크면 둔하고, 작으면 유연하기 마련이다.

사회적 폐해로는 수평통합보다는 적지만 공정거래 차원에서의 문제가 발생한다. 합병이 일어나면 시장 경쟁도가 떨어진다. 예로 원료회사 A가 5개의 다른 원료회사와 함께 중간재회사 B와 거래하고 있었다고 하자. 그런데 A와 B가 합병하면 5개의 다른 원료회사는 B사에 대해 A가 판 물량을 제한 물량을 나눠 가져야 한다. 즉, A가 독점적으로 납품할 수 있는 위치에 놓이게 됨에 따라 나머지 다섯 회사는 물량을 강제로 줄여야 하는 피해가 발생한다.

2.7 결론

본 장을 통해 여러분은 기업이 창업되어 쇠퇴하기까지의 과정과 이론을 이해했다. 또한 각 성장단계별로 중요한 경영 프로세스, 즉 부가가치사슬 측면에서 어디에 중점을 두고 경영에너지를 집중해야 하는지 이해했다. 아울러 부가가치사슬 중 가장 중요한 생산과정은 다른 과정과 달리 기업 내외부의 많은 자재 공급망과 연계되어 있음을 이해했다. 공급망관리 또는 공급사슬경영(SCM; supply chain management)은 그동안의 중요한 과제로서 IT기술과 연합하여 더욱 눈부신 발전을 거둬 생산뿐만 아니라 모든 부가가치사슬로 확대되어 ERP로 진화하고 있다. 이는 투명경영뿐 아니라 경영혁신을 주도하는 기술로 발전하여 대부분의 기업들이 도입하여 그 효율성의 효익을 구가하고 있다. 마지막으로 성장의 수단인 수평통합과 수직통합이 부가가치사슬의 확장임을 이해했을 것이다. 다만 이 확장방식의 단점과 사회적 폐해도 함께 이해해야 할 것이다.

연습문제

01. 기업의 생명이나 규모를 설명하는 이론과 관련하여,

1) 기업의 성장단계별 과정을 설명하시오.
2) 제품수명주기설로 기업의 수명을 설명할 때, 전제되는 가정은 무엇인가?
3) 수익모형론과 제품수명주기설은 어떻게 다른가?
4) 적정규모론은 어떤 종류의 기업의 형태를 잘 설명하는가?

02. 기업 성장단계별 기업구성요소와 관련하여,

1) 구성요소의 변화과정을 제품, 조직 등 4차원에서 설명하시오.
2) 글로벌 조직에 맞는 경영원칙은 어떻게 다른가?
3) 파워풀한 경영을 가능하게 하는 요소는 무엇인가?

03. 기업의 쇠퇴와 관련하여,

1) 유동성위기란 무엇인가?
2) 자본잠식의 요건이란 무엇인가?
3) 기업의 쇠퇴의 일반적인 원인 3가지를 설명해 보시오.

04. 부가가치사슬과 공급사슬과 관련하여,

1) 부가가치사슬의 정의는 무엇인가?
2) 부가가치사슬은 서로 어떤 형태로 연결되어 있는가?
3) 공급사슬은 무엇이며 부가가치사슬과의 관계는 어떠한가?
4) ERP의 발전과정과 현대기업에서의 ERP의 역할을 설명하시오.

05. 수평통합과 수직통합과 관련하여,

1) 이들은 각각 부가가치사슬을 어떤 방식으로 확장하는가?
2) 수평통합을 유도하는 경제적 이론은 무엇인가?
3) 수직통합을 유도하는 경제적 이론은 무엇인가?
4) 이들이 기업에 불리하게 작용하는 구조상의 문제는 무엇인가? 둘 중 어느 통합이 더욱 심하다고 보는가?
5) 이들이 시장에 끼치는 폐해는 무엇인가? 둘 중 어느 통합이 더욱 심하다고 보는가?

경영주체의 선택과 균형

part II

chapter 03

학습목표

독자들은 이 장의 학습을 통해 다음의 주제에 담긴 내용을 알아야 한다.

1. 마케팅의 정의
2. 마케팅믹스
3. 소비자 효용과 효용함수
4. 무차별곡선과 대체재 · 보완재의 특성
5. 예산제약 아래의 최적 소비선택
6. 소득탄력성과 가격탄력성
7. 수요함수와 수요법칙
8. 소비자이론의 마케팅에의 적용

소비자이론과 마케팅

::: 들어가기

마케팅은 개인이 소비를 통한 행복을 충족시키는 교환을 가져오기 위해 아이디어, 제품 및 서비스에 대한 발상, 가격결정, 촉진 그리고 유통을 계획하고 실행하는 과정이다. 쉽게 말하면 소비자가 좋아할 물건을 알아서 만들어 그들이 기분 좋게 높은 가격에 살 수 있도록 하는 기능이다. 마케팅의 정의에서 나오는 네 용어인 제품, 가격, 촉진(광고 및 영업) 그리고 유통(유통채널 및 판매)은 각각 영어로 product, price, promotion, place로 표기하여 4P라 하고 이를 **마케팅믹스**라 한다, 즉 마케팅은 '4P를 잘 조합하여 소비자를 만족시키자' 그리고 '기업은 그 대가로 이익을 내자' 라는 것이다.[1] 제2장에서 소개된 부가가치사슬의 디자인, 광고, 영업, 유통, 판매, A/S와 브랜드가 마케팅믹스에 의해 결정되는 기능이며 재무부서의 예산 통제를 받아 최종 결정된다. 이를 위해 우선적으로 소비자를 이해해야 한다. 둘째로는 경쟁자를 포함한 기업의 생리를 이해해야 하고, 셋째로는 이들 물건이 교환되는 시장의 생리를 잘 알아야 한다. 본 장에서는 소비자이론을, 제4장에서는 기업이론을, 제5장에서는 시장의 형태와 경쟁전략을 설명한다.

소비자이론은 미시경제학에서 개발된 이론으로 미시경제의 출발점에 해당하는 기초이론이다. 제1장에서 소개했던 소비자 욕구의 특성에서 시작하여 **효용**과 **효용함수**, 제품의 성격, **수요함수** 등 재미있는 개념들이 많이 등장한다. 독자들은 소비자 욕구의 특성과 같은 관념적인 개념들이 수량화된 수요함수로 어떻게 전개되는가를 이해함으로써 경제학자의 그간의 공적을 맛보는 기쁨을 누릴 것이다. 이제 소비자이론으로 들어가 보자.

---

1. 마케팅은 고객가치와 이익 모두를 추구하지만 이익보다는 제품을 통한 고객가치, 또는 조금 더 감성적인 고객행복에 치중한 개념이라고 이해해야 할 것이다.

3.1 소비자 효용과 무차별곡선

본 절에서는 소비자 욕구의 특성으로 시작해서 소비자 효용 및 효용함수와 약간의 경제수학을 소개한다.

소비자 욕구의 특성

소비자인 인간의 욕구는 다음의 두 가지로 요약된다.

- 다양성 욕구(diversity)
- 충족되지 않는 욕구(insatiability)

다양성이란 같은 효용을 가진 서로 다른 두 재화가 있을 때 어느 한 재화를 두 개 소비하는 것보다는 각각 하나씩 소비하기를 선호하는 인간의 욕구를 말한다.

충족되지 않는 욕구란 흔히 '끝이 없는 탐욕' 으로 대변되는 심성으로 소비를 통한 만족에 끝이 없다는 것이다. '더 많이, 더 많이, 특히 옆집보다 더 많이……' 심성이다. 재물이 많아도 계속 더 원할까 궁금하다. 하지만 부자들이 더 부자가 되려고 애쓰는 것을 보면 '더 많은 재물' 에 대한 욕구는 비윤리적인 것이 아닌 한, 인간의 본연적인 것으로 받아들여져야 할 것 같다. 소비 선택의 폭이 날로 넓어지는 현실을 고려하면 더 많은 재물에 대한 욕구는 더욱 강하게 지속될 것이며, 재물이 많으면 좋은 일을 더 많이 할 수 있는 환경이 이 같은 욕구를 보편 · 정당화하고 있다.

이 같은 가정 아래에서 소비자가 자신의 욕구를 충족시키기 위해 내린 의사결정을 우리는 '합리적(rational)' 이라 평가한다. 그렇지 않을 경우 비합리적(irrational)이라 본다.

소비자 효용과 효용함수

효용(utility)이란 개인이나 조직인 소비자가 재화나 서비스를 소유, 사용

그림 3-1 효용함수와 한계효용

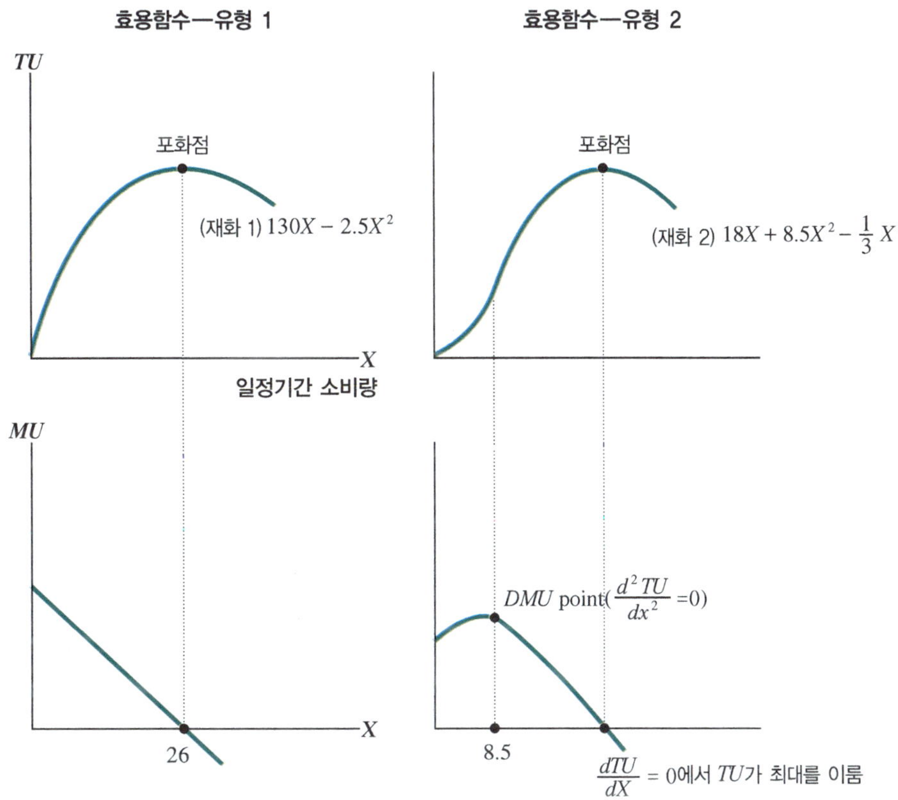

또는 소비하면서 가지게 되는 기쁨(pleasure)이나 만족(satisfaction)을 의미한다. 효용을 크기(intensity)에 맞춰 수량화(quantify)하는 방법과 수량화가 어려울 경우 어떤 것이 어떤 것보다 선호(prefer)된다는 정보를 바탕으로 순서로 나열하는 방법이 있다. 전자를 **기수적 방법**(基數的 方法, cardinal ranking pattern)이라 하고 후자를 **서수적 방법**(序數的 方法, ordinalranking pattern)이라 한다.

〈그림 3-1〉의 위 그림 2개는 기수적 방법에 의해 효용이 주어졌을 때 효용함수의 예를 보여주고 있다. 위 좌측의 유형 1은 효용(TU; total utility)이 재화 1의 소비량 X의 $130X-2.5X^2$ 이며, 우측의 유형 2는 효용(TU; total utility)이 재화 2의 소비량 X의 $18X+8.5X^2-\frac{1}{3}X^3$ 인 경우이다. 여기서의 소비

량은 특정 기간 동안의 소비량(units of goods consumed per period of time)이다. 재화 1의 소비에 대한 효용은 소비증가에 따라 완만히 증가하다 정점을 지나 감소하는 패턴을 보이는 반면, 재화 2는 초기 급격히 증가하다가 완만한 증가로 전환한 후 정점을 지나 감소하는 추세이다. 곡선의 정점(summit)은 만족이 최고에 달하는 포화점(saturation point)이다. 포화점은 제2장의 제품수명주기 곡선에서 추가적인 수요가 발생 안 하고 도리어 줄기 시작하는 점과 마찬가지 개념으로 추가적인 효용이 발생 안 하고 도리어 줄기 시작하는 점이다.

〈그림 3-1〉의 아래 그림들은 어떤 소비량 X에서의 한계효용(MU; marginal utility)을 보여주고 있다. 한계효용이란 어떤 소비량 X에서 하나 더 소비할 때 증가하는 효용의 크기이다. 약간의 수학적 이해가 있다면 MU는 TU의 X에 대한 1차도함수에 특정 X값을 대입함으로써 얻는다.

그림에서 보듯이 좌측은 한계효용이 처음부터 선형으로 감소하는 반면 우측은 초기에 증가하다 변곡점을 지나서는 감소하는 재화이다. 늘다가 감소하는 한계효용 변곡점(diminishing marginal utility point)은 TU의 X에 대한 2차도함수가 0이 되는 지점이다. 여기서의 X값은 8.5이다. 포화점은 1차도함수가 모두 0이 되는 점으로 좌측은 $X=26$, 우측은 $X=18$이 되는 점이다. 한계효용 변곡점에 다다를 때까지는 소비자가 높은 가격을 수용하겠지만 포화점에 다다를수록 가격에 대한 부정적 반응이 커질 것으로 예상된다.

생각 1 어떤 재화가 재화 1과 2의 효용곡선처럼 효용을 증가시켜 줄지 상상해 보자.

맛배기 경영수학 1—미분

경영학 입문서 초입에 갑자기 1, 2차 도함수, 변곡점 등이 나오니 예상 밖이라고 생각할 것이다. 수학의 기초개념을 이해해야 경제와 경영이론에 다가설 수 있다. 이해를 돕고자 여기 기초적인 미분(calculus의 일부) 세션을 마련했다.

1) 구간에서의 기울기(slope)에 대해—X축과 Y축의 절편을 잘라 기울기 구하기

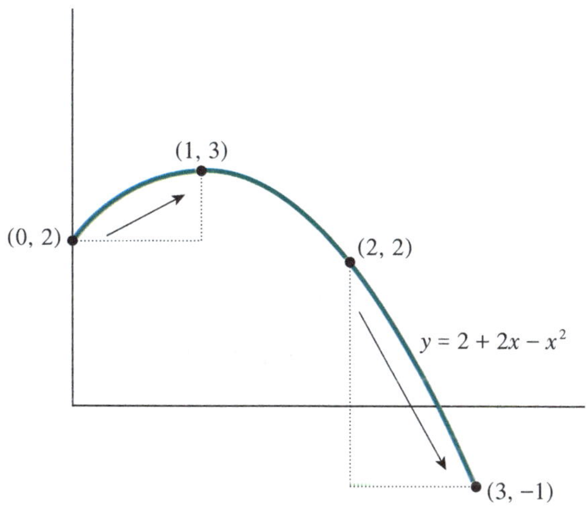

A. (0, 2)점에서 (1, 3)점까지의 기울기(여기서 그리스 문자 Δ는 매우 작은 증가를 의미)

$$\frac{\Delta y}{\Delta x} = \frac{3-2}{1-0} = 1$$

B. (2, 2)점에서 (3, −1)점까지의 기울기

$$\frac{\Delta y}{\Delta x} = \frac{-1-2}{3-2} = -3$$

2) 한 점에서의 기울기(slope at a point)에 대해—도함수 개념 이해하기

질문 다음 곡선 $y = 2 + 2x - x^2$의 (3, −1)점에서의 기울기는?

위 1)의 방법을 사용하여, (3, −1)과 $(3 + \Delta x, -1 + \Delta y)$ 간의 기울기를 구해 보자.

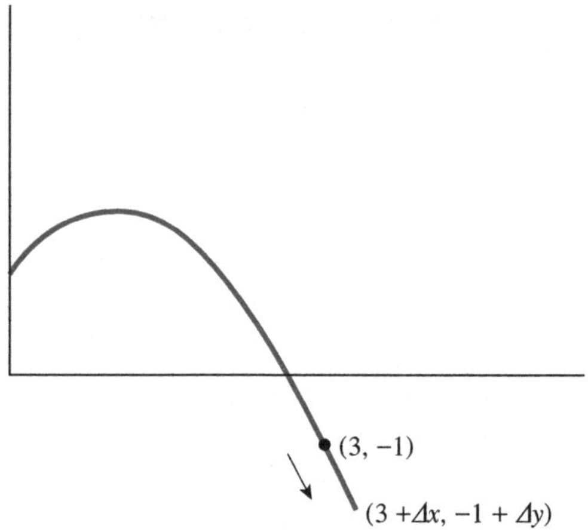

↓ 代入

$[-1+\Delta y] = 2 + 2[3+\Delta x] - [3+\Delta x]^2$

$-1+\Delta y = -1 - 4\Delta x - (\Delta x)^2$

$\Delta y = -4\Delta x - (\Delta x)^2$

$\dfrac{\Delta y}{\Delta x} = -4 - \Delta x$

$\Delta x \to 0,\ \dfrac{dy}{dx} = -4$

이제 1차 도함수를 이용해 기울기를 구해 보자.

$\dfrac{dy}{dx} = 2 - 2x = -4$ ($x = 3$ 대입)

결국 기울기를 구함에 있어 1)의 방식과 도함수를 이용한 방식은 동일한 결과를 도출한다.

3) 기울기 함수(slope function)

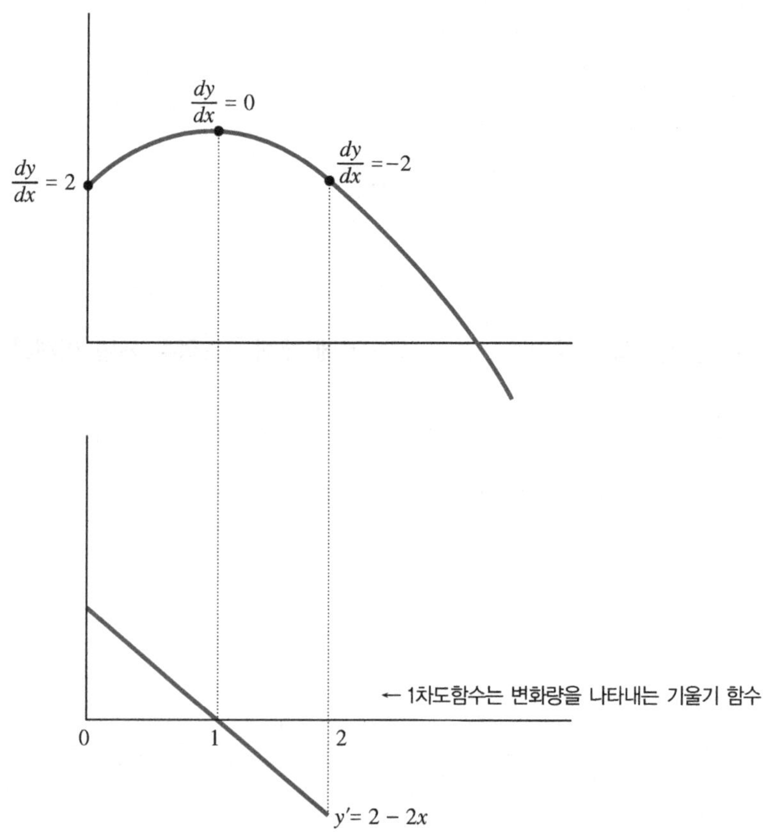

4) 미분학의 간단한 원칙들

산식 ❶ If $f(x) = ax^n$, then $\dfrac{df}{dx} = nax^{n-1}$

예 If $y = x^2$, then $\dfrac{dy}{dx} = 2x^1 = 2x$

If $y = 3x$, then $\dfrac{dy}{dx} = 3x^0 = 3$

산식 ❷ If $y = f(x) + g(x)$, then $\dfrac{dy}{dx} = \dfrac{df}{dx} + \dfrac{dg}{dx}$

예 If $y = 2x + 3x^4$, then $\dfrac{dy}{dx} = 2x^0 + 3 \cdot 4x^3$

(경영에의 적용 예) *EOQ* model 풀기—최소비용 재고량 구하기

총비용 $TC(Q) = \dfrac{1}{2}CQ + \dfrac{ab}{Q}$ = Holding cost + Set up cost라 하자.

여기서 a = set up cost

b = monthly demand

c = inventory holding cost/month

Q = size of production run

$\dfrac{Q}{2}$ = average inventory

(문제 풀기) 1차도함수 = 0이 되는 Q를 구하고 이를 2로 나누어 적정재고량을 산출한다.

$$TC(Q) = \frac{1}{2}CQ^1 + abQ^{-1}$$

$$\frac{dTC(Q)}{dQ} = \frac{1}{2}C - abQ^{-2} = 0$$

$$\rightarrow \frac{1}{2}CQ^2 = ab$$

따라서 적정 월 생산량 $Q = \sqrt{2\dfrac{ab}{c}}$이고, 적정 재고량은 $\dfrac{1}{2}\sqrt{\dfrac{2ab}{c}} = \sqrt{\dfrac{ab}{2c}}$이다.

■ **1차도함수 산식 소개**

함수(function) $y = f(x)$	**1차도함수**(1st derivative) $\frac{dy}{dx} = \frac{df}{dx} = f'$
(1) $y = c$ (여기서 c =상수)	0
(2) $y = x$	1
(3) $y = ax$	a
(4) $y = x^2$	$2x$
(5) $y = ax^2$	$2ax$
(6) $y = x^n$	nx^{n-1}
(7) $y = ax^n$	anx^{n-1}
(8) $y = f(x) + g(x)$	$\frac{df}{dx} + \frac{dg}{dx}$
(9) $y = f(x)g(x)$	$g(x)\frac{df}{dx} + f(x)\frac{dg}{dx}$
(10) $y = e^x$	e^x
(11) $y = e^{f(x)}$	$\frac{df}{dx}(e^{f(x)})$
(12) $y = f(g(x))$	$f'(g(x))g'(x)$

5) 단일 도메인상의 최적점(local extrema)과 전 도메인에서의 최적점 (global extrema)

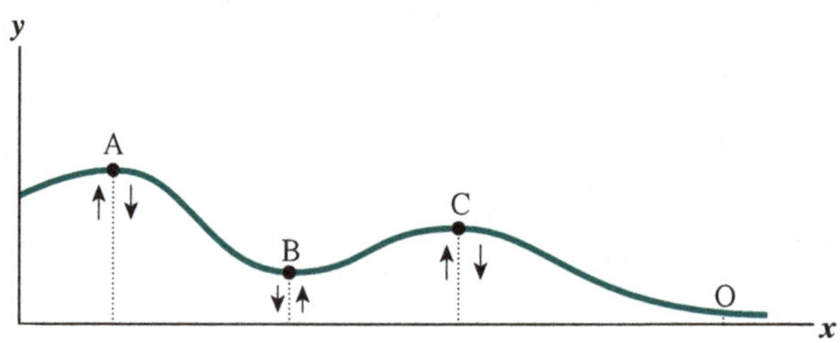

위 그래프에서 곡선의 기울기는 X의 변화에 대한 Y의 변화량을, 즉 민감도(sensitivity)를 결정한다. 기울기가 클수록 X에서의 작은 변화가 Y에게는 큰 변화를 야기한다. 최적점은 기울기가 +에서 − 또는 −에서 +로 변하는 변곡점이다. local extrema은 선택할 수 있는 범위(domain)에서의 최적점을, global extrema은 A점과 같이 전 도메인에서의 최적점을 의미한다.

6) 자원 제약 아래의 최적 선택(resource constraints decisions)

① 하나의 제약이 존재할 때

지하철 역사의 보호창(guard rail)은 인명 손실을 줄인다. 서울시는 예산이 부족하여 일부 역사에만 보호창 설치가 가능하다 한다. 이 경우 최적의 선택은 제한된다. 인명 손실을 줄이기 위한 활동(activity)도 하나이고 제약도 예산상의 제약(budget constraint)만 존재하는 경우이다. 아래 그림을 보고 이해하자.

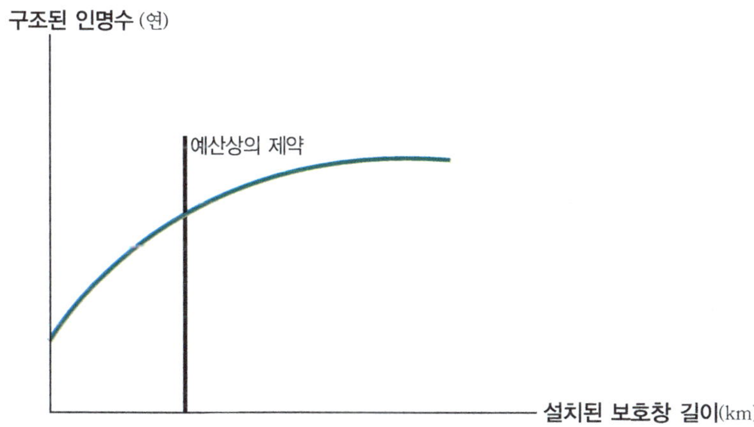

② 여러 개의 활동이 있고 여러 제약이 존재할 때

지하철 역사에 설치할 보호창(활동 #1) 외에도 사고 방지를 교육받은 자원자의 근무시간(활동 #2)을 늘린다 하자. 본 그래프에서 *X*축은 활동 #1의 크기를, *Y*축은 활동 #2의 크기를, 색칠한 면적은 구조된 인명수를 나타낸다고 하자. 제약은 점선의 예산제약, 실선으로 그려진 안전과 관련된 규제 제약 1, 2 그리고 *X*축과 수평인 자원자를 제약하는 제3의 제약이 있다고 하자. 최적의 선택은 이 네 가지 제약들의 조합 중에 면적이 가장 큰 선택을 찾는 일일

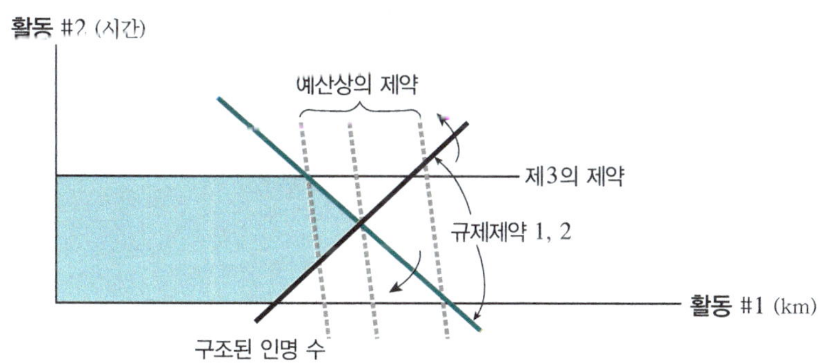

것이다. 이 경우 어떤 선택이 바람직할까? 제약을 푸는 일일 것이다. 생명보다 귀한 제약이 있을까?

③ **1개의 제약과 여러 개의 독립변수가 있을 때의 최적해 구하기**(라그랑지 배수 λ 이용)

예로 3개의 재화 X, Y, Z를 소비할 수 있는 소비자의 효용이 극대화되는 소비를 구하자. 단 예산상의 제약(budget constraint)이 있으며 효용함수는 U, 세 재화 가격은 각각 P_x, P_y, P_z이며 예산은 B(budget)로 한정되어 있다. 라그랑지 배수 λ를 이용한 효용극대화 산식은 아래와 같다.

Maximize $U(X, Y, Z)$
subject to $XP_x + YP_y + ZP_z \leqq B$

여기서 효용함수 U는 부드러운 곡면을 가진 곡선으로 미분을 이용한 최적점 도출이 가능하다. 이후 $L = u(x, y, z) + \lambda(B - xP_x + yP_y + zP_z)$라 하고 Max L이 되는 x, y, z, λ를 구한다. 이를 위해 아래 1차도함수 조건(F.O.C.)[2]을 구하면,

$$\frac{\partial L}{\partial x} = \frac{\partial u}{\partial x} - \lambda P_x = 0 \quad (\text{여기서 } \frac{\partial u}{\partial x} = X\text{에 대한 한계효용 } MU_x\text{임})$$
$$\frac{\partial L}{\partial y} = \frac{\partial u}{\partial y} - \lambda P_y = 0$$
$$\frac{\partial L}{\partial z} = \frac{\partial u}{\partial z} - \lambda P_z = 0$$
$$\frac{\partial L}{\partial \lambda} = B - xP_x - yP_y - zP_z = 0$$

위 식의 구조에서 보면 4개 변수와 4개 산식이 있으므로 해가 존재하고 이를 λ로 풀면 식 (1)이 도출된다.

Then, $\frac{MU_X}{P_X} = \frac{MU_Y}{P_Y} = \frac{MU_Z}{P_Z} = \lambda$임을 알 수 있다. … (1)

2. first order condition, 1차도함수 조건이라 한다.

여기서의 라그랑지 배수 λ는(최적 조건이 만족되는 상태에서) **한계비용 P에 대한 한계효용의 비율**이다. 최적의 선택이 이뤄진 상황에서 이 비율이 모든 재화에서 같다는 것은 어떤 재화에 있어 가격이 오르면 한계효용이 떨어져 그 재화에 대한 수요가 감소함을 보여준다. 이것이 수요곡선이 (−)기울기를 가지는 이유이며 식 (1)은 소비자가 합리적인 결정을 할 때 가격이 오르면 수요는 준다는 **수요의 법칙**(Law of Demand)을 설명하고 있다.

무차별곡선

이제 효용함수(utility function)에 대한 충분한 이해가 되었을 것이라 생각한다. 다음으로 재화에 대한 약간의 가정을 바탕으로 무차별곡선(*IC*; indifference curve)을 이해해 보자. 무차별이란 "두 개의 선택이 내겐 다 같다, 같은 효용을 준다, 그게 그거다, 내겐 차이가 없다"는 뜻이다. **무차별곡선**이란 두 재화가 있다고 할 때 같은 효용을 제공하는 두 재화 소비의 조합을 선으로 연결해 놓은 곡선이다. 예로 고기 1근과 생선 1근이 같은 효용을 줄 때 각각 반 근씩 사는 것은 다양성 원칙에 의해 더 높은 효용을 창출할 것이다. 만일 각각 0.45근어치의 고기와 생선의 조합이 각 1근과 같은 효용을 줄 때 이 세 점을 이은 선이 무차별곡선이 된다. 만일 1/100근씩 나눠 1/100가격으로 판다고 할 때는 더욱 많은 조합이 같은 효용을 제공하는 점이 될 것이고 곡선은 보다 완만한 곡선에 가까울 것이다.

1) 재화와 재화에 대한 소비자 특성에 대한 가정들

① 재화는 잘게 나눠진다(finely divisible).

② 재화는 모두 효용을 창출한다(desirable).

③ 소비자는 다양함을 선호한다(desire variety).

이 같은 가정 아래 무차별곡선은 원점(0, 0)에 대해 **볼록**(convex)하다. 이런 모양은 재화에 대한 한계효용이 소비가 늘수록 감소하는, 즉 완만한 상승의 모습을 하고 있기 때문이다. 그 결과 〈그림 3-2〉와 같은 무차별곡선의 모습은 어느 특정 재화만을 소비하는 것보다 다양한 재화의 소비를 더 선호하는

그림 3-2 무차별곡선

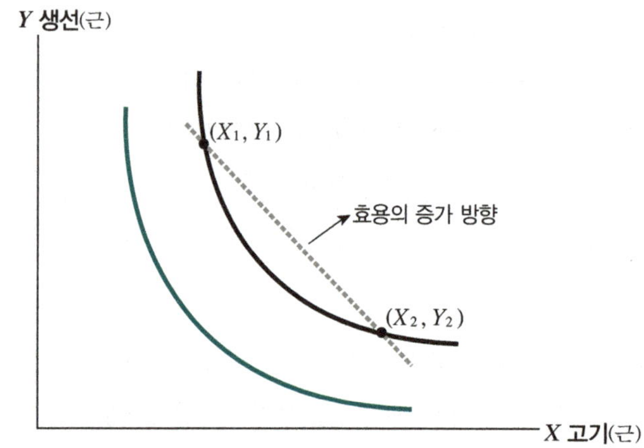

여기서 총효용 $TU(X_1, Y_1) = TU(X_2, Y_2)$

특성을 반영한다. 또한 무차별곡선은 원점(0, 0)에서 멀어질수록 더 높은 효용의 소비선택을 하고 있음을 나타낸다.

2) *IC*의 특성들

① 위 가정에서의 *IC*는 매끈하게 **연속된**(continuous) **곡선**이지 영성한 점들(discrete points)의 모음이 아니다.

② *IC*는 **서로 교차하지 않는다**. 한 시점에 다른 효용을 보여주진 않기 때문이다.

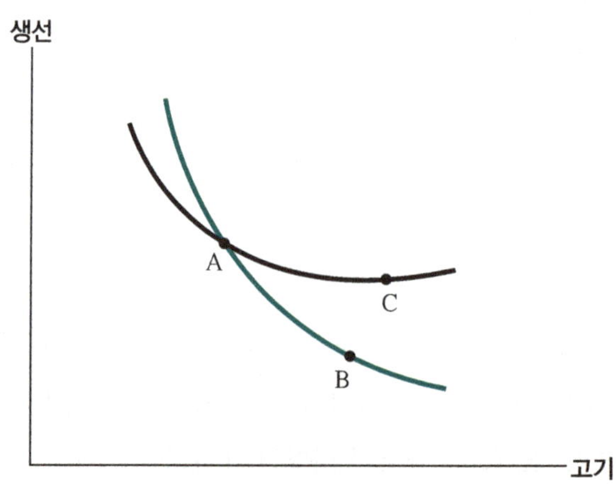

③ *IC*는 **원점에 대해 볼록**하지만 (−)효용과 (+)효용 간의 선택에 있어서는 다른 모습을 보인다. (−)효용을 제공하는 대상은 노동이나 위험 같은 것들이 있다.

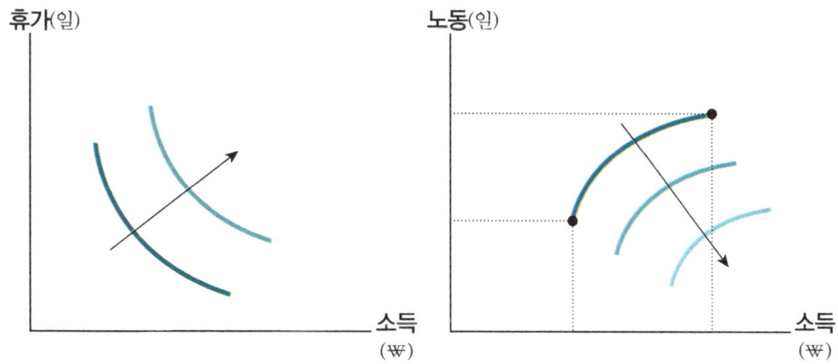

대체재 및 보완재

*IC*의 개념을 바탕으로 대체재 및 보완재에 대해 설명한다. **대체재**는 위 예의 고기나 생선 또는 콜라와 사이다처럼 목마를 때 이것이 없으면 저것을 먹는다는 식으로 대체가 되는 제품이고, **보완재**는 휘발유와 자동차처럼 같이 있어야 소비가 완성되는 재화들이다. *IC*의 모양을 보면서 대체나 보완의 정도를 알 수 있다.

〈그림 3-3〉에서 **완전대체재**와 **완전보완재**를 이해했다. 우리는 현실에서 대체나 보완 관계에 있는 제품들을 많이 경험할 것이다. 완전하진 않지만 이것이 없을 때 저것으로 욕구를 충족시켰다면 대체재이고, 이것을 사면서 꼭 같이 챙겨야 하는 제품이 있다면 보완재일 것이다. 식당에 가서 내가 좋아하는 음료가 없을 때 "뭐 다른 거 없어요?" 하고 물어 다른 것 있다고 할 때 "그거 주세요" 라고 하면 그 물건이 대체재일 것이고, 자동차 살 때 왁스 같은 것들을 같이 구비한다면 이는 보완재일 것이다. 대부분의 경쟁상품이나 다른 재질로 대체해서 사용해도 되는 경우 대체재이다. 예로 알루미늄 깡통 대신 철 깡통을 사용한다면 철이 알루미늄의 대체재이고 비행기 재질도 알루미늄에서 플라스틱으로 대체되고 있다면 플라스틱이 알루미늄의 대체재인 것이다. 기술의 발달로 하루가 다르게 대체재가 출현하고 이는 기업의 입장에서 큰 위협이 될 수 있다. 대체재에 비해 보완재를 제조하는 기업 간에는 협력관

그림 3-3 완전대체재와 완전보완재

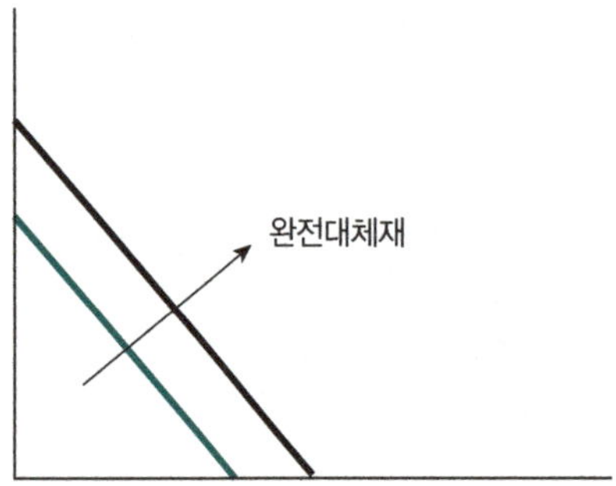

- 만원짜리 지폐와 5만원짜리 지폐
- 제작사는 다르나 같은 가격대의 연필
- 같은 가격대의 달걀, 우유, 설탕 등

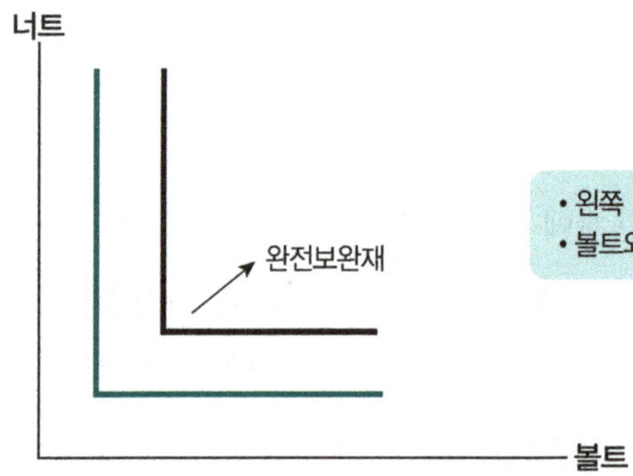

- 왼쪽 신발과 오른쪽 신발
- 볼트와 너트

계를 맺어 윈-윈 전략을 펴나가면 서로 이익이 된다. 자동차 부품사와 제조 조립사는 서로 보완재를 생산하는 경우이지만 한편이 독점적인 위치를 점하는 경우가 많아 윈-윈의 관계를 형성하지 못하는 상황이 벌어지기도 한다.

한계대체율

대체재에 대해 좀더 알아보자. *X*, *Y* 소비에 대한 효용은 바뀌지 않으면서 *X*, *Y*재 간에 대체가 이뤄질 때 그 변화율을 **한계대체율**(*MRS*; marginal rate of substitution)이라 한다. 다음 그림으로 보면 사인펜 *X*와 볼펜 *Y*의 소비 간의 한계대체율 MRS_{XY}는 **무차별곡선 *IC*선상에서의 접점의 기울기** $\frac{\Delta Y}{\Delta X}$($\Delta X$, ΔY는 0에 접근하는 값)가 된다. 단, ΔY는 (−)값이다. 이는 위치에 따라 크게 변한다.

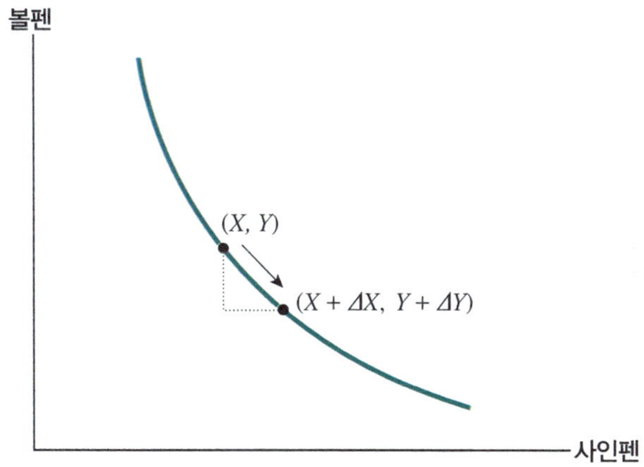

$MRS_{XY} = \frac{\Delta Y}{\Delta X}$ (단, $\Delta Y < 0$)

위 그림에서 IC선상의 (X, Y)와 $(X + \Delta X, Y + \Delta Y)$의 값을 구하면,

$$TU(X, Y) = TU(X + \Delta X, Y + \Delta Y)$$
$$= TU(X, Y) + \underline{MU_X \Delta X + MU_Y \Delta Y}$$

양측의 값, 즉 효용은 같으므로, 밑줄 친 부분은 0이 된다.

$$MU_X \Delta X + MU_Y \Delta Y = 0$$
$$MU_Y \Delta Y = -MU_X \Delta X$$

이를 정리하면,

$\frac{\Delta Y}{\Delta X} = -\frac{MU_X}{MU_Y}$가 된다.

즉, 어떤 소비수준(X, Y)에서 X 하나를 더 얻기 위해 Y를 포기하는 한계대체율(MRS_{XY})은 **Y의 한계효용 MU_Y에 대한 X의 한계효용 MU_X의 비율**이다.[3] 즉, X의 한계효용이 클수록 기울기는 가팔라진다.

---

3. MRS of X for Y is equal to the ratio of MU_X to MU_Y.

|생각 2| 한계대체율은 *IC*의 어느 지점에서 더욱 커지는가? 중간인가? 우측 하단인가? 좌측 상단인가? 당신의 소비선택도 이와 일관되는가?

3.2 소비자의 최적 선택

경제학에서의 선택은 의사결정자가 주어진 기회에서 그의 목적을 극대화하는 합리적인 선택이다. 소비의 경우 예산범위 내에서 선택할 수 있는 모든 소비조합이 기회이고, 목적은 **효용의 극대화**이다. 정리하면,

1. 기회(opportunities) : 예산선(Budget line)에 의해 주어진다.
2. 목적(objectives) : *IC*를 원점에서 가능하면 멀게.

예산선

당신은 24,000원의 예산(budget)을 가지고 문구점에서 볼펜과 A4용지를 구입하려 한다. 볼펜은 통당 6,000원, A4용지는 묶음당 3,000원이다. 볼펜

그림 3-4 예산선

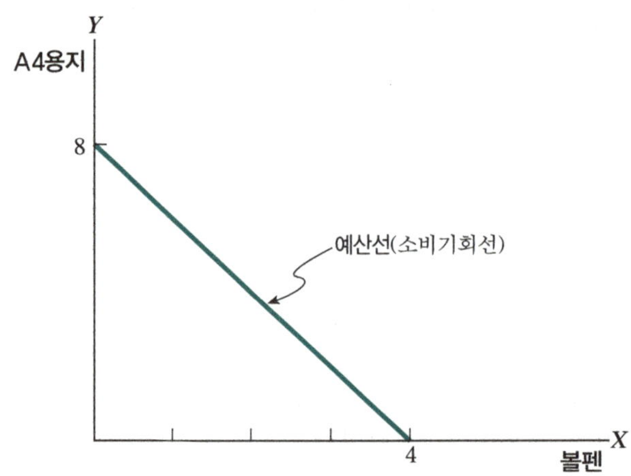

만 산다면 4통, A4용지만 산다면 8묶음을 살 수 있다. 예산을 다 소비하면서 두 물품으로 나눠 살 경우 그 조합은 X축의 4와 Y축의 8을 이은 선상의 점이다. 따라서 이 선 안의 삼각형 면적은 당신의 소비기회를 나타낸다. 우리는 이 선을 **소비기회선**(line of attainable combination) 또는 **예산선**(budget line)이라 부른다.

예산선의 기울기와 절편을 구해 보자.

$X \cdot P_X + Y \cdot P_Y = B$ 이며, 이를 Y로 정리하면 $Y = \frac{B}{P_Y} - \frac{P_X}{P_Y}X$이므로
기울기는 $-\frac{P_X}{P_Y}$이고, 절편은 $\frac{B}{P_Y}$가 된다.

위의 예에 대입하면,
$X \cdot 6 + Y \cdot 3 = 24 \rightarrow Y = 8 - 2X$로 기울기는 -2, 절편은 8이다.

1차도함수를 이용하면,

$$\frac{dY}{dX} = -2 \rightarrow \frac{dY}{dX} = -\frac{P_X}{P_Y}$$

즉, 예산선의 기울기는 **Y가격에 대한 X가격의 비율**이다.

무차별곡선과 예산선 그리고 최적의 소비선택

원점에 대해 볼록한 무차별곡선과 예산선에 대한 이해를 바탕으로 앞의 수학 세션 '③ 1개의 제약과 여러 개의 독립변수가 있을 때의 최적해 구하기'에서 라그랑지 배수 λ를 이용해 최적해를 구하는 과정을 그림으로 설명해 보자.

③의 경우와는 달리 재화가 2개인 간단한 경우로 〈그림 3-5〉이 상황이라 하자. 〈그림 3-5〉의 XY평면에 $B - XP_x - YP_y = 0$의 산식을 만족하는 예산선이 〈그림 3-5〉처럼 하나 존재한다. B, P_x, P_y는 상수이기 때문이다. 이럴 경우 개인의 합리적 결정은 예산을 100% 다 쓰면서 최대의 효용을 끌어내는 일이다. 최대의 효용을 제공하는 X, Y 소비선택은 IC곡선을 원점에서 가능한

그림 3-5 예산제약 아래의 최적 소비선택

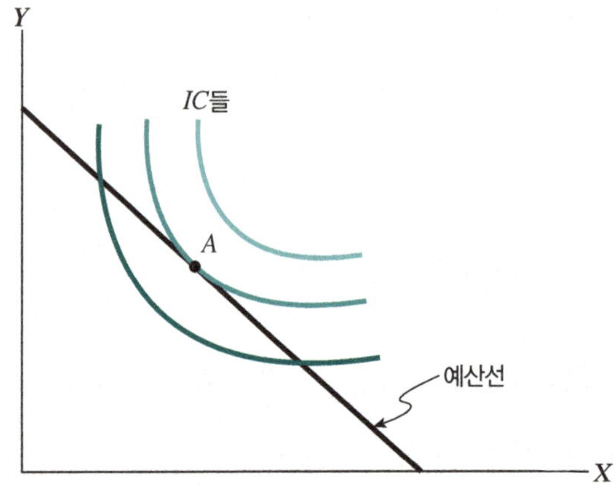

멀리 움직이되 예산선과 만나는 점이어야 하므로 그 점은 당연히 접점을 이루는 점 A와 같은 점이 된다. 접점의 특성에 의해 점 A에서의 IC의 기울기와 예산선의 기울기가 같다.

예산선의 기울기는 항상 $-\frac{P_X}{P_Y}$이고 이는 A점에서 IC의 기울기 MRS_{XY} $(=-\frac{MU_X}{MU_Y})$와 같으므로 다음과 같이 정리된다.

$$\underset{\text{예산선 기울기}}{\underset{\uparrow}{-\frac{P_X}{P_Y}}} = \underset{IC\text{의 기울기(접점 A에서)}}{\underset{\uparrow}{-\frac{MU_X}{MU_Y}}}(= MRS_{XY})$$

이 식은 위 라그랑지 배수를 이용한 F.O.C에서 구한 식 (1)과 같은 결과를 보여준다.

$$\frac{MU_X}{P_X} = \frac{MU_Y}{P_Y}$$

이를 일반화하면, 다수의 재화 $W, X, Y, Z,$ ……가 있을 때 소비 **최적점**(optimum point)에서 다음과 같은 관계 식 (2)가 도출된다.

$$\frac{MU_W}{P_W} = \frac{MU_X}{P_X} = \frac{MU_Y}{P_Y} = \frac{MU_Z}{P_Z} = \cdots\cdots \qquad \cdots (2)$$

식 (2)와 마케팅

식 (1)과 (2)는 마케팅 의사결정, 특히 가격결정(pricing)에 있어 "한계효용의 증가 없이 가격을 올릴 경우 그 제품의 구매 매력도가 크게 낮아져" 다른 제품으로 또는 가격변동을 시행 안 한 경쟁자의 제품으로 대체될 수 있음을 시사한다. 1) 공급자가 제품을 선택하는 것이 아니라 소비자가 선택하며, 2) 한계효용, 추가적인 고객행복, 만족 없는 가격 상승은 매우 위험한 선택임을 시사한다.

| 생각 3 | 당신은 물건을 살 때 최적 선택을 한다고 생각하는가? 아니라면 그 이유는 무엇인가? 경제모형은 비현실적인가?

3.3 소득변화와 최적 선택

본 절에서는 개인들의 소득(I; income)이 변할 때 소비자들의 소비선택에 어떤 변화가 일어나는지 살펴본다.

소득변화에 따른 소비선택의 변화

우선 소득이 I_1, I_2, I_3 순으로 늘어나고 이를 모두 소비에 할당한다고 가정하자. 기울기는 가격 간의 비율이라 변치 않아 새로운 예산선들은 같은 기울기의 원점에서 멀어진 직선들이 된다. 새로운 소비선택은 〈그림 3-6〉에서와 같이 새 예산선과 IC가 접점을 이루는 점들을 연결하는 선을 따라 움직인다. I_1, I_2, I_3에 의해 설정된 예산선에 접점을 이루는 무차별곡선을 각각 IC_1, IC_2, IC_3라 하자. 소득 증가에 따라 달라지는 최적 소비점을 이은 선을 **소득소비곡선**(income-consumption curve)이라 한다.

그림 3-6 소득 증가와 두 재화 간의 소비선택의 변화

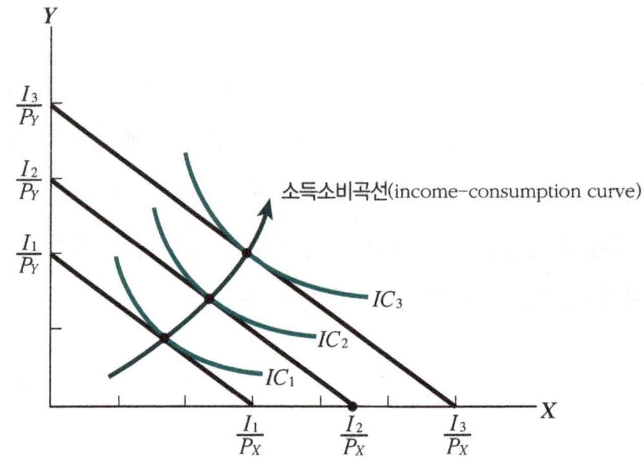

〈그림 3-6〉에서 보면 소득소비곡선이 우상향으로 움직이며 이는 X, Y재화가 모두 증가함을 의미한다. 이는 매우 정상적인(normal) 현상이다. 이와 같이 소득 증가에 따라 소비가 같이 증가하는 재화를 **정상재**(normal goods)라 한다. 그렇다면 그렇지 않은, 즉 소득이 느는데 소비가 주는 경우도 있을까? 있다. 예로 구형의 휴대폰, 저급 달걀, 많이 수리된 중고차, 완행열차 등은 소득이 올라갈수록 피하는 물건들이다. 바로 이런 물건들, 소득이 느는데 소비가 도리어 줄어드는 제품을 **열등재**(inferior goods)라 한다.

다음으로 소득에 대한 제품 특성을 좀더 살펴보기 위해 **엥겔곡선**(Engel curve)을 그려보자. 이 곡선은 〈그림 3-6〉의 소득소비곡선에서 도출된 재화의 양(X 또는 Y)과 소득을 각각 X, Y축으로 하여 연결한 곡선이다. 〈그림 3-6〉을 기준으로 X재화에 대해 〈그림 3-7〉이 도출되었다 하자. 일단 기울기가 (+)이면 정상재이지만 곡선의 기울기를 통해 소득에 대한 소비 민감도를 파악할 수 있다. 엥겔곡선의 기울기가 1보다 크면 소득 증가 대비 소비가 느린 속도로 늘어나고(increase at the decreasing rate), 1보다 작으면 소득 증가 대비 소비가 빠른 속도로 늘어남(increase at the increasing rate)을 알 수 있다.

엥겔곡선 소득 증가와 소비선택의 변화 그림 3-7

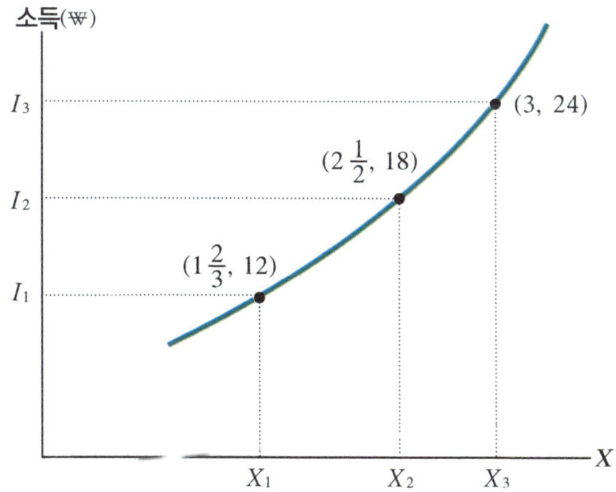

소비 민감도는 마케팅전략이나 투자 관련하여 매우 중요한 변수이다. 따라서 소득에 대한 소비 민감도는 **소득탄력성**(income elasticity)으로 수치화하여 파악한다. 소득탄력성은 아래와 같이 정의한다. ε는 그리스 문자로 '입실론' 이라 읽는다.

$$\text{소득탄력성 } \varepsilon_I = \frac{\text{소비변화율(\%)}}{\text{소득변화율(\%)}}$$

연습 〈그림 3-7〉에서 소득이 18에서 24로 증가했을 때, 새화 X의 소비가 2.5에서 3으로 늘어났다. XY 공간상으로는 $(2\frac{1}{2}, 18)$에서 (3, 24)로 움직였을 때,

소비변화율(%) = 20%

소득변화율(%) = 33%

$\rightarrow \varepsilon_I = \frac{20}{33} = 0.6$이 도출된다.

여기서 0.6은 높은 수치인가?

높고 낮음의 판단을 위해 소득탄력성 ε_I를 1을 중심으로 상품 특성을 다

시 분류하는데 1보다 작으면 **생필품**(necessity), 1보다 크면 **사치품**(luxuries)으로 분류한다. 쌀, 내의, 비누, 치약과 같은 생필품은 소득 증가 대비 소비 증가 속도가 낮고, 명품소비는 빨리 늘어난다. 기초 생활비를 제외한 여유자금이 전체 소득 증가보다 빠르게 느는 것도 중요한 이유일 것이다.

|생각 4| 명품에 대한 수요가 증가하는 요인 중에 소득 외의 요소는 없는가? 왜 일본 사람들은 명품을 선호하는가? 동남아 중에서도 소득이 낮은 필리핀 사람들이 주변국 사람들보다 브랜드 상품을 더 선호한다면 그 이유는 무엇일까?

3.4 가격변화와 최적 선택

본 절에서는 개인들의 소득은 일정한데 재화의 가격이 변할 때 소비자의 최적 소비선택은 어떻게 달라지는지 알아보자.

가격변화에 따른 소비선택의 변화

그렇다면 우리는 식 (1)에서 보았듯이 어떤 재화의 가격 하락은 한계효용을 증가시켜 소비를 늘릴 수 있음을 알 수 있었다. 즉, 가격 하락이 수요를 증가시키는 수요법칙이 성립되는 것이다.

가격변동에 따른 소비의 변화는 **소득효과**와 **대체효과**가 같이 작용하면서 이뤄진다. 소득효과란 가격 하락 시 그 재화를 살 수 있는 예산상의 여유가 추가로 발생해 소비기회가 넓어지는 효과이고, 대체효과란 말 그대로 다른 물건의 상대적 매력도가 감소해 다른 제품의 소비가 이 제품으로 대체되는 효과이다. 반대로 소득효과란 가격 상승 시 그 재화를 살 수 있는 예산상의 여력이 감소해 소비기회가 좁아지는 효과이고, 대체효과란 다른 물건의 상대적 매력도가 증가해 다른 제품으로 소비가 대체되는 효과이다. 아래 〈그림 3-8〉은 〈그림 3-5〉의 연장으로 X의 가격이 하락함에 따라 예산선이 바깥으로 벌어지는 것을 보여주고 있다. 여기서 IC와 접점을 이루는 최적 소비점을 찾고

X재화의 가격 하락에 따른 두 재화 간의 소비선택 그림 3-8

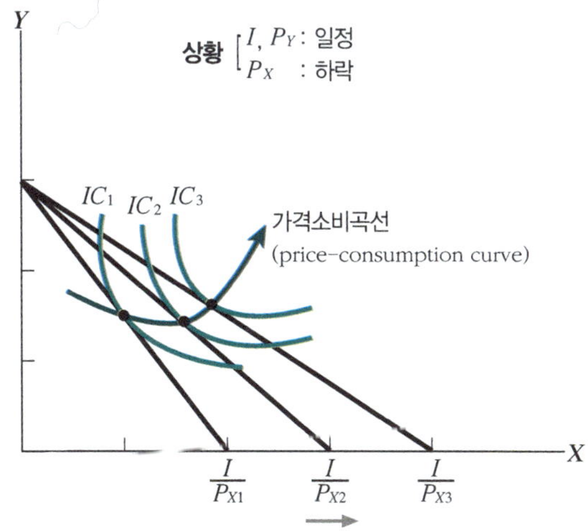

이 점들을 이어주면 X가격 하락에 따른 X, Y 재화의 소비변화를 알 수 있다. 이 점을 이어준 곡선을 **가격소비곡선**(price-consumption curve)이라 부른다.

〈그림 3-8〉의 경우, 소득 $I = 12$, Y의 가격 $P_Y = 4$, X의 초기 가격이 $P_{X1} = 6$인데, X재화의 가격이 이후 4, 3으로 내렸다 하자. 이 경우 예산선은 Y축 절편점을 고정한 채 화살표 방향으로 벌어지고 IC접점으로 최적 소비가 결정된다.

다음으로 〈그림 3-8〉의 상황을 X축에 재화 X의 소비량, Y축에 X재화의 가격으로 놓고 그 관계를 나타내는 점들을 연결하면 〈그림 3-9〉와 같은 기울기가 (−)인 **소비자 개인의 수요곡선**(comsumer's demand curve)이 도출된다.

수요함수에서 보듯이 가격의 상승은 수요 감소로 이어짐을 알 수 있었다. 이제 가격변화에 따라 소비가 얼마나 민감하게 움직이는지 알아보자. 가격에 대한 소비 민감도는 마케팅전략 중 가격전략(pricing)과 영업마진에 큰 영향을 주는 변수이다. 가격에 대한 소비 민감도는 **가격탄력성**(price elasticity)으로 수치화하여 파악한다. 가격탄력성 ε_P는 아래와 같이 정의한다.

$$\text{가격탄력성 } \varepsilon_P = \frac{\text{소비변화율}(\%)}{\text{가격변화율}(\%)}$$

그림 3-9 소비자 개인의 수요함수

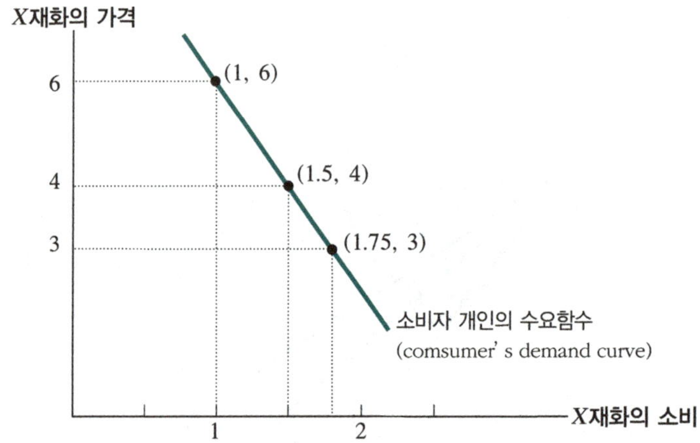

연습 〈그림 3-9〉에서 가격이 6에서 4로 하락했을 때, 재화 X의 소비가 1에서 1.5로 늘어났다. XY 공간상으로는 (1, 6)에서 (1.5, 4)로 움직였을 때,

소비변화율(%) = 50%

가격변화율(%) = −33%

→ $\varepsilon_P = \frac{50}{-33} = -1\frac{1}{2}$이 도출된다.

재화 X는 가격탄력성 1.5로 가격에 매우 민감한 제품임을 알 수 있다. 어떤 제품이 가격변동에 민감할까? 소득효과와 대체효과를 모두 고려하여 생각해야 할 것이다. 소비량이 비교적 일정한 생필품의 경우, 소득수준이 낮은 고객을 대상으로 한 생필품 중에서 대체재가 다양하게 존재할 때 가격에 민감하게 움직일 것으로 보인다. 그렇다면 자동차 휘발유는 가격탄력성이 높은 제품일까? 예로 지난 1년간 휘발유 가격이 일제히 50% 올랐다 하자. 소비가 50% 이상으로 줄었을까? 아니다. 모든 사람이 갑자기 반응하기 어려웠을 것이다. 다만 단기적으로는 어렵지만 장기적으로는 차를 바꿀 때 연비가 높은 차로 바꾼다든지, 아예 차를 팔고 대중교통수단을 주로 이용한다든지, 집을 직장 근처로 옮긴다든지 궁극적으로는 소비를 줄여나갈 것이다. 즉, 가격탄력성은 단기와 장기가 다를 수 있다는 것이다.

생각 5 장기에 걸쳐 조정해야 하는 소비자의 불편을 해소할 방법은 없는가? 정부의 역할에 대해 조사해 보자.

그렇다면 가격변동에 따른 소비변화의 두 축인 소득효과와 대체효과를 분해해 보자. 〈그림 3-10〉은 재화 X의 가격이 상승했을 때의 상황이다. 가격 상승에 따라 최적 소비가 A점에서 B점으로 변화했다. 가격 상승 후의 예산선과 나란한 직선을 IC_1과 접하도록 긋자. 새롭게 그린 그 선은 새로 형성된 재화 X, Y 간의 대체관계를 설명하는(가격 상승에 따른 소득 감소효과를 제거한) 선이다. 가격 상승 전 최적점(A)을 선택한 IC_1과 접점을 이루는 C점은 새로운 가격구조에서 대체효과만을 반영한 최적 소비이고 'A점 ➡ C점'으로 이동하면서 감소한 X값($X_3 - X_1$)은 대체효과에 의한 소비 감소이다.

그림 3-10 가격 상승에 대한 소득효과와 대체효과의 분해

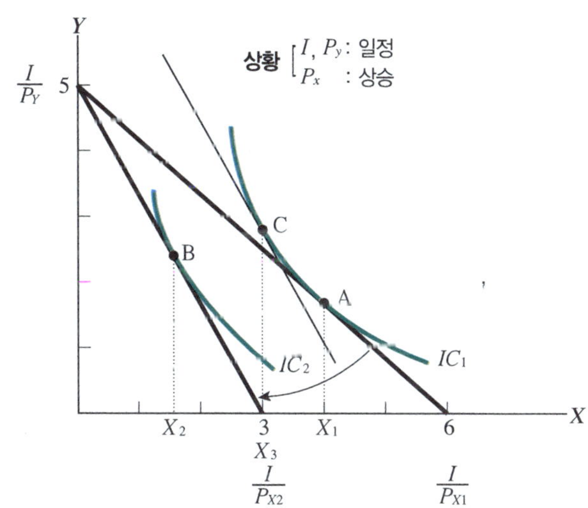

이제 소득효과는 'C점 ➡ B점'으로 이동하면서 감소한 X값(X_2-X_3)으로 설명된다. 즉, 가격 상승에 따른 소비 감소, 즉 'A점 ➡ B점'으로의 이동은 대체효과(A점 ➡ C점)와 소득 감소효과(C점 ➡ B점)의 합인 셈이다. 그림에서 볼 때 재화 X의 가격 상승에 따른 전체 소비 감소(X_1 ➡ X_2)는 대체효과에 의한 감소(X_1 ➡ X_3)와 소득효과에 의한(X_3 ➡ X_2) 감소의 합인 것이다.

연습 〈그림 3-10〉에서 소득 $I=30$, Y의 가격 $P_Y=6$은 고정되어 있다. X의 가격 P_X가 5에서 10으로 상승했다 하자. 우선 Y축 $5(=\frac{30}{6})$에 고정된 예산선을 두 개 그리자. 초기 예산선은 X축 $6(=\frac{30}{5})$과 잇는 그리고 가격 상승 후의 예산선은 X축 $3(=\frac{30}{10})$과 잇는 예산선이 될 것이다. 재화 X의 가격 상승 전에는 초기의 예산선과 IC_1이 접하는 $x=4$(A점)에서 최적 소비를, 가격 상승 후에는 가격 상승 후의 예산선과 IC_2가 접하는 $x=1.5$(B점)에서 최적 소비를 이룬다 하자. 또한 가격 상승 후의 예산선과 나란하면서 IC_1과 접하는 직선을 그어 대체효과만을 반영한 최적점이 $x=3$(C점)이라 하자.

- 대체효과는 $X_3-X_1=-1$이고 가격 상승에 따른 대체효과는 언제나 (−)이고 반대로 가격 하락에 따른 대체효과는 언제나 (+)이다.
- 소득효과는 $X_2-X_3=-1.5$이고 가격 상승에 따른 소득효과는 (−)이고 반대로 가격 하락에 따른 소득효과는 (+)로 예상된다. 꼭 그럴까? 앞서 설명했듯이 소득 증가에 따라 수요가 늘어나는 재화를 정상재라 했다. 그렇지 않은 열등재가 존재한다. 그러나 열등재라 하더라도 가격 하락 시 (+)인 대체효과와 결합하여 전체 효과는 (+)로 수요의 법칙(가격이 하락하면 수요 증가)이 성립되는 경우가 대부분이다. 만일 열등재적인 효과, 즉 소득이 오를수록 소비가 급격히 주는 (−)효과가 너무 커서 항상 (+)인 대체효과를 더해도 전체 효과가 (−)가 된다면 그 재화를 기펜재(Giffen goods)라 한다.[4] 이 재화는 가격이 하락하면 수요가 도리어

4. 수요의 법칙과 반대로 움직인다 하여 기펜의 역설(Giffen Paradox)이 발생했다 한다.

감소하고, 반대로 가격이 상승하면 수요가 증가한다.

|생각 6| 어떤 재화가 기펜재에 속하는지 상상해 보자. 레몬시장(lemon market)에 대해 조사해 보자.

3.5 제품 특성과 소비자 선택

앞의 3.4절까지는 제품을 하나의 특성으로 인식하여 소비자가 제품을 선택할 때의 최적화 문제를 다뤘다. 본 절에서는 하나의 제품이 여러 개 특성(product attributes)을 가질 때의 소비자 선택 문제를 다루고자 한다. 예로 스마트폰 시장에서 1, 2위를 다투는 브랜드 A와 브랜드 B가 편의성과 디자인이라는 특성에서 서로 다르나고 하자. 〈표 3-1〉은 두 브랜드 제품의 특성에 대한 소비자 평가점수와 가격정보를 보여주고 있다. 소비자 평가점수는 1~10점이며 10이 최고점이며 두 특성의 점수 한 단위는 같은 크기의 효용을 창출한다 한다.

▶▷ 표 3-1 제품의 특성에 대한 소비자 평가 및 가격

	편의성	디자인	편의성/디자인 비율	가격
브랜드 A	7	6	1.17	45만원
브랜드 B	6	9	0.67	60만원

다음은 어떤 기업이 직원들을 위해 다량의 스마트폰을 구입할 예정이고 두 개의 특성과 가격을 고려하여 구매결정을 할 것이다. 이 기업의 구매 담당자는 시장 전문가로부터의 자문과 수백 명의 직원들로부터 서베이를 받아 두 특성에 대한 선호도를 확보하고 이를 바탕으로 〈그림 3-11〉과 같은 두 특성 선택에 대해 같은 효용을 가져다주는 무차별곡선 *IC*를 그릴 수 있다. 이 *IC*는 시장 전체 고객의 *IC*와 일치할 것으로 예상된다. 여기에 〈그림 3-11〉과 같이 브랜드별로 편의성/디자인 비율을 기울기로 한 선을 원점에서 긋는다. 다음으로 예산선에 해당하는 소비기회를 설정하자. 예산으로 540만원이 배정되었다

그림 3-11 2개의 제품 특성이 존재할 때의 최적 소비선택

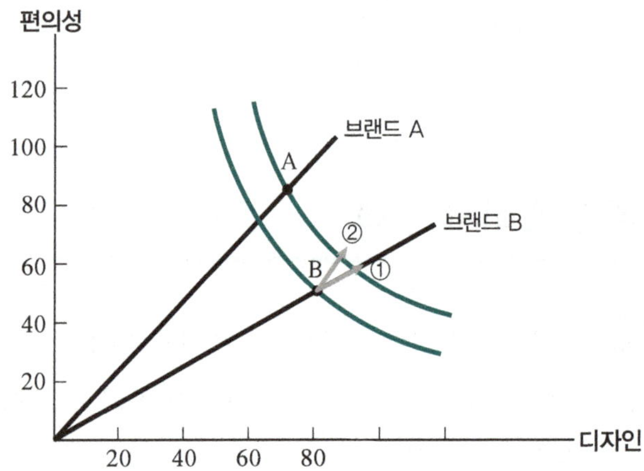

면 브랜드 A의 경우 12개의 스마트폰을 살 수 있고 이는 디자인, 편의성 특성을 각각 (72, 84)를 창출한다. 〈그림 3-11〉의 점 A가 이를 표시하고 있다. 브랜드 B의 경우, 9개의 스마트폰을 살 수 있고 이는 디자인, 편의성 특성을 각각 (81, 54)을 창출한다. 〈그림 3-11〉의 점 B가 이를 표시하고 있다. 브랜드를 비교해 볼 때 브랜드 A가 높은 편의성과 같은 디자인 특성을 제공하고 있음을 알 수 있다. 다음으로 *IC*를 고려하여 최고 효용을 창출하는 소비가 어디서 발생하는지 점검한다. 이 경우 A가 선호되고 있음을 보여주고 있다. A가 디자인에서는 조금 떨어지지만 편의성에서는 크게 앞서기 때문으로 보인다.

만일 이 같은 소비선택이 시장 전반적으로 일어나고 B사가 아무런 대응을 안 한다면 브랜드 B는 시장에서 퇴출될 것이다. 이를 막기 위해 브랜드 B 제작사가 대응할 경우 다음과 같은 조치가 가능하다.

조치 ❶ 가격 낮추기
조치 ❷ 제품의 특성의 조합을 변동하기

조치 1은 B점을 원점에서 더욱 멀리 보내 소비기회를 확장하는 방법이고, 조치 2는 가격을 안 올리면서 편의성을 늘리는, 즉 제품의 특성 조합을 재설

계하는 방식이다. 이는 둘 다 타제품 대비 높은 효용을 나타내는 *IC*가 접점을 이루도록 유도하는 방식이 될 것이다.

|생각 7| 위의 조치들에 대해 경쟁 브랜드 A의 반응은 어떨까? 여러 기간 (multi-period)의 게임 상황에서 생각해 보자.

3.6 수요곡선의 성질과 기업의 선택

앞의 3.5절까지는 소비자 개인의 관점에서 소비자의 선택과 제품에 대한 개인의 수요(individual demand)를 설명했다. 그러나 다수의 개인들은 시장에서 모여 시장수요를 형성한다. 해당 제품을 생산하는 기업들이 마케팅 관련 의사결정을 할 때 관심이 되는 수요는 개인수요라기보다는 시장수요일 것이다. 그들이 거래하는 마당이 개별 소비자가 아닌 시장이기 때문이다. 기업들은 관련시장을 산업[5]으로 정의하여 사용하며 **시장수요**(market's demand)를 **산업수요**(market's demand)라고도 한다. 다음으로 기업들은 경쟁자들과의 상황을 고려하여 자신들의 기업에 적용되는 수요를 파악한다. 이를 **기업수요**(firm's demand)라 한다. 기업마다 제품을 출하하는 시기나 소비자가 인지하는 제품별 특성이 다르기 때문이다. 기업은 개인들의 구매동향, 시장수요 그리고 최종으로 기업수요 정보를 바탕으로 생산량을 결정한다. 본 절에서는 시장수요선의 모습을 설명하는 수요법칙을 짚어보고, 수요에 영향을 주는 요인들을 점검한다. 이를 수요함수와 연결하여 설명하고 앞 절에서 다룬 소비자 측면에서의 **가격탄력성**, **소득탄력성**을 시장수요함수에 적용한다. 이 외에 대체재나 보완재의 가격변동이 소비량에 끼치는 영향을 나타내는 **교차탄력성**을 설명한다.

5. 시장이 거래를 의미하는 관념적인 용어라면, 산업은 그 시장에 제품을 공급하는 기업군으로 매우 구체적이다. 한국 통계청은 한국표준산업분류코드를 각 산업에 부여하여 산업별 생산 등의 자료를 집계한다. 예로 농업, 임업, 제조업, 금융업 등의 2digit 대분류와 화장품제조업 등의 5digit 소분류로 분류한다. 기업은 설립 시 반드시 사업내용을 확정하고 분류코드를 지침해야 한다.

시장수요의 형성과 (−)기울기

우리는 〈그림 3-9〉에서 소비자 개인별 수요곡선을 도출했다. 개인들을 동질성 기준으로 여러 그룹으로 나눌 때 각 그룹의 수요곡선은 그 기울기가 다를 것이다. 그러나 공통된 점은 기울기가 모두 (−)일 것이라는 점이다. 따라서 이들이 모여 형성하는 시장수요 또한 (−)기울기의 곡선 또는 직선이 될 것이다. 앞서 논의한 대로 수요곡선의 기울기가 (−)인 특성은 가격이 오를 때 언제나 (−)인 대체효과와 정상재의 경우 (−)인 소득효과로 인해 생긴 것이다. 또한 열등재의 경우라도 일반적으로는 대체효과가 소득효과보다 커 전체 효과는 (−)로 나타난다. 따라서 가격이 오르면 수요가 준다는 수요법칙[6]을 거스르는 기펜재의 경우는 여기서 논외로 한다.

개인수요에 영향을 주는 요인들

재화 X의 수요량 Q_X는 위에서 논의한 가격, 소득, 제품 특성 외에도 여러 요인에 의해 영향을 받는다. 요인들을 열거하면 다음과 같다.

1. 가격 P_X(price) — 수요곡선을 따라 움직인다.
2. 소비자의 소득 I(income) — 수요곡선을 움직인다.
3. 소비자의 선호 또는 취향 T(taste) — 수요곡선을 움직인다.
4. 대체재의 가격 P_S 및 보완재의 가격 P_C
5. 미래가격, 소득에 대한 소비자의 기대 E(expectation)
6. 잠재소비자의 수 또는 시장규모 N(number)
7. 기업의 광고활동 A_X, 대체재, 보완재 생산기업의 광고활동 A_S, A_C
8. 다른 요인들 O(others)

|생각 8| 세금과 보조금과 같은 정부정책 G(government)도 특정 재화의 수요에 영향을 줄까?

이를 함수의 형태로 표기하면 다음과 같다. 수요에 직접적으로 영향을 주

6. Marshall의 'Law of Demand'라 한다.

는 요인을 먼저, 환경적인 요인을 나중에 열거했다. f는 함수 function을 의미한다.

$$Q_X = f(P_X, P_S, P_C, T, A_X, A_S, A_C, I, E, N, O)$$

이 함수를 보면 수요를 추정한다는 것이 매우 복잡한 계산을 요하는 작업으로 보인다. 그러나 요인들을 두 그룹으로 나누어 보면 쉬워 보인다. 위 요인들을 주어진 **수요곡선을 따라 움직이는 요인**과 **수요곡선을 원점 기준으로 안과 바깥으로 평행하여 이동시키는**(shifting demand curve) **요인**으로 나누어 볼 수 있다. P_X는 전자의 요인이고 나머지는 후자의 요인으로 볼 수 있다. 따라서 수요곡선으로 설명하는 요인 P_X와 나머지 평행이동 요인으로 나눈다.

수요에 있어 한 시점에는 하나의 요인에서만 변화가 일어나며, 요인들은 서로 독립적으로 Q_X에 영향을 준다고 가정하자. 이럴 경우 각 요인의 변화가 Q_X에 끼치는 영향, 즉 **탄력성**(elasticity)**의 추정**으로 수요변화를 예상할 수 있게 된다. 예로 가격변화에 대한 Q_X의 변화는 가격탄력성(ε_P)으로, 소득변화에 대한 Q_X의 변화는 소득탄력성(ε_I)으로 분석 가능하다. 다만 제품에 대한 탄력성 분석은 시장 전체의 수요추이 파악에 유용하며, 기업의 해당 제품에 대한 탄력성 분석은 개별 기업의 해당 제품에 대한 수요추이를 파악하는 데에 유용하다.

| 생각 9 | 빅 데이터를 활용하여 시장과 기업의 수요추이를 파악할 수 있을까?

질문 안드로이드 체제의 스마트폰 가격의 상승이 애플 운용체제의 스마트폰 수요에 어떤 영향을 줄까?

교차탄력성

우리는 〈그림 3-10〉에서 도형을 통해 한 소비자 유형과 두 재화만 존재할 경우 한 재화의 가격이 다른 재화의 소비에 어떤 영향을 주는지 대체효과와 소득효과를 통해 개념적으로 이해할 수 있었다. 위 질문에 답하기 위해서는 여러 소비자와 재화가 존재하는 시장 현실에서 구체적인 숫자가 필요하다. 이 같은 현실에서 대체재나 보완재의 가격변동의 영향은 **교차탄력성**(cross elasticity)이라는 지표로 파악한다. 교차탄력성은 다음과 같이 정의한다.

$$\varepsilon_{XY} = \frac{\text{재화 } X \text{ 소비의 변화율}(\%)}{\text{재화 } Y\text{의 가격변화율}(\%)}$$

만일 $\varepsilon_{XY} > 0$이면 대체재(substitutes)

$\varepsilon_{XY} < 0$이면 보완재(complements)

답안 따라서 과거 수년간 안드로이드 체제의 스마트폰 가격변동에 따르는 애플 스마트폰 판매량 변동을 ε_{XY}로 파악하고 있을 경우, 위 질문에 대한 답을 얻을 수 있을 것이다.

참고로 X와 Y가 완전대체재에 가까울 때 ε_{XY}는 Y의 가격탄력성 ε_{py}와 X의 (−)가격탄력성 $-\varepsilon_{px}$가 비슷한 값을 가진다. 대체성이 높은 제품이 많을수록 시장에서의 독점력은 약해진다. 왜냐하면 가격을 조금만 올려도 다른 대체재로 소비가 옮겨갈 것이기 때문이다.

3.7 소비자이론과 마케팅

3.5절까지 소비자 성격의 규정, 효용함수, 무차별곡선 IC, MRS, 예산선, 예산제약 아래 최적 소비량 선택, 제품의 특성별 차이와 최적 선택, 가격 등 여러 요인들의 변화가 소비량에 끼치는 영향과 탄력성을 배웠다.

기업은 마케팅 활동으로 소비자 행복을 증진시키되 그 대가로 이익을 창출해야 한다. 우선 소비자의 본질을 잘 이해해야 한다. 다양성과 충족되지 않는 요구라는 기본 특성에 더해 관련제품에 대한 소비자 특성을 잘 이해해야 한다. 소비자가 이런 특성 아래 합리적인 결정, 즉 **효용극대화**를 위해 최선의 선택을 한다는 점이다. 성공하는 회사는 좋은 물건을 만드는 회사가 아니라 잘 팔리는 물건을 만드는 회사이다.

이것이 의미하는 바는 모든 **마케팅 의사결정**은 소비자로부터 나와야 한다는 것이다. 문제는 우리가 우리의 생산능력은 잘 아는데 변덕스럽기까지 한 고객은 잘 알 수 없다는 점이다. 따라서 그들을 미리 다 알 수는 없으나 알려는 노력을 꾸준히 해야 한다. 소비가 발생하는 접점에서 어떤 일이 일어나는지 수시로 점검하여 최고의 만족도를 실현함과 동시에 정확한 소비자 정보를 습득해야 한다. 이 소비자 자료들은 과학적인 소비자 분석에 활용된다. 예로 위에서 배운 여러 수요변수에 대한 소비탄력성 수치는 마케팅뿐 아니라 전략경영에도 매우 중요한 정보로 활용될 수 있다.

3.8 결론

본 장을 통해 여러분은 소비자들이 소비선택을 하는 과정을 배웠다. 소비자 성격의 규정에서 시작하여 예산제약 아래 최적 소비량 선택, 여러 수요변수들을 배웠다. 약간의 수학도 배웠다. 이 과정에서 개인들은 소비를 결정할 때 합리적으로 행동한다는 것을 알았다. 합리적 행동이란 주어진 목표를 극대화하는 선택을 한다는 것이다. 소비자에게 주어진 목표란 효용극대화이다. 이 같은 목표 아래 최적의 소비선택을 한다는 것이다. 경제학의 이 이론들은 매우 논리적이고 정교하며 변수 간의 인과관계를 잘 설명한다. 그러나 때론 현상을 모형화하는 과정에서 현실을 너무 단순화시킨다는 약점이 있다. 소비자 이론을 바탕으로 소비자 행태를 이해하되 실제 기업이 마케팅 의사결정을 함에 있어 많은 요소를 추가로 감안해야 한다. 의사결정과 관련된 리스크는 경영진과 기업이 지기 때문이다.

연습문제

01. 마케팅과 관련하여,

1) 마케팅의 목표와 관리대상은 무엇인가?
2) 마케팅을 담당하는 조직 내의 부서는 어디인가?
3) 마케팅 관리자의 관리상의 원칙은 무엇인가?

02. 마케팅믹스와 관련하여,

1) 4P는 어떻게 연결되는가?
2) 흔히 마케팅과 광고를 같은 것으로 혼동한다. 마케팅과 광고를 구분하여 설명하시오.
3) 마케팅 기능이 생산, 재무, 인사조직과 연결되는 부분은 어디인가?

03. 소비자 효용과 관련하여,

1) 효용(utility)의 의미는?
2) 효용함수를 설명하는 서수적 방법과 기수적 방법이란 무엇인가?
3) 서수적 방법과 기수적 방법의 장점과 단점은 무엇인가?
4) 서수적 방법에 의한 효용함수 유형 1과 유형 2의 차이는 무엇인가? (〈그림 3-1〉 참조)
5) 효용함수의 특성을 설명함에 있어 미분학의 1차도함수 개념이 필요한 이유는 무엇인가?

04. 무차별곡선(*IC*)과 관련하여,

1) 무차별곡선이 원점을 향해 볼록한 특성을 인간 욕구의 특성을 이용하여 설명하시오.
2) 무차별곡선이 서로 교차하지 않는 이유는 무엇인가?
3) *MRS*가 양끝에서 1과 차이가 큰 절대값을 가지는 이유는 무엇인가?
4) *IC*와 예산선의 접점이 최적 소비점이 되는 현상을 인간 욕구의 어떤 특성으로 설명한다면 그 특성은 어떤 특성인가?

05. 대체재, 보완재와 관련하여,

1) 대체재의 예를 들어보시오.
2) 대체성이 큰 제품의 가격을 올릴 때, 대체성이 낮은 제품과 비교한 기업의 위험은 무엇인가?
3) 제품 1, 2가 보완재라 할 때 제품 1의 제조사가 가격을 낮추었을 때 제품 2의 수요는 늘어나는가, 줄어드는가, 아니면 변동이 없는가?

06. 탄력성과 관련하여,

1) 탄력성이란 무엇인가?
2) 소득탄력성이란 무엇인가? 이것은 국민소득 증가가 제품 선택에 끼치는 영향을 어떻게 설명하는가?
3) 가격탄력성이란 무엇인가?

07. 수요함수와 관련하여,

1) 개인수요선(demand curve)이 시장수요선이 되는 과정을 설명하시오.
2) 수요법칙을 산식 (2)로 설명하시오.

08. 정상재, 열등재, 기펜재와 관련하여,

1) 정상재의 정의와 예를 2개만 들자면 어떤 것이 있는가?
2) 소득탄력성과 열등재의 관계는 어떤 것인가?
3) 열등재의 예를 2개만 들자면 어떤 것이 있는가?
4) 기펜 패러독스는 무엇이고 왜 패러독스라 불리는가?
5) 가격탄력성과 제품 간의 대체성은 어떤 관계가 있는가?

09. 소비자이론의 마케팅에의 적용과 관련하여,

1) 마케팅 가격정책을 행함에 있어 가격탄력성 정보의 유용성은 무엇인가?
2) 브랜드 차별화 전략을 구사함에 있어 제품특성(attribute) 정보의 유용성은 무엇인가?
3) 빅데이터를 이용한 특정 욕구에 대한 소비자 트렌드 파악방법에는 어떤 것이 있는가? 인터넷 검색을 통해 이에 대한 사례를 하나 소개하시오.

chapter 04

학습목표

독자들은 이 장의 학습을 통해 다음의 주제에 담긴 내용을 알아야 한다.

1. 생산성의 정의
2. 기회비용, 생산비용의 개념과 종류
3. 이윤이 극대화되는 생산량의 결정
4. 예산제약 아래의 최적 투입요소 선택
5. 투입요소 간의 교환
6. 이윤이 극대화되는 요소투입량의 선정
7. 임금의 결정과 노동조합의 역할
8. 생산관리의 주요 주제들

생산이론과 생산관리

::: 들어가기

인간들은 오랫동안 도구와 프로세스를 개발하면서 문명을 발전시켜 왔다. 아프리카 초원에서 겨우 걷기 시작한 소수의 호모사피엔스가 70억의 인구로 불어나고 의식주의 문제를 해결하면서 오늘날과 같은 풍요를 얻을 수 있게 되기까지에는 일상에 필요한 도구와 그 도구를 만들기 위한 설비, 이를 작동케 한 기술과 프로세스, 기술개발을 촉진한 자본의 역할이 컸다. 인류는 음식공급이 안 되는 계절 동안 생존을 위해 불을 이용한 훈제나 소금을 사용한 염장을 사용했고, 산업혁명 이후 대규모 자본의 생산체제로의 유입과 중산층의 확대에 의한 수요의 급증은 대량생산방식을 창조하기에 이르렀다. 보관기술의 혁신은 인류의 배를 불리고 생산기술의 혁신은 원하는 물건을 갖도록 해준다. "필요는 성공의 어머니다"라는 말과 같이 욕구를 충족시키기 위한 노력들은 로봇이 로봇을 제작하는 기술로 이어져 지능을 갖춘 로봇이 인간의 근로를 대신하기에 이르렀다. 생산기술의 발전은 인간을 고되고 위험한 노동으로부터 벗어나게 할 뿐 아니라 원하는 품질의 제품을 보다 효율적으로 만들 수 있게 한다. 이 같은 기술개발에도 불구하고 과잉생산은 시장 질서를 교란시키고, 자원의 낭비는 환경을 망친다. **생산이론**은 기업의 최적 생산량과 투입요소들의 최적 조합을 설명한다. **생산관리**(production management)는 얼마만큼, 어떻게, 낭비 없이, 원하는 품질을 유지하며 생산하는가와 관련된 의사결정을 다룬다. 즉, 생산량, 공정, 자원 및 재고, 품질에 대한 관리이다. 이제 생산이론부터 시작해 보자.

4.1 생산함수

생산이론의 첫 번째 주제는 생산함수에 관한 것이다. 한계생산과 평균생산, 그리고 이들의 관계를 그림을 통해 이해해 보자. 여기서는 투입량과 산출물이란 양의 개념에서 설명한다. 비용은 다음 절에서 설명한다.

생산이란?

생산이란 경제주체들이 가치 있다고 생각되는 무언가를 만드는 활동이다.

생산과 관련된 주제들

- 산출물(output)에 대한 계획: 소비자 수요와 경쟁상황을 고려한 최적 생산량의 확정
- 투입물(inputs): 종류와 최적의 조합
- 결합생산품(joint products)
- 기술 진보(technical change): 목표—더 적은 투입으로, 더 짧은 공정을 거쳐, 최소 비용으로!
- 경험에 의한 학습(learning by doing)
- 규모의 경제(economy of scale)
- 범위의 경제(economy of scope)

투입물

종류	자산 형태	비용 형태
원자재(raw material)	일부 유동자산	변동비
노동(labor)	–	변동비
토지와 건물(land & Buildings)	고정자산(유형)	고정비
설비와 장비(capital equipment)	고정자산(유형)	고정비
기술적인 노하우(technical know-how)	일부 고정자산(무형)	고정비/변동비
관리능력(managerial talent)	일부 고정자산(무형)	고정비/변동비

생산함수

생산함수(production function)는 투입물 X를 조합하여 투입할 때 산출물 Q가 얼마나 생산되는가를 설명하는 함수이다. 생산함수는 생산기술의 진보를 염두에 둘 때 매우 단기적으로 유효한 관계를 설명한 것이다. 일반식으로 표시하면 다음과 같다.

$$Q = f(X_a,\ X_b,\ X_c, \cdots)$$

이해를 돕기 위해 대표적인 생산함수인 **컵 더글러스**(Cobb-Douglas) **생산함수**를 소개한다. 이 함수는 다음과 같은 형태를 가진다. 산출물량(Quantity Produced) Q는 L, K의 함수이다.

$$Q = a \cdot L^{0.7} \cdot K^{0.3}$$

여기서 a = 상수(coefficient)
L = 노동(labor)
K = 사본(capital)

연습 만일 $a = 10$, $K = 20$일 경우 $Q = 10 \cdot 20^3 \cdot L^7$이 된다.

한계생산

한계생산(marginal product)은 투입량을 하나 더할 때 늘어나는 산출물량이다. 따라서 생산함수 $Q = f(X)$에 대한 한계생산 MP는 투입물 X에 대한 1차 도함수이다.

$$MP = \frac{df}{dx}$$

연습 $Q = 35X + 8X^2 - 2X^3$라 할 때,

$MP = 35 + 16X - 6X^2$

따라서 $X = 2$일 때, $MP = 43$, $Q = 86$이 산출된다.

평균생산

평균생산(average product)은 말 그대로 투입량 X의 전체에 대한 총 산출물 비율이다. 이는 보편적인 생산성 또는 **효율성 지표**(a common measure of efficiency)로 사용된다.

$$AP_{vi} = \frac{\text{산출물}}{\text{(변동적인) 투입물}} = \frac{Q}{X}$$

〈그림 4-1〉은 두 가지 형태의 생산함수를 보여주고 있다. 유형 1인 $f_1(X)$는 변동적인 투입물 X에 대해 완만한 상승을 보여주는 반면, 유형 2인 $f_2(X)$는 변동적인 투입물 X에 대해 초기에는 빠르게 증가하다가 A점 이후부터 완만한 상승, B점 이후부터 매우 완만한 상승을 보여주고 C점에서 정점을 찍는다. 이들 두 함수의 X에 대한 1차도함수인 MP를 오른쪽에 그려보았다. 예상한 대로 유형 1의 경우는 큰 값에서 시작하여 처음부터 감소하는 모습을 보여주고 있다. 반면 유형 2는 작은 값에서 시작하여 증가하다 정점을 지나 감소하며 (−)값이 된다.

그림 4-1 두 가지 유형의 생산함수 $f_1(X)$와 $f_2(X)$

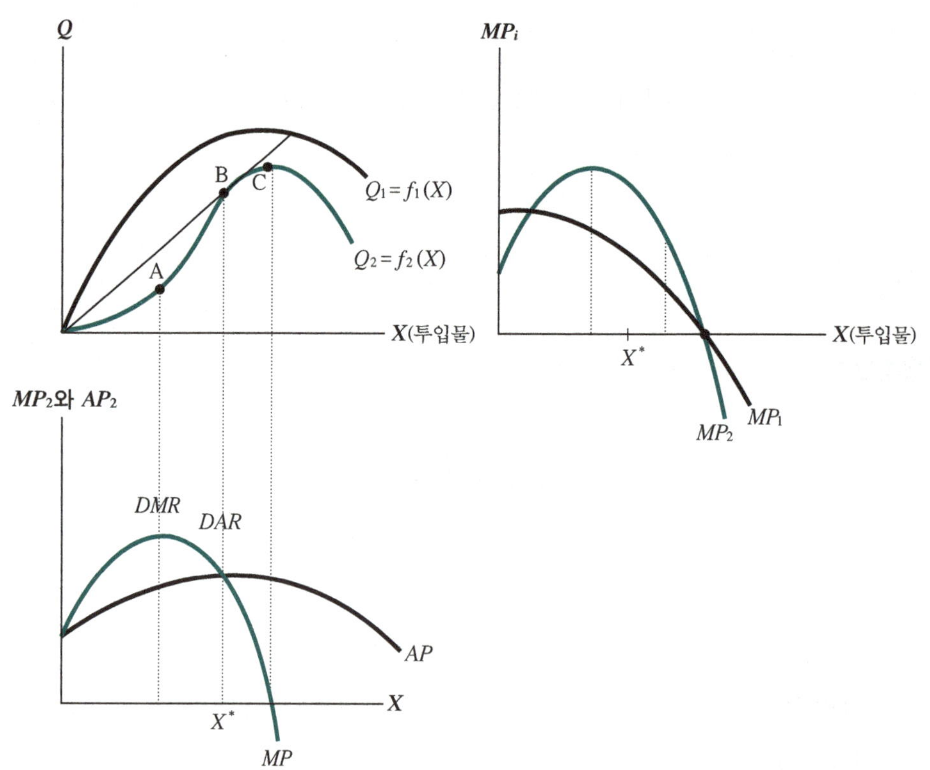

〈그림 4-1〉의 유형 2인 $f_2(X)$의 A, B, C점의 경제적 의미를 설명하기 위해 작성한 것이다. 첫째로 A점은 한계생산이 최고조에 달한 점이다. 이후 한계생산은 감소하기 시작하나 당분간은 높게 유지된다. 이 점을 *DMR*(diminishing marginal return)점이라 한다. 둘째로 B점은 평균생산이 최고조에 달한 점이다. 즉, Y/X 비율이 가장 높은 점으로 생산성이 제일 높은 점이다. 이후 평균생산은 감소하기 시작하나 당분간은 높게 유지된다. 이 점을 *DAR*(diminishing average return)점이라 한다. C점은 생산량이 정점에 달하는, 즉 한계생산이 0에 이르러 이 점 이후로는 (−)값으로 변한다. 즉, 추가 투입이 산출물을 줄이는 효과를 나타내는 점이다. 예로 고용된 근로자가 너무 많으면 조직기강이 해이해져 생산성이 떨어진다든가 하는 상황이다.

〈그림 4-1〉에서 볼 때 AP_2가 최대값을 가지는 X^*에서 한계생산 MP_2와 같아짐을 보여주고 있다. 항상 이런 관계가 성립되는가? 그렇다. 다음의 증명이 이를 보여주고 있다.

(증명) $AP = \frac{f(X)}{X} = f(X) \cdot X^{-1}$

$$\frac{dAP}{dX} = \frac{X \cdot f'(X) - f(X)}{X^2} = 0 \rightarrow f'(X) = \frac{f(X)}{X} \ (= AP)$$

또한 〈그림 4-1〉에서 볼 때 AP가 최대값을 가질 때까지는 $MP > AP$임을 알 수 있다. 왜 그럴까? 그 이유는 유형 2의 생산함수가 *DAR*점에 이르기까지 투입 대비 산출물의 비율이 높기 때문이다.

투입-산출비율

다음으로 생산함수에서 생산 효율성을 지칭하는 전문용어인 투입-산출비율(returns to scale)을 설명한다. **투입-산출비율**은 투입물 모두를 일정 비율인 a배로 늘렸을 때 산출물이 a배보다 더 늘었는지 또는 덜 늘었는지를 판단하는 지표이다.

생산함수 f가 노동(X_1)과 자본(Y_1) 두 개의 투입과 하나의 산출 Q_1 간의 관계를 설명한다고 하자.

$Q_1 = f(X_1, Y_1)$일 때,

1. 만일 $f(ax_1, ay_1) < aQ_1$ (*for* $a > 1$)일 경우, 생산함수는 **감소형 투입-산출비율**(*DRS*; decreasing returns to scale)의 특성을 가진다 한다.
   이는 〈그림 4-1〉에서 유형 1의 경우이다.
2. 만일 $f(ax_1, ay_1) > aQ_1$일 경우, 생산함수는 **증가형 투입-산출비율**(*IRS*; increasing returns to scale)의 특성을 가진다 한다.
   이는 〈그림 4-1〉에서 유형 2의 경우이다.
3. 만일 $f(ax_1, ay_1) = aQ_1$일 경우, 생산함수는 **무변동 투입-산출비율**(*CRS*; constant return to scale)의 특성을 가진다 한다.
   이는 생산함수가 원점을 지나는 직선으로 표현되는 경우이다.[1]

생산관리자는 우선적으로 2번의 증가형 투입-산출비율을 보여주는 생산구조를 가지도록 노력해야 한다. 다른 유형에 비해 투입 대비 산출물이 많다. 즉, 더 효율적(또는 생산적)이다. 〈그림 4-1〉을 설명하면 원점에서 B점까지의 기울기가 최대생산성을 의미하며, 생산관리자는 그 기울기를 1보다 더 가파르게 가져가려고 할 것이다. 현실적으로 제품생산 초기 단계에는 *IRS*가 가능할지 몰라도 이를 지속하기는 실제 불가능하다. 그 다음 단계로는 *CRS*를 지향한다. 그 다음으로는 *DRS*을 수용하되 수익이 변동비(variable cost)를 커버하는 수준까지는 어떻게 해서든지 생산체제를 유지하려 할 것이다. 이에 대해 자세히 살펴보자.

IRS를 가능하게 하는 5가지 요인들

우선 IRS를 가능하게 하는 요인들로부터 시작한다. 규모(scale)가 커지면

---

1. 1의 *DRS*는 $Q = aX - bX^2$, 2의 *IRS*는 $Q = aX + bX^2 - cX^3$, 3의 *CRS*는 $Q = aX$의 형태를 가진다. 상수 $a, b, c > 0$

서 투입 대비 산출을 더 빨리 증가시키는 요인으로 5가지가 지목되고 있다.

초기 단계에 규모가 커지면,

1. 노동의 전문성을 높인다. 한 사람이 한 가지 일에 집중할 가능성이 높아지기 때문이다.
2. 높은 생산기술을 탑재한 장비의 사용이 가능해진다.
3. 규모효과가 발생한다. 송유관 파이프의 폭을 2배로 늘리면 비용은 두 배지만 파이프를 통해 흐르는 원유의 양은 4배가 된다. 대량구매에 의한 경비 절감도 마찬가지 논리이다.
4. 공정 효율이 오른다. 기계별 소화능력이 다를 때 놀림(idling)이나 막힘(bottle neck)을 줄이기 때문이다. 예로 박스를 만드는 기계와 포장하는 기계가 각각 분당 10개, 60개를 소화할 때 규모가 크면 각각 6개와 1개를 배치하여 포장 기계의 놀림을 없앤다.
5. 높은 임금의 훌륭한 생산관리자를 고용할 수 있다. 유능한 생산관리자는 새로운 생산기술을 도입하여 능률을 높인다.

이와 같은 초기의 *IRS*의 확립, 즉 규모 확대에 따른 경제성의 증가현상을 '**규모의 경제**'라 부른다. 이는 경제성을 얻는 가장 보편적인 경제개념이며, 생산의 원리이기도 하다.

CRS를 유지하는 방법

초기 단계를 지나 다음 단계로 넘어가면 〈그림 4-1〉에서 보듯이 B점에 도달한 후 *IRS*를 지속시키기는 불가능하다. 그러면 늘어나는 수요물량에 대해 어떻게 대처해야 하는가? *IRS*를 지속시키는 것이 불가능한 난세에 이르면 그 이후에는 *CRS*를 유지하는 방법을 택한다. 이는 B점에서의 투입량 X^*를 생산하는 같은 규모의 공장을 여러 개 짓는 것이다. 소위 **다공장**(multi-plant) **생산체제**를 갖추는 것이다. 이후부터는 aX^*만큼의 투입에 aQ^*만큼의 산출물이 생산된다. 즉, *CRS*가 유지되는 것이다.

마지막 단계에서의 DRS 발생

위 단계를 지나 규모가 너무 장대해지면 기업은 공룡화되고 비효율적이 된다. 기술문제보다는 대부분 경영상 문제가 야기된다. 일반적인 현상을 열거하면,

1. 최고 생산관리자가 전체를 파악하기 어려워진다. 재고가 쌓이고 불량이 늘어도 이에 대한 대응이 늦어진다. 이로써 원가 및 품질 경쟁력이 악화된다.
2. 고위 관리자가 수행하던 관리기능이 아래 직급 관리자에게 이양되면서 경영의 질이 떨어진다. 예로 리더십 부재로 기강이 해이해져 납품이 늦어지고 신제품 출시 등이 지연된다.
3. 조직의 관료화, 형식적인 절차(red tape), 책임소재 모호, 부패는 문제해결을 지연시킨다.

이와 같은 대기업병은 생산관리의 목표인 원가, 납기준수, 유연성, 품질 전 분야에서의 체질을 약화시킨다. 결국 제품이 시장에서 외면당하면서 기업은 부실화된다. 규모는 효율을 증대시키는 큰 힘이지만, 지나치면 대기업병을 일으킨다.

4.2 최적 요소조합의 선택

다음으로 생산함수가 주어졌을 때 소비자이론에서 전개한 논리 순서와 같이 Isoquant 곡선, $MRTS_{LC}$, Isocost 선의 순서로 설명한다.

IsoQuants 곡선

'**아이소퀀트 곡선**' 은 같은 산출물량인 Q를 생산하는 투입요소의 조합들을 연결한 선이다. 소비자이론에서의 무차별곡선과 같은 개념이다. 일반적으로 한계생산이 체감한다고 가정할 때 아이소퀀트 곡선은 **원점을 향한 볼록한**

아이소퀀트 곡선 그림 4-2

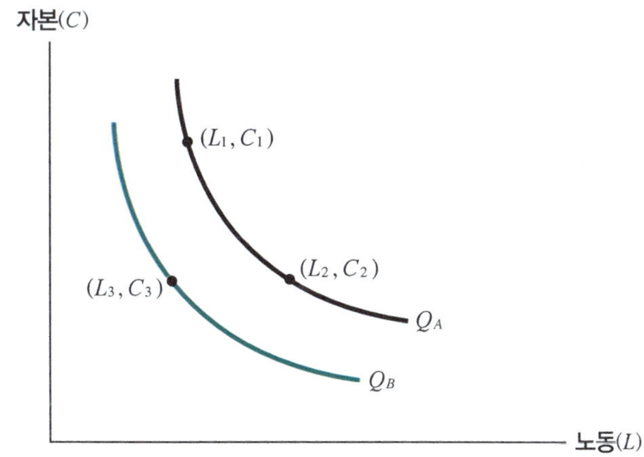

(convex) 모양이 되고, 이는 한 요소에 치우치지 않은 균형 잡힌 투입물의 믹스가 많은 산출물을 만들어냄을 보여준다. 〈그림 4-2〉는 두 개의 다른 산출물 Q_A와 Q_B를 위한 아이소퀀트 곡선을 보여주고 있다. $Q_A = f(L_1, C_1) = f(L_2, C_2)$, $Q_B = f(L_3, C_3)$라 할 때, $Q_A > Q_B$임을 알 수 있다. 〈그림 4-2〉처럼 아이소퀀트 곡선도 소비자이론의 무차별곡선과 같이 다른 아이소퀀트 곡선과 **교차하지 않는다**.

한계기술대체율 MRTS

노동과 자본 간의 대체율을 나타내는 $MRTS_{LC}$(marginal rate of technical substitution of labor for capital)는 아이소퀀트 곡선 위에서 그린 접선의 기울기로 다음과 같이 정의된다.

이 비율은 소비자이론의 *MRS*를 연상시키는 개념이다. *MRS*와 같이 $MRTS_{LC}$도 (−)의 값이며 접선이 그려진 위치에 따라 그 기울기도 변한다.

(정의) $MRTS_{LC} = \dfrac{dC}{dL}$

그림 4-3 아이소퀀트 곡선상의 MRTS

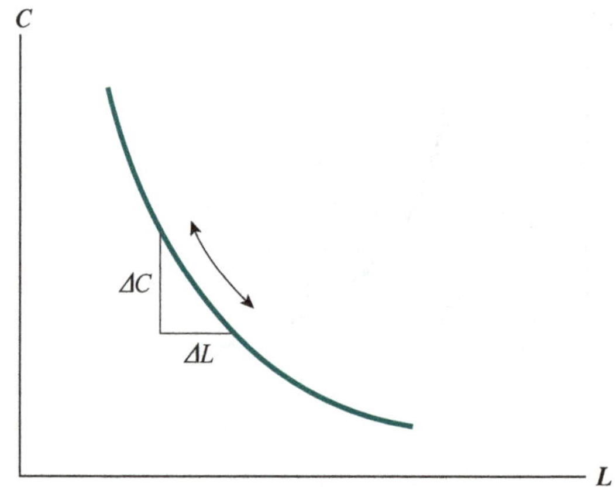

여기서 L은 시간으로 측정된 노동(labor), C는 운전자본과 자본재(capital goods)를 의미한다. 자본은 일반적으로 운전자본(working capital)과 투자자본(investment capital)을 말하나 생산이론에서는 운전자본과 투자자본으로 구입한 자본재, 즉 일회성이 아닌 생산설비 등을 지칭한다.

다음으로 소비자이론에서 MRS가 MU 간의 역비율로 나타나듯이, $MRTS_{LC} = -\frac{MP_L}{MP_C}$이 된다. 수식으로 증명하자면 다음과 같이 된다.

(증명) $Q(C, L) = Q(C + \Delta C, L + \Delta L) = Q(C, L) + MP_C \cdot \Delta C + MP_L \cdot \Delta L$

$\rightarrow MP_C \cdot \Delta C + MP_L \cdot \Delta L = 0$

$\rightarrow \frac{\Delta C}{\Delta L} = -\frac{MP_L}{MP_C}$

즉, 전체 생산량을 변동하지 않으면서 하나의 투입량을 늘리고 다른 투입량을 줄이고자 할 때 교환비율은 투입요소들의 생산에 기여하는 정도의 비율, 다름 아닌 한계생산(MP)들의 비율의 (−) 역순이라는 것이다.

아이소코스트 선과 최적 요소조합 선택 그림4-4

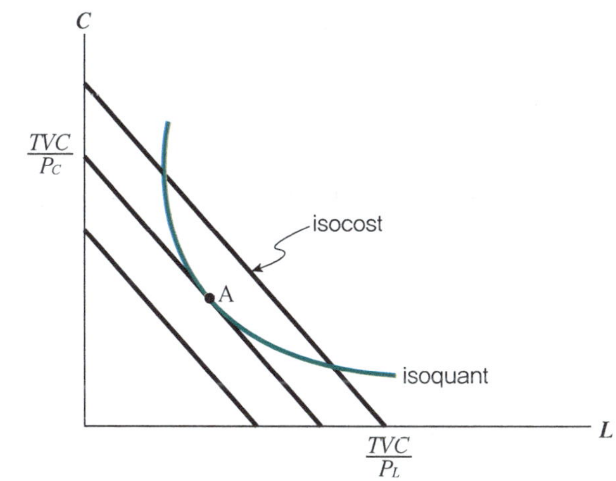

투입요소의 최적 조합 선택

변동비용 총액이 주어졌을 때 투입요소의 최적 조합 선택이 어떻게 이루어지는지 살펴본다. 먼저 **아이소코스트 선**(isocost line)을 설명한다. 이는 소비자이론의 예산선과 같은 개념으로 생산관리자에게 주어진 변동비용 총액(*TVC*; total variable cost)이 최대 얼마만큼의 투입요소를 확보할 수 있는가를 보여주는 기회선이다. 기회선에서 원점을 연결하여 구성된 삼각형 내부가 모두 투입물을 활용할 수 있는 기회를 나타낸다. 소비자이론의 예산선과 같이 **(−)기울기**를 가지며 **노동**(L)**과 자본**(C) **간의 선형관계**를 나타내는 직선이다. 여기서 P_L은 임금(wage), P_C는 자본비용(capital cost)을 말하며 아이소코스트 선은 $C = \frac{TVC}{P_C} - \frac{P_L}{P_C} \cdot L$로 표기된다. 〈그림 4-4〉에서와 같이 주어진 목표 생산량을 최소의 비용으로 생산하는 최적의 요소조합은 아이소퀀트 곡선에 접점을 이루는 아이소코스트 선상의 A점이 될 것이다.

예상한 대로 접점 A에서 아이소퀀트 곡선의 기울기($MRTS_{LC}$)와 아이소코스트 선의 기울기($-\frac{P_L}{P_C}$)가 같아지고 $MRTS_{LC} = -\frac{MP_L}{MP_C}$이므로 다음과 같은 관계식이 성립된다.[2]

2. 이는 제3 장에서 배운 라그랑지 배수를 이용한 1차도함수 조건(F.O.C.)을 통해서도 얻을 수 있다.

$$\frac{MP_L}{P_L} = \frac{MP_C}{P_C} \qquad \cdots (1)$$

식 (1)의 조건은 요소가격의 변동이 *MP*의 감소로 이어져 다른 요소에 대한 매력도가 증가함을 시사한다.

연습 생산물량을 계속 늘려야 하는 상황일 때 요소 간의 조합은 어떻게 달라지는가?

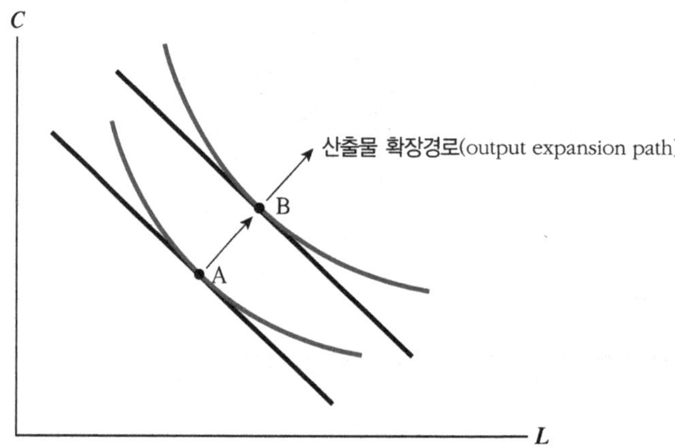

답안 〈그림 4-4〉를 이용하여 분석할 때 위 그림의 화살표와 같이 늘어날 것으로 보인다. 즉, 아이소퀀트 곡선의 모양에 따라 달라진다. 요소조합의 경로를 산출물 확장경로라 한다.

연습 L의 가격인 임금이 크게 올랐을 때 C, L 간의 변동은?

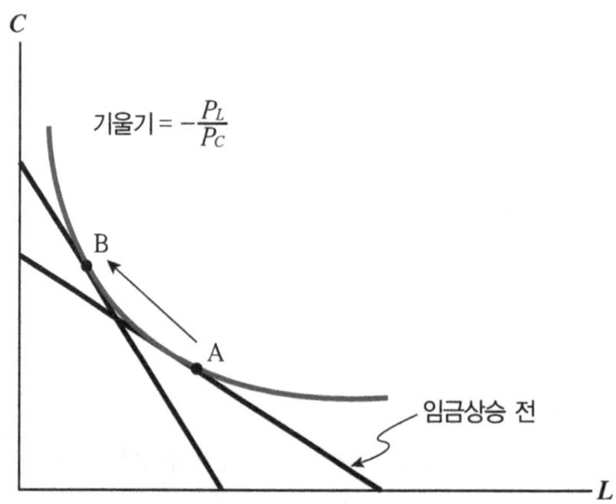

답안 〈그림 4-4〉를 이용하여 분석할 때 같은 생산량을 유지하면서 새로운 아이소코스트 선과 접점인 B점으로 이동한다. 식 (1)의 예상이 현실화되는 상황이다. 소비자이론[3]에서의 방식과 달리 더 많은 산출물을 요구하는 상황이 아니다. 이 경우 전체 변동비가 늘어날 가능성이 높다. 만일 노동량을 줄일 수 없는 상황이면 전체 변동비는 조정한 경우보다 많이 늘어난다.

4.3 비용과 최적 생산량

비용의 개념을 간단히 소개하고 생산관리에서 중시해야 할 비용에 대해 설명한다.

경제학에서 본 비용

비용(cost)이란 무엇을 얻기 위해 지불해야 하는 것을 말한다. **효익**(benefit)은 비용을 수반한다. 물리학에서 작용에 대해 반작용이 따르듯이, 얻기 위해서는 무언가 가치 있는 것을 잃어야 한다.

경제학에서는 직접적인 비용 외에도 **기회비용**을 고려한다. 연인과 영화를 보느라 친구들과의 즐거운 모임에 불참했다면, 영화관람에 대한 기회비용으로 친구들과의 모임을 지불한 것이고, 물건을 사기 위해 돈을 지불했다면, 그 돈으로 다른 무언가를 할 수 있는 기회를 잃었다고 보는 것이다. 이를 기업활동에 적용해 보자. 예를 들어 A라는 사업을 하여 100이라는 이윤을 만들었다고 하자. 그런데 이 사업을 하느라고 포기한 B사업이 50의 이윤을 창출한다면 경제적인 이윤(economic profit)은 50이라는 것이다. 이런 비용의 개념은 관념적(conceptual)이긴 하지만 경제적 가치를 우선하는 **경영의사결정에 필수적**이다.

3. 소비자이론에서는 한 재화가격의 변동은 변동한 재화 쪽의 구매가능물량을 변동시킨 후, 이 상태에서 효용이 극대화되는 최적 소비조합을 구했다.

생산비용인 매출원가

4.2절까지는 투입과 산출 간의 관계를 설명함에 있어서나 투입요소의 최적 조합 선택에 있어서나 모두 양의 관점에서 살펴보았다. 양의 관점에서 본 생산성 높은 선택이 비용의 관점에서도 가장 유리한 선택인지 확인해 봐야 한다. 기업의 목표가 이윤이고 이윤은 매출에서 비용을 뺀 값이다. 영업부문에서 주문된 제품이 적시에 납품된다면 이후 매출을 일으키는 기능은 판매촉진, 영업, 유통 등 마케팅 부서의 일이고, 생산부문은 주문량 적시납품을 맞춘다는 전제 아래 비용을 최소화하는 노력에 집중해야 한다. 기업에게 비용은 **매출원가**(COGS; cost of goods sold), **영업비용**(SG&A; sales, general and administrative expense), **영업외 비용**(이자비용 등)이고 이 중 생산과 관련된 부분은 총비용에서 가장 큰 비중을 차지하는 매출원가이다.

매출원가는 생산부서에서 영업부서로 완제품을 이관할 때 책정되는 원가로, 제조업의 경우 원자재, 임금, 설비관련 비용, 전기료 등으로 구성되는 제조원가에 재고자산의 증감을 반영하여 계상한다. 생산관리자는 생산효율을 높여 제조원가를 낮추고 적정 수준의 재고를 유지해야 한다.

비용-산출물 관계

생산부서는 영업부의 주문에 의해 생산을 시작한다. 적기에 요구하는 품질의 제품을 주문 수량만큼 납품해야 한다. 주문량 Q에 따라 생산비용 TC(total cost)는 증가한다.

$$TC = TC(Q)$$

다음으로 **총 생산비용** TC는 생산량 Q에 연동되어 증가하는 **변동비** TVC(total variable cost, 원자재, 생산근로자임금 등)와 Q와 관계없이 일정하게 지불되는 **고정비** TFC(total fixed cost, 설비관련 비용 등)로 구성된다. 고정비와 변동비를 생산량 Q로 나눠 **평균비용** $AFC(=\frac{TFC}{Q})$와 $AVC(=\frac{TVC(Q)}{Q})$를 구한다. 여기서는 기업 전체의 입장에서 보아야 하기 때문에 영업비용도 생산량에 의해 증가하는 부분은 변동비에, 나머지는 고정비에 산입한다.

$$TC(Q) = TFC + TVC(Q)$$

*AFC*는 *TFC*가 상수(constant)이기 때문에 *Q*가 증가함에 따라 원 좌하부분 모양의 포물선을 그리면서 계속 줄어든다. 그러나 *AVC*는 생산성이 최고가 되는 점에서 최저값을 가진다. 변동적인 투입비 대비 산출물의 관계를 그린 〈그림 4-1〉에서 볼 때 그림상의 B점, 즉 *DAR*점에서 *AVC*는 최저가 된다. 양의 관점에서 선택한 점이 비용의 관점에서도 큰 의미를 가지는 점인 것이다. 생산성이 원가경쟁력 측면에서도 크게 중시되는 이유이다.

이윤이 극대화되는 Q

이제 이윤의 관점에서 생각해 보자. 이윤은 매출, 즉 수익에서 비용을 뺀 값이다. 수익은 생산량 *Q*에 가격 *P*를 곱한 값이고, 비용은 위에서 정의한 *TC*(*Q*)처럼 생산량 *Q*에 의해 결정된다. 여기서의 수요함수는 기업의 수요함수이므로[4] 가격 *P*는 이 기업의 생산량 *Q*의 함수 *P*(*Q*)가 된다. 따라서 총수익 *TR*(*Q*)는 다음과 같다.

$$TR(Q) = Q \cdot P(Q)$$

(간단한 예) $P = a - bQ$이고, $TC = c + dQ$(상수 $a, b, c, d > 0$)[5]라 하자.
그리고 $TR > TC$가 성립하는 *Q*구역이 〈그림 4-5〉와 같이 존재한다고 할 때,

풀이 $TR = Q \cdot P = aQ - bQ^2$가 되고,
이윤 $\pi(Q) = aQ - bQ^2 - (c + dQ)$이다.
이윤극대화점인 $\frac{d\pi}{dQ} = 0$을 만족하는 Q^*는 $(a - d) - 2bQ = 0$

4. 제3장 후반부에서 설명했듯이 기업수요곡선(firm's demand curve)은 시장수요가 존재할 때 각 기업 제품에 적용되는 수요함수이다. 기업수요곡선은 시장의 경쟁상황에 따라 달라지는데 완전경쟁일 때는 시장가격을 그대로 받아들이므로 *X*축과 수평한 선($y = P$, 여기서 *P*는 상수)이 되고, 자신들의 차별화된 시장이 있을 때는 가격변동에 민감하게 움직이는 (−)기울기의 수요곡선($y = a - bQ$)이 된다. 제5장에서 자세히 설명한다.
5. 일반적으로는 *TVC*(여기서는 *dQ*)는 생산함수 유형 2(〈그림 4-1〉 참조)와 같이 *Q*의 3차 방정식이다.

그림 4-5 이윤이 극대화되는 Q의 선택

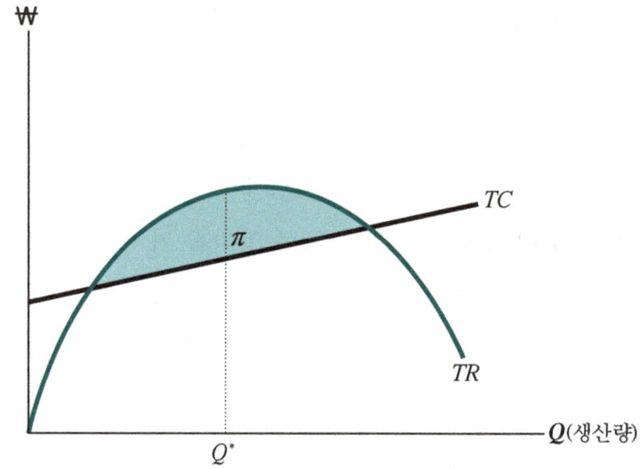

을 만족하고,

$Q^* = \dfrac{(a-d)}{2b}$로 계산된다.

이 상황을 그림으로 형상화해 보자. 즉, 곡선과 직선 사이의 공간이 이윤을 나타내며 이 면적 중에 직각으로 가장 큰 길이를 보여주는 Q^*가 이윤극대화점이다.

이를 일반화하여 이익이 극대화되는 Q를 구하면, 이윤 $\pi = TR - TC$이며 각각 Q의 함수이므로,[6] $\pi(Q) = TR(Q) - TC(Q)$이고, 이윤극대화점은 $\dfrac{d\pi}{dQ} = 0$을 만족하는 Q이므로, $\dfrac{d\pi}{dQ} = MR - MC = 0$이 되는 점이다. 즉, $MR = MC$가 되는 Q에서 이윤이 극대화된다. 여기서 $MR = \dfrac{dTR}{dQ}$로 **한계수익**, $MC = \dfrac{dTC}{dQ}$로 **한계비용**이라 부른다.

추가적으로 설명하자면, 만일 $MR > MC$라면 생산을 늘려 이익을 증대시킬 수 있기 때문에 $MR = MC$가 되는 점까지 Q를 늘린다는 것이다. 기업이 이윤극대화를 추구하는 한 MR과 MC는 결국 같아진다.

---

6. 단, $TR(Q)$, $TC(Q)$ 함수는 서로 독립적으로 결정된다.

연습 $TR = 6Q - Q^2$이고 $TC = 1 + 2Q$일 때

$MR = 6 - 2Q$, $MC = 2$이며 이윤극대화 조건 $MR = MC$를 적용하면,

$6 - 2Q = 2$이므로 $Q = 2$에서 이윤이 극대화된다.

이때의 수익 = 8, 비용 = 5, 이윤 = 3이 된다.

최적 이윤폭의 설정

다음은 위의 이윤이 극대화되는 Q의 논리를 이용하여 **최적 이윤**(optimal mark-up)을 설정하는 기준을 설명한다. 이는 생산보다는 마케팅에 더 의미있는 논리이겠으나 MC가 최적 가격을 결정하는 중요 요소라는 점에서 생산에 의미하는 바도 크다 하겠다.

위의 경우처럼 기업의 수요곡선은 $P = f(Q)$로 표시되고, 따라서 기업의 총수익 TR은

$$TR = P \cdot Q = Q \cdot f(Q)$$

$$\begin{aligned} MR = \frac{dTR}{dQ} &= f(Q) + Q\frac{df(Q)}{dQ} \\ &= P + Q\frac{dP}{dQ} \\ &= P\left(1 + \frac{Q}{P} \cdot \frac{dP}{dQ}\right) \\ &= P\left(1 + \frac{1}{\varepsilon_P}\right) \end{aligned}$$

따라서 이윤이 극대화되는 $MR = MC$ 조건을 적용하면, $P\left(1 + \frac{1}{\varepsilon_P}\right) = MC$를 만족하고, 이를 p로 정리하면, $p = \frac{MC}{\left(1 + \frac{1}{\varepsilon_P}\right)}$가 된다.

연습 어떤 기업의 $\varepsilon_P = -4.0$, $MC = ₩10$이라 할 때, 이익을 극대화하는 제품의 가격은 $p = \frac{10}{\left(1 + \frac{1}{-4.0}\right)} = \frac{10}{0.75} = ₩13.33$이다. 즉, 가격에 비교적 탄력적(절대값 > 1)이므로 가격을 많이 올리지 못하는 경우이다.

참고로 MC 안에 포함되어 있는 비용은 추가생산 시 늘어나는 직접적인 생산비, 하나 더 팔 때 늘어나는 영업비용, 그리고 재고 유지비(inventory holding cost) 증가분 등이다.

공장 폐쇄 결정

공장이나 기업의 폐쇄결정(shut-down decision)을 비용과 연계해서 생각해 보자.

폐쇄냐, 아니냐는 **폐쇄의 기회비용**으로 판단한다.

$TR - TC = (TR - TVC) - TFC$로서 TR, TVC는 Q의 함수이다.

① 따라서 폐쇄 시 이윤은 $-TFC$이다.

② 두 번째 선택은 $MR = MC$를 만족하면서 운용하는 방안인데, 이때의 이윤은 $TR - TC = (TR - TVC) - TFC$이다.

단, ②의 선택이 ①보다 우월하려면 $TR - TVC > 0$이어야 하며, $TR - TVC = Q \cdot P - Q \cdot AVC = Q(P - AVC) > 0$으로, $P - AVC > 0$이 계속 가동을 지지하는 조건이다.

정리하면, $P > AVC$, 즉 가격이 대당 변동비보다 높은 경우 운용을 지속하는 것이 우월한 선택이다.

생산함수, 요소함수, 비용함수의 연계

투입요소 X와 산출물 Q, 비용으로 고정비 TFC, 변동비 TVC가 있다 하자. 이미 익숙한 변수들이다. 다음으로 투입량이 산출물에 의해 결정된다면 투입함수를 규정할 수 있을 것이다. 이를 정리하면 다음과 같다.

하나의 투입요소만 있을 때

1 생산함수: $Q = f(X)$

2 투입함수[7]: $X = g(Q)$

3 비용함수: $TC(Q) = TFC + TVC = TFC + P_X \cdot g(Q)$

여기서 $TVC(Q) = P_X \cdot X = P_X \cdot g(Q)$

---

7. input function이라 한다.

생산함수와 투입함수 간의 관계도

그림 4-6

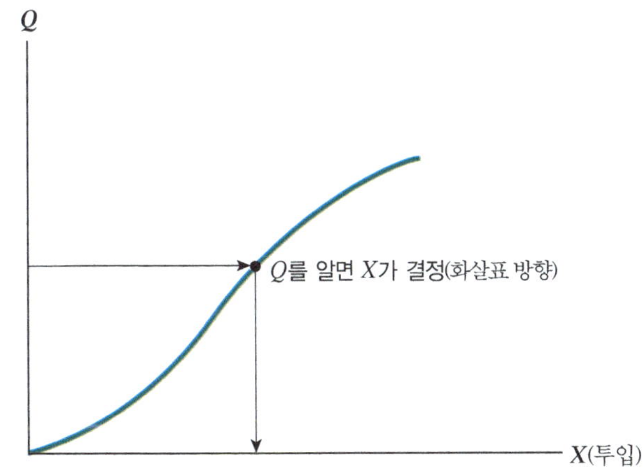

하나의 투입요소가 있는 간단한 예에서 생산관리자의 단계별 임무를 찾아보자.

1) 생산함수로부터 〈그림 4-1〉에서 B와 B를 조금 지난 점과 같은 생산성이 높은 Q를 선정하고, 2) 투입함수와 비용함수를 이용하여 위의 Q 중에서 AVC나 ATC가 최소화되는 (X, Q)의 조합을 선정한다.[8] 3) 주문량이 위에서 정한 Q보다 적은 경우, 예상 재고분을 추정하여 재고비용과 과소 생산했을 때에 발생하는 생산비효율에 의한 비용을 견주어 (X, Q)의 조합을 최종 결정한다.

여러 개의 투입요소가 있을 때

1. 생산함수: $Q = f(X_1, X_2, \cdots)$
2. 투입요소들의 가격: P_{X1}, P_{X2}, P_{X3} ·········이 주어지고,
   비용최소화 과정을 거쳐 요소량을 결정하면, 투입함수는 $X_1 = g_1(Q)$, $X_2 = g_2(Q)$, ······
3. 비용함수: $TC(Q) = TFC + P_{X1} \cdot g_1(Q) + P_{X2} \cdot g_2(Q)$ ······가 된다.

8. Q가 클 때 $AFC(=\frac{TFC}{Q})$가 매우 작아짐에 따라 AVC나 ATC가 최소화되는 Q의 차이는 미미하다.

생산관리자의 역할은 하나의 투입요소가 있는 경우와 같다.

장기간의 비용곡선과 효율적 생산량

지금까지의 생산함수는 기술변혁이나 규모가 일정할 때 추정한 함수이다. 그러나 시간이 지나면서 기술도 변하고 규모도 변하면서 생산함수나 비용곡선도 변한다. 〈그림 4-7〉은 장기간 기업활동을 유지할 때 어떤 장기비용곡선(long run cost curve)이 선택되는지, 이 비용구조 아래에서 적정 생산규모(efficient scale)가 어디서 결정되어야 하는지를 설명한다. 이 논리도 매우 개념적이지만 많은 시사점을 주는 아이디어이다.

〈그림 4-7〉을 설명하면 기업은 원래 Q_1에 이르는 지점까지, 즉 작은 규모의 공장 2개 정도로 확장을 원하고 있다. 그러나 Q_1에 이르러 시장에서의 원가경쟁력과 수요를 확보하면 3, 4, 5번째의 플랜트를 건설할 수 있는 능력이 생긴다 한다. 그러나 그림이 시사하는 바는 플랜트 2에서 멈추지 말고 플랜트 4까지 확장하라는 것이다. 왜냐하면 플랜트 4에 이를 때 가장 낮은 비용구조를 가지기 때문이다.

잠시 용어를 살펴보면 개별 플랜트의 단기평균비용 *ATC*의 밑부분만을 계속 연결한 선이 효율적인 비용선을 나타내는 장기평균비용선(*LRAC*; long

그림 4-7 장기비용곡선과 적정 생산규모

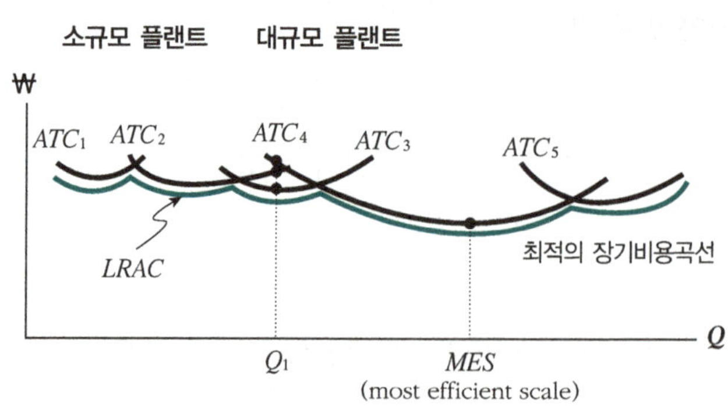

run average cost)이다. 기업들은 계속 플랜트를 건설하면서 얻게 되는 **학습효과**(learning effect)와 **규모의 경제**로 어떤 지점에서 최저를 경험한다. 그리고 이 지점은 평균비용이 최소화되는 지점으로, 이를 **최적 효율규모**(*MES*; point of the most efficient scale)라 한다. 여기서 총비용을 고정비와 변동비로 구분하지 않고 단순히 *AC*(average cost)로 부르는 이유는 장기적으로는 변동비뿐 아니라 고정비도 가변적으로 보기 때문이다.

이제 *LRAC*만을 떼어 놓고 생각해 보자. 〈그림 4-8〉은 단기적인 생산함수에서와 같이 *LRAC*의 최저점을 *LRMC*선이 통과하는 것을 보여주고 있다.[9]

장기비용곡선에서의 AC와 MC의 관계 그림4-8

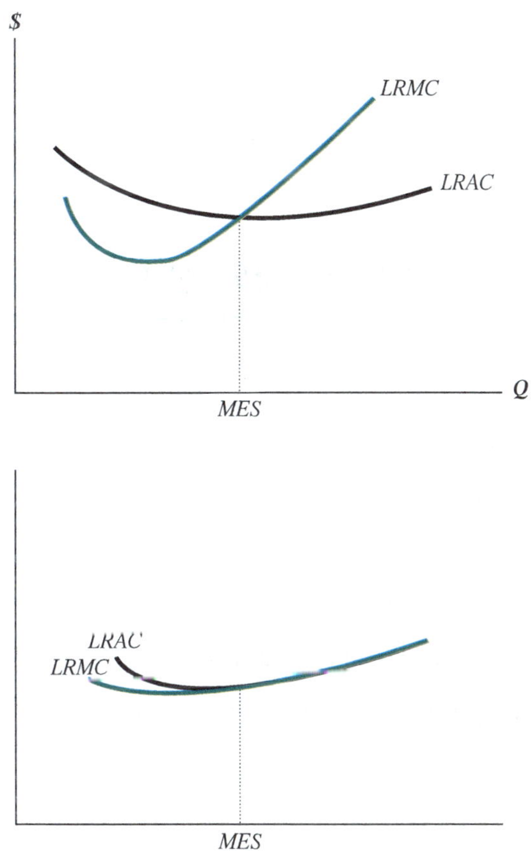

보편적인 AC와 MC의 관계이다. 그러나 〈그림 4-8〉의 아래 그림에서 보듯이 제품이 표준화되는 포화상태가 되면 진입, 규모확장, 경쟁의 심화로 가격 $P=AC$에 근접하고, 장기적으로는 AC가 최소일 때만 생산하므로 $LRAC=LRMC$가 된다. 이로써 제품수명주기상 포화상태에 이르면 기업은 추가이윤을 창출할 기회를 잃게 된다.

전략적인 비용분석

생산비용은 매출원가를 결정하고 결국 이윤창출 여부에 큰 영향을 준다. 한편 생산비용은 앞서 논의한 생산규모와 경쟁상황뿐 아니라 설비투자, 원자재 공급 및 가격변동, 공급사슬구조, 구매, 기술, 노조뿐 아니라 경쟁사의 상황과 환율, 물가 등에 의해 영향을 받는다. 따라서 생산활동을 1) 원료의 구매 및 투입, 2) 완제품 제조 및 출하, 3) 유통으로 나누어 이들에 영향을 주는 요인들을 수시로 점검, 확인하고 문제에 대응할 수 있는 전략적인 비용분석 체제를 갖춰 나갈 필요가 있다. 또한 단기적으로는 경쟁사와의 관계를 분석하여 물량조절 등 전술적으로 대처할 수 있어야 한다.

4.4 투입요소량의 선택과 요소가격의 책정

우리는 4.2절에서 요소 관련해서는 정해진 주문량 Q를 산출하기 위한 최적의 요소조합과 요소 간의 대체율 $MRTS$를 배웠고 아울러 요소 가격변동 시의 투입요소 간의 양의 조정을 배웠다. 또한 4.3절에서 요소를 변동비와 고정비 성격의 요소로 묶어 최소비용의 (X, Q) 조합을 파악했다. 본 절에서는 요소 그 자체에 대해 논하고자 한다. 요소는 노동과 자본이 가장 큰 것이고 자본은 재무부문에서 설명할 것이기 때문에 본 절에서는 노동을 중심으로 아울러 이 과정에서 요소가격인 임금이 책정되는 과정을 설명한다.

9. 본 장의 〈부록〉 참조.

하나의 요소만 있을 때

하나의 요소만 있을 때는 산출물 Q를 선택하든지 또는 요소 X를 선택하든지 하나만 결정하면 나머지가 결정된다. 〈그림 4-6〉에서와 같이 $X \to Q$ 또는 $Q \to X$를 결정한다.

1 생산함수: $Q = f(X)$
2 투입함수: $X = g(Q)$

이런 상황에서 두 가지 분석이 가능하다. 요소를 하나 더 투입하면,

a. 생산을 늘리므로 수익(revenue)이 증가한다. 이 효과를 *MRP*로 분석한다.
b. 비용을 증가시킨다. 이 경우 수익-비용 분석이 필요하다. *MRC*로 분석한다.

요소가 수익에 끼치는 영향

사례 ❶ 재화시장이 완전경쟁시장인 경우의 MRP

이런 시장에서 기업은 재화가격에 영향을 줄 수 없고 시장가격 P에 판매해야 한다. 총수익 TR(total revenue)은 다음과 같다.

$$TR = TR(X) \\ = P \cdot Q \\ = P \times f(X)$$

4.2절에서처럼 차별화된 시장에서 독점력을 가진 상황에서는 TR이 Q의 함수였으나 시장이 완전경쟁인 상황에서는 TR은 X의 함수이다. X는 TR을 결정하지만 주어진 생산함수에 의해 Q를 결정함을 시사한다. 또한 완전경쟁시장에서는 가격 P에 얼마든지 팔 수 있으므로 X에 대한 한계수익이 관심이 된다. 이를 **한계수익생산**(*MRP*; marginal revenue product)이라 한다. 한계수익생산 *MRP*는 요소 하나 더 투입할 때 수익(₩)이 얼마나 증가하는지를 보여주

는 값이다. 즉, 요소 X가 기업에게 수익의 형태로 얼마나 한계적으로 기여하는가를 보여주는바, 이는 요소 X가 그 기업에 얼마나 필요한가를 보여주는 것이다. 따라서 MRP는 **요소 X에 대한 이 기업의 수요**(firm' s demand)를 나타낸다.

(정의) $MRP_X = \dfrac{dTR}{dX}$

완전경쟁 재화시장에서, $MRP_X = P \cdot \dfrac{df}{dX} = P \cdot \dfrac{dQ}{dX} = P \times MP_X$

해설 위 관계가 의미하는 바는 하나의 요소를 더하면, 산출이 늘어나므로, 추가적인 수익은 추가적인 요소투입에 의해 결정된다는 것이다. 단순한 예로 엄청나게 큰 밀가루 시장에서 어느 한 기업의 규모가 미미하고 전 세계가 같은 가격에 거래된다고 하자. 그리고 이 기업의 밀가루 생산의 유일한 요소가 인부라 하자. 이 경우 현재 인부 5명에서 1명을 늘린다면 인부 1명의 증가는 기업의 산출물을 1/5만큼 증가시키고 늘어난 양에 시장가격을 곱한 값만큼 수익이 늘어난다. 결국 수익을 늘리는 유일한 변수는 인부의 수인 것이다.

여기서 MRP는 MP의 함수이고, MP와 마찬가지로(〈그림 4-1〉 참조) MRP선도 우하향하는 곡선으로 표시된다. 추가수익인 $P \times MP_X$의 일정 비율(예: 1/3)을 임금으로 지불한다면 이 기업의 인부노동에 대한 수요선이 된다.

사례 ❷ 재화시장이 기업의 영향 안에 있을 때의 MRP

4.2절에서와 같이 재화시장이 차별화되어 기업의 산출물량이 가격을 결정하는 경우 수요함수는 기업의 생산량 Q의 함수이다.

수요함수 $P = g(Q)$,

생산함수 $Q = f(X)$일 때

총수익 $TR = PQ = g(Q) \times f(X)$

$$MRP_X = \frac{dTR}{dX} = \frac{dTR}{dQ} \times \frac{dQ}{dX}$$
$$= MR_Q \times MP_X$$

여기서 *MRP*는 *MR*과 *MP*의 함수이다. $MR_Q = g'(Q) \times f(X)$, $g'(Q) < 0$이고 *MR*은 (+)값에서 점차 감소하는 곡선(〈그림 4-5〉 참조)의 형태를 취하므로 *MP*의 특성(〈그림 4-1〉 참조)과 결합되어 *MRP*선은 완전경쟁의 경우보다 우하향으로 더욱 가파르게 휘는 곡선으로 표시된다. 추가수익인 $MR_Q \times MP_X$의 일정 비율(예: 1/3)을 임금으로 지불한다면 *MRP*선은 이 기업의 요소 *X*에 대한 수요선이 된다.

요소가 비용에 끼치는 영향

다음으로 요소투입 증가가 비용에 준 영향을 한계요소비용(*MRC*; marginal resource cost)을 이해하면서 분석한다. 위에서 가정한 바와 같이 1요소의 경우이다.

사례 ❶ 요소시장이 완전경쟁시장인 경우의 MRC

요소가격은 경쟁가격이므로 그대로 받아들인다. 그 가격에 그 요소는 무제한으로 구입 가능하다. 1요소의 경우로 생산함수는 주어졌으므로 총비용 *TC*는 *X*의 함수이다.[10] *X*에 대한 한계비용이 관심대상이 된다. 이를 **한계요소비용**(*MRC*; marginal resource cost)이라 한다. 한계요소비용 *MRC*는 요소 하나 더 투입할 때 비용이 얼마나 증가하는지를 보여주는 값이다. 총비용 *TC*는 요소가격과 요소량의 곱이다.

$$TC = TC(X)$$
$$= P_X \times X$$

10. $TC = TC(Q)$로 표기하는 일반적인 비용함수 형태와 다른 것은 1요소의 경우이기 때문이다.

한계요소비용(marginal resource cost)은 다음과 같이 정의한다.

(정의) $MRC_X = \dfrac{dTC}{dX}$

완전경쟁 요소시장에서, $MRC_X = P_X$

해설 이는 주어진 요소가격을 언제나 다 지불해야 하므로 한계요소비용은 요소가격 그 자체가 된다. 또한 여기서의 요소 X는 가격 P_X에 무제한으로 구입 가능하므로 MRC_X는 X축에 수평한 직선이고, 이 기업의 요소 X에 대한 공급곡선이 된다.

사례 ❷ 요소시장이 기업의 영향 안에 있을 때의 MRC

어느 한 기업이 요소시장에서 유일한 요소수요자일 때 MRC가 어떻게 달라지는지 살펴보자. 예를 들어 인구 5만 도시에서 일거리를 제공하는 기업이 있다고 하자. 노동의 질과 양은 매우 제한되어 있으며, 요소가격(임금)이 다음과 같은 식의 요소공급선에 의해 결정된다고 하자.

$P_X = 3 + 0.001X$

따라서 $TC = P_X \times X = 3X + 0.001X^2$이고

$MRC_X = \dfrac{dTC}{dX} = 3 + 0.002X$

해설 요소시장이 완전경쟁일 때에 비해 요소 증가에 따른 한계비용이 다소 증가한다. 즉, MRC_X는 약간의 (+)기울기를 가지는 직선의 모양을 가지며, 이 기업의 요소 X에 대한 공급곡선이 된다.

최적 요소투입 규모의 선정

1요소의 경우 이익이 극대화되는 요소투입량을 산정해 보자.

이윤 $\pi = TR(X) - TC(X)$이며

이윤극대화점에서 $MRP_X - MRC_X = 0$

$$MRP_X = MRC_X$$

이는 4.2절에서 배운 이윤극대화점에서 $MR_Q = MC_Q$와 같은 개념이다. 다만 $MRP_X = MRC_X$는 요소투입의 관점에서 본 것이고, $MR_Q = MC_Q$는 산출물의 관점에서 본 것일 따름이다. 같은 개념이라는 의미는 어떤 방식을 취하든 모두 이윤극대화 결정으로 이끈다는 뜻이다.

노동시장에서의 최적 요소투입 규모와 노동조합

완전경쟁적인 재화 및 노동시장의 경우

완전경쟁적인 시장에서 재화를 생산 · 판매하는 기업이 있다 하자. 이 기업은 최적 규모의 노동공급량을 결정하고자 한다. 기준은 이윤극대화점이다. 이 기업에 있어 노동은 매우 중요한 생산요소이며 노동시장은 완전경쟁시장(perfectly competitive markets)이다. 이윤극대화점인 $MRP_X = MRC_X$를 만족하는 요소투입 규모를 찾아보자. 완전경쟁시장에서의 MRP_X와 MRC_X는

$MRP_X = P \times MP_X$,

$MRC_X = P_X$이다.

우선 MRP는 노동에 대한 수요곡선으로 〈그림 4-9〉에서 보는 바와 같이 (−)기울기를 가지면서 우측으로 휘는 곡선이며, 공급곡선인 MRC_X는 모든 X에 대해 상수 P_X값을 가진 X축과 평행인 직선이다. 이윤이 극대화되는 점은 두 선이 교차하는 (X^*, W_0)점으로 이 균형점에서의 노동투입량은 X^*, 지불할 임금은 W_0가 된다.

완전경쟁적인 재화시장과 불완전한 노동시장의 경우

완전경쟁적인 시장에서 재화를 생산 및 판매하는 기업이 불완전경쟁적인(imperfectly competitive) 노동시장에서 노동을 공급받는다 하자. 노동조합은

그림 4-9 노동시장과 적정 노동투입 규모

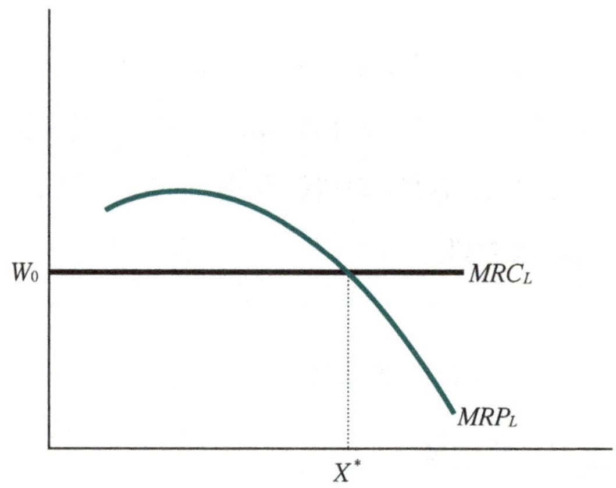

추가공급 시 늘어난 임금을 전 노조원들도 공유하는 것을 주장한다. 일단 수익성도 좋은 터라 이 제안을 수용하고 생산은 $MRP_X = MRC_X$를 만족하는 이윤극대화점에서 유지하기로 했다. 이제 기업의 임금비용 부담은 1명에 대한 인상이 아닌 전 노조원에 대한 인상이 되어 MRC가 크게 오른다. 새로운 공급선은 MRC가 아닌 $ARC_X = \frac{TC}{X}$가 되고 이는 MRC보다 기울기가 낮은 선이다. 앞의 예를 적용하여 추론하면 $TC = P_X \times X = 3X + 0.001X^2$이므로 $ARC = 3 + 0.001X$가 되고 MRC보다 기울기가 1/2로 낮아진 선이 된다.

$$MRP_X = P \times MP_X$$

$$MRC_X = a + bX$$

$$ARC_X = a + 0.5bX \quad (a,\ b > 0)$$이다.

〈그림 4-10〉에서 보는 바와 같이 MRP는 위의 경우와 변동이 없고 노동에 대한 수요곡선으로 (−)기울기를 가지면서 우측으로 휘는 곡선이다. 공급곡선은 ARC로 변했고, MRC_X는 Y축을 지나 우상향하는 직선으로 노동에 대한 이 기업의 한계요소비용선이다. 이윤이 극대화되는 점은 두 선이 교차하는 (X^{**}, W_3)점이고, 균형점에서의 노동투입량은 X^{**}, 이 지점에서의 임금은

노동시장과 적정 노동투입 규모, 노동조합 역할의 효과

그림 4-10

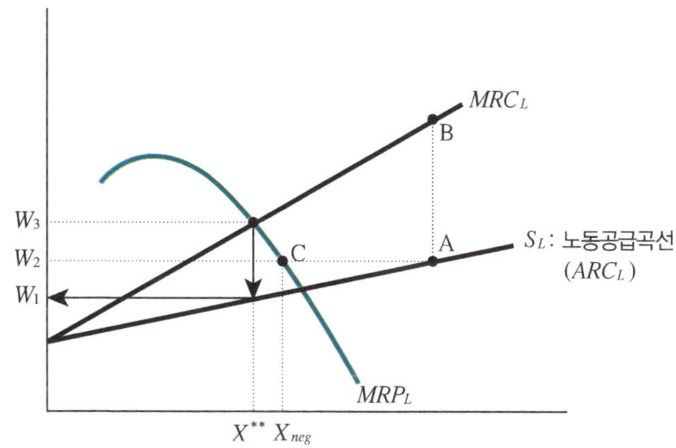

W_3가 된다.

완전경쟁 노동시장의 경우와 비교하면 이 경우 *MRC*가 더욱 가팔라짐에 따라 $X^{**} < X^*$, $W_3 > W_0$로 새로운 균형을 가지나 기업의 입장에서는 노조로 인한 과도한 *MRC*의 상승이기 때문에 공급곡선상의 가격인 W_1에 맞춰 임금을 지불하게 된다. 물론 이 임금수준도 W_0에 비해서는 상승한 것일 것이다.

그러나 노동조합은 높은 임금 W_3에도 기업이 순이익을 낼 수 있음을 알기 때문에 임금인상을 계속 요구할 것이다. W_2에서 협상이 타결되었다면, 〈그림 4-10〉의 *Y*축의 W_2점에서 S_L을 만나는 지점 A까지의 수평선이 공급곡선이 되고, 이 선은 새로운 MRC_L[11]도 된다. 따라서 기업은 새로운 *MRC*와 *MRP*가 만나는 X_{neg}에서 투입량을 결정한다. 투입량과 임금이 모두 증가한 셈이다.

---

11. 공급곡선은 *Y*축의 W_2점에서 수평선을 그어 S_L을 만나는 지점 A 이후에는 S_L을 따라 상승하고, MRC_L도 A점 이후에는 수직 위의 B점으로 연결되어 그 이후는 기존의 MRC_L을 따라 움직인다.

4.5 생산이론과 생산관리

우리는 4.4절까지 경제학에서 개발된 생산이론을 배웠다. 생산함수, 투입-산출비율, 아이소퀀트 곡선, 아이소코스트 선, 최적 요소조합, *MRTS*를 배웠다. 이들은 생산성의 관점에서 투입량 대비 산출물의 관계를 따진 것이다. 이후 기업의 이윤극대화 과정에서 생산의 역할을 논했다. 즉, 매출원가를 줄이는 비용관리 문제였다. 비용분석에 있어 결국 생산성이 최대가 되는 점에서 *AVC*가 최소화됨을 알게 되었다. 마지막으로 이윤이 극대화되는 요소투입량과 요소가격에 대해 논했다. 이와 같은 생산이론이 생산관리 차원에서 어떤 의미가 있는지 살펴보자.

생산관리(production management)는 생산이론에 바탕을 두되 투입물을 산출물로 변환하는 생산과정을 운영하는 데 그 목적이 있다. 생산관리를 운영관리(operation management)라고도 하는 이유가 여기에 있다. 조직상으로도 CEO 바로 밑에 COO(chief operation officer)를 두어 구매, 생산, 유통의 전 과정을 총괄한다. 생산이 기업의 원가경쟁력을 거의 결정하기 때문이다.

생산관리는 얼마만큼, 어떻게, 낭비 없이, 원하는 품질을 유지하며 생산하는가와 관련된 의사결정을 다룬다. 즉, 생산량, 공정, 자원 및 재고, 품질에 대한 관리이다. 생산관리의 세세한 내용은 생산관리 과목을 통해 배우고 본 절에서는 기업에 근무하는 종업원들이 모두 인지해야 할 주요 주제를 간략히 정리한다.

생산성

생산이론에서 본 생산성은 투입 대비 산출량을 의미한다. 한계적인 값이 아니라 평균적인 값이다. 즉, 생산함수를 $Q = f(X)$라 할 때 생산성은 평균생산인 $\frac{Q}{X}$ 값이다. 〈그림 4-1〉의 B점에서 생산성은 최대가 된다. 생산성은 *AVC*와 *ATC*를 낮춤으로써 기업의 원가경쟁력을 결정한다.

재고자산관리

재고자산은 생산의 비효율, 공정상의 문제, 저품질, 분식회계 등의 문제가 나타날 소지가 큰 부분이다. 매출원가는 생산에 들어간 직접경비와 재고자산의 증감을 반영한 값이다. 재고자산의 방만한 경영은 원가경쟁력을 악화시킨다. 또한 너무 종류가 많아 파악조차 힘든 부분이기도 하다. 일단 생산부문에서 과학적인 관리가 선행되어야 하고 회계 팀은 수시로 실사하여 정확한 재고가 장부에 반영되도록 해야 하며 재무는 재고자산 회전율 등의 관리를 임원 평가지표에 반영하여 재고에 대한 관리가 철저하도록 해야 한다. 자동차회사는 JIT, Dell컴퓨터사나 Wal-Mart사는 No-inventory체제로 가고 있다. 그만큼 재고는 골칫거리이지만 동시에 기회이기도 하다. 기억하겠지만 간단한 과학적 재고관리 모델인 EOQ 모델은 제3장에서 다뤘다.

품질

품질은 생산만의 문제가 아니라 회사 전체의 문제로 다뤄야 한다. 기획부터 유통, 재무, 법무에 이르기까지 품질의 영향력은 지대하다. 생산원칙 중 불변의 원칙으로 "보이는 불량은 일부에 지나지 않는다"는 것이 있다. GE사는 20세기 말 보이는 불량은 기업 전체에 끼치는 부정적 영향의 1/5이라 하여 전 직원을 대상으로 6-시그마 운동을 펼쳤다. 금융기관의 경우 불량은 불신으로 이어져 가벼운 실수에도 주가가 폭락한다. 씨티은행은 과거 동경 직원의 작은 실수에 주가가 하루에 20% 폭락한 일이 있다.

공급사슬관리

모든 것을 내부화하는 시대는 지났다. 원자재, 중간재 등의 복잡한 부품 공급망을 일컫는 **공급사슬**은 원활한 공정과 적기납품에는 직접적인 영향을 주며, 궁극적으로는 **원가경쟁력**과 **품질에 절대적인 요소**이다. 공급사슬을 관리하는 IT수단인 ERP는 원래 부품공급망을 관리하는 것으로 개발되었으나 이제는 회사 전반의 활동을 실시간으로 잡아 수많은 경영정보를 창출하는 기초자료로 이용된다. ERP는 투명경영을 확보해 줌과 동시에 회사의 문제점을 해결하는 경영혁신의 도구로 활용되고 있다.

4.6 결론

본 장을 통해 여러분은 생산과 관련한 기초 이론들을 익힐 수 있었다. 이윤극대화 욕구가 생산성을 키우고 비용을 절감하는 데에서 시작되었음을 알 수 있었다. 생산에서의 이론들은 매우 과학적이고 합리성을 전제로 함도 알았다. 생산에 있어서의 합리적 행동이란 주문량을 적시에 올바른 품질로 출하하되, 비용절감을 통해 이윤극대화에 기여해야 한다는 것이다. 소비자이론에 이어 다시 한 번 여러분은 경제학의 이론들이 매우 논리적이고 정교함을 배웠을 것이다. 물론 모형화하는 과정에서 현실을 너무 단순화시킨다는 약점은 있다.

생산이론에 대한 이해를 통해 생산관리자가 추구해야 할 가치를 정리해 보길 바란다. 실제 기업에서 활용할 생산관리를 위해서는 앞으로도 수많은 요소를 추가로 감안해야 할 것이다. 생산관리는 현실이지 이론이 아니기 때문이다. 전쟁터와 같은 생산현장에서 활용할 생산관리 지식은 고학년의 생산관리 과정에서 세세히 배우길 바란다.

부록 ATC의 최저점을 MC선이 통과하는 이유

$TC = f(Q)$라 할 때, 정의에 의해 $MC = \frac{dTC}{dQ}$이고 $ATC = \frac{f(Q)}{Q}$이다.

ATC의 Q에 대한 1차도함수가 0이 되는 지점에서 ATC가 최저가 되므로, $\frac{dATC}{dQ} = \frac{[Qf'(Q) - f(Q)]}{Q^2} = 0$이고, 분자의 항 = 0으로부터,

$$Qf'(Q) - f(Q) = 0 \qquad \cdots \text{(A1)}$$

다시 열거하면, $f'(Q) = \frac{f(Q)}{Q}$. 즉, ATC의 최저점에서 $MC = ATC$가 같다는 것은 ATC의 최저점을 MC선이 통과한다는 의미이다.

또한 위 비용함수 $TC = f(Q)$에 $TVC = f(Q)$로 넣고 풀어도 같은 결과가 나

온다.

다만 식 (A1)의 해석에 있어 고정비에 대한 한계비용 기여는 0이므로 좌항의 $f'(Q)$가 MC가 되고, 우측은 AVC가 된다. 마찬가지로 AVC의 최저점을 MC선이 통과한다는 의미이다.

연습문제

01. 생산관리의 주제와 관련하여,

1) 생신관리에서 최적화이론(optimization theory)이 중요한 이유는 무엇인가?
2) 생산관리에서 최적화, 효율성, 생산성 간의 관계는 무엇인가?
3) 생산관리의 주요 주제 5가지를 설명하시오.

02. 비용(cost)와 관련하여,

1) 기회비용이란 무엇인가?
2) 기회비용과 합리적 선택의 관계는 어떤 것인가?
3) 생산성을 의미하는 비용의 개념은 어떤 것인가?
4) 〈그림 4-1〉에서 최고의 생산성을 의미하는 점을 찾고, $f_2(X) = 35X + 8X^2 - 2X^3$이라 할 때, $x = 2$에서 최고의 생산성을 얻음을 증명하시오. (힌트: 증명 이용)
5) 규모의 경제는 평균비용의 관점인가, 한계비용의 관점인가?
6) 생산함수의 모양과 제품수명주기의 관련성을 설명하시오.
7) IRS를 가능하게 하는 5가지 요인은 무엇인가?

03. 이윤극대화 생산량의 결정과 관련하여,

1) $MRTS$는 소비자이론의 MRS와 비교하여 연속적(continuous)인가?
2) $MR = MC$를 만족하는 생산량 Q가 이윤극대화 생산량이어야 하는 상식적인 이유는 무엇인가? (힌트: 기업의 합리성에 근거하여 설명)
3) 이윤극대화 가격 P와 가격탄력성 ε_P와의 연관성은 무엇인가?
4) 공장폐쇄는 어떤 조건에서 바람직한가? P, ATC, AVC와의 관계로 설명하

시오.

04. 예산제약 아래의 최적 투입요소 선택과 관련하여,

1) 생산관리자가 최적 투입요소를 결정하는 과정을 설명하시오.
2) 1)에서 생산관리자는 무엇을 최적화하는가? 비용인가, 이익인가?
3) 지속적으로 수요가 증가하는 제품을 위한 효율적인 생산규모는 어떻게 결정하는가?
4) 전략적인 비용분석에 대해 설명하시오.

05. 투입요소 간의 교환과 관련하여,

1) 요소시장에서 MRP가 의미하는 바는 무엇인가?
2) 완전경쟁 재화시장에서 요소 X에 대한 MRP는 한계생산 MP_X와 어떤 관련성이 있는가?
3) 독점적 경쟁 재화시장에서 요소 X에 대한 MRP는 한계생산 MP_X와 어떤 관련성이 있는가?
4) 요소시장에서 MRC가 의미하는 바는 무엇인가?
5) 완전경쟁 요소시장에서 요소 X에 대한 MRC는 요소가격 P_X와 어떤 관련성이 있는가?
6) 요소시장이 특정 기업의 영향받을 때 경쟁적인 요소시장과 비교하여 MRC의 기울기는 어떻게 달라지는가?

06. 최적 요소투입량의 선정과 관련하여,

1) 최적 요소투입량 선정의 목표함수는 무엇인가?
2) 최적점에서의 MRP와 MRC의 관계는 무엇인가?
3) 재화시장은 완전경쟁이라 하자. 요소시장이 특정 기업의 영향받을 때, 경쟁적인 요소시장의 경우와 비교하여 무엇이 다른가?

07. 문항 06의 (3)과 같은 경제에서 노동조합이 근로자가 추가될 때 늘어난 임금을 전 노조원들과 공유할 것을 주장하고 그것이 관철될 경우, 이런 활동이 임금과 고용에 끼친 효과를 전망하시오.

08. 생산관리의 주요 주제들과 관련하여,

1) EOQ모델의 구성요소를 설명하시오.
2) 주어진 생산함수(〈그림 4-1〉의 f_2)에서 생산성을 증가시키기 위한 방책은 무엇인가?
3) 재고를 줄이기 위한 기업 사례를 하나 들어보시오.
4) '불량은 빙산의 극히 일부' 라는 품질의 원리가 생산현장에서 어떻게 적용되는가?

chaptor 05

학습목표

독자들은 이 장의 학습을 통해 다음의 주제에 담긴 내용을 알아야 한다.

1. 재화시장의 형태
2. 공급곡선의 기울기
3. 단기 · 장기 시장균형
4. 완전경쟁 아래의 정상이익
5. 완전경쟁 아래의 소비자잉여와 생산자잉여
6. 완전경쟁 아래의 소비자별 MRS와 기업별 MRTS
7. 독점에서의 생산량 결정과 사회적 폐해
8. 독점적인 다국적 기업의 다공장 · 다시장 정책
9. 독점적 경쟁시장의 특성과 차별화 전략
10. 과점시장에서의 가격의 움직임
11. 과점에서의 경쟁기업 간 게임과 협력

시장이론과 경쟁전략

::: 들어가기

인간들은 오랫동안 생산과 소비를 처음에는 가족 내에서 또는 무리 내에서 독자적으로 해결했다. 그러다가 다른 무리와의 교환을 통해 남는 물건을 주는 대신 원하는 그리고 다양한 물건을 얻을 수 있게 되었다. 이후 화폐의 발견은 교환의 장소를 시장으로 변모시켰고, 신용의 창출은 미래 소득을 담보로 소비를 늘리면서 시장은 더욱 번창했다. 오늘날 시장은 재화, 금융, 서비스가 시공간 제약 없이 신속하게 거래될 수 있도록 발전하고 있다. 국내시장은 대외개방으로 보호막이 없어져 경쟁적인 시장이 되어가는 반면, 일부 열린 시장은 전 세계 강자들이 독식하는 시장이 되면서 독점 또는 과점화 되고 있다. 소비자들도 보다 능동적으로 시장에 참여하고 있다. 행복추구 욕구가 강해지고 제품정보 습득이 용이해짐에 따라 과거 우리 기업들의 상품에 애정 어린 시선을 보내던 국내 고객들은 외국 제품으로 눈을 돌리고 있으며, 외국의 고객들은 우리 상품에 환호하기도 한다. 국내시장은 점차 전세계 기업들의 실험시장(test market)이 되고 있다. 이제 기업경영자들은 세계의 고객과 시장을 이해하고 새로운 상황 변화에 선제적으로 대응해야 살아남을 수 있음을 알게 되었다.

시장은 **완전경쟁시장**, **독점**, **독점적 경쟁시장**, **과점**으로 분류한다. 시장형태에 따라 기업의 행태도 달라진다. 게임의 룰이 다르기 때문이다. 당신은 'price taker' 입니까? 아니면 'price setter' 입니까? 어떤 입장이냐에 따라 생산량, 가격, 경쟁기업과의 경쟁전략, 정부와의 관계, 사회적 책임, 이 모든 것이 달라진다. 이제 시장에 대해 공부해 보자.

5.1 완전경쟁시장

완전경쟁시장은 기업 간에 완전한 경쟁(perfect competition)이 이뤄지는 시장이다. 완전경쟁시장은 시장구조(market structure)를 설명할 때 출발점이 되는 모범적인 시장이다. 완벽하게 아름다운 시장이라고 말할 수 있다. 수많은 소비자와 수많은 공급자가 **동질적인 제품**을 거래하며, **진입장벽이 없는 시장**이다. 이런 시장에선 소비와 생산이 언제나 균형(equilibrium)을 이루고, 그 결과 소비자와 생산자 그룹은 적정한 잉여를 나눠 가진다. 기술은 **표준화**되어 기업은 비용을 상회하는 수익, 즉 **초과이윤을 얻을 수 없다**. 기업수명주기론에 의할 때 제품은 포화기에 다다라 표준화되고, 소비자이론에 의할 때 대체성이 강해 가격탄력성이 높은 제품시장이며, 생산이론에 의할 때 모든 기업이 최적 생산규모(*MES*)를 이뤄 *LRMC*와 *LRAC*가 같아지는 단계에 이른 시장이다. 우선 시장구조를 분류하는 방식부터 배우자.

시장구조를 분류하는 방식

시장구조를 분류할 때 다음 3가지 기준에서 나눈다.

1. 제품의 특성: 동질적(homogeneous)인가 아니면 차별화(differentiated)되어 있는가?
2. 진입과 퇴출의 용이성(ease of entry and exit): 진입, 퇴출에 어떤 장벽이 있는가?
3. 기업 특성: 기업의 수는? 상대적인 규모는? 기업끼리 담합할 가능성은?

3가지 기준 중에서도 2번의 진입 및 퇴출 장벽은 기업에 있어 장기수익성을 결정하는 가장 중요한 요소이다. 예로 항공산업은 인력확보가 어렵고 대규모 자금이 동원되어야 한다는 점에서 진입장벽이 큰 산업이다. 정부허가를 받아야 사업할 수 있는 통신, 전기, 가스, 은행, 증권, 보험업과 같은 각종 규제산업과 높은 기술이 없이는 시작 자체가 어려운 고기술사업(high-technology business)도 진입장벽이 큰 사업이다.

완전경쟁시장

위 3가지 기준 + α에 의거 다음의 특성을 가지면 완전경쟁시장이라 분류한다.

1 동질적인 제품, 가끔은 차별화된 제품도 가능
2 자유로운 진입과 퇴출(free entry and exit)
3 아주 많은 작은 생산자와 이들 간 담합이 없음(no communication)
4 생산자와 소비자 간 정보 불균형(information asymmetry)이 없음
즉, 소비자는 소비결정에 필요한 충분하고도 정확한 모든 정보를 가진다.
5 기업의 선택, 즉 이윤극대화(profit maximization)가 허용
예: 곡물, 유연탄, 주식 · 채권, 비서직, ……

| 생각 1 | 왜 규제기관이나 법원은 초대형 기업을 쪼개서 시장을 완전경쟁으로 만드려 하는가?(사례: (미국) Break-up of Bell system at 1982)

기업은 가격수용자(price taker)

완전경쟁시장에 참여하는 기업은 **가격수용자**이다. 즉, 기업이 시장에서 결정한 가격에 영향을 줄 수 없다. 왜 그럴까? 이럴 경우 기업의 수요곡선과 이익극대화점은 어떻게 결정되는지 알아보자. 예를 통해 설명한다.

사례 시장의 수요곡선은 $P = 100 - Q$(월 생산량)이며, 15개 기업이 생산하며 각 기업은 월 4개씩 생산한다. 소비자들은 이들이 생산한 60개 중에서 산다.

이런 경우 시장가격은 40 $(= 100 - 15 \times 4)$이 될 것이다.
시장의 가격탄력성은 어느 정도인지 계산해 보자.

$$Q = 60,\ P = 40,\ \frac{dP}{dQ} = -1$$

$$\varepsilon_P = \frac{P}{Q} \Big/ \frac{dP}{dQ} = \frac{40}{60} \Big/ -1 = -0.67$$

해설 시장에서의 소비량이 가격변화에 크게 예민하다 생각되지 않고 특이하지 않다.

그런데 기업별 상황은 어떤가? 기업의 가격탄력성을 알아보자. 각자 4개씩 만드는 데 다른 기업들이 자사의 생산량 결정에 아무런 반응을 하지 않고 계획대로 4개씩 생산한다고 할 때, 이 기업이 인식하는 수요곡선은 어떻게 달라지겠는가? 이미 $14 \times 4 = 56$개는 생산이 완료되어 시장에 나와 있다 본다면 자신이 4개 생산할 때 기업이 인식하는 수요곡선과 가격탄력성은

기업의 수요곡선 $P = 100 - (14 \times 4) - Q = 44 - Q$가 되고,

가격탄력성 $\varepsilon_P = \dfrac{P}{Q} \Big/ \dfrac{dP}{dQ} = -\dfrac{40}{4} \Big/ -1 = -10$이 된다.

여기서 $Q = 4$, $P = 40$, $\dfrac{dP}{dQ} = -1$이다.

해설 개별 기업별로는 가격을 올렸다간 거의 못 파는 상황에 직면한다. 그러면 가격을 내리면 시장수요를 다 가지는가? 그럴 수 있을지 모르나 가격을 *AVC*에 근접해서 파는 경우라 손실이 누적되어 그렇게 할 수 없다. 기업의 숫자가 많아질수록 기업의 가격탄력성은 더욱 커진다. 〈그림 5-1〉은 이런 상황을 잘 설명해 주고 있다.

그림 5-1 완전경쟁 상황에서의 기업의 수요곡선

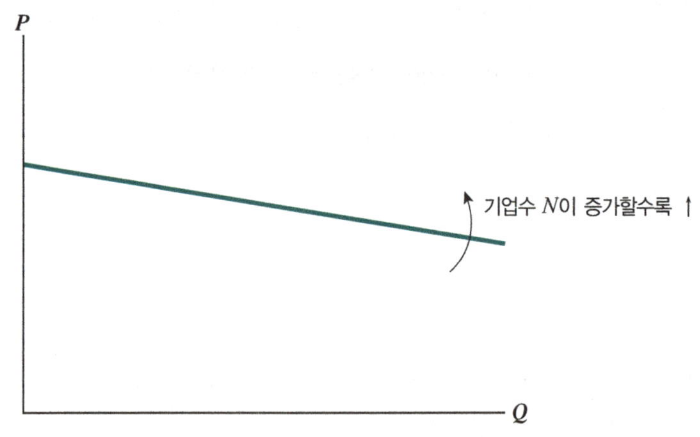

〈그림 5-1〉에서 보는 바와 같이 기업 수 $N \to \infty$(무한대)가 되면, $\varepsilon_P = -\infty$가 되며, 기업의 수요곡선은 Y축의 가격 P에서 출발하여 X축과 평행한 직선이 된다. 즉, 개별 기업이 가격을 움직여봐야 자기만 손해이기 때문에 시장에서 형성된 하나의 가격 P를 수용하게 된다. 완전경쟁 아래 기업은 시장가격 P에 순응하는 **가격수용자**(price taker)가 된다. 제3장에서 $MR = P(1 + \frac{1}{\varepsilon_P})$로 표시되었다. 이제 $\varepsilon_P = -\infty$로 MR은 가격 P와 일치한다. 즉, **완전경쟁 아래 기업의 수요곡선**은 시장에서 형성된 **가격 P**가 되고 이는 **MR곡선**과 같아진다.[1]

$$MR = P(1 + \frac{1}{\varepsilon_P}) = P \;\; as \;\; \varepsilon_P \to -\infty$$

기업의 이익극대화점

완전경쟁시장에 참여하는 기업의 이익극대화점, 즉 $MR = MC$가 되는 점은 $P = MC$점이 된다. 즉, 개별 기업은 전체 시장 대비 너무 작아서 주어진 가격에 만든 만큼 다 팔 수 있고, 만일 가격을 조금만 올려도 $\varepsilon_P = -\infty$라서 아무

완전경쟁 상황에서의 기업의 이익극대화점 그림 5-2

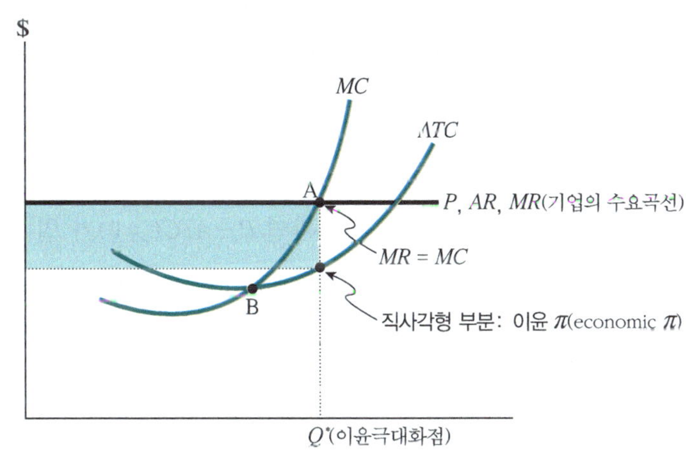

---

1. $P = MR$은 추가생산이 수익을 상수 P만큼 늘린다는 뜻이므로, 평균수익 AR(average revenue)도 P가 된다.

것도 팔 수 없게 된다. 따라서 완전경쟁에서의 모든 기업들은 시장에서 결정된 가격 P에 어떤 영향을 줄 수 없으며 시장가격을 그대로 받아들이게 된다. 〈그림 5-2〉는 이 같은 상황에서 기업의 이윤극대화점을 설명하고 있다. 즉, 가격 P선은 수요곡선인 동시에 MR를 나타내고 MC는 ATC의 최저점을 지나 가파르게 오르는 곡선이다. $MR = MC$를 만족하는 A점이 이윤극대화점이고 이는 Q^*만큼 생산하는 점이다. 이 생산점에서의 제품 1개당 이윤은 $P - ATC$이고, 총이윤은 $P - ATC$에 Q^*를 곱한 값이다. 〈그림 5-2〉의 직사각형 면적이 총이윤을 대변한다.

여기서 흥미로운 사실은 제품당 최대이익은 ATC가 최저에 있는 점 B에서이다. 그러나 생산량을 Q^*로 늘리면서 개당 이윤은 줄지만 총이윤은 Q^*에 이르기까지 계속 늘어난다. 요약하면 개별 기업의 이윤은 $(P - ATC) \times Q$이고 개당 이익마진에 생산량 Q를 곱한 값이다. TR선은 P의 기울기를 가진 직선이고, $TC = TFC + TVC$는 각 기업의 생산함수가 개별 기업의 생산량 Q점에서 어느 정도의 ATC를 시현하느냐에 달라진다. 요소시장도 완전경쟁이라면 TC의 모양은 이 기업이 제4장 〈그림 4-1〉의 생산함수 유형 2와 유사한 생산함수를 가질 때 이와 유사한 모습을 가진다.

|생각 2| 완전경쟁일 때 개별 기업의 TR과 TFC, TVC를 그려보고 Q^*점을 찾아보시오. 제4장 〈그림 4-5〉와 어떤 차이가 있으며 그 차이가 의미하는 바를 생각해 보자.

또 한 가지 논의할 점은 과연 $P - ATC(> 0)$가 얼마나 유지될 것이냐는 것이다. 양(+)의 $P - ATC$가 존재한다는 것은 이 시장으로의 신규 진입이 계속 늘어난다는 것을 의미하고 진입장벽이 없는 완전경쟁에서는 $P - ATC$가 곧 0에 가까워지고 고정비에 대한 부담이 없는 기업이 더 가격을 낮추면서 P는 AVC에 가까워진다. 이런 현상은 기업의 입장에서 볼 때 자본비용과 인건비 정도 보상할 수준으로 가격이 내려간다는 뜻이고, 기업은 이 사업에서 자본비용을 상회하는 초과이윤을 얻지 못한다.

완전경쟁에서의 기업의 단기공급곡선

그림 5-3

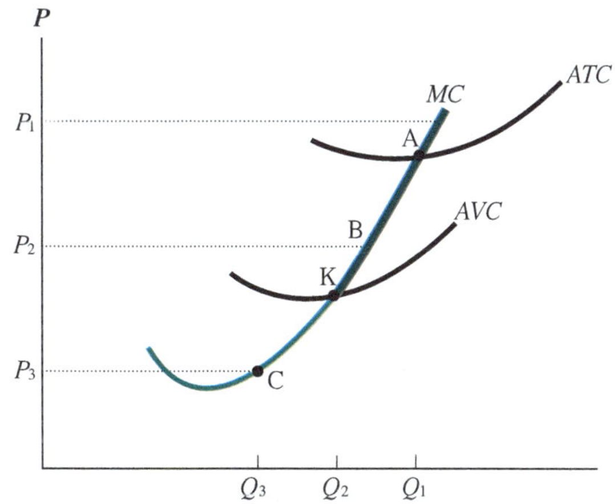

공급곡선으로서의 MC와 공장폐쇄 결정

우리는 〈그림 5-2〉에서 *MC*선이 기업의 공급곡선 역할을 하고 있음을 알 수 있었다. 아래 〈그림 5-3〉은 *MC*선을 따라 기업은 생산을 늘릴 인센티브가 커짐을 보여주고 있다. 시장가격이 P_1에 있을 때가 〈그림 5-2〉와 같은 상황이다. 이윤을 내니 행복하다. P_2는 고정비를 모두 보상받지 못하는 상황이다. 일단은 가동을 해야겠으나 시간이 많이(예: 5년) 경과해도 A점으로 회복하지 못한다면 장기적으로는 가동을 중단해야 할 것이다. 현금흐름상으로는 (1)이나 고정비에 대한 기회비용을 보상받지 못하기 때문이다. P_3는 변동비도 보상받지 못하는 상황이다. 가동을 중단하고 공장을 폐쇄(shut down)해야 하는 시점이다. 생산할수록 손해 보는 상황이기 때문이다. 요약하면 기업은 K점 이후, 즉 $p > AVC$가 되는 점부터는 생산 및 공급하기 때문에 K점 이후의 *MC*선을 이 기업의 단기공급곡선(short run supply curve)으로 인식한다. 참고로 *MC*선은 *AVC*와 *ATC*선의 최저점을 통과한다.(제4장 부록 참조)

산업공급곡선과 균형 그리고 균형에서의 MRS, MRTS

우리는 제3장에서 개인의 수요가 모여 산업수요(industry's demand)가

되는 것을 배웠다. 이와 마찬가지로 개별 기업의 단기공급곡선이 모여 산업공급곡선(industry' s supply curve)이 된다. 완전경쟁을 가정하면 산업공급곡선은 개별 기업의 단기공급곡선을 수평으로 계속 합산함으로써 만들어진다. 산업수요곡선도 마찬가지로 형성된다. 이 같은 수평-합(horizontal addition)이 가능한 것은 완전경쟁일 때 수요자나 공급자 모두 동질성을 가졌기(homogeneous) 때문이다.

〈그림 5-4〉에서와 같이 (-)기울기의 산업수요곡선과 (+)기울기의 산업공급곡선이 만나는 점에서 시장가격(P^*)과 생산량(Q^*)이 결정된다. 여기서 결정된 가격은 소비자나 생산자가 그대로 받아들이는 가격이고 매우 안정적인 균형가격(equilibrium price)이 된다.

완전경쟁에서 수요자는 대체로 동질적이기 때문에 약간씩 다른 무차별곡선을 가지나 그들이 가격에 영향을 끼칠 수 없다는 것을 알기 때문에 시장에서 결정된 가격체계에서의 자유로운 교환을 선호한다. 따라서 두 재화 X, Y 간의 MRS_{XY}는 모든 소비자에게 같게 되며 $-\frac{P_X}{P_Y}$가 된다. 즉, 약간의 선호도 차이에도 불구하고 자유로운 교환을 통해 모두가 공평한 효용을 얻게 된다.

또한 완전경쟁에서 공급자는 대체로 동질적이기 때문에 비슷한 생산기술을 사용하며 각자 효율을 극대화하는 투입량을 선택하나 그들의 투입량 선택이 요소가격에 영향을 끼칠 수 없다는 것을 알기 때문에 시장에서 결정된 가격체계에서의 자유로운 교환을 선호한다. 따라서 두 투입요소 L, C 간의 $MRTS_{LC}$는 모든 기업에게 같으며 $-\frac{P_L}{P_C}$이 된다. 즉, 생산기술상의 차이에도 불구하고 자유로운 교환을 통해 모두가 공정한 이윤을 얻게 된다. 완전경쟁에서는 기술상의 차이라는 것도 즉시 알려지므로 장기간 존속하지 못한다.

시장균형과 소비자잉여, 생산자잉여

완전경쟁은 진입과 퇴출이 자유로운 시장이고 자유로운 교환이 보장된 시장이다. 〈그림 5-4〉에서 수요곡선과 공급곡선이 만나 이루는 균형점에서는 개인은 다소 다른 취향에도 불구하고 공평한 효용을, 기업은 다소 다른 생산기술에도 불구하고 효율을 달성할 수 있었다. 전자를 소비자잉여(consumer surplus), 후자를 생산자잉여(producer surplus)라 부른다. 자유로운 교환이 가

완전경쟁에서의 소비자잉여와 생산자잉여

그림 5-4

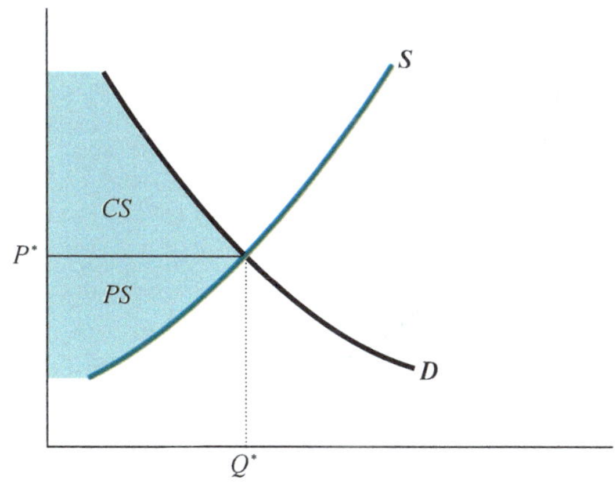

져다주는 혜택이다. 균형점의 시장가격(P^*)과 생산량(Q^*)을 중심으로 좌상의 삼각형 부분이 소비자잉여(CS)이고, 좌하의 삼각형 부분이 생산자잉여(PS)이다. 이 둘을 더한 것이 시장참여자 모두의 잉여이고 이를 **사회효용**(social benefit) 또는 **사회복지**(social welfare)라 부른다.

소비자잉여를 설명하자면 수요곡선을 먼저 이해해야 한다. 위에서 아래로 내려오면서, 즉 가격이 낮아질수록 물건을 구입할 소비자가 늘어난다. 첫 번째 소비자는 매우 높은 가격(예: 100)에도 살 의향이 있었지만 시장가격이 60으로 결정되었다면 40만큼의 잉여를 얻은 셈이다. 두 번째의 사람은 95원이라면 35원을…… 등등 이를 다 더한 값이 좌상의 삼각형으로 표시된 부분이다. 자유교환에 의한 시장시스템에 의해 소비자 전체가 이런 잉여를 얻은 셈이고 이는 공평하다. 왜냐하면 첫 번째 소비자는 자기가 높은 가격에 살 위험을 감수했기 때문이다.

생산자잉여를 설명하자면 공급곡선을 먼저 이해해야 한다. 왼쪽에서 오른쪽으로 올라가면서, 즉 가격이 올라갈수록 생산할 기업이 늘어난다. 첫 번째 생산자는 매우 낮은 가격(예: 40)에도 팔 의향이 있었지만 시장가격이 60으로 결정되었다면 20만큼의 잉여를 얻은 셈이다. 두 번째의 기업은 45원이라면 15원을…… 등등 이를 다 더한 값이 좌하의 삼각형으로 표시된 부분이

그림 5-5 균형보다 적은 생산을 강제하는 정책의 사회적 비용

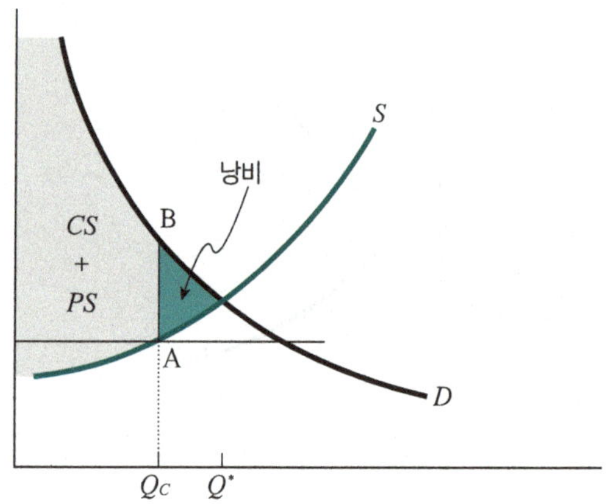

다. 자유교환에 의한 시장시스템에 의해 생산자 전체가 이런 잉여를 얻은 셈이고 이는 공정하다. 왜냐하면 첫 번째 생산자는 자기가 낮은 가격에 팔 위험을 감수했거나 생산기술이 좋아 *ATC*가 낮기 때문이다.

따라서 아무런 정부규제 없이 자유로운 선택과 교환이 이뤄지는 완전경쟁에서는 소비자, 기업이 가장 효율 높은 의사결정을 하게 되고 이를 통해 얻게 되는 시장균형에서 모두 공정한 배분을 얻게 된다. 즉, 완전경쟁에서는 **효율**(efficiency)과 **공정한 배분**(equity), 모두가 확보된다.

시장왜곡의 사회적 낭비와 세금효과

자유로운 진입과 퇴출, 선택이 만들어낸 균형점을 왜곡하는 정책이 있을 때 사회적 낭비는 얼마나 일어나는지 경제참여자가 어떤 손실을 입는지 살펴보자.

사례 ❶ 만일 균형점에서의 생산량 Q^*보다 적은 생산을 강제하는 규제가 있다 하자. 〈그림 5-5〉에서 보듯이 줄어든 생산량은 Q_C이고, 다만 가격은 정부의 선택에 따라 *AB*선상의 아무 점에서 결

균형보다 많은 생산과 저가를 강제하는 정책의 사회적 비용

그림 5-6

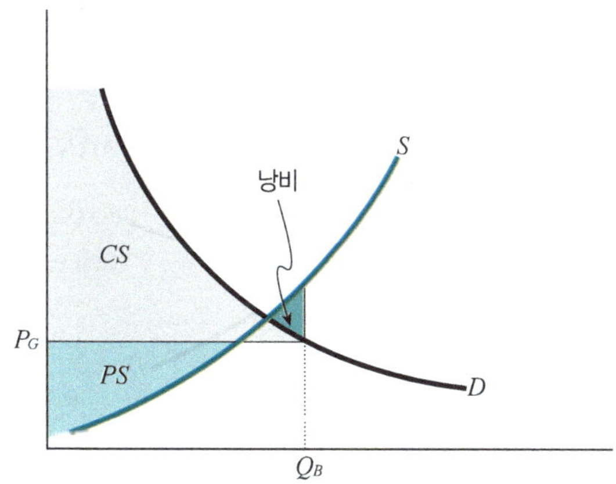

정된다고 하자.

이럴 경우 그림에서 보듯이 사회복지($CS + PS$)는 수축되고 균형점에서의 사회복지와의 차이(균형점 좌측의 작은 삼각형)는 낭비(waste)가 된다. 정부의 가격결정에 따라 CS와 PS 간의 배분이 달라진다.

사례 ❷ 만일 균형점에서의 생산량 Q^*보다 많은 생산을 강제하면서 가격은 균형가격보다 낮추는 규제가 있나 하자. 〈그림 5-6〉에서 보듯이 생산량은 Q_B이고, 규제가격은 P_G라 하자.

이럴 경우 그림에서 보듯이 균형점 우측의 작은 삼각형만큼의 사회적 낭비가 발생한다. 그만큼 사회효용($CS + PS$)은 수축된 것이다. 다만 이 경우 CS는 증가하지만 PS에서의 손실이 크게 발생한다. 즉, PS에서의 손실이 커서 CS에서의 증가가 있었음에도 낭비를 창출한 것이다.

사례 ❸ 완전경쟁에서 만일 정부가 해당 제품에 특별소비세(excise

그림 5-7 사치세 부과의 정책효과

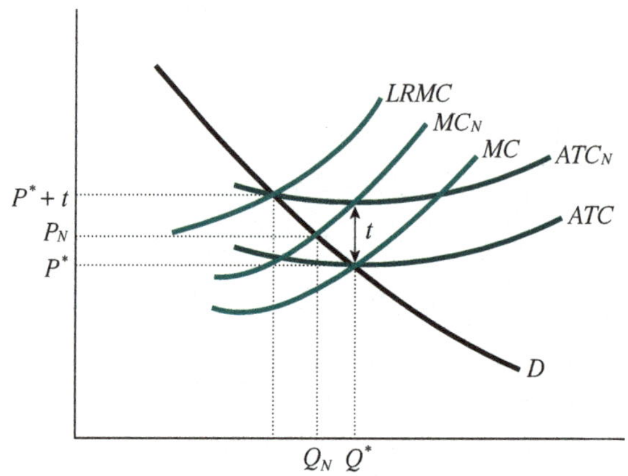

taxes)를 신설했다 하자. 이는 사치품에 일정률(%)로 부과하던 세금으로 소비단계에서 생산자에게 부과한다. 가격은 어떻게 형성되고 그 세금을 누가 지불하는지 살펴보자.

우선 완전경쟁에서 소비자들은 어떤 가격에서도 과거와 같은 수요를 유지할 것이다. 따라서 세금으로 생산단가가 오름에 따라 생산자가 가격을 올리게 되면 수요는 줄 것이다. 〈그림 5-7〉에서 단기적으로는 가격이 P^*에서 P_N으로 오르지만 장기적으로는 생산자의 지속적인 퇴출로 P^*+t까지 올라 세금 모두가 소비자에게 전가된다. 또한 생산량은 수요곡선을 따라 줄어들며 이에 따라 사회복지의 크기도 계속 준다. 생산자나 소비자 모두에게 손실을 가져다준다고 할 수 있다. 새로운 세금제도 신설의 성공여부는 이로써 늘어난 세수의 정책효과가 사회복지에서의 감소를 상회하는지 여부를 두고 판단해야 할 것이다.

〈그림 5-7〉을 설명하자면 MC는 단기공급곡선이고 완전경쟁에서는 모든 생산자는 경쟁으로 인해 ATC가 최저가 되는 점에서 생산한다. 이제 생산자가 t만큼 세금을 부담함에 따라 ATC는 t만큼 늘어나 ATC_N이 되고, 이로부터 유도된 MC_N이 새로운 공급곡선이 된다. 수요곡선과의 만남에서 새로운

가격 P_N이 결정된다. 그러나 이 가격은 ATC_N보다 낮아 퇴출장벽이 없는 상황에서 기업들은 $P = ATC_N$이 될 때까지 퇴출을 지속하게 되어 결국 가격은 장기적으로 $(P^* + t)$가 된다.

5.2 독점

독점은 완전경쟁과는 극단적으로 다른 시장구조이다. 시장에 하나의 생산자만 존재하며 진입장벽이 매우 높은 경우로 이런 체제가 오래 유지되는 구조이다. 이 구조에서는 생산자가 이윤극대화점에서 생산량과 가격을 결정하면 소비자는 따라야 한다. 다른 대안이 없기 때문이다. 여러 공장을 가지고 있는 독점기업, 같은 제품으로 시상별 가격차별화를 시도하는 독점기업, 연결제품을 생산하는 독점기업의 이윤극대화 전략은 무엇인가? 생산자에게 시장압력이 가해지지 않는 한 소비자 피해는 어쩔 수 없고 사회적 마찰(social conflict)은 불가피하다. 효율(efficiency)과 공정한 배분(equity)을 위한 논의가 필요하다. 이런 과정에서 정부의 역할은 무엇인지, 독점은 지속 가능한지 등 흥미로운 주제가 기다리고 있다.

독점에서의 가격결정 메커니즘과 복지손실

유일한 생산자로서 기업은 어떤 생산결정을 하는지, 또한 이런 생산결정이 복지손실을 얼마나 초래하는지 완전경쟁과 비교하여 판단해 보자.

독점기업이 생산을 100% 차지하므로 시장수요함수는 이 기업의 수요함수가 된다. 따라서 가격은 독점기업의 생산량에만 의존한다. 이에 수요함수와 비용함수는 다음과 같이 정리할 수 있다.

수요함수: $P = f(Q)$ (예: $P = a - bQ$, 상수 $a, b > 0$)
비용함수: $TC = g(Q)$

기업의 수익과 MR, MC는

그림 5-8 독점기업의 생산량 결정과 복지손실

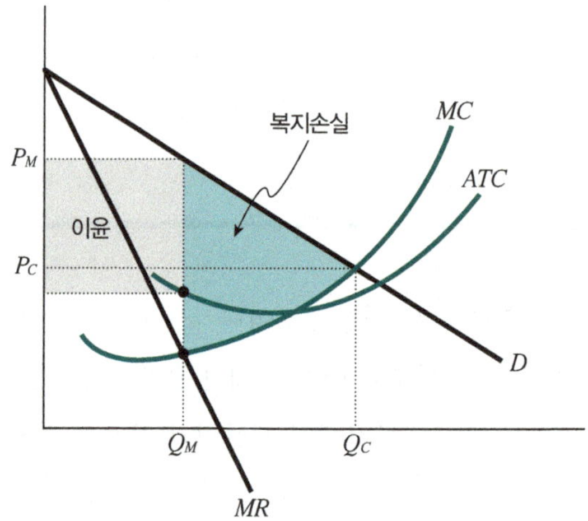

$$총수익\ TR = P \cdot Q = Q \cdot f(Q)$$

$$MR = \frac{dTR}{dQ},\ MC = \frac{dTC}{dQ}$$

이윤극대화 생산량 결정은

$MR(Q) = MC(Q)$가 되는 이윤극대화점에서 Q를 결정한다.

〈그림 5-8〉은 이런 상황을 설명하고 있다. 소비자는 다수라 가격수용자(price taker)이며, 따라서 수요함수 D는 (−)기울기를 가진 선이 된다. MR선은 제4장에서 배운 대로 수요선보다 가파른 직선이 되고, MC선은 기업의 공급곡선이며 ATC의 최저점을 통과한다. $MR = MC$가 되는 점에서 Q_M만큼 생산하고, 가격 P_M에서 판다. 이윤은 $(P_M - ATC) \times Q_M$이 된다. 독점 생산량 Q_M은 완전경쟁에서의 생산량 Q_C보다 줄고, 독점가격 P_M은 완전경쟁에서의 균형가격 P_C보다 높아진다. 즉, 소비자는 원하는 만큼의 물량을 공급받지 못할 뿐 아니라, 높은 가격에 구입해야 한다. 이런 점이 반영된 복지손실이 우측에 표시되어 있다. 완전경쟁 대비 생산자잉여 PS는 늘었으나 소비자잉여 CS는 크

독점에서의 가격통제

그림 5-9

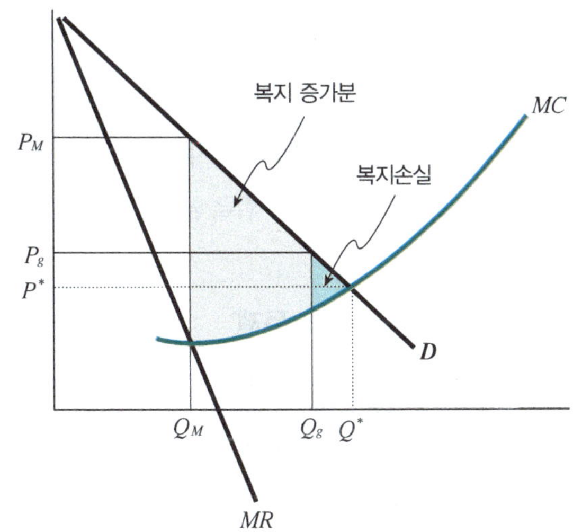

게 감소했음을 알 수 있다. 즉, 사회 전체적으로는 복지가 줄었지만 독점기업의 잉여는 늘은 것이다.

하나의 생산자만 존재할 때 독점기업의 이윤극대화점이 시장 생산량과 가격을 결정한다. 시장가격을 스스로 결정하므로 독점기업은 **가격결정자**(price setter 또는 price maker)가 된다. 공급곡선은 기업 내의 *MC*선일 뿐 기업참여자들에 의해 형성하는 **시장공급곡선은 존재하지 않는다**.

독점에서의 가격통제

독점은 이와 같이 *CS*를 낮춤으로 정부는 가격을 낮추는 규제를 부과한다. 만일 정부가 〈그림 5-9〉에서 보듯이 **최고가격**(price ceiling)을 P_g에 설정하여 **가격통제**를 실시하면 독점기업은 원치는 않지만 P_g가 *MC*선을 초과하므로 정부정책에 그대로 순응한다. 이후 가격은 내려가고 생산량이 증가하여 복지증가가 발생한다. 그러나 완전경쟁에서의 가격을 알 수 없기 때문에 어느 정도의 복지손실은 남는다.

가격통제는 공정배분뿐 아니라 효율성 측면에서도 개선효과를 가져올 것으로 예상된다. 즉, 낮아진 가격 P_g에서도 이윤을 내기 위해 *ATC*를 낮추기 위한 노력을 하게 되기 때문이다.

만일 규제가격을 P^*보다 낮게 규제한다면 어떤 일이 일어날까? 가격을 P^*보다 더 내린다 해도 독점기업은 $P = MC$가 되는 점까지만 생산하므로 Q^*보다 적은 양에서 생산하게 된다. 따라서 가격결정자가 존재하는 한 최적 수준까지의 생산이 이뤄지지 않으므로 복지손실은 불가피하다. 이 경우 *CS*는 완전경쟁 대비 증가하나 *PS*가 크게 위축된다.

독점의 효율과 배분상의 문제

독점은 이와 같이 유일 생산자가 독점가격을 설정함으로써 소비자가 가져야 할 *CS*의 상당부분을 생산자로 이전시킨다. 이런 독점기업의 생산과 가격결정은 소비자에겐 최악이고 공리주의 관점에서도 사회적으로 바람직하지 않다. 한편 기업은 완전경쟁 대비 초과이윤을 누린다. 정부는 완전경쟁 시의 가격을 알 수 없거나, 독점기업의 영향으로부터 자유롭지 않기 때문에 규제효과는 언제나 제한적이다. 독점가격 외의 효율과 배분상의 문제를 열거하면 다음과 같다.

1. 형평성/공정배분(equity) 측면: 우선 소비자와의 공정배분의 문제를 일으켜 사회적인 형평성에 문제를 일으킨다. 또한 독점이윤을 바탕으로 다른 사업에 진출하면 신사업에서의 공정경쟁이 불가능해진다. 따라서 산업 간의 형평성을 훼손시킨다.
2. 투입요소의 효율(input efficiency) 측면: 독점이윤을 누리는 한 효율적인 요소투입, 즉 완전경쟁에서의 *X*, *Y* 요소 간의 $MRTS_{XY}$가 이뤄지지 않는다. 독점기업의 방만한 고용, 종업원에 대한 과도한 복지정책 등이 한 예이다.
3. 교환의 효율성(efficiency of exchange) 측면: 가격수용자(price taker)인 소비자는 한 재화의 가격이 높기 때문에 완전경쟁 때와 같은 최적의 재화조합을 얻을 수 없다. 즉, 재화 *X*, *Y* 간의 교환 MRS_{XY}가 완전경쟁에 비해 왜곡된다.
4. X-효율성(X-efficiency) 측면: 독점에 취해 혁신의 노력을 기울이지

않아 다른 부문의 혁신에도 나쁜 영향을 준다. 예로 효율을 극대화하기 위해 종업원들이 다루기 힘든 새로운 설비를 도입해야 하는데 이를 안 할 경우, 신설비관련 산업에서의 혁신을 해친다.

독점기업의 다공장경영(multi-plant operations)

독점기업이 시장수요는 있는데 기존 공장에서의 생산량이 효율적인 생산점을 넘어서는 상황(제4장의 〈그림 4-1〉에서의 B점에서 A점으로 접근한 지점)에 이를 때 유사한 생산기술에 의한 새 공장을 복제 건설하여 회사 전체의 *ATC*를 낮게 유지하면서[2] 시장에서의 독점력을 유지할 수 있다. 예로 이런 과정을 거쳐 *n*개의 공장을 가동하고 있다고 하자. 이 경우 회사 전체의 총비용 *TC*는 각 공장의 총비용의 합과 같다.

$$TC = C_1 + \underset{\substack{\uparrow \\ \text{2번째 공장}}}{C_2} + \cdots\cdots + \underset{\substack{\uparrow \\ n\text{번째 공장의 총비용}}}{C_n}$$

이익 π는

$\pi = P(Q)\cdot Q - \sum_{i=1}^{n} C_i(Q_i)$, 여기서 $Q = \sum_{i=1}^{n} Q_i$

이익이 극대화되는 공장별 최적생산량 $Q_1, \cdots\cdots, Q_n$을 구한다면,

$L = Max\ P(Q)\cdot Q - \sum C_i(Q_i)$이라 하고

$Q_1, \cdots\cdots, Q_n$에 대한 L의 1차도함수 조건(F.O.C.)을 구하면,

$$\frac{\partial L}{\partial Q_1} = P(Q)\cdot\frac{\partial Q}{\partial Q_1} + \frac{\partial P(Q)}{\partial Q_1}\cdot\frac{\partial Q}{\partial Q_1}\cdot Q - \frac{\partial C_1(Q_1)}{\partial Q_1} = 0$$

$$\vdots$$

$$\frac{\partial L}{\partial Q_n} = P(Q)\cdot\frac{\partial Q}{\partial Q_n} + \frac{\partial P(Q)}{\partial Q_n}\cdot\frac{\partial Q}{\partial Q_n}\cdot Q - \frac{\partial C_n(Q_n)}{\partial Q_n} = 0$$

---

2. 독점기업의 비용과 시장을 관리하는 일반 원칙이며 영어로는 'principle to control' 이라 한다.

이를 정리하면 모든 $i = 1, \ldots, n$에 대해 다음이 성립된다.

$$P(Q) \cdot \frac{\partial Q}{\partial Q_i} + \frac{\partial P(Q)}{\partial Q_i} \cdot \frac{\partial Q}{\partial Q_i} \cdot Q = \frac{\partial C_1(Q_i^*)}{\partial Q_i^*} = MC_i(Q_i^*)$$

이 산식을 해석하면 모든 공장 i에 대해 $MR(Q) = MC_i(Q_i^*)$가 성립된다는 것이다. 우선 좌변의 산식을 해석하면 i번째 공장에서 마지막으로 생산한 1개가 회사의 수익 증가에 기여한 부분으로 이는 기존 생산량에서의 현재의 가격 $P(Q)$에, 추가생산 ∂Q_i가 가격에 영향을 준 부분의 수익 효과인 $\partial P(Q) \cdot Q$를 더한 것이다. 즉, 1개 생산량 추가가 회사 전체의 수익에 끼친 효과를 의미하는 것으로 공장별 생산품의 품질상의 차이가 없으므로 MR은 모든 공장에서 같다. 따라서 좌측의 산식은 $MR(Q)$가 된다. 참고로 $\frac{\partial Q}{\partial Q_i} = 1$이다.[3] 우변은 각 공장의 MC_i이다.

위 산식을 쉽게 다시 쓰면,

$$MC_1(Q_1^*) = MC_2(Q_2^*) = \cdots\cdots = MC_n(Q_n^*) = MR(Q)\text{이다.}$$

이는 모든 공장에서의 한계비용이 같아지게 물량을 배분할 때 이익이 극대화된다는 것이다. MC를 같게 만드는 작업은 공장 간의 물량이전으로 가능하다. 만일 $MC_1 > MC_2$이면 공장 1의 물건을 $MC_1 = MC_2$가 될 때까지 공장 2에서 생산하는 것이다. 그 결과 모든 공장의 MC_i가 같아지므로 이는 기업의 MC가 된다. 따라서 기업의 관점에서도 $MR = MC$를 만족하게 된다. 이는 제 4장에서 논의된 우수한 투입-산출 비율을 훼손하지 않고 물량을 늘리는 방법이다.

독점기업의 다시장경영(multi-market operations)

독점기업이 같은 물건을 다른 시장에 각기 다른 가격으로 팔면서 이윤을 극대화하려는 경우이다. 개별 시장마다 시장수요선이 다르고 이 기업이 해당

3. 어떤 공장에서 하나 더 생산하면 회사 전체로도 하나 더 생산한 것이니까 1이다.

시장에서 독점력을 가진다 하자. 전 세계적으로 독점력을 가질 때의 기업 전략이다. 독점력을 가지고 있는 전기(시간대별 전기료), 전화(개인용, 회사용), 항공사(1등석, 비즈니스석, 이코노미석), 유명 의약품이나 베스트셀러 서적 같은 것이 이에 해당될 것이다. **가격차별화**(price discrimination) **전략**이라고도 한다. 마찬가지로 각 시장에서의 소비자는 가격수용자(price taker)이다.

우선 2개의 시장이 존재하는 경우를 고려해 보자.

이익 $\pi = P_1(Q_1) \cdot Q_1 + P_2(Q_2) \cdot Q_2 - C(Q)$로 파악되고,
이를 극대화, 즉 $Max\ P_1(Q_1) \cdot Q_1 + P_2(Q_2) \cdot Q_2 - C(Q)$를 위해,
(여기서 $Q = Q_1 + Q_2$)
각 시장의 판매량 Q_1, Q_2에 대해 1차도함수 조건(F.O.C.)을 구하면,

$$P_1(Q_1^*) + \frac{\partial P_1(Q_1^*)}{\partial Q_1} \cdot Q_1^* - \frac{\partial C(Q^*)}{\partial Q} \cdot \frac{\partial Q}{\partial Q_1} = 0$$

$$P_2(Q_2^*) + \frac{\partial P_2(Q_2^*)}{\partial Q_2} \cdot Q_2^* - \frac{\partial C(Q^*)}{\partial Q} \cdot \frac{\partial Q}{\partial Q_2} = 0$$

여기서 좌측의 두 항은 다공장의 경우와 유사하게, 합해 $MR(Q_i^*)$를 의미하고, 맨 오른쪽 항은 $\frac{\partial Q}{\partial Q_i} = 1(i = 1,\ 2)$이고 이를 제하고 남은 항 $\frac{\partial C(Q^*)}{\partial Q}$는 $MC(Q^*)$를 의미한다. 따라서 위 두 식은 아래와 같이 정리된다.

$$MR(Q_1^*) - MR(Q_2^*) = MC(Q)$$

즉, 판매량 증가에 대한 한계수익이 각 시장마다 같도록 시장에 생산품을 배정하는 것이 기업 이익의 극대화를 이루는 방법이라는 것이다. 만일 $MR_1 > MR_2$인 상황이 발생하면, 시장 2의 공급을 줄이고 시장 1에 추가로 공급하여 $MR_1 = MR_2$가 되도록 유도한다. 이 식이 의미하는바, 모든 시장에서 하나 더 판매함에 따라 증감하는 수익의 크기가 모든 시장에서 같아진다는 것은 회사 전체로 볼 때도 판매량 하나 증가가 수익 증감에 기여한 값과 같은 의미이

그림 5-10 독점에서의 복수시장 가격차별화 전략(3개 시장의 경우)

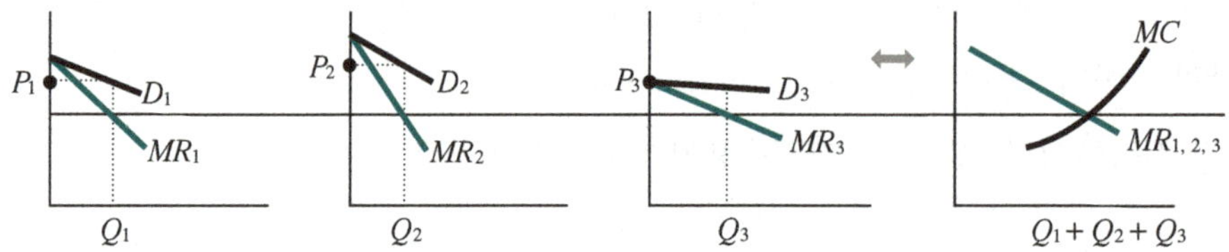

므로 $MR(Q_1^*) = MR(Q_2^*) = MR(Q^*)$가 된다.

따라서 FOC에 따르는 위 식에 대입하면, 기업 전체의 $MR(Q^*) = MC(Q^*)$의 관계가 성립된다.

즉, '$MR = MC$' 를 만족하는 점에서 Q를 정하고 모든 시장 i에 대해 $MR(Q_i^*) = MC(Q)$가 되도록 Q_i를 각각 정한 후 시장별 수요함수 선상에서 시장별 가격을 정하여 이익극대화를 이룬다. 만일 각 시장 배정 후 $Q_1 + Q_2 = Q_N$점에서 $MR(Q_N) > MC(Q_N)$이면, 더 생산하여 시장에 배정한다. 만일 $MR(Q_N) < MC(Q_N)$이면 전체 생산량을 줄여 이익극대화점을 찾는다. 즉, 회사 전체로는 가장 효율적인 생산량을, 동시에 시장별로는 차별화된 가격으로 독점적 이윤을 극대화하겠다는 전략이다. 이를 그림으로 나타내면 〈그림 5-10〉과 같다.

연습 2개 시장의 경우에서 최적 생산량 결정 문제를 풀어보자.

첫 번째 시장의 수요함수 : $P_1 = 13 - \frac{1}{2}Q_1$

두 번째 시장의 수요함수 : $P_2 = 25 - \frac{1}{3}Q_2$

비용함수 : $TC = 9 + Q$일 경우, 시장별 배분과 가격을 추정해 보자.

답안 $MR_1 = 13 - Q_1$, $MR_2 = 25 - \frac{2}{3}Q_2$이고 $MC = 1$이다.

따라서 $13 - Q_1 = MR_1 = MC = 1 \Rightarrow Q_1 = 12,\ P_1 = 7$

$25 - \frac{2}{3}Q_2 = MR_2 = MC = 1 \Rightarrow Q_2 = 36,\ P_2 = 13$

이 기업의 이윤 $= (12 \times 7 + 36 \times 13) - (9 + 48) = 495$가 된다.

위의 자료를 볼 때 높은 가격으로 팔수 있는 시장에서 많이 파는 결정을 함을 알 수 있다. 국제적으로 독점력을 가진 다국적기업들이 이 같은 방식으로 이익을 극대화하고 있다고 추정할 수 있다.

독점기업의 연결제품의 가격결정

소고기와 소가죽 또는 휘발유와 경유처럼, 하나의 원료에서 각기 다른 시장(고객)에 팔리는 제품이 만들어질 때 이들을 **연결제품**(joint products)이라 한다. 전자의 경우는 산출비율이 고정적인 반면, 후자의 경우는 시장상황에 따라 그 비율이 변동할 수 있다. 독점기업이 같은 원료를 쓰되 다른 물건을 각기 다른 시장에 팔아 이윤을 극대화하려는 경우이다. 비율이 고정인 경우(예: 소가죽과 소고기, Q = 소의 마리 수)를 보자.

	시장 #1	시장 #2
수요함수	$P_1 = f_1(Q)$	$P_2 = f_2(Q)$
수익	$TR_1 = P_1 \cdot Q$	$TR_2 = P_2 \cdot Q$
비용	$TC = TC(Q)$	

➡ 이윤 $= TR_1(Q) + TR_2(Q) - TC(Q)$

이윤극대화 조건은

$MR_1(Q) + MR_2(Q) - MC(Q) = 0$ 또는 $MR_1(Q) + MR_2(Q) = MC(Q)$

연결제품의 가격결정의 문제는 생산량은 일정한데 하나의 제품이 모두 생산하여 다 판매하려 할 때 한계적으로 손실을 보는, 즉 $MR < 0$ 경우이다. 이 경우는 그 제품에 관한 한 $MR = 0$이 되는 점에서 생산을 중단해야 한다.

사례 ❶ 두 제품 모두 $MR > 0$인 경우

$P_1 = 10 - 2Q$

$P_2 = 6 - Q$

$TC = 12 + 4Q$라 하자.

풀이 $MR_1 = 10 - 4Q$, $MR_2 = 6 - 2Q$, $MC = 4$

따라서 이익극대화점은 $16 - 6Q = 4$을 만족해야 하고, 이를 풀면 $Q = 2$이다.

#1제품의 가격 $P_1 = 6$, #2제품의 가격 $P_2 = 4$가 되고,

검증 차원에서 MR을 계산하면, $MR_1 = 2$, $MR_2 = 2$로 이익극대화점으로 적정하다.

사례 ❷ 두 제품 중 하나가 $MR < 0$인 경우

$P_1 = 22 - 2Q$

$P_2 = 6 - Q$

$TC = 12 + 4Q$라 하자.

풀이 $MR_1 = 22 - 4Q$, $MR_2 = 6 - 2Q$, $MC = 4$

따라서 이익극대화점은 $28 - 6Q = 4$를 만족해야 하고, 이를 풀면 $Q = 4$이다.

#1제품의 가격 $P_1 = 14$, #2제품의 가격 $P_2 = 2$가 되고, 이윤 $= (14 + 2) \times 4 - 28 = 36$이다.

검증 차원에서 MR을 계산하면, $MR_1 = 6$, $MR_2 = -2$로 #2제품에서 손실이 발생함을 알 수 있다. 이럴 경우 $MR_1 = MC$, $MR_2 = 0$가 되는 점에서 각각의 생산량을 결정한다. 각각의 생산량이 달리 나오므로 큰 숫자를 투입량으로 정하고 그 차이가 일어나는 제품에서는 시장에서 판매하지 않는 유휴물량이 발생한다고 보아야 할 것이다. 이 경우는 #2제품에서 유휴 물량이 발생한다.

$MR_1 = MC$	$MR_2 = 0$
$22 - 4Q_1 = 4$	$6 - 2Q_2 = 0$
$Q_1 = 4\frac{1}{2}$	$Q_2 = 3$
$P_1 = 13$	$P_2 = 3$

이 경우, 이윤 = (58.5 + 9) − 30 = 37.5이다. 이윤이 위의 경우보다 1.5 개선되었다. 다만, 고정비율인 경우 남은 물량에 대한 비용을 고려해야 할 것이다. 이를 폐기할 경우 폐기물 처리비용이나 생산 후 팔지 않고 재고로 보관할 경우 보관비 관련 비용발생을 추가로 고려해야 할 것이다.

5.3 독점적 경쟁

독점적 경쟁(monopolistic competition)이란 매우 경쟁적이지만 지역이나 상품의 특성으로 인해 어느 한정된 범위 내에서만 독점력을 가지는 경우의 시장상황이다. 예로 설렁탕 시장은 매우 경쟁적이지만 어떤 지역에서만큼은 독점력을 유지하는 경우가 있을 것이다. 독점과 다른 점은 진입장벽이 낮아 차별화된 제품을 공급하지 못할 경우 독점력 유지가 어렵다. 차별화된 제품시장이 이런 경쟁 아래 놓인다. 기업경영의 관점에서 보면 가치증대의 기회를 창출하기 쉬운 시장이다.

독점적 경쟁을 일으키는 조건

시장구조상 독점적 경쟁시장이 완전경쟁과 다른 면모를 정리하면 다음과 같다.

1. 많은 작은 기업들
2. 같은 산업군(예: 4 digit 산업분류)에 속하나 약간씩 차별화된 제품들
3. 용이한 진입(완전경쟁보다는 차별화해야 하므로 약간 어려움)
4. 비가격경쟁(non-price competition): 디자인, 브랜드 로열티, 마케팅 기법[4]

4. 광고로 독특한 제품인식 심어주고 포인트나 쿠폰 제공으로 소비자 선호도에 차별성 제공 등이다.

독점적 경쟁에 노출된 차별화된 제품들

1 제품 자체에 차별화된 특성이 부여된 경우:
화장품, 침실 가구, 와인, 소프트웨어, 스마트폰, 검색엔진, 모바일 게임, 고급가구, 신발, 페인트, 장신구, 음식점, 여성복, 남성복, 아기옷 등

2 시장규모가 작으면서 기술이 탑재된 경우:
공구류(machine tools), 공업용 부품 등

3 독특한 부가서비스가 첨부된 경우:
저금리 할부가 가능한 자동차, 무료보상제도, 마일리지 등

4 가격이 탄력적으로 적용된 경우:
인터넷 뱅킹에 대해 추가금리 적용 예금, 다이렉트 보험 등

독점적 경쟁에서의 단기 이윤극대화점

〈그림 5-11〉에서 보듯이 수요곡선은 교차탄력성이 높은 차별화 제품시장이란 특성을 반영하여 완만한[5] (–)기울기의 선이 되고 이는 자동으로 기업의 AR선이 된다. $MR = MC$에서 생산량을 결정하여 가격 P_M에서 독점적인 이윤을 취한다. 이윤은 색칠한 직사각형$(=(P_M - ATC) \cdot Q^*)$이다.

독점적 경쟁의 특성과 행태의 요약

1. 기업의 단기적인 의사결정

- 이윤극대화는 $MR = MC$점에서 생산량 결정
- 사업폐쇄 결정은 $P < AVC$가 될 때

해설 다른 시장상황의 경우와 같으나 제품의 특성이 교차탄력성(제3장 참조)이 매우 높은 제품으로 초기에 얻은 이윤이 짧은 기간 중에 줄어드는 특성 있다. 기업의 입장에선 수익모형의 유지가 어려워 마케팅전략을 통해 $P - ATC > 0$을 유지시켜야 한다.

5. 완전경쟁과 독점의 중간 형태이다.

독점적 경쟁을 하는 기업의 (단기) 이윤극대화 선택

그림 5-11

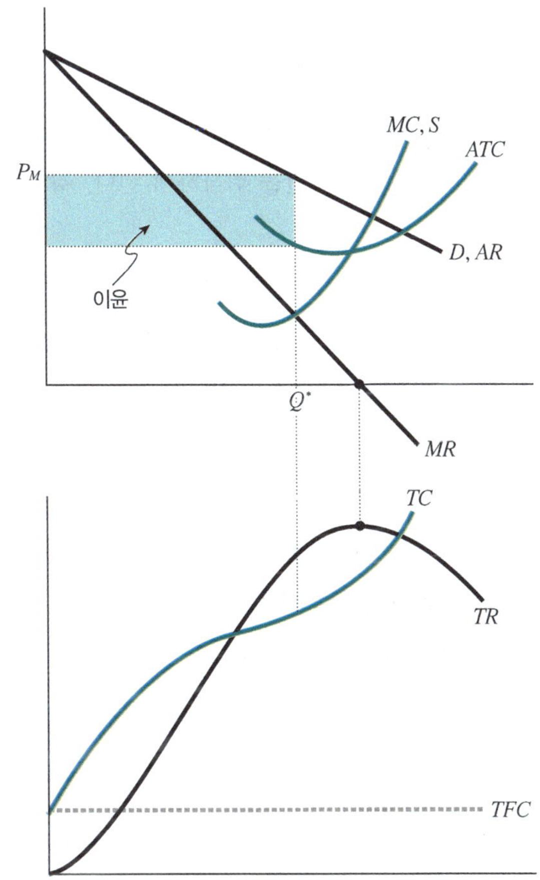

2 기업규모와 이윤취득 기회의 존재

'너무 적은 물량의 생산' 이지만 독점력으로 인해 $P > MR = MC$로 단기적으로는 **경제적 이윤**(economic profit)[6]을 취득한다.

3. 시장에서의 공급 = 수요?

제품차별화로 인해 시장수요를 파악하기 어렵다. 제품에 여러 가격이 존

6. 기회비용을 제하고도 남는 이윤을 의미한다.

재하여 시장공급선도 파악하기 어렵다. 다만, 기업이 단기적으로 비용을 파악하여 $MR = MC$가 되는 점에서 생산량을 결정할 따름이다(〈그림 5-11〉 참조).

4. 장기균형(long-run equilibrium)

- 장기적으로는 $P = ATC$가 되어 경제적 이윤 = 0이 되고 기업들은 **정상이윤**(normal profit)만을 취득하게 된다. 장기적으로는 완전경쟁과 유사하다.
- 장기평균비용 $LRAC = ATC$가 되는가?
  그렇다. 장기적으로는 신규진입과 경쟁의 심화로 ATC 이상의 비용으로는 생산하지 않는다. 따라서 $LRAC$가 ATC와 같아진다.
- 그리고 장기한계비용 $LRMC = LRAC$가 되는가?
  그렇다. $LRMC$는 $LRAC$의 최저점을 지나고, 장기적으로는 최저가 되는 $LRAC$에서만 생산한다. 즉, 한편 $MC > AC$인 Q에서의 생산은 손실을 야기하기 때문에 생산을 안 하는 영역이 된다. 따라서 장기적으로는 $LRMC$는 $LRAC$와 같아진다.

5.4 과점

과점(oligopoly)은 몇 개의 생산자가 시장을 분할해 가지고 있으면서 서로 으르렁거리는 상황이다. 조그마한 동네의 2개의 이발소도 그런 상황일 수 있고 세계적인 자동차 회사들도 그런 상황이다. 그들은 서로의 이익이 된다면 협력도 하지만 상대를 죽일 궁리도 한다. 신규진입을 막기 위해 가격을 잠시 반값으로 내리기도 하고, 경쟁자의 수를 줄이기 위해 막대한 자금을 들여 경쟁회사를 인수하기도 한다. 규모의 경제가 중요한 경쟁요인이 되므로 과잉생산에 빠지기 쉬운 구조이기도 하고 1위 기업은 가격을 올려도 2, 3등의 기업이 가격을 올리기 어려운 묘한 상황이기도 하다.

과점시장 모델의 조건

1 몇 개의 기업만 참여한다.
2 제품차별화를 지향한다.
3 진입장벽이 높은 편이다.
4 모델은 확실성(certainty)의 가정에서 설명한다.
5 기업은 이윤극대화를 목표로 한다.

추가적으로 설명하면,

① 과점기업들 간의 소통여부는 과점의 성격을 독점으로 바꾼다.

② 앞서의 독점적 경쟁에서의 차별화하고는 약간 다른 차원이다. **차별화**된 제품으로 인해 시장구조가 형성된 독점적 경쟁과는 달리 경쟁력(competitive edge)을 높이기 위해 차별화를 선호한다는 의미이다. 특히 이들은 브랜드 가치를 중시한다. 차별화제품으로 과점화된 경우를 **세분화된 과점**(differentiated oligopoly)이라 하고, 그렇지 않으면 **순수 과점**(pure oligopoly)이라 한다.

③ 진입장벽은 경쟁과 시장 자체가 커져서 생긴 불가피한 부분과 매우 의도적인 부분이 혼재되어 있다. 기존 과점기업들의 규모가 크고 이미 *MES*에서 생산하고 있으며, 판매망이 잘 확보되어 있고, 브랜드 로열티가 높아 새로운 기업이 도전장을 내기 어렵다. 또한 막대한 연구개발비를 쓰고 기술이 축적되어 있는 점, 부가가치사슬을 모두 작동시킨다든가, 수평 · 수직 통합을 통해 매우 복잡한 경영활동을 복합적으로 소화해내는 운용(integrated operation)을 하는 점도 진입장벽이 된다. 이는 자연스럽게 형성된 진입장벽이지만, 기존 선도자들이 가격정책을 써서 진입을 막는 것은 인위적이다. 또한 기계를 팔면서 기술을 이전시켜 준다든가, 전자교환기를 팔면서 초저금리 금융을 같이 써수는 소위 '**패키지 딜**(package deal)'이 일반화되어 있는 상관행이다. 선진국의 다국적기업들이 쳐놓은 진입장벽들이다.

과점에서의 기업의 전략 포인트－I

많은 전략이 있겠지만 다른 시장과 다른 점은 몇 개의 경쟁자가 있고 1등과 2등의 과실이 다르다는 점이다. 한쪽은 경쟁자를 향해, 한쪽은 고객을 향해 회사의 전략을 설정한다.

A. "경쟁기업의 반응을 예측한다."
B. "명성을 쌓는다."

굴절하는 수요곡선

경쟁기업의 반응을 예측함에 있어 가격변동에 대한 반응이 가장 큰 관심이 될 것이다. **굴절하는 수요곡선** 모델을 통해 과점에서 가격이 상황변화에 즉시 반응하지 않는 경우를 이해해 보자.[7]

(예상되는 행태) 경쟁기업은 다른 기업의 가격인하에는 따라오지만 가격

그림 5-12 굴절하는 수요곡선

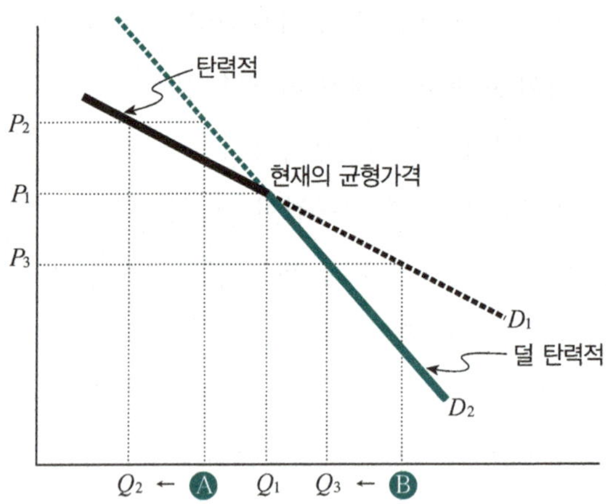

7. 굴절하는 수요곡선(kinked demand curve) 모델은 가격예측력이 없고 단지 시장에서 가격이 늦게 반응하는 현상(sticky price)에 불과하다고 비판받았으나 경영자의 입장에서는 모델 타당성보다는 과점행태에 관한 시사점에 더 의미를 두기 바란다.

을 올릴 때는 따라오지 않는다. 가격인하는 생산성 향상 등 기업의 성실성을 보여주는 조치로 안 따라가면 고객으로부터 외면당하지만, 올릴 때 안 따라감으로써 경쟁자 하나를 죽일 수 있다고 판단할 것이기 때문이다.

모델

대기업 A, B, C가 같은 제품을 생산하며 시장수요의 $\frac{1}{3}$씩 생산하며 현재의 균형가격은 P_1이다. 기업 A는 〈그림 5-12〉에서 보는 바와 같이 Q_1만큼 생산하고 있다. 어느 날 갑자기 기업 A가 독립적으로 가격을 P_2로 인상한다고 하자. A는 B, C도 동참할 것으로 예상하고 시장점유율은 유지될 것으로 보았다. 이 점에서의 판매량은 A점이다. 가격인상으로 시장수요가 주는 만큼의 $\frac{1}{3}$만 준 판매량이다. 그러나 B, C가 가격인상에 동참하지 않아 A는 혼자 가격만 올린 꼴이 된다. A의 판매량은 급격히 감소해 A점보다 많이 적은 Q_2만 판매하게 된다. 시장점유율은 급격히 떨어졌고, B, C는 반사이익을 본 것이다. 가격 올릴 때의 기업 A의 수요곡선은 가격에 매우 탄력적이 된 셈이다.

반대로 가격을 갑자기 P_3로 내리면서 시장점유율을 늘리고자 한다. B, C가 못 따라올 것이라고 예상했기 때문에 시장수요가 상당분 A로 몰려 시장점유율이 크게 증가할 것으로 예상했다. 이때 예상한 판매량이 B점이다. 그러나 B, C가 모두 가격인하에 동참하면서 시장수요 증가의 $\frac{1}{3}$만큼만 늘어나 예상보다 적은 Q_3만 판매하게 되었다. 가격 내릴 때의 기업 A의 수요곡선은 가격에 비탄력적이 된 셈이다. 기업 A의 수요곡선은 굴절하는 수요곡선이 되었다.

굴절하는 수요곡선의 시사점

1. 과점에서는 수요의 변동이 즉각적인 가격변동보다는 생산량 조정으로 이어진다.
2. 과점에서는 한 기업의 생산비용 증감이 상당한 수준이라도 즉시 가격에 반영되지 않는다.
3. 과점에서는 가격변화가 있다 해도 기업들이 비슷한 수준으로 같은 시점에 시행한다.

과점에서의 기타 가격이론

굴절수요곡선은 시장가격결정에는 아무 도움이 되지 못한다. 과점에서의 가격결정과 관련한 가격이론이 다양하게 개발되었다. 대부분 게임이론의 개념들이 반영된 것이다.

1. 시장점유율과 비용구조에서의 격차 이론

① 시장점유율과 비용구조가 같다면 가격 관련하여 기업 간 마찰이 적다.

② 하나씩만 다르다면 불리한 쪽이 개선하거나 마찰이 발생할 여지가 있다.

③ 둘 다 다를 경우 상호 간에 조정하려는(mutual adjustment) 인센티브가 크다.

2. 공동이익(joint profit)극대화 이론

소통하여 공동이익을 추구하는 방향으로 가격을 결정한다.

3. 적정이윤설

생산원가에 적정 이익마진(fair mark-up)을 붙여 가격을 결정한다.

4. 가격선도론(price leadership theory)

시장점유율이 가장 큰 선도기업이 가격을 결정한다.

과점에서의 기업의 전략 포인트-Ⅱ

선도기업이 아닌 이상 매우 경쟁에 노출되어 있는 상황으로 다음과 같은 전략이 유효해 보인다.

1 저가격을 유지하여 신규진입을 막고, 기존 기업들의 확장 인센티브를 줄인다.

2 공격적인 비가격전략을 개발한다. 디자인이나 특허, 지역사회 봉사가 한 예이다.

3 방어전략을 구축하여 상황별 변화에 즉시 반응한다.

과점에서의 경영전략은 경쟁기업끼리 협력하여 공동이익을 추구하느냐, 한쪽이 넘어갈 때까지 끝까지 싸우느냐 등 전략적인 선택이 중요하다. 둘 간의 소통이 안 될 때의 게임 상황을 죄수의 딜레마를 통해 살펴보자.

게임이론의 적용—죄수의 딜레마(prisoner' s dilemma)

살인혐의의 공범으로 조사받는 죄수를 각각 다른 취조실에 앉혀놓고 검사가 양쪽 방을 다니면서 취조하는 상황이다. 두 죄수 간에는 일체 소통이 안 된다. 검사가 이렇게 말한다. "당신들 둘은 피해자에세 폭력을 가한 후 칼로 찔러 살인한 혐의로 잡혀왔다. 폭력은 CCTV에 다 찍혀 둘 다 혐의가 입증되었다. 이 폭력죄로는 1년형이 부과된다. 다만 당신 친구가 칼로 찌른 것을 진술한다면 그 공을 생각해서 즉각 석방해 주겠다. 칼로 찌른 죄는 폭력과 합해 15년형이다. 공범으로 인정되면 모두 10년형을 받게 된다. 누가 찔렀는가?"

죄수의 딜레마 그림 5-13

		죄수 2 C	죄수 2 N
죄수 1	C	−1 / −1	−15 / 0
죄수 1	N	0 / −15	−10 / −10

(주) cooperative strategy C는 죄수 간 협조(혐의부인)이고, non-cooperative strategy N은 비협조(배반)을 말하고, 각 상자 좌상은 죄수 1, 우하는 죄수 2의 소득(payoff)이다. −1은 1년형을 말함.

죄수 1은 고민에 빠질 것이다. 죄수 2와 협력하여 둘 다 칼 사용을 부인한다면 칼 사용 부분은 무혐의 처리되니 1년만 살고 나오면 되나, 문제는 죄수 2가 배반하면 어쩌나 걱정이 되는 것이다. 따라서 어떤 선택이 가장 자기한테 유리한가 판단한다.

〈그림 5-13〉을 보면서 이해해 보자. 죄수 2가 C(협의부인)를 선택할 때는 N(배반)이, 죄수 2가 N(배반)를 선택할 때도 N(배반)이 유리한 선택이 된다.[8] 자기 이익의 관점에서는 모두 N(배반)이 선택된다. 결국 둘 다 N(배반)을 선택하게 되어 10년씩 살고 나오게 되었다. 소통이 안 되는 죄수상황에서는 최악의 선택을 한다는 것이다. 둘 다 배반(우하 상자)은 수형기간을 합해 20년이니 협력했으면 둘 다 합해 2년일 것을 10배 더 고생하게 된 것이다. 이것이 소통하지 못하는 상황에서의 의리 없는 **죄수들의 딜레마**이다.

이와 같이 죄수의 딜레마는 협력을 통해 윈-윈할 수 있는 관계에 있는 모든 플레이어가 가장 피해야 할 상황이다. 게임경기자들 모두가 상대방이 내린 선택 하에서 자신의 선택이 최선의 결과라는 결론에 이르면 이를 **내쉬균형**(Nash equilibrium)에 도달했다고 하는데, 내쉬균형에 도달했음에도 전체 이익을 고려하지 않고 자신의 이익만을 추구하다 보니 최악에 이른 것이다. 완전경쟁에서 시장참여자 각자가 자신의 이익을 위한 최선의 선택을 하면 사회복지가 극대화한 것과는 상치되는 개념이다. 나쁜 짓을 한 사람들이야 그에 상응하는 벌을 받아야겠으나 사회의 일반 현상에서도 경쟁보다는 담합이 사회적으로 바람직할 때가 있다. 모두가 큰 차를 가져 공해와 교통혼잡을 야기한다든가, 국가 간의 군비경쟁이 그 예이다. 모두 한꺼번에 약속하여 작은 차로 바꾸면 공해와 교통혼잡과 대형 교통사고도 줄일 것이다. 또한 협상을 통해 균형을 담보로 한 군축으로 가는 것이 전쟁위험뿐 아니라 국가재정 악화도 줄인다.

협력적인 vs. 공격적인 가격전략(가상 예)

위 죄수의 딜레마 4상자 게임을 이용하여 전략게임을 할 수 있다. 경쟁기

---

8. 죄수 1의 입장에서는 -1보다는 0이, -15보다는 -10이 선호된다.

그림 5-14 과점상황에서의 가격전략

	진입	진입 안 함
공격적인 전략구사	2 / −2	10 / 0
협력적인 전략구사	4 / 4	10 / 0

업이 우리가 생산하고 있는 제품시장에 진입하려 하고 있다. 공격적인 전략은 신입 시 가격을 대폭 낮추는 것이다. 협력적인 전략은 시장을 일부 내주되 현재의 가격을 유지할 수 있도록 상호협력하는 것이다. 상자 좌상의 수치는 우리 회사의 재무성과이며 우하의 수치는 경쟁사의 재무성과이다. 진입을 안 하기로 계획을 취소하면 현재의 재무성과가 유지된다.

상대방의 선택 아래 나의 최선의 선택은 협력적인 전략을 구사하는 것이다. 대부분의 게임은 협력을 통한 이익 공유가 답으로 나와 있으나 사회의 실상은 협력하지 않는다는 것이다.

협력, 담합에 영향을 주는 요인들

- 기업 간 유사성이 높을수록 협력할 가능성이 높다. 저비용구조를 가진 기업들은 저가정책을 선호하기 때문에, 저가유지에 협력할 공산이 크다. 성장률이 높은 기업이나 기술적인 변화가 많은 기업 간에는 협력이 잘 안 된다.
- 협력을 통해 얻을 수 있는 소득이 클수록 협상이 잘 된다.
- 협약을 강제할 수 있는 장치
- 비행기 간이 복잡한 제품일수록, 유통망이 다양할수록 가격담합이 기술적으로 어렵다.
- 경쟁자가 많을수록 협력이나 담합이 힘들다.

5.5 결론

제5장에서는 시장이론을 다뤘다. 완전경쟁에서는 개인과 기업이 가격수용자로서 자유로운 선택을 할 때 사회복지가 극대화하는 과정을 보았다. 이어 독점에서는 가격결정자인 기업이 가격수용자인 소비자를 대상으로 가격결정을 할 때의 상황을 분석했다. 사회복지가 감소하여 정부의 개입이 이뤄짐을 보았다. 이어 독점기업의 다공장, 다시장, 연결제품의 생산량 결정과정을 살펴보았다. 그 다음으로 현실에서 기업들이 대부분 몸담고 있는 독점적 경쟁과 과점시장을 다뤘다. 독점적 경쟁은 차별화된 제품시장을 특징으로 작은 시장에서나마 독점력을 가지고 있는 상황이다. 그러나 진입장벽이 없어 장기적으로는 완전경쟁에 가깝다. 과점은 다른 시장과 달리 시장을 나눠가지고 있는 대기업 간 게임을 통해 문제를 파악한다. 그리고 게임의 상황에서는 대부분 협력이 바람직한 해답이지만 현실에서 협력은 잘 안 되는 요인들을 살펴보았다. 제3장에서 제5장까지 미시경제 이론에서 제공한 경영이론을 공부했다. 다소 힘들었을지 몰라도 기초가 탄탄한 경영인이 되기 위한 과정으로 생각하면 좋겠다. 100층짜리 건물을 기반도 다지지 않고 쉽게만 지을 수는 없지 않겠는가?

연습문제

01. 재화시장의 형태와 관련하여,

1) 'price taker'와 'price setter'의 의미와 이것이 경쟁전략에 의미하는 바는 무엇인가?
2) 시장의 형태를 결정하는 세 가지 기준은 무엇인가?
3) 진입이 어렵다는 것은 어떤 상황을 의미하는가?
4) 담합의 형태는 어떤 것이 있는가?
5) 시장 형태별 경쟁전략과 사회적 책임은 어떻게 다른가?

02. 기업의 수요곡선과 공급곡선 기울기와 관련하여,

1) price taker일 때 기업의 수요곡선과 공급곡선 기울기는 무엇인가?
2) price setter일 때 기업의 수요곡선과 공급곡선 기울기는 무엇인가?
3) 기업의 가격정책을 수립함에 있어 이들 곡선이 의미하는 바는 무엇인가?

03. 시장균형과 관련하여,

1) 정부통제가 없는 자유로운 시장에서 균형이 유지되는 힘은 무엇인가?
2) 통제가 심한 계획경제에서 균형이 유지되지 못하는 이유는 무엇인가?
3) 균형가격으로의 회귀 속도의 빠름 정도가 기업전략 수립에 무엇을 시사하는가?

04. 완전경쟁 아래의 정상이익과 관련하여,

1) $P-MC$점에서 최적 생산량이 결정되는 데 어떻게 이익이 발생하는가? 단, ATC가 최소되는 점에서 $MC=ATC$가 되는 상황을 이용하여 설명하시오.
2) 위 1)의 질문으로부터 경쟁적인 시장에서 기업이 이익을 낼 수 있는 방법이란 무엇인가?
2) 공장폐쇄결정(shut down decision)은 어떤 조건에서 이뤄지는가? 단, MC, ATC, AVC, 재화가격 P로 설명하시오.
3) 장기적으로는 제품의 가격탄력성은 어떤 값을 가지는가?
4) 진입과 퇴출의 장벽이 없는 경우 $P=ATC$가 되는 시장의 힘은 무엇인가?
5) 완전경쟁 아래의 수익창출 전략의 초점은 어디에 두어야 하는가?

05. 완전경쟁시장의 복지와 관련하여,

1) 소비자잉여와 생산자잉여는 누구에게 발생하는가?
2) 소비자잉여와 생산자의 합과 복지수준에 대해 설명하시오.
3) 정부의 가격규제 및 부가세율 상승 정책이 복지에 어떻게 영향을 주는가?

06. 완전경쟁 아래의 소비자 효용과 기업의 효율과 관련하여,

1) 완전경쟁 아래에서 개인별 재화 간 *MRS*는 서로 같아지는가? 소비자들은 재화별 소비량을 무엇으로 결정하면서 효용을 극대화하는가? 이것이 개인 간의 소비관련 공평성을 확보하는가?
2) 완전경쟁 아래에서 기업별 요소 간 *MRTS*는 서로 같아지는가? 기업들은 요소배합을 무엇으로 결정하면서 이익을 극대화하는가? 이것이 기업 간의 요소배합의 자율성(노동을 줄이고 자본재에 투자한다든가 또는 다른 기술을 쓴다든가 하는)을 해하는 것은 아닌가?

07. 독점에서의 생산량 결정과 사회적 폐해에 대하여,

1) 독점기업의 수요곡선은 어떤 기울기를 가지는가?
2) 독점기업의 이익극대화 생산량은 완전경쟁시장에서의 생산량에 비해 적은가, 많은가?
3) 독점이 공익에 바람직하지 않다고 보는 이유는 무엇인가?
4) 소비자는 원하는 만큼 소비하는가?
5) 요소 간의 효율적인 배합이 이뤄지는가?
6) 독점에 익숙한 기업들이 일반적으로 경쟁시장에서 취약한 이유는 무엇인가?
7) 교차효율은 무엇이고, 독점체제에서의 교차효율은 높은가?

08. 다국적 기업의 다공장 · 다시장 정책과 관련하여,

1) 다국적 기업은 독점력을 가지는가?
2) 코카콜라, 특수 약품을 생산하는 다국적 제약회사는 독점인가?
3) 다공장, 다시장 정책을 규제해야 하는가?
4) 글로벌화가 독점기업들을 더욱 살찌게 하는가?
5) 현대자동차도 이런 전략을 구사해야 된다고 보는가?

09. 독점적 경쟁시장과 관련하여,

1) 이런 시장에서 거래되는 상품의 특성은 무엇인가?
2) 블루오션 시장이란 이런 시장을 의미하는가?

3) 혁신은 제품차별화를 지향하는가?
4) 독점적 경쟁력(competitive edge) 확보란 이런 시장에서의 우위를 점하는 전략인가?
5) 이런 시장에서의 독점적 경쟁력은 장기간 유지되는가?
6) 위 5)에서 만일 아니라면 어떤 방안을 모색해야 하는가?

10. 과점시장과 관련하여,

1) 과점시장에서 차별화는 독점적 경쟁시장의 차별화와 어떻게 다른가?
2) 과점시장의 종류는 어떤 것이 있는가?
3) 과점시장에서는 왜 수요 · 공급에 의한 균형이 불안정한가?
4) 과점시장에서 굴절된 수요곡선이 가능한 행태상의 특징은 무엇인가?
5) 과점에서는 경쟁기업 간 게임이 이뤄지는가?
6) 격차이론은 어떤 행태를 설명하고 있는가?
7) 과전시장에서 선점 효과란 무엇인가? 선도이론으로 설명하시오.
8) 죄수딜레마에서 내쉬균형이 (합의 관점에서) 최악의 결과를 가져다주는 일반조건은 무엇인가?
9) 기업 간 협력을 유도하는 여건은 무엇인가?

경영실무

part III

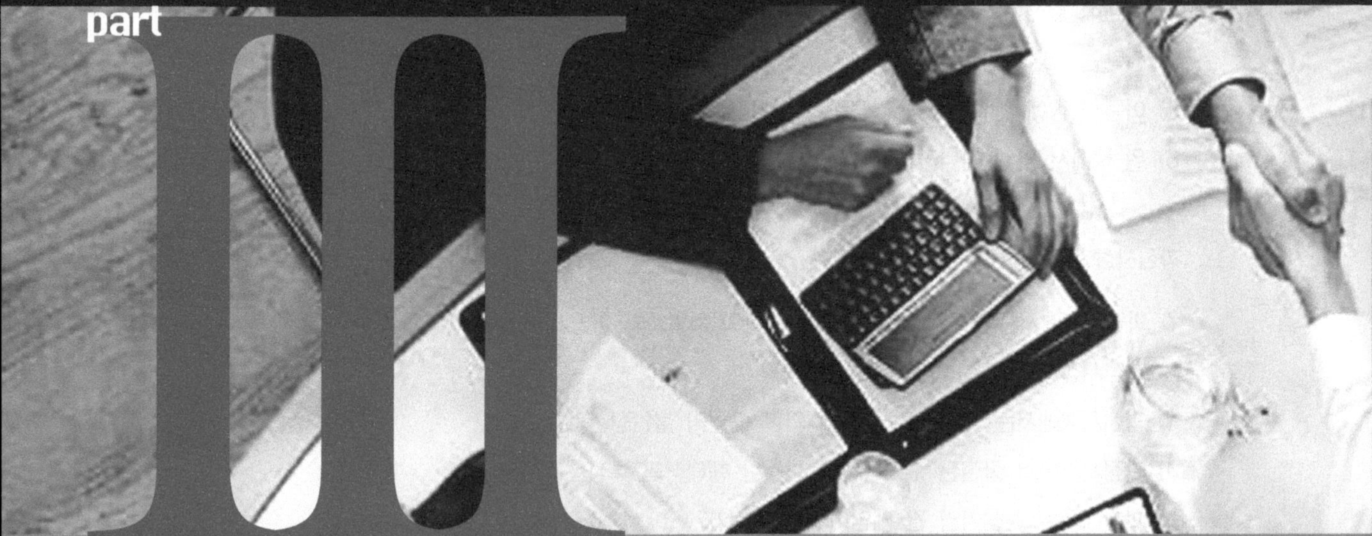

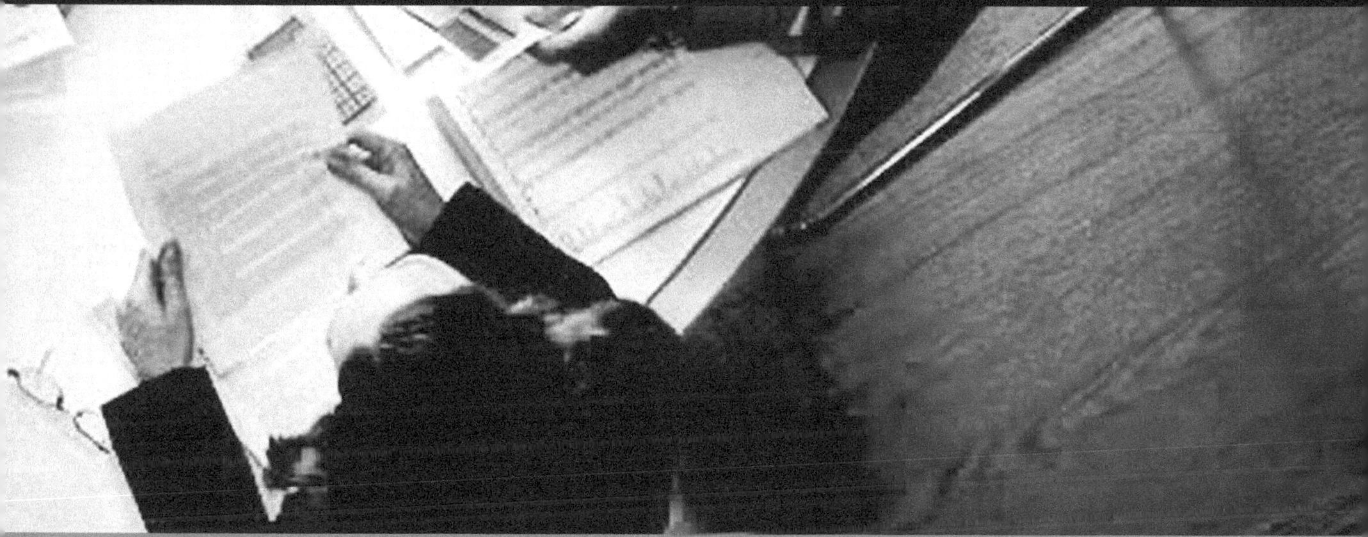

chapter 06_

사업기회의 발굴과 평가

chapter 07_

자본의 조달과 자본시장

chapter 08_

조직운영

chapter 06

학습목표

독자들은 이 장의 학습을 통해 다음의 주제에 담긴 내용을 알아야 한다.

1. 사업기회의 발굴과 유형
2. 사업계획서 작성
3. 사업의 수명
4. 초기투자자금의 파악
5. 사업가치의 평가기법—NPV법
6. 매출, 비용과 현금흐름의 파악
7. 사업의 위험요소의 평가
8. 할인율의 추정
9. 신사업 추진 여부의 판단

사업기회의 발굴과 평가

∷ 들어가기

경영자나 사업가에게 새로운 사업을 발굴하고 추진할 수 있는 능력은 무엇보다도 중요하다. 경영자는 기존사업을 잘 키우면서도 누적된 에너지로 신사업을 추진하여 전체 자산의 수익률을 높여야 한다. 기업의 성장동력은 기존사업에서의 혁신과 신사업으로부터 나온다. 사업가는 돈을 벌기 위해서든, 자신의 꿈을 실현하기 위해서든 잠재수요를 채워주는 사업, 수요는 있으나 공급이 안 일어나는 사업, 또는 주변사람들의 삶을 더욱 풍족하게 하는 사업 등을 추진하게 된다. 기존기업에서 추진하는 신사업이든, 개인 사업가가 추진하는 신사업이든 공통된 점이 있다. 재무적으로 타당성이 없으면 그 사업은 지속될 수 없다는 것이다. 사업의 수명은 몇 년인지, 경쟁자는 누구인지, 그동안 매출과 비용은 얼마인지, 현금흐름은 언제부터 창출되는지, 사업추진에 소요되는 자본과 사람은 어떻게 동원하는지, 위험요소는 무엇인지 등등이 명확해야 한다. 사업 타당성은 재무적으로 그 사업의 '순현가(NPV)가 0보다 큰가?'로 평가한다. 이 모든 것이 충족될 때 비로소 사업 추진의 명분이 생긴다. 가치 없는 사업의 추진은 본인뿐 아니라 관련되는 모든 사람에게 고통을 안겨준다. 흔히 노후의 최고 위험은 자식이 사업한다고 왔다갔다 하는 것이라 한다. 경영자에게 무리한 투자는 가장 큰 과오로 남는다. 위험을 택하되 잘 계산된 위험을 택하라는 것이다. 이제 신사업의 세계로 들어가 보자.

6.1 사업기회의 발굴과 유형

가지 있는 사업은 기업의 이익 또는 현금흐름에서 나오고, 기업의 이익 또는 현금흐름은 제품이 제공한 고객가치로부터 나온다. 고객가치는 고객이 제품소비로부터 얻는 가치에서 고객이 지불한 금액을 뺀 값이다.

고객가치 = 제품소비로부터 얻는 가치 − 지불한 금액

위의 간단한 산식에서 새로운 사업기회는 제품에서 유도된 것과 가격에서 유도된 것으로 나눌 수 있다. 다시 말하면 더 큰 가치 또는 새로운 가치를 창출하는 무언가를 만들어내는 데에 집중할 것인가, 아니면 기존의 시장에서 기존보다 더 낮은 가격의 제품생산에 승부를 걸 것인가이다.[1] 이에 한 가지 더 고려해야 할 점은 **고객가치 창출 능력**이 경쟁사보다 더 높아야 한다는 것이다.

우선 제품과 관련하여 우리는 소비자이론에서 가격 대비 한계효용($\frac{MU}{p}$)이 제품의 수요를 결정하며, 한계효용은 하나 더 소비할 때 늘어나는 효용이고, 관련제품의 특성(attributes)에 대한 효용의 증가는 소비자별로 각기 다름을 배웠다. 따라서 새롭게 제공될 제품이 어느 고객을 겨냥하는가는 신제품의 마케팅콘셉트[2]를 잡는 출발점이 된다. 일단 고객을 정하면 고객들이 구매하는 이유를 파악하고 어떤 내용, 품질, 이미지의 제품이 그들의 구매이유에 합당하고 행복감을 줄 수 있는가 분석한다. 고객과 목표시장을 구체화하는 **시장세분화**(market segmentation) 작업은 이 과정에서 이뤄진다. 제품은 생산, 유통, 영업, 제품 촉진과정에서 다시 한 번 수정하고 조정되어야 한다. 소비자가 물건을 사는 최접점에서의 반응이 제품에 즉시 반영되는 피드백 과정은 매우 중요하다. 이런 마케팅콘셉트의 구현화 과정은 가격탄력성이나 교차탄력성이 낮고 독점적 경쟁력을 갖도록 설계하여 장기수익성을 높이는 데에 초점을 맞춰야 한다.

신사업의 타당성이 새로운 제품의 출시보다는 가격에 있다면 그것은 원가경쟁력에 근거한다. **원가경쟁력**은 생산성과 비용관리로부터 나온다. 우선 제4장의 〈그림 4-1〉에서 B점과 같이 생산성을 최대화하는 점에서의 생산규모냐, 대규모생산일 경우 *MES*규모[3]에 다다랐느냐, 아니면 새로운 생산기술의 도입으로 생산함수를 수직으로 올리는, 즉 투입 대비 산출물을 전반적으로 증가시키는 생산구조를 가졌느냐의 게임이다. 이는 투입요소의 최적 배합에서 이뤄지며 생산요소, 특히 노동의 경직성을 어떻게 푸느냐와 직결되어 있

1. 전자는 마케팅의 제품전략(product strategy), 후자는 가격전략(pricing strategy)과 유사하나 본 장에서는 '수익성의 원천'이 제품이냐 가격이냐의 관점에서 설명하고 있다.
2. 소비자욕구를 확인해서 그들을 행복하게 할 제품을 만들어 수익을 얻겠다는 경영원리이다.
3. 제4장의 〈그림 4-7〉 참조.

다. 아울러 재고관리도 원가경쟁력의 한 축임을 제4장에서 설명했다.

마지막으로 신사업을 결정할 때 고려해야 할 것은 제품을 팔 시장의 유형이다. 시장세분화 과정에서 제품이 속한 미세한 시장의 성격을 규명했다면, 이제는 이 시장이 제5장에서 논의된 경쟁상황에 따른 시장 중에 어떤 형태의 시장에 속하는지 이해해야 한다. 제5장에서 논의한 대로 완전경쟁시장에서는 사업기회를 찾아도 기회비용 이상의 수익을 올리기 어렵다. 즉, 임금과 자본비용을 지불하면 남는 것이 없다. 오직 경쟁사 대비 낮은 *ATC*로 생산할 수 있는 능력을 가질 때만 이익창출이 가능하다. 완전경쟁과 달리 독점적 경쟁시장이나 독점, 과점시장에서는 기업이 가격에 대한 영향력을 가지므로 기회비용 이상의 초과이윤, 즉 경제적 이윤을 얻는다. 이런 시장에서의 신사업은 과점시장을 겨냥하여 차별화된 제품으로 승부수를 던지든지, 독점적 경쟁시장에서 기존 리더제품의 콧대를 누를 우월한 제품을 만들든지, 아니면 잠재고객 대상의 틈새시장을 만들어, 즉 새로운 독점적 경쟁시장을 창출하든지 하는 방식을 따른다. 브랜드 구축은 고객을 오래 유지시키는 매우 중요한 차별화전략이다. 이같이 시장 상황에 따라 우월적 위치를 차지하기 위한 전략이 성공하고 정착되면 그 제품은 경쟁기업들 대비 **경쟁우위**(competitive advantage)[4]가 있다고 평가된다. 이런 전략들은 모두 기회비용, 즉 **자본비용**을 상회하는 수익률을 낼 수 있다는 점에서 같다.

이를 정리하면 새로운 사업기회의 추진은
1단계에서 제품과 목표시장을 규정하고,
2단계에서 시장에 걸맞는 경쟁우위 전략을 짜고,
3단계에서 자본비용을 상회하는 수익률이 나는가 평가한다.

3단계의 과정은 투자액 대비 미래 현금흐름이 충분하여 이로부터 추정된 수익률이 자본비용을 상회하는가 또는 같은 내용이지만 미래 현금흐름의 현가가 초기투자자금을 상회하는가 여부를 판단하는 과정이다. 재무에서는 이를 **자본예산분석**이라 한다. 일반적으로 1, 2, 3단계는 다음 단계로부터 피드

4. 경쟁우위는 비용우위, 제품차별화/틈새시장이라는 요소로 구성된다.

백을 받아 상호 수정된다. 왜냐하면 제품설계와 경쟁우위확보와 목표수익률은 서로 영향을 주는 의사결정이기 때문이다. 예로 매출, 비용을 검증하는 과정에서 1, 2단계의 내용이 좀더 구체화되고 계량화된다. 또한 사내에 사업 특성에 따라 목표수익률이 정해져 있는 경우는 이 정보가 1단계의 제품설계에도 영향을 준다. 다만, 조직 내 담당부서가 달라 단계별 의사결정체계는 필요하다. 3단계의 결과를 바탕으로 사업추진 여부를 결정한다.

다음으로 신사업의 유형을 열거하고 타당성을 설명하는 요소를 분석한다. 〈표 6-1〉은 신규사업의 유형을 5개로 분류했다.[5]

▶▷ 표 6-1 전형적인 신규사업의 유형

유형	시장	경쟁우위	특징
1. 확장형 신사업	완전경쟁	원가	증설, 설비교체, 신기술 도입
2. 시장점유율 확대	과점	고객가치	차별화, 신선함, 깔끔한 운용
3. 꿈의 실현	과점/독점적 경쟁	제품의 보편성	브랜드 로열티, 가치공유
4. 잠재고객 개발	독점적 경쟁	틈새시장 규모	신기술, 저가격, 신시장 창출
5. 사회적 기업 설립	지역의 인프라	공동체 실현	시민참여, 정부지원

첫 번째 유형은 기존사업을 확장한 사업이되, 늘어난 시장수요를 전제로 *ATC*를 낮추는 기술을 기반으로 한다. 즉, 예상되는 수요증가에 대비하여 경쟁사 대비 개선된 혁신적인 제품을 새롭게 증설된 라인에서 생산하여 높은 수익을 추구하는 형태이다. 이런 경우 지금 라인을 닫고 새로운 것을 신설하는 것은 위험하다. 기존 것에서 제품을 개선함과 동시에 신기술, 신장비를 도입해 생산성 혁신을 일으킨다. 안정 생산체제에 들어가면 기존 것에서의 생산량을 줄여가면서 사람, 기술, 생산성을 함께 업그레이드하는 방식을 취한다. 석유화학, 조선, 항공, 반도체, 디스플레이 등 분야에서 반복적으로 일어나는 신사업 형식이다.

5. 제시된 유형과 다른 신규사업들은 얼마든지 가능하며 위법이 아닌 사업추진은 장려되어야 한다.

두 번째 유형은 과점시장에서 시장점유율을 늘려 시장영향력을 증대시키기 위해 추진하는 신사업이다. 게임적인 상황에서 매우 창의적이고 도전적인 아이디어가 요구되는 사업들이다.

세 번째 유형은 젊은이라면 누구나 꿈꾸는 자신의 가치를 사업화하는 작업이다. 자신의 아이디어가 보편화되고 고객들과 가치를 공유하는 그런 사업으로 성장하길 바란다. 고객과의 가치공유에 성공하면 매우 높은 브랜드 로열티를 가지며 독점적 경쟁시장으로 크기도 하고, 과점시장의 리더가 되기도 한다. 구글, 애플, 샤넬 등이 이에 해당된다.

네 번째 유형은 순수하게 마케팅 기술에 의한 신사업 개발이다. 철저한 분석으로 틈새시장을 만들어 독점적 경쟁의 위치를 점하는 전략이다. 제품이 차별화되고 수익이 안정화되려면 어느 정도의 시장규모가 형성되어야 한다. 시장의 틈새(niche)는 있는데 규모가 작으면 규모의 경제가 안 생겨 오래가지 못한다.

마지막 유형은 사회적 기업이다. 상업성이 기업의 목표는 아니나 자본금이 유지되는 수준은 유지되어야 한다. 기업의 목표는 공동체 사회를 실현하기 위한 사회 및 문화 인프라를 만드는 일이다. 경영자는 돈은 못 벌지만 소중한 사람들과 함께 아름다운 마음과 땀을 공유하면서 새로운 문화를 창출한다는 데에 큰 기쁨을 가진다. 이런 기업의 미션은 국가가 제공할 수 없는 소외된 자들에게 섬세하고 따뜻한 손길(touch)을 제공하는 것이어야 한다. 이런 조직의 생명은 누구도 다가갈 수 있다는 보편성이며, 따라서 정치적 · 종교적으로는 중립적이어야 한다.

6.2 유형별 사례소개

유형 1의 사례: LG 디스플레이의 OLED 생산라인 신설

(전략개요)

표준화된 제품들은 제품개선과 생산성 확보를 동시에 추구하여 높은 수익성을 추구한다.

(실제 내용)

LG 디스플레이는 LCD를 생산하는 대규모 기업으로 주식의 시가총액이 2013년 기준으로 10조원이고 KOSPI 상장사 중 21위인 회사이다. LG 디스플레이는 2013년 8월 1일 협력사와 함께 차세대 디스플레이인 8세대 OLED 생산을 위한 라인을 파주 P9 공장에 세우기로 하는 기념식을 가졌다. 약 7,000억원의 투자비를 들여 건설하는 이 OLED TV용 OLED 라인은 M2로 명명되었다. 이 라인에서는 2014년 하반기부터 월 26,000개의 패널을 생산하는데 모두 55인치 이상의 TV에 적재될 것들이다. 이 공장은 세계 최초의 대형 OLED 패널 공장이다. 시장조사 회사인 DisplaySearch에 따르면 대형 OLED TV 패널 시장은 현재의 연 40만 개에서 2017년 약 900만 개로 늘어나고 차세대 TV의 주도 모델이 될 것으로 전망했다.

(타당성 분석)[6]

- 제품: 차세대 제품으로 연 31만 개 수준은 시장에서 흡수될 전망이다.
- 생산성 및 원가경쟁력: 충분히 축적된 노하우로 기술적 문제가 해결될 것으로 보이나 세계 최초인 점을 고려하면 경쟁사 대비 불리할 가능성이 존재한다. 조기 생산성 극대화점(제4장의 〈그림 4-1〉 참조)에 이르려면 조기에 물량이 확보되어야 하며 시장의 성장률을 감안해 볼 때 충분히 가능성이 있다.
- 경쟁우위: 경쟁사인 SDI, 삼성전자, 소니, 샤프, 도시바, 파나소닉, 대만의 AU Optronics의 투자 계획이 불확실하다.
- 위험: 국제적인 과잉생산체제로 가격하락의 위험성이 크다.
- 재무적 타당성: 7,000억원 대비 미래 현금흐름의 현가가 이를 상회해야 한다.

  미래 현금흐름의 파악: 사업수명(5년 정도), 연 순현금흐름(연 2,000억원).

  할인율: 위험수준(평균)을 감안하여, LG 디스플레이의 평균 자본비용을 적용한다(10%).

6. 이후의 분석은 가상적인 분석으로 이 같은 점이 고려되어야 한다는 면에서 이해하기 바란다.

순현가 = 미래 현금흐름의 현재가치(억원) − 7,000억원 = 582억원 > 0.

(평가) 재무적 타당성이 있다. 즉, 자본비용(기회비용) 상회하는 수익률이 나온다.

유형 2의 사례: 현대카드의 시장점유율 늘리기

(전략개요)

과점시장에서 차별화된 마케팅전략으로 시장점유율을 늘린다.

(실제 내용)

2002년 당시 현대자동차의 계열사로 뒤늦게 출발한 현대카드는 과점화된 카드시장에서의 시장점유율이 1.8%에 불과하여 시장점유율을 끌어올리는 것이 절실한 상황이었다. 이 규모에서는 시장 임팩트가 적고 수익을 내기는 어려웠다.

경영방침

- never ending changes
- strategy focused
- speed
- innovation

해설 정태영 사장은 현대카드의 살 길로 혁신을 통한 시장점유율 확대를 선택한다.

조직전략

- 권위주의 타파를 위해 사장실을 직원과 같은 칸막이 방으로 하여 수평적인 조직문화를 구축한다.
- 사업부 간 사업계획과 목표를 공유하여 창의와 혁신이 신속하게 실무에 반영되도록 한다.

- 조직 개개인의 창조역량을 강조하며 창의 실적이 없으면 승진 안 되도록 한다.

마케팅

- M카드를 출시하여 M카드에 개인 identity 부여—소위 알파벳 마케팅으로 알려져 있다.
- 카드 디자인 혁신으로 '고객을 위해 신경 쓴다' 는 신뢰감을 준다.
- 100만원 연회비 블랙카드(국제선 무료 등 파격적 혜택 부여)로 고급 고객을 확보한다.
- 슈퍼스타 공연, 전시회, 고급와인 시음회 등으로 고객의 감성을 자극한다.
- 일탈적인 광고(예: '열심히 일한 당신, 떠나라!' 등)를 혁신적 이미지인 CI와 통일한다.

성과

- 회원수가 2002년의 200만에서 2013년 930만으로 늘어났고, 5강 체제 내의 3위를 차지하면서 업계 리더로 등극한다. 브랜드 로열티가 높고, CRM[7]으로 재무성과가 우수했다(ROE＞10% 유지).
- 금융위기 후 GE사로부터 출자를 끌어들여 미국 캐피탈시장에 진출했고, 2013년 순이익이 4,500억원으로 예상되고 스페인의 산탄데르 은행과 영국캐피탈 사를 설립했으며, 남미 캐피탈시장 공략을 공동추진 중이다. 해외순이익이 국내규모를 이미 넘어섰고 자회사 현대라이프가 생명보험시장에 영업비용을 제거한 혁신적인 상품을 출시하여 좋은 반응 보이고 있다.

위협과 대응

2012년 정부의 카드 수수료 인하 조치 등으로 수익성 악화에 직면한다.

---

7. customer relationship management의 약자로 기여도가 높은 고객에 회사역량을 집중하는 기법이다.

이에 대응하여 시장점유율 감소를 불사하는 수익성 제고로 전략을 전환한다. 대표적인 M카드에 대해, 전월실적 신용판매 50만원을 채우지 못하면 포인트 혜택 받을 수 없게 한다. 2013년 7월 현재 고객 930만명 중 월 평균 신용판매 50만원 미만 고객 600만여 명의 고객이 포인트를 못 받게 된다. 고객 이탈이 예상된다.

(타당성 분석)

- 알파벳 마케팅은 공격적인 마케팅 방법으로 시장점유율을 키우는 데에 매우 효과적이고 고객이 느끼는 가치를 올린 상품으로 평가된다. 예로 강남지역 고급 레스토랑을 M카드 보유자들에게 가끔 하루 저녁만 50% 할인하는 행사는 식당들을 억지로 끌어들이면서 자신의 고객에 가치를 부여하는 프로젝트이다. 식당 입장에선 그날 현대카드 행사에 참여 안 하면 손님을 거의 받기 어려운 상황이 전개될 것이 뻔해 고객 마케팅 차원에서 참여하는 것이 오히려 유리하다. 현대카드로서는 돈 한푼 안 들이고 이런 아이디어의 실현으로 대표 고객에게 반값으로 멋있는 저녁 가족이벤트를 제공하고 있다. 이런 고객가치 제공은 시장점유율 증가에 기여한다.
- 블랙카드가 연 100만원 회비를 걷는다 해도 그 혜택은 100만원보다 훨씬 크다. 예로 블랙카드 소유자에게 제공한 아시아나 미주선 왕복 1+1 서비스 제공은 2~3백만원의 가치가 있는 것이다. 대한항공 대비 고급고객이 적은 아시아나는 (가능하면) 여유 자리를 사용하면서 고급고객을 끌어오는 마케팅비용을 아낀 셈이다. 따라서 현대카드에 추가 비용을 요구하기 어려운 상황이다. 이럴 경우 현대카드는 돈 한푼 안 들이고 자기 고객에 큰 혜택을 주고 있는 셈이다. 그렇다 해도 블랙카드는 혜택이 커서 카드사에 돈을 벌어주는 사업은 아니다. 그러나 현대카드가 고급고객을 유치하고 있다는 이미지를 준다. 차별화전략인 것이다. 주요 고객인 M카드 보유자가 이런 이미지를 가지게 된다면 브랜드 충성도가 높아질 뿐 아니라 보유한 다른 카드보다 M카드를 더욱 자주 사용할 것이다. 카드의 수익은 장당 신용카드 사용량에 비례되기

때문에 수익에 기여한다.

- 혁신을 추진하려는 일관된 정 사장의 리더십은 호평을 받을 만하다. 제품, 광고, 회사 CI, 회사건물에 이르기까지 문화적이고 혁신적이라는 이미지로 통일되어 있다. 이 같은 분위기에서 조직원들이 사업목표를 공유하고 혁신이 빨리 일어나 신사업 성과에 긍정적으로 작용하고 있다.
- 요약하면 카드사의 수입은 중산층 이상의 신용판매와 저소득층의 현금서비스의 규모에 의존한다. M카드와 블랙카드 등으로 대변되는 현대카드의 신사업은 규모를 키우고 CRM을 통해 카드당 수익성을 올림으로써 매출, 이익 모두에 큰 기여를 한 신사업으로 평가된다.
- 그러나 최근 카드 산업 생태계가 망가지면서 차별화가 어려워지고 있다. 현대카드는 고객에게 어려운 선택을 요구한 바 있다. 저소득층 고객이탈은 현금서비스 수익을 줄일 것이다. 제5장에서 논의한 과점시장에서 혼자 가격을 올린 것과 같은 셈이다. 전체 볼륨은 줄 것이고, 따라서 직원을 줄여야 할지 모른다.
- 또한 수익기반 다양화를 위해 카드에서의 혁신역량을 바탕으로 생명보험에 진출하고 캐피탈의 국제화를 추진하여 새로운 수익원을 만드는 것은 좋은 확장전략이다. 그러나 금융업이란 업종에 따라 전문성이 다르고 지역에 따라 규제환경이 다르다는 면은 위협이 될 수 있다. 다만, 신금융시장 개발에 경험이 많은 GE캐피탈과 산탄데르와의 노하우 교류는 위험을 줄인다는 긍정적 면이 있다.

유형 3의 사례: 스티브 잡스의 애플

(전략개요)

창업자 경영철학— '누구나 컴퓨터를 소유하는 세상' 을 구현한다.

(실제 내용)

1960년대 후반의 컴퓨터 시장은 IBM의 왓슨 주니어가 1964년에 IBM 360을 개발한 후 이 모델과 그 후속모델의 독점체제로 바뀐다. 실리콘밸리의 많은 젊고 유능한 컴퓨터 엔지니어들은 장난감 수준이지만 이에 저항하는 개인용 컴퓨터(PC) 개발에 참여한다. 이후 실리콘밸리에 벤처문화가 형성된다. 1976년 스티븐 잡스는 스티븐 워즈니악과 함께 최초의 개인용 컴퓨터인 애플 I(1976)을 출시한다. 1977년 이들은 컴퓨터 회사인 애플을 창업하고 애플 II(1977)를 출시한다. 판매 호조로 사업성을 확보한다. IBM이 PC시장에 들어오고 MS가 OS를 만든 후 1980년대 초반 '누구나 PC를 소유하는 세상'이 도래한다. 1984년 매킨토시(1984) 출시 후 맥 시리즈로 개편한다. 2007년 아이폰(2007) 출시로 '누구나 휴대할 수 있는 비서를 보유'하게 된다(폭발적 반응을 일으킨다). 2013년 현재 맥 컴퓨터, 아이팟(2001), 아이폰, 애플tv(2007), 아이패드(2010)가 판매 중에 있고 유통채널로는 아이튠스 스토어, 애플 앱스토어가 있다.

기업 이념

Think different, User friendly[8]

애플 경영의 특징

- 조직의 특징: 애플 캠퍼스 조성, 학습방식으로는 'stay hungry' 채택
- 제품 중심의 통합조직을 운영한다.
- 제품 특징은 차별화된 디자인, 편의성, 비공개이다.
- 애플세상은 애플의, 애플에 의한, 애플회원을 위한 닫힌 세계를 지향한다.
- 정보, 시장, 즐거움, … 모든 것이 선제적으로 제공될 수 있도록 한다.
- 스티브 잡스의 창조적인 이야기를 제품으로 전달한다(스토리텔링 문화의 제품화).
- 애플회원의 브랜드 로열티를 높여 브랜드 가치를 제고한다.

8. 〈부록〉 참조. 정부의 개인정보유출 요구에 대한 애플사의 개인정보공개 실적을 공개한 서한이다. 고객들의 두려움에 대한 회사방침을 설명하고 있다.

성과

- PC는 20세기 업무혁신을 일으키며 인터넷의 출현을 자극하고 이후 메인프레임 주도의 컴퓨터 시장을 PC를 기반으로 한 웹기반으로 바꾸었다.
- 아이폰을 만들어 기존의 모바일폰을 스마트폰으로 바꾸었다.
- 애플은 20세기와 21세기 인류문명에 획기적인 진보를 일으킨 기업으로 기록되었다.
- 애플은 혁신의 대명사가 되었고, 이를 이끌었던 스티브 잡스는 젊은이의 영웅이 되었다.
- 2011년의 주식의 시가총액은 MicroSoft, 엑슨-모빌을 넘어 세계 #1을 기록했다.

위협과 대응

- 2011년 10월 스티브 잡스의 사망으로 리더십에 대한 우려가 있다.
- 2012년 신제품 출현으로 주가가 상승했으나, 2013년 우려가 반영되면서 시가총액이 30% 감소했다.

(타당성 분석)

- 애플사는 경영자의 철학을 사업화하고 세계 #1기업으로 성장한 경영학의 기념비적인 사례이다.
- 프로그램의 소스를 공개 안 함으로써 위기론에 대상이 되곤 했으나 혁신적인 제품을 꾸준히 만들어냄으로써 충성도 높은 고객을 지속적으로 키울 수 있었다.
- 지금까지의 혁신은 스티브 잡스라는 개인에 의한 것이 많았으며, 이 의존성은 그의 사망 후 애플의 위협요인으로 자리 잡고 있다.
- 현재의 주가, 현금보유액, 브랜드 가치, 보유인력의 수준, 기업문화를 볼 때 당분간 스마트폰 시장의 #1자리를 유지할 것이나 구글, 삼성 등과의 혁신경쟁에서 질 경우 큰 타격을 입게 될 것이다.

유형 4의 사례: 스크린 골프 시장을 개발한 골프존

(전략개요)

창업자 경영철학— '누구나 골프를 즐길 수 있게 한다' 에서 '새로운 즐거움' 으로

(실제 내용)

2000년 경 한국의 골프는 부유층만 즐기는 귀족 스포츠라는 인식이 강했다. 그러나 바쁘지만 비싸지 않다면 치고 싶어하는, 한마디로 골프를 현실적으로는 칠 수가 없으나 치고 싶어 하는 잠재고객에게 스크린 골프를 제공하여 이 갈증을 해소하고자 했다. 전 삼성 임원답게 철저한 목표를 세우고 소프트웨어를 개발하여 이 시장의 강자로 등극한 후 2010년 매출 2,000억원 규모로 코스닥 신규상장에 성공했다. 2013년 3,000억원 매출에 20% 이상의 영업이익률을 예상하고 있다.

회사가 지향하는 경쟁력

- 재미가 있는 골프존 시뮬레이터
- 탁월한 현장감과 체감성
- 네트워크를 이용한 실시간 이벤트 개최
- 기존 고객을 대상으로 한 부대사업: 골프용품 매장
- 신속한 A/S

미래전략

- 고객에 대한 이해를 바탕으로 고객의 브랜드 로열티를 제고한다.
- 골프와 정보기술(IT), 문화를 결합해 시너지를 창출한다.
  이를 위해 하드웨어에서 네트워크로 전환하고 골프게임 같은 콘텐츠 개발 등을 추구한다.
- 국내뿐 아니라 세계 시장에서 스크린 골프의 1등 브랜드로 성장한다.

위협과 대응

- 이 분야의 소프트웨어는 난이도가 높은 기술이 아니어서 진입장벽이 매우 낮다.
- 현재의 높은 이익률을 유지하기 위해서는 지속적인 혁신이 요구된다.
- 퇴폐문화와의 접목이 우려되는 점이 있다.

(타당성 분석)

- 국민소득에 비해 유난히 비싼 골프시장에서 시간에 쫓기는 직장인들이 2시간 정도에 저비용으로 실감나는 골프를 즐길 수 있는 서비스를 제공했다는 점이 획기적이다. 틈새시장을 창출하여 독점적 경쟁력을 가진 경우이다.
- 자체 유통망을 조기에 확보함으로써 틈새시장에서 선점효과를 누렸으나 스크린 골프가 유행과 같은 놀이로 그칠 경우 유통 인프라 투자는 수익성이 낮은 자산으로 전락할 수 있다. 유행이 아닌 장기적인 서비스가 되려면 스크린 골프가 건전한 문화로 뿌리박혀야 되며 이를 위해 건전하면서도 참신한 스포츠로 계속 발전시킬 수 있는 활동을 전개해야 한다.
- 현재의 높은 영업이익률은 미래성장 여력을 축적하고 있음을 말한다. 한편 IT에 영원한 승자가 없듯이 스크린 골프도 IT요소가 많은 만큼 미래수익성 보장이 안 된다. 재무적인 기반을 또 다른 성장으로 연결시킬 신사업 추진이 요구된다.

사례의 공통점

우리는 위 사례에서 공통점을 찾는다면, 1) **창의적 발상**, 2) **시장차별화**, 3) **위험의 선택**, 최종적으로 4) **핵심역량의 집중**을 들 수 있다.

위 사례 중에 일반 사업가들이 접하게 될 기회가 많은 사업기회는 골프존과 같이 잠재적인 수요, 비어 있는 수요를 찾아 사업화하는 일일 것이다. 사례 4에서 뿐만 아니라 혁신적인 발상, 창의적인 발상은 사업추진자가 가져야 할 첫 번째 소양이다. **창의**라는 것은 이 세상에 아예 없던 것을 찾는 것보다는 대부분 기존에 있는 것들에서 새로운 것을 찾는 경우가 많다. 사업에서의 창의도 마찬가지다. **불완전한 시장**(incomplete market)이란 모든 수요를 공급하지 못하는 시장을 말한다. 잠재수요와 기술혁신이 있었으나 누군가 상업화를 하고 있지 않는 시장이 이런 시장이다. 현실의 시장은 불완전하다. 즉, 시인이 주변의 소재에서 시상을 떠올리듯, 사업가란 기존의 시장을 집중하여 살펴보고 비어 있는 분야를 찾는 창의적인 발상에서 사업기회를 찾는다. 어느 식당에 가도 그냥 식사만 즐기는 것이 아니라 불편한 점이 무엇인지, 무엇을 개선하면 사업성이 있는지 등을 파악하는 것도 창의 작업의 시작이다. 또는 스마트폰과 같은 혁신적인 제품이 나왔을 때 신기술을 이용한 보편적인 서비스 개발이 가능한지 살펴보는 일이다. **시장차별화**는 금시 표준화가 안 되는 독점적인 경쟁시장을 창출할 수 있는가이다. 이미 존재하는 시장일 경우는 그 시장에서의 차별화가 가능한가를 판단하는 것이다. 이럴 경우 시장의 규모가 중요하다. 클수록 성장할 가능성이 있기 때문이다. 다음으로 재무분석을 통해 수익성과 **위험**을 파악한다. 보다 중요한 것은 위험요소이다. 사업이 초기에 성공하면 돈이 계속 들어가야 한다. 그런 자금공급이 가능한지 면밀한 분석이 필요하다. 파악된 위험이 수용 가능한 수준인지 확인 후 추진 여부를 최종적으로 결정한다. 일단 사업이 추진되면 자신이 가지고 있는 핵심역량을 이 사업에 집중화해야 한다. 위의 사례 2, 3, 4는 이런 면에서 모두 모범적인 성과를 거두었다. 그러나 앞서의 평가에서 보았듯이 지금까지의 성과가 남보다 좀 유리한 정도이지 미래를 보장받은 것은 아니다.

6.3 신규사업의 가치평가

다음으로는 사업 아이디어가 구체화되었을 때 이를 추진하기 위한 실무적인 내용들을 설명한다.

우선 사업을 구체화하는 작업의 하나로 작성하는 사업계획서의 내용을 정리한다. 사업계획서는 목적에 따라 달라질 수 있겠지만 대략 다음과 같은 내용이 포함된다. 7, 8항에 수록되는 것으로 설명된 추정재무제표와 *NPV*분석은 일반적으로 약식으로 요약되어 사업계획서 후반부에 첨부되나, 초기사업자에게는 매출 추정 자체가 어려운 경우가 많아 삭제된다. 다만, 외부로부터의 지분형태의 자금유치가 필요할 경우 요약이 아닌 보다 정교한 추정재무제표와 재무가치 평가가 요구된다.

사업계획서 작성

사업계획서는 사업의 내용을 간략하게 설명한 계획서이다. 짧고 명료하고 가능하면 계량적일수록 좋다.

1. 개요

제품설명: 당신이 팔려고 하는 것은 무엇인가?
고객설명: 누가 당신의 제품을 산다는 것인가?
지속성: 당신 제품이 고객에게 어떤 도움이나 기쁨을 주는가?

2. 매출

가격
시장규모와 점유율
부대사업의 가능성과 수익

3. 마케팅

광고: 당신의 제품을 어떻게 알릴 것인가?
영업: 고객들이 서로 사도록 어떻게 유도할 것인가?
유통채널: 어떤 경로로 팔 것인가? 자금의 회수조건은?

4. 재무목표

고객의 수: ×××,×××,×××(천)명
연간 매출 목표: ×××,×××,×××(천)원
연간 영업이익: ×,×××,×××(천)원

5. 위험요소

위험요소 1

이에 대한 대안

위험요소 2

이에 대한 대안

6. 조직

책임자—약력 및 역할

팀원 1, 2, 3, ……

7. 추정재무제표(요약)

8. 재무가치 평가—NPV

위와 같은 내용 중 2, 4, 5, 8항의 계량부분을 채우기 위해 다음 사항에 대한 이해가 필요하다.

사업의 수명

사업의 수명은 사업의 유형을 결정하는 첫 번째 계량적 지표이다. 사업의 수명은 대략 5년을 기준으로 생각한다. 이에 맞춰 설비를 구입하고 감가상각으로 매년 경비 처리한다. 5년보다 짧으면 단기사업, 길면 장기사업으로 본다. 길수록 금리, 즉 할인율의 영향이 커지므로 현가의 개념이 들어간 재무가치를 중시해야 한다.

현금흐름의 파악

사업수명과 연도별 매출, 비용 등이 결정되면 사업기간 중의 **손익계산서**와 **재무상태표**(또는 대차대조표)를 작성한다. 미래기간 동안의 재무제표이기 때문에 **추정재무제표**(pro-forma financial statements)라 부른다. 재무제표는 다음 장에서 다루겠지만 손익계산서는 매출에서 이익까지를, 재무상태표는 조달된 자금이 어디에 사용되었는가를 보여준다.

사업이 벌어들이는 돈은 (당기순)이익이 아니라 **현금흐름**이다. 이를 **영업현금흐름**(operating cash flow)이라 한다. 당기순이익은 매출-매출원가-영업비-(순)영업외 비용-법인세로 계산된다. 현금흐름은 실제 들어온 현금을 의미하므로 당기순이익으로부터 현금흐름을 추정할 때는 1) 매출 중에 부실화된 매출채권은 털어내야 하고, 2) 매출원가나 영업비에 포함되어 있는 감가상각비는 현금이 지불되지 않는 비용이므로 다시 더해 주어야 하며, 3) 영업외 비용에 포함되어 있는 이자비용은 영업과 관련 없는 비용이므로, 이자비용으로 인한 법인세 감면효과를 제한 나머지, 즉 '이자비용×(1-법인세율)'[9]만큼 더해 주어야 한다. 따라서, 영업현금흐름 = 당기순이익 + 감가상각비 + 이자비용×(1-법인세율)이 된다. 참고로 '영업현금흐름 = EBIT×(1-법인세율) + 감가상각비'로 정의하며 여기서 EBIT(earning before interest and tax)는 이자 및 세전 이익이며, 이는 세전이익(EBT; earning before tax)에 이자비용을 더한 값이다.

할인율

할인율이란 위에서 구한 연도별 현금흐름을 **현재가치**(present value)로 전환하는 금리이다. 기업의 자본비용을 사용하나 기업 전체보다 위험할 경우 위험도에 따라 2～5%를 가산하여 사용한다. **자본비용**은 기업이 현재 주식과 채권의 형태로 자금을 조달하고자 할 때 자본시장에 지불해야 할 비용이다. 따라서 기업의 안정성에 의해 영향을 받는다. 위험할수록 높은 비용을 지불해야 한다. 특히 주식과 같은 자기자본의 비용 추정이 어려워 CAPM과 같은 재무모형에 의거하여 추정한다.

초기투자자금의 파악

초기투자자금(initial investments)은 사업 시작 전에 들어가는 비용이다. 크게 땅, 건축물, 설비 등에 들어가는 **자본투자**(CAPEX; capital expenditure)와

---

9. '이자비용×(1-법인세율)'은 세후이자비용으로 회사가 실제 지불한 이자비용이다.

새롭게 마련한 **순운전자본**(NWC; net working capital)으로 구성된다. 순운전자본은 수입이 발생하기 전에 CAPEX 외에 미리 지불해야 할 제 비용(임금, 원자재, 전기료 등)에 대비한 자금이다. 자본투자들은 시간이 지나감에 따라 누적감가상각만큼 그 가치가 줄어드나, 순운전자본은 사용한 부분을 수입으로 다 회수해 나가므로 순운전자본 자체가 증가 · 감소하지 않는 한 사업종료 시 모두 회수된다. 순운전자본은 유동자산에서 유동부채를 뺀 값이다. 참고로 사업 전 시장조사 비용으로 지불되었으나 회수되지 않는 비용은 **매몰비용**(sunk cost)으로 초기투자비용에 반영하지 않는다.

사업의 순현재가치(NPV)

사업의 순현재가치, *NPV*(net present value)는 사업으로부터 벌어들이는 미래 현금흐름의 현가에서 초기투자비용을 뺀 값이다. 이 값은 사업의 경제적 가치로 제5장에서 설명한 기회비용을 넘어선 경제적 이윤이 된다. 기업의 가치는 기업이 보유 · 운영하는 모든 사업으로부터의 *NPV*를 더한 값이다. 따라서 (+)*NPV* 프로젝트는 기업가치를 올리는 중요자산이다. (+)*NPV* 프로젝트는 완전경쟁시장에서는 창출하기 어려우나 독점, 과점시장, 독점적 경쟁시장에서는 가능하다. 기업들이 **경쟁우위**(competitive edge)를 가지고 있다는 것은 재무적으로 해석하면 (+)*NPV*를 많이 가지고 있다는 것을 의미한다.

순현가를 수식으로 표현하면 다음과 같다.

$$NPV = \sum_{t=1}^{T} \frac{C_t}{(1+r_t)^t} - I_0$$

여기서, T: 사업 수명
C_t: 매기 현금흐름
r_t: t년에 적용될 할인율
I_0: 초기 투자비용

순현가는 사업의 추진여부를 결정하는 투자원칙의 기준이다. 즉, '*NPV*가 0보다 큰 사업은 추진하라. 만일 0보다 작을 경우 포기하라' 이다. 이를 '***NPV* 원칙**(NPV rule)' 이라 한다. 기업의 경영목표는 가치극대화에 있고, 따라서 *NPV* 원칙은 **기업의 경영목표와 일관성**을 가진다.

연습 1 빌딩 신축사업과 NPV

S개발은 세종시에 다용도 목적의 빌딩건설을 추진하고자 한다. 이 빌딩은 대지 1,000평에 연건평 1만평의 고층건물로, 5상영관을 갖춘 영화관, 요식업소 10개, 커피숍, 게임 룸, 볼링장, 옷가게 등을 유치할 계획이다. 그는 완공 즉시 건물 전체를 분할 매각할 예정이다. 대지구입에 약 100억원, 건물 건축비로 당장 200억원이 지출되어야 하며, 그 후 공사비로 1년, 2년 말 시점에 각각 200억원의 현금유출이 예상된다. 현금유입으로는 1년 후 분양계약금으로 100억원이, 완공 시점인 2년 후 분양 잔금으로 700억원의 수입이 예상된다. 이 사업은 문화시설이 부족한 상황을 고려할 때 큰 호응을 일으킬 것으로 기대된다. 위험수준을 고려할 때 조달 금리로 7%가 적용될 것으로 예상된다. 이 빌딩 사업을 추진해야 할 것인지 분석해 보자.

이 사업 추진과 관련한 현금흐름을 그림으로 그려보면 아래와 같다.

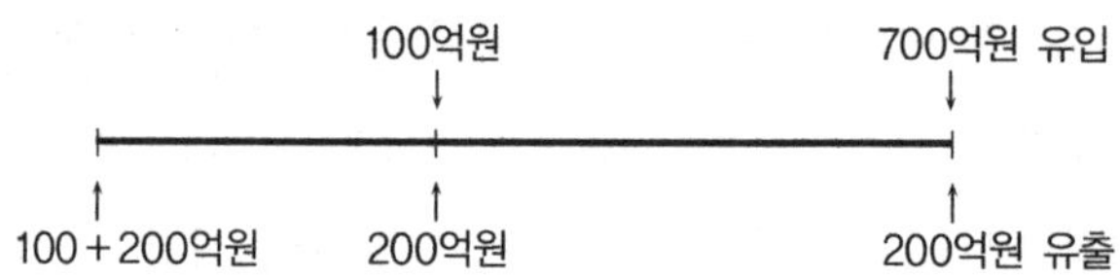

이 사업을 *NPV*산식 함수에 적용하면, 초기투자 300억원, 1년 말, 2년 말 현금흐름은 각각 −100억원, +500억원, 할인율은 7%이다. 이를 산식에 적용하면,

$$NPV = \Sigma \frac{C_t}{(1+r)^t} = -300 - \frac{200-100}{1.07} + \frac{700-200}{1.07^2} = 43.3\text{억원}$$

*NPV*가 43.3억원인 +*NPV* 사업이므로 이 사업은 추진해 볼 만한 사업이라 할 수 있겠다.

참고로 엑셀과 같은 스프레드시트를 이용하여 *NPV*를 계산할 경우 매우 손쉽다. 위 예를 계산할 경우, 예로 셀 C1에서 C3까지 −300, −100, 500을 넣고, 셀 D1에 할인율 7%를 넣은 후, 아무 셀에다 =NPV(D1, C2:C3) + C1

과 같이 함수를 넣으면 계산된다. 주의할 점은 스프레드시트의 함수 *NPV*는 우리가 배운 *NPV*가 아닌 *PV*(현가)에 불과하다.

〈연습 1〉에서는 현금흐름이 주어졌고 산식에 값을 넣으면 사업성이 평가되는 간단한 예였다. 다음은 현금흐름을 파악해야 하는 예를 가지고 사업성을 평가하자.

연습 2 골프연습장 개설사업과 현금흐름 추정

- 홍익 스포츠센터는 신도시에 골프연습장을 신설하는 사업을 고려하고 있다.
- 지역은 세종시 입주민을 위한 골프연습장이다.
- 인근의 사용 안 하는 벌판 8,000평을 임대해 약간의 땅 고르기 공사와 망 시설로 골프연습장 건설이 가능하다.
- 골프장 운영방식은 골프공을 공급하는 기계에서 고객이 직접 바스켓에 골프공 50개를 담아와 스윙 연습을 하는 방식이다.
- 바스켓 하나의 값은 5천원이며, 매년 100만 개가 팔릴 것으로 예상된다.
- 바스켓당 변동비용은 3,000원이며, 고정비는 연간 5억원이다.
- 골프장은 임대가 끝나는 3년 후까지 운용될 것이며, 3년 말 문을 닫을 때 골프장의 잔존가치는 없다.
- 카운터로 쓸 긴대이너 하우스와 골프공 공급기계, 잔디 깎는 기계, 볼 줍는 기계, 볼 닦는 기계 구입 등에 들어가는 조기투사비용은 24억원이며, 이 금액은 3년간 정액법으로 감가상각한다.
- 순운전자본 8억원은 초기에 마련되어야 하며 그 후 증가하지 않는다.
- 이 사업에 적용될 할인율은 10%이며, 법인세율은 20%이다.

풀이

단계 1: 추정재무제표의 작성과 현금흐름의 추정

위의 자료를 바탕으로 추정손익계산서와 추정재무상태표를 작성해 보자.

추정손익계산서

단위: 억원

매출	50
가변비용	30
	20
고정비용	5
감가상각비	8
이자와 세금 전 이익(EBIT)	7
법인세(20%)	1.4
당기순이익	5.6

추정재무상태표의 자산부분

단위: 억원

	0	1	2	3
순운전자본	8	8	8	8
순고정자산	24	16	8	0
합계	32	24	16	8

위의 추정손익계산서와 추정대차대조표를 이용하여 이 투자안의 현금흐름을 추정하면, EBIT × (1−법인세율) + 감가상각비 = 13.6억원이다. 이를 **영업현금흐름**(OCF; operating cash flows)이라 부른다.

2단계: 연도별 현금흐름의 추정과 NPV 산정

초기투자와 현금흐름을 모두 한 표에 수록하면 다음과 같다.

골프연습장 투자안의 현금흐름

단위: 억원

	0	1	2	3
영업현금흐름		13.6	13.6	13.6
순운전자본 변화액	−8	0	0	8
고정자산 투자액	−24	0	0	0
투자안의 현금흐름	−32	13.6	13.6	21.6

위에서 볼 수 있듯이 골프연습장 투자안의 현금흐름은 사업연도 시작부터 3년까지 차례로 −32억원, 13.6억원, 13.6억원 그리고 23.6억원이다. 이제 이 현금흐름을 순현가법의 산식에 대입하면, 다음과 같이 순현가(NPV)가 계산된다.

$$\text{순현가}(NPV) = -32 + \frac{13.6}{1.1^1} + \frac{13.6}{1.1^2} + \frac{21.6}{1.1^3} = 7.832\text{억원}$$

이 투자안은 상당한 가치(7.832억원)를 창출하는 사업이므로 추진해야 할 것이다.

6.4 자본비용의 추정

사업안이나 기업가치를 평가할 때 논란이 많이 되는 부분이 자본비용이다. 자본비용은 기업이 자금을 조달할 때 지불해야 할 비용이다. 그러나 자금의 원천이 유보이익, 은행차입, 채권발행, 증자로 이뤄지는데 차입이나 채권발행은 금리가 있어 추정상 어려움이 없는데 유보이익과 증자부분의 비용을 어떻게 추정하느냐가 논란이 된다. 참고로 은행차입, 채권발행은 부채(타인자본)라 이를 조달할 때 지불하는 비용을 **부채비용**(cost of debt)이라 하고 유보이익과 증자는 주주의 몫(자기자본)이라 **자기자본비용**(cost of equity)이라 한다.

부채비용 K_D

부채는 크게 은행으로부터의 대출과 채권이 있다. 대출의 비용은 지금 현재 은행으로 추가적인 대출을 받고자 할 때 지불해야 할 금리를 의미한다. 채권의 비용은 현재 채권을 발행한다면 그 채권을 시장에서 매입할 투자자가 요구하는 수익률을 의미한다. 이때의 채권에 대한 요구수익률은 채권을 만기까지 보유했을 때 얻을 수 있는 **만기수익률**(YTM; yield to maturity)을 의미한다. 다양한 종류의 부채들에 대한 서로 상이한 부채비용이 존재할 때 물량으로 가중평균하여 평균부채비용을 구한다.

	부채의 종류	부채비용
대출	5억원	8%
채권	15억원	12%*

* YTM은 채권값 $= \frac{C_1}{(1+r)} + \frac{C_2}{(1+r)^2} + \frac{C_3}{(1+r)^3} + \cdots\cdots + \frac{C_n}{(1+r)^n}$을 만족하는 r임. 여기서 C_n은 n년째의 쿠폰(coupon)을 의미하고, 이는 채권이 약정한 연도별 이자지급액이다.

위 예는 만기가 2년인 채권이고 매년 15%의 이자를 지급하고 2년 후 이자와 원금을 지급하는데, 현재 액면가의 105%에 팔리고 있는 경우이다. 식으로 나타내면, $105 = \frac{15}{1.12} + \frac{115}{1.12^2}$와 같고, 이는 매년의 현금흐름 15, 115를 12%로 할인하여 더한 값이 시장가격과 같음을 만족한다.

따라서 평균 부채비용 $= \frac{5}{20} \times 8\% + \frac{15}{20} \times 12\% = 11\%$가 된다.

자기자본비용 K_E

자기자본은 이익유보나 증자를 통해 조달된다. 자기자본의 조달비용은 현재 주주들이 기대하는 수익률과 같다. 주식의 기대수익률을 추정하는 모형으로는 아래와 같은 CAPM(자본자산평가모형, capital asset pricing model)이 주로 사용된다.

$$K_E = R_F + [E(R_M) - R_F] \times \beta$$

여기서 K_E: 자기자본비용
$E(R_M)$: 시장지수(예: KOSPI)의 예상수익률
R_F: 무위험자산(단기국채) 수익률
β: 베타값이라 하며 개별 기업의 위험을 나타냄(평균 = 1)

위 모형이 말하고자 하는 내용은 개별 종목의 주식에 대한 기대수익률(자기자본비용)은 단기국채와 같은 위험이 없는 자산의 수익률(2013년 한국의 경우

2.5% 내외)에 위험프리미엄을 더한 값인데, **위험프리미엄**은 시장위험프리미엄 $(E(R_M) - R_F)$에 베타값을 곱한 것이라는 뜻이다. 베타함수는 기간별로 변하나 포스코 1.0, 삼성전자 1.2 수준이다. 위 모형이 도출되는 과정에 대해서는 재무관리 수강을 통해 배우길 바란다.

가중평균자본비용 Ko

부채비용 K_D와 자기자본비용 K_E를 추정한 후 부채와 자기자본의 총자산 대비 비율을 각각의 비용에 대해 곱하여 더하면 기업 전체의 자본비용이 된다. 다만, 부채의 경우 이자에 대한 **세금감면 효과**가 있으므로 이를 반영하기 위해 부채비용에 (1 − 법인세율)을 곱해 세후 부채비용을 적용한다. 이를 산식으로 적으면 다음과 같다.

$$K_O = \frac{(1-t_c)K_D \cdot D + K_E \cdot E}{D+E}$$

여기서 K_O: 가중평균자본비용

t_c: 법인세율(corporate tax rate)

K_D: 채권자가 기대하는 부채의 기회비용

D: 부채의 가치(시장가치)

K_E: 주주가 기대하는 자기자본의 기회비용

E: 자기자본의 가치(시장가치)

위와 같이 계산된 기업 전체의 자본비용 K_O(%)를 **가중평균자본비용**(WACC ; weighted average cost of capital)이라 하며, 이는 기업 전체의 위험을 반영한 자본비용이다. 따라서 신규사업의 평가 시 현금흐름을 할인하는 할인율로 사용된다.

연습 3 가중평균자본비용의 추정

(주)참조은은 다음과 같은 조건으로 채권과 보통주를 발행하여 자본을 조달했다. 법인세율은 24.2%이다. (주)참조은의 가중평균자본비용을 계산하시오.

부채	자기자본
만기: 2년, 액면가: 1,000만원	무위험자산수익률 3%
표면금리: 10%, 현재가격: 1,035.7만원	시장위험프리미엄 8%, β: 1.2
시장가치: 10억원	시장가치: 40억원

부채비용을 계산하기 위해 우선 채권의 *YTM*을 계산하면 다음과 같다.

$$1{,}035.7\text{만원} = \frac{100\text{만원}}{1+YTM} + \frac{100\text{만원} + 1{,}000\text{만원}}{(1+YTM)^2}$$

$$\therefore\ YTM = K_D = 8\%$$

따라서 부채의 세후자본비용은 다음과 같다.

$$\therefore\ \text{세후자본비용} = (1-t)K_D = (1-0.242)\times 8\% = 6.064\%$$

다음으로 보통주의 자본비용을 CAPM을 이용하여 계산하면 다음과 같다.

$$K_E = R_F + [E(R_M) - R_F]\times \beta_i$$
$$= 3\% + 8\% \times 1.2 = 12.6\%$$

이제 위에서 구한 부채와 자기자본의 자본비용을 이용하여 가중평균자본비용을 계산하면 다음과 같다.

$$WACC = \frac{D}{D+E}(1-t)K_D + \frac{E}{D+E}K_E$$
$$= \frac{10}{10+40}(1-0.242)\times 8\% + \frac{40}{10+40}\times 12.6\%$$
$$= 11.3\%$$

따라서 (주)참조은의 가중평균자본비용은 11.3%이다. 이 가중평균자본비용은 (주)참조은이 자본의 제공자들에게 자본의 사용대가로 지급해야 하는 평균비용이다. 따라서 기업은 가중평균자본비용을 상회하는 수익률을 제공하는 투자안 또는 순현가가 (+)인 투자안만을 선택해야 할 것이다. 선택될 투자안이 넘어서야 할 최소수익률이라는 의미에서 가중평균자본비용을 **투자안의 장벽률**(huddle rate)이라고도 부른다.

6.5 결론

제6장에서는 사업기회의 발견과 투자안의 재무적 평가에 대해 알아보았다. 앞서의 소비자이론, 생산이론과 시장이론이 이와 관련하여 많은 시사점을 제공해 주었다. 그러나 경영학도는 이론이 아니라 실천이 중요하다. 대학에 몸담고 있는 동안이라도 본 장에서 다룬 이론을 이용하여 여러분 근처에 어떤 사업기회가 펼쳐져 있는지 살펴볼 필요가 있다. 실전이 아니더라도 상상을 많이 하다보면 나중의 실전에서 실수를 줄일 수 있다. 훌륭한 비행사도 시뮬레이터 안에서 대부분의 훈련을 마친다. 손님의 생명을 담보로 신고 연습할 수는 없지 않은가? 훌륭한 사업가는 천재가 아니다. 또한 많은 경우 좋은 환경에서 자라난 사람도 아니다. 어렵고 못 배웠어도 성실하고 기회가 왔을 때 그 기회를 꽉 붙잡을 수 있는 준비된 사람들이다. 한 번의 인생을 남의 뜻에 좌지우지되어 살 수는 없지 않는가? 자신의 뜻에 따라 여러분의 인생을 개척하기 위해서는 항상 깨어 있어야 한다.

부록 Apple's Commitment to Customer Privacy

June 16, 2013

Two weeks ago, when technology companies were accused of indiscriminately sharing customer data with government agencies, Apple issued a clear response: We first heard of the government's

"Prism" program when news organizations asked us about it on June 6. We do not provide any government agency with direct access to our servers, and any government agency requesting customer content must get a court order.

Like several other companies, we have asked the U.S. government for permission to report how many requests we receive related to national security and how we handle them. We have been authorized to share some of that data, and we are providing it here in the interest of transparency.

From December 1, 2012 to May 31, 2013, Apple received between 4,000 and 5,000 requests from U.S. law enforcement for customer data. Between 9,000 and 10,000 accounts or devices were specified in those requests, which came from federal, state and local authorities and included both criminal investigations and national security matters. The most common form of request comes from police investigating robberies and other crimes, searching for missing children, trying to locate a patient with Alzheimer' s disease, or hoping to prevent a suicide.

Regardless of the circumstances, our Legal team conducts an evaluation of each request and, only if appropriate, we retrieve and deliver the narrowest possible set of information to the authorities. In fact, from time to time when we see inconsistencies or inaccuracies in a request, we will refuse to fulfill it.

Apple has always placed a priority on protecting our customers' personal data, and we don' t collect or maintain a mountain of personal details about our customers in the first place. There are certain categories of information which we do not provide to law enforcement or any other group because we choose not to retain it.

For example, conversations which take place over iMessage and FaceTime are protected by end-to-end encryption so no one but the sender and receiver can see or read them. Apple cannot decrypt that data. Similarly, we do not store data related to customers' location, Map searches or Siri requests in any identifiable form.

We will continue to work hard to strike the right balance between fulfilling our legal responsibilities and protecting our customers' privacy as they expect and deserve.

연습문제

01. 사업기회의 발굴 및 유형과 관련하여,

1) 고객가치와 사업기회는 어떻게 연결되는가?
2) 사업추진의 3단계는 무엇인가?
3) 사업기회의 5가지 유형에는 어떤 것들이 있는가? 유형별로 해당 시장, 가져야 할 경쟁우위, 그리고 이 외에 가져야 할 특성들을 아는 데로 설명하시오.

02. 사업계획서 작성과 관련하여,

1) 사업계획서는 왜 작성하는가?
2) 사업계획서에 반드시 들어가야 할 내용을 열거하시오.

03. 사업의 수명과 관련하여,

1) 사업의 수명을 판단하는 기준은 무엇인가?
2) 수명이 늘어날수록 회계적 가치와 재무적 가치의 격차는 벌어지는가?

04. 초기 투자자금과 관련하여,

1) 초기 투자자금은 무엇으로 구성되는가?
2) 순운전자본(*NWC*)이란 무엇인가? 어떻게 추정하는가?
3) 투자결정 전 미리 지불한 전문가 자문료는 이에 포함하는가?

05. 사업가치의 평가와 관련하여,

1) 회계적인 이익의 합과 *NPV*법의 차이는 무엇인가?
2) *NPV*가 기업가치에 의미하는 바는 무엇인가?
3) 기업들은 실제로 투자결정 시 *NPV*법을 사용하는가?

06. 매출, 비용, 현금흐름의 파악과 관련하여,

1) 매출은 어떻게 구성되는가?
2) 매출 추정은 어떻게 하는가?
3) 매출성장률의 기준은 무엇인가?
4) 비용은 어떻게 구성되는가?
5) 연도별 비용추정에 있어 물가상승률을 반영하는가?
6) 감가상각비는 어떤 종류의 비용인가? 현금유출을 발생하는 비용인가?
7) 현금흐름이 무엇으로 구성되는지 산식으로 기술하시오.

07. 사업의 위험과 관련하여,

1) 위험의 원천은 무엇인가?
2) 위험은 계량적으로 어떻게 파악하는가?
3) 분산을 어떻게 추정하는가?

08. 할인율의 추정과 관련하여,

1) 할인율이란 무슨 뜻인가?

2) 자본비용이란 무엇이고, 어떻게 추정하는가?

3) 자본비용을 할인율로 사용하는 이유는 무엇인가?

09. 신사업 추진여부의 판단과 관련하여,

1) 어떤 상황에서 신사업을 추진하는가?

2) *NPV*에 의한 추진여부 결정 시 어떤 점을 추가로 파악하는가?

3) 계량적인 평가가 어려운 사업은 어떤 것이 있는가?

4) 회사가 추진하는 혁신활동은 어떤 판단기준으로 하는가?

10. 본문 (연습 1)에서 모든 것은 같고 2년 후 수입이 600억원이고 할인율은 5.5%으로 변경하였다면 이 사업을 추진해야 하는가?

11. 본문 (연습 2)에서 모든 것은 같으나 1) 매년 80만 개가 팔릴 것으로 예상되어, 2) 초기 투자비용을 18억원으로 줄인다 할 때 이 사업을 추진해야 하는가? 본문과 같은 순서로 문제를 풀어보시오.

12. 회사 A의 채권은 만기가 3년이고 매년 8%의 이자를 지급하고 3년 후 이자와 원금을 지급하는데, 현재 액면가의 115%에 팔리고 있다. 이 채권의 만기수익률(*YTM*)을 구하시오.

13. 회사 A의 베타값은 1.3이다. 자본자산평가모형을 사용하여 이 기업의 자기자본비용 K_E를 구하시오. 단, KOSPI의 예상수익률과 단기국채 수익률은 각각 15%, 3%이다.

14. 문항 12, 13의 답을 이용하여 회사 A의 가중평균자본비용을 구하시오. 이 회사의 대출에 대한 차입금리는 문항 12에서 계산된 만기수익률과 같으며, 부채비율은 50%이다. 단 법인세율은 22%이다.

chapter 07

학습목표

독자들은 이 장의 학습을 통해 다음의 주제에 담긴 내용을 알아야 한다.

1. 자금의 흐름
2. 자본시장의 원리—위험과 수익률의 관계
3. 손익계산서 읽기
4. 재무상태표 읽기
5. 재무건전성의 평가—4가지 지표
6. 금융기관으로부터의 차입과 금리결정
7. 채권의 평가와 채권시장
8. 기업가치와 주식의 평가
9. 신규공모시장과 증자시장
10. 재무구조와 재무구조이론
11. 재무위험과 재무위험 관리

자본의 조달과 자본시장

들어가기

경영자에게 각 부서에서 필요한 자금을 제때에 조달(financing)하는 일은 매우 중요하다. 자칫 자금이 없어 직원에게 줘야 할 임금이 지연이라도 되는 날이면 그야말로 난리가 난다. 또한 각 부서에서 쓸 일반 경비뿐 아니라 자재공급비가 지급되지 않는다면 회사운영 자체가 불가능해진다. 그러나 무엇보다도 채무에 대한 이자지급이 안 되면 회사는 부도 처리된다. 창업하려는 사업가에게도 **자금조달**(funding)은 사업을 본격적으로 시작하느냐 마느냐를 결정하는 중요 사건이나. 사업가는 일반적으로 사업기회를 포착하거나 어떤 기술을 개발해 사업화하는 경우가 많은데 돈까지 풍족한 경우는 드물다. 따라서 자금을 보유한 개인 투자자나 엔젤 또는 창업투자사로부터 자금유치가 성공되어야만 본격적인 사업 착수가 가능한 것이다. 이같이 자금조달은 운영 중인 기업 경영자, 창업자 모두에게 중요한 경영활동이다. 도대체 어디서, 어떤 방식으로, 어떤 원리에 의해 자금이 공급되는지 알아보자.

7.1 자본시장의 원리와 자금원천

자본시장에서의 금융거래

돈을 거래하는 자본시장도 제화시장과 마찬가지로 수요와 공급의 원칙에 따라 움직인다. 돈의 거래(또는 금융거래)는 돈에 여유 있는 자가 필요한 자에게 자금을 공급하는 대신 특정 시간 후에 반대급부(이자 등)를 받는 거래이다. 여유 있는 자란 제1장 〈그림 1-1〉에서 설명했듯이 주로 개인들이다. 소득이 생활비보다 많은 여유 있는 계층들이 자본시장에 예금, 주식투자 등의 형태로 자금을 공급하고, 빚으로 재정을 충당하는 정부나 생산활동을 하는 기업, 소득이 생활비보다 적은 개인들이 자금의 수요자들이다.

소비의 관점에서 보면, 돈의 거래는 지금의 소비와 미래의 소비를 교환하는 거래이다. 예로 은행에 1억원을 1년 정기예금으로 저축한다는 것은 지금 1

억원만큼 소비할 수 있는 기회를 은행에 주고(자금의 공급) 1년 후 소비할 수 있는 돈(원금과 이자)을 반대급부로 받는 거래이다. 은행은 그 돈을 기업이나 개인들에게 대출(loan)로 빌려주어 현재 소비할 수 있는 기회를 대출수여자에 주는 대신 대출받은 그들은 특정 기간 동안 사용하고 약정한 미래 시점에 원금과 이자를 은행에 되갚는다. 이 돈은 그다음 해 대출자금으로 은행이 활용하게 된다.

이런 거래에서 돈의 가격은 **이자율**이다. 1억원을 빌리고 600만원을 이자로 지불해야 한다면 이자율(금리) 6%가 대출가격(loan price)이 된다. *X*축을 돈의 양, *Y*축을 금리로 지정할 때, 다른 조건(위험수준)이 일정하다면 이자율이 내려가면 돈을 필요로 하는 사람이 늘고, 이자율이 오르면 돈을 더 공급하려는 인센티브가 더 늘 것이다. 금리가 내리면 부동산 대출이 늘고 금리가 올라가면 은행저금이 늘어나는 현상이 이런 수요·공급현상을 반영한다.

자본시장 거래의 기본원리

자본시장에서 투자자들은 '**위험이 클수록 높은 수익률을 요구한다**'. 투자자들은 위험에 상응하는 수익률을 기대하면서 〈그림 7-1〉의 자본시장에서 자금공급자로서 행동한다. 위험 대비 더 높은 수익률을 준다 하면 자금공급이 늘 것이다. 제6장에서 배운 CAPM은 위험과 수익률 간의 시장균형가격을 설명하는 모델이다. 이 모델은 금융자산에 대한 기대수익률이 단기국채(3개월

그림 7-1 자금의 수요, 공급곡선과 균형가격(금리)

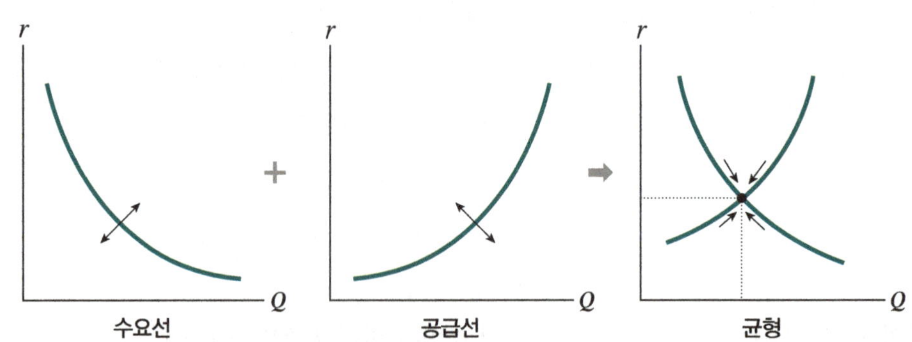

(주) 여기서 r은 금리. 시장금리는 경매시장에서의 가격결정 메커니즘에 의해 결정된다.

물)와 같은 무위험자산(riskfree asset)에 위험프리미엄을 더한 값이라는 것이다. 즉, 위험이 높을수록 위험프리미엄이 커지며 높은 수익률을 기대하게 된다는 것이고 이 기대는 모든 수요·공급자가 같이 하기 때문에 균형가격이 된다는 것이다. 실제 전 세계의 자본시장에서 공급자나 수요자가 공통으로 사용하는 기본 모델은 CAPM모델이다.

자본시장의 종류

자본시장은 하나의 시장이 아니다. 자본시장의 자금의 교환원리인 '위험이 높을수록 높은 수익률을 요구한다'가 잘 작동되기 위해 위험별로 전문화된 다양한 시장이 존재한다. 〈그림 7-1〉과 같은 수요와 공급이 세분화된 시장별로 분리되어 존재한다고 판단하면 된다. 위험이 낮은 시장부터 오름차순으로 열거하면 〈표 7-1〉과 같다.

〈표 7-1〉에서 보듯이 자금조달의 원천으로 크게 차입·채권시장과 주식시장으로 나눌 수 있다. 전자는 **부채시장**(debt market)이고 후자는 **지분시장**(equity market)이다. 부채시장은 다시 **채권시장**(bond market)과 **대출시장**(loan market)으로 나누며, 채권시장은 발행기관의 형태에 따라 **국채**(government bond)**시장**, **회사채**(corporate bond)**시장**으로 나눈다. **주식시장**은 **보통주**

표 7-1 자금조달 원천으로 활용되는 자본시장의 종류(위험의 오름차순)

	수익률 추정요소	발행 조건
〈차입 및 채권〉		
단기 국채시장(통안채 포함)	인플레 + 경제성장 요소	통화·재정정책
중장기 국채시장	위 + 유동성 프리미엄	상동
회사채시장	국채 + 기업별 신용위험	기업 재무건전성
대출시장(중장기)	국채 + 기업별 신용위험	담보, 재무건전성
CP, 팩토링(단기)	거래성 어음의 부실위험	거래상어음, 신용
사채시장	단기 지불능력	무담보, 3자 담보
〈주식시장〉		
보통주(상장사, 증자)	주가, 증자방식, 유동성	변동성, 이익, 의결권
우선주(상장사, 증자)	주가, 유동성	배당성향, 전환권
보통주(신규상장)	영업이익, 배수	상장요건, 대주주규제
보통주(비상장사)	자산가치, 수익성	의결권, 배당성향

(common stock), **우선주**(preferred stock), **신규상장**(IPO; initial public offering) 그리고 비상장사 주식을 거래하는 **장외 주식시장**(OTC; over the counter)으로 나눈다.

위와 같이 다루는 금융상품의 형태별로 시장을 나누기도 하지만, 발행과 유통이란 행태별로 시장을 나누기도 한다. 기업은 신규상장과 증자, 회사채 발행을 통해 자금을 조달한다. 대개 증권사가 기업에 발행물량에 상응하는 자금을 먼저 기업에 제공하고 증권을 기업으로부터 인수받아(underwrite) 증권시장에 나중에 유통함으로써 기업에 먼저 지급한 자금을 전액 회수한다.[1] 발행 후 증권은 유통시장에서 투자자 간에 거래된다.

발행과 더불어 발행기업이 증권사에 관련증권을 교부하고, 증권사가 기업에 자금을 공여해 기업으로 투자에 소요되는 필요자금이 공급되는 시장을 **발행시장**(issue market)이라 하며, 발행 후 투자자 간에 증권이 거래되는 시장을 **유통시장**(secondary market)이라 한다. 표준화된 금융상품으로 대규모로 또는 빈번히 거래되는 단기 국채, 초우량 회사채, 상장주식들은 KRX와 같은 증권거래소에서 집중 유통(거래)되나, 거래가 뜸한 증권들은 장외에서 증권사들의 도움을 받아 높은 수수료를 지불하면서 거래된다.

7.2 기업가치 평가를 위한 회계지식

증권과 같은 금융자산의 가치는 그것을 매입한 이후 유입되는 미래 현금흐름의 크기와 변동성(위험)에 의해 결정된다. 미래 현금흐름의 크기와 변동성은 기업이 현재 창출하는 현재의 현금흐름과 변동성에 크게 영향을 받는데, 이는 **회계정보**(또는 재무정보)와 **시장정보**를 통해 파악된다. 회계정보는 재무제표가 제공하는 정보를 말하며, 시장정보는 7.1절에서 설명한 각 시장에서 만들어지는 정보들이다. 대표적인 시장정보는 주가 수익률과 거래물량 정보이나 대출시장에서 어느 기업이 신용대출을 얻는 데 실패했다든가 하는 정보도 매우 중요한 시장정보이다.

1. 자본시장에서 증권투자자 자금을 활용하여 기업에 자금을 공급해 주는 증권사를 투자은행(IB; investment bank)이라 한다. 대출을 전문으로 하는 상업은행(commercial bank)에 대비되는 용어이다.

대출 및 채권 시장에서 가장 중요한 정보는 기업의 신용평가(credit rating)와 관련된 정보이며, 이는 재무제표(손익계산서와 재무상태표)로부터 산출되는 **재무건전성 평가**에 의존한다. 일반적으로 4개의 재무비율이 재무건전성을 평가하는 데 많이 쓰인다.

손익계산서

손익계산서(income statements)는 회계기간에 발생한 매출액에서 매출원가와 판매 및 일반경비 그리고 법인세를 빼어 당기순이익(NI ; net income)을 산출하기까지의 과정을 보여준다. 손익계산서를 식으로 나타내면 다음과 같다.

수익(revenues) − 제비용(expenses) = 이익(income)

표 7-2 가상기업의 손익계산서

비전주식회사

손익계산서

(20×4년 1월 1일부터 20×4년 12월 31일까지)

단위: 억원

매 출 액		3,600
매출원가(생산설비에 대한 감가상각비 포함)		1,440
감가상각비-1	500	
매출총이익		2,160
판매관리비(사무설비에 대한 감가상각비 포함)		1,748
감가상각비-2	100	
영업이익		412
영업외 수익		30
영업외 비용(이자비용 포함)		80
이자비용	50	
경상이익		362
특별이익 및 손실		0
법인세차감전 순이익(taxable income)		362
법인세(22%)		80
당기순이익		262
현금 배당	57	
이익잉여금 증가	205	

〈표 7-2〉는 가상기업인 (주)비전의 20×4년 손익계산서를 보여주고 있다. 우리는 손익계산서를 통해 1회계기간 동안의 기업의 경영활동을 볼 수 있다.

투자자가 손익계산서로부터 관심 있게 보는 지표를 들자면 전년 대비한 **매출증가율**, **영업이익률**, **매출액순이익률**, **이자보상배율**, **배당성향**, **배당수익률**, **주당순이익** 등이다. 이들의 정의와 그 지표와 관련한 관심사항을 설명하자면 다음과 같다.

- 매출증가율(%) = [매출액(20×4)/매출액(20×3)] − 1
  (관심사항) 회사가 업종 평균 대비 잘 성장하고 있는가?

- 영업이익률(%) = 영업이익/매출액
  (관심사항) 생산, 영업과 관련한 비용만 반영할 때 이익을 얼마 내었는가? 즉, 장사를 얼마나 잘했는가?

- 매출액 순이익률(%, net margin on sale) = 당기순이익/매출액
  (관심사항) 이익마진은 얼마인가? 경쟁사 대비 기업의 제품경쟁력은 어느 정도인가?

- 이자보상배율(배, interest coverage ratio) = 영업이익/이자지급액
  (관심사항) 이자지급 전 가용할 현금이 이자 대비 몇 배인가? 1보다 작으면 장사해서 번 것으로는 이자도 못 갚네… 한심한…

- 배당성향(%, payout ratio) = 배당총액/당기순이익
  (관심사항) 이번에 벌은 것 중에 배당은 몇 %나 하는가? %가 낮은 경우, 투자할 데도 없다면서 배당도 안 하고 왜 다 유보하는가?

- 배당수익률(%, dividend yield) = 주당배당액/현재 주식가격

  (관심사항) 예금금리 대비 어떤가? 주가가 안 올라도 이것으로 보상이 되는가?
  매년 안정적으로 2～3% 유지한다면, 은행 CD보다 낫네.

- 주당순이익(원, EPS, earning per share) = 당기순이익/주식수

  (관심사항) 주주에게 귀속되는 1주당 몫

참고로 감가상각비는 현금유출이 발생 안 하는 비용이므로 이자지급 전 가용 가능한 현금흐름을 계산할 때 EBIT(earning before interest and tax)나 영업이익에 더한다. 이를 **EBITDA**(earning before interest and tax plus depreciation and amortization)라 한다. 국내에서는 보통 영업이익을, 국제적으로는 EBIT를 기준으로 사용하는데 EBIT는 법인세전이익(EBT; earning before tax)에 이자비용을 더한 값이다. 영업이익과 큰 차이가 안 나는 경우가 많지만 영업외 항목이 많을 때 상당한 차이가 발생한다. EBITDA는 사업으로 벌어들인 총 현금흐름, 또는 재무위험과 관련해서는 부도를 막기 위해 동원할 수 있는 총 사내자금으로 인식된다.

재무상태표

재무상태표(statement of financial position)는 오랫동안 대차대조표(balance sheet 또는 B/S)로 불려왔다. 자산을 먼저 그리고 이 자산에 대한 청구권(claims)을 그 후에 명시한다. **자산**은 현금 · 유가증권 · 재고자산과 같이 즉시 현금화할 수 있는 유동자산과, 토지 · 기계설비와 같이 즉시 현금화가 어려운 고정자산으로 구성된다. 청구권은 이자의 형태로 채권자(creditors)에게 지급되는 **부채**(liabilities)와 이자지급 후 남은 현금흐름을 배당이나 유보의 형태로 주주(shareholders)에게 귀속시키는 **자기자본**(owners' equity)으로 구성된다.[2] 이들은 각각 매입시점의 매입가와 발행가로 표시되는 것을 원칙으로 하며, 이

2. 주식 또는 자기자본은 이자지급 후의 현금흐름, 즉 잔여현금흐름에 대해 청구권을 가진다 하여 잔여청구권(residual claim)이라고도 한다.

를 장부가치라고 한다.

재무상태표는 자금이 어디에 쓰였고 그 자금이 어디서 조달되었는가를 어느 한 시점에서 파악한 표이다. 따라서 조달과 사용은 그 금액이 같고 다음과 같이 항등식으로 표현된다.

Asset(자산) ≡ Debt(부채) + Equity(자기자본)

〈표 7-3〉은 가상기업 (주)비전의 20×3년과 20×4년 12월 31일 시점의 재무상태표를 보여주고 있다.

▶▷ 표 7-3 가상기업의 재무상태표

비전주식회사

재무상태표

(20×3년과 20×4년)

단위: 억원

	20X3	20X4	증감
자산			
유동자산			
현금	80	100	+20
매출채권	160	190	+30
재고자산	360	410	+50
고정자산	2400	2500	+100
자산총계	3000	3200	+200
부채와 자기자본			
유동부채			
매입채무	300	360	+60
단기부채	200	160	−40
장기부채	500	420	−80
자기자본			
납입자본 및 자본잉여금	500	555	+55
이익잉여금	1500	1705	+205
부채 및 자기자본 총액	3000	3200	+200

투자자가 재무상태표로부터 관심 있게 보는 지표를 들자면 전년 대비 주요 항목의 증가율과 **유동비율**, **부채비율**을 들 수 있고, 손익계산서와 연계해서 보는 비율로는 **자산회전율**, **재고자산회전율**, **자산 대비 영업이익률**, **자산수익률**, **자기자본이익률** 등이다. 이들의 정의와 그 지표와 관련한 관심사항을 설명하자면 다음과 같다.

- 유동비율(배, liquidity ratio) = 유동자산/유동부채

  (관심사항) 회사가 단기부채에 대해 지불능력이 있는가?
  이익은 잘 난다 하는데 혹시 흑자 도산될 위험성이 있는가?

- 부채비율(%, leverage ratio) = 총부채/자기자본

  (관심사항) 중장기적으로 장기부채에 대해 지불능력이 있는가?
  업종 대비 높은가? 높다면 왜 그런가?

- 자산회전율(배, asset turnover ratio) = 매출액/총자산

  (관심사항) 매출을 일으키기 위해 자산을 얼마나 회전했는가?
  전년 대비 생산성이 증가했는가?

- 재고자산회전율(배, asset turnover ratio) = 매출원가/재고자산

  (관심사항) 재고자산이 효율적으로 운영되고 있는가? 재고 적체는 없었는가?
  전년 대비 늘었다면 원재료 부분인가, 재공품 부분인가, 완제품 부분인가?

- 영업자산 수익률(%, return on operating income) = 영업이익/총자산

  (관심사항) 영업에 투하된 자본(자산)을 가지고 영업 면에서 얼마의 수익률을 냈는가?
  투자 단위당 영업(총 사업)의 성과로 업종평균 대비, 전년 대비 비교

- 총자산수익률(%, ROA ; return on asset) = 당기순이익/총자산
  (관심사항) 영업에 투하된 자본(자산)의 수익률은 얼마인가?
  투자 단위당 순이익 성과로 업종평균 대비, 전년 대비 비교

- 자기자본이익률(%, ROE ; return on equity) = 당기순이익/자기자본
  (관심사항) 주주자본에 대한 이익률로 15%(우량기업) 수준이 되는가?
  주주자본 한 단위 투자당 순이익 성과로 업종평균 대비, 전년 대비 비교

우리는 두 재무제표가 각각으로도 의미 있지만 결합되면서 더욱 기업의 재무상태나 성과를 평가할 수 있는 의미 있는 지표가 됨을 알 수 있었다. 지금까지 열거한 지표들의 관심분야를 정리하면 **지불능력**, **생산성**, **재무성과** 등이 된다. 이를 서로 연결하면서 여러 각도에서 기업을 분석하다 보면 기업의 재무건전성을 파악할 수 있다.

4대 재무건전성 지표

재무건전성을 평가하는 데 공통적으로 쓰이는 다음의 4가지 재무건전성 지표는 전 세계적으로 그리고 업종에 관계없이 공통적으로 쓰인다. 이 네 가지 지표는 다음과 같다.

- 단기 지불능력
- 장기 지불능력
- 활동성
- 수익성

처음 두 개의 지표는 채무에 대한 **지불능력을 평가하는 지표**이다. 그만큼 재무건전성이란 신용, 즉 빚을 갚을 능력을 우선시한다. 다음으로 **활동성지표**이다. 이는 투하된 자산을 잘 활용하고 있는가를 나타내는 **생산성지표**이다. 우리는 제4장의 생산이론에서 〈그림 4-1〉의 생산함수가 B점에 이르러서 생

산성이 최대가 되는 것을 알았다. 재무적 수치로 가장 높은 회전율이 이 B점에서의 생산점과 일치할 것으로 예상된다. 마지막으로 **수익성지표**로 이익마진을 대표비율로 든다. 이 지표는 생산 및 시장이론의 (가격 − 평균비용 = P − ATC)를 의미하며 값을 높게 받을 수 있는 제품의 경쟁력(competieive edge)을 나타낸다. 요약하면 신용지표 2개와 생산성, 경쟁력이 기업의 재무건전성을 대표하는 지표이다. 다음으로 각 지표를 대표하는 비율을 열거한다.

단기 지불능력 또는 유동성

단기 지불능력 또는 **유동성**은 단시일 내에 현금화할 수 있는 자산이 곧 갚아야 할 단기부채 대비 얼마나 많이 확보되어 있는가를 말하며, 가장 많이 사용되는 비율이 **유동비율**(= 유동자산/유동부채)이다. 이 비율은 1.0보다 높으면 일단 단기 지급능력이 있다고 보지만, 1.5 수준은 되어야 다소 안심이 된다. 한 가지 유의해야 할 점은 유동자산 중 재고자산이 현금화하기 어려운 경우가 있는데, 이럴 경우 이를 유동자산에서 제외하고 유동성을 평가하는데 이때 사용하는 비율이 **당좌비율**(= 재고자산을 제외한 유동자산/유동부채)이다. 당좌비율은 1.0 정도가 적당하다.

$$\text{유동비율(배)} = \frac{\text{유동자산}}{\text{유동부채}}$$

$$\text{당좌비율(배)} = \frac{\text{유동자산} - \text{재고자산}}{\text{유동부채}}$$

장기 지불능력, 부채 대비 자기자본

기업은 장기간 사업을 하고자 한다(예: 10년 이상). 그러나 부채를 급격히 줄일 수 없기 때문에 부채가 높은 상황에서 이 기간 내에 불황과 같은 원치 않은 상황에 맞닿게 되면 부채에 대한 이자지급이 어려워 파산에 이른다. 따라서 장기채무에 대한 지불능력은 기업의 존속과 연결이 되고 이를 대표하는 비율은 바로 **부채비율**과 **이자보상배율**이다.

$$부채비율(\%) = \frac{총부채}{자기자본}$$

$$이자보상배율(배) = \frac{영업이익}{이자지급액}$$

부채비율은 일반적으로 자기자본에 대한 비율로 표시하며 업종 평균 대비 높다면 그 이유에 대해 충분한 설명이 있어야 한다. 예로 부채의 상당분이 이자발생부채가 아니라든가 현금흐름이 충분히 많고 안정적이라든가 하는 내용의 설명이 있어야 한다. 50% 수준 이하가 안정적이라 보며, 이자보상배율은 3.5배 이상이 바람직하다.

활동성

활동성(activity) **지표**는 **회전율**(turnover)로 표시되며, 기업이 매출을 창출하기 위해 자산을 몇 번이나 회전시켰는가 — 즉, 어느 정도 자산을 능률적으로 이용했는가 — 를 측정한다. 이는 생산성과 같은 개념으로 높을수록 좋고 총자산의 효율적 운영은 매출액을 총자산으로 나눈 **총자산회전율**(total assets turnover)로 재고자산의 효율적 운영은 매출원가를 재고자산으로 나눈 **재고자산회전율**(inventory turnover)을 사용한다.

$$총자산회전율(회) = \frac{매출액}{총자산}$$

$$재고자산회전율(회) = \frac{매출원가}{재고자산}$$

재고자산회전율의 경우 매출액보다는 매출원가를 분자로 하여 산출한다는 점에 유의해야 한다. 생산 또는 영업현장에서의 재고효율성을 나타내고자 하는 것이기 때문이다.

수익성

수익성과 관련된 지표로는 **매출액순이익률**, **영업이익률**, **총자산이익률**(*ROA*)과 **자기자본순이익률**(*ROE*)이 있다. 매출액 순이익률은 당기순이익을 매출액으로 나누어 계산하며, *ROA*, *ROE*는 당기순이익을 각각 재무상태표 상의 총자산과 자기자본으로 나누어 계산한다. 이들을 정리하면,

$$\text{매출액순이익률(\%)} = \frac{\text{순이익}}{\text{매출액}} \times 100$$

$$\text{총자산이익률(\%)} = \frac{\text{순이익}}{\text{총자산}} \times 100$$

$$\text{자기자본순이익률(\%)} = \frac{\text{순이익}}{\text{자기자본}} \times 100$$

매출액순이익률은 이익마진의 개념으로 이 기업이 생산하는 제품이 타사 제품에 비해 얼마만큼의 경쟁우위를 가지는가를 평가하는 직접적인 지표라 할 수 있다. *ROA*와 *ROE*는 투하자산의 투자 단위당 수익성을 평가하는 지표로 수익성뿐 아니라 다른 요소도 함께 포함된 종합지표이다. 특히 *ROE*는 매출액순이익률, 자산회전율, (1 + 부채비율)의 곱이다.

$$\begin{aligned} ROE &\equiv \frac{\text{당기순이익}}{\text{자기자본}} = \frac{\text{당기순이익}}{\text{매출액}} \times \frac{\text{매출액}}{\text{총자산}} \times \frac{\text{총자산}}{\text{자기자본}} \\ &= \frac{\text{당기순이익}}{\text{매출액}} \times \frac{\text{매출액}}{\text{총자산}} \times \left(1 + \frac{\text{총부채}}{\text{자기자본}}\right) \end{aligned}$$

즉 *ROE*는 재무지표 3개가 합성된 지표로 이를 분해하며 분석함으로써 매우 유용한 재무건전성 상태를 분석할 수 있다. 예로 *ROE*는 15% 정도되면 우량한 것으로 평가되는데, *ROE*가 전년의 13.5%에서 15%로 높아졌다 하자. 높아진 것은 분명 좋은 소식이나 앞의 두 지표에 의한 것인지 맨 뒤 부채비율 상승 때문인지 따져봐야 한다. 앞의 두 지표의 개선으로 *ROE*가 높아졌다면 환영할 만한 좋은 소식이나, 맨 뒤 지표인 부채비율의 증가로 높아졌다면 이는 재무위험의 증가에 대한 대가로 해석해야 하며 좋다고만 할 수 없다.

7.3 부채—차입과 채권발행

우리는 앞에서 재무비율 분석을 통한 재무건전성을 평가하는 방법을 알아보았다. 각 은행의 대출심사역이나 신용평가기관은 위의 정보를 바탕으로 신용등급을 매긴다. 신용등급은 지불능력, 즉 신용위험을 대변하는 점수로 어느 등급 이상 되어야 대출이나 채권발행이 가능하다. 또한 등급(신용위험)별로 적용금리가 다르다. 대출의 경우 이를 **대출가격산정**(loan pricing)이라 한다. 채권의 경우 신용위험에 걸맞게 시장가격이 형성되면서 만기수익률을 결정한다. 이것이 기업의 입장에서는 부채비용 K_D가 되어 총 자본비용 산정에 투입된다. 신용위험이 가격화된 것이다.

신용위험

위험이 금융상품의 가격, 금리나 수익률을 결정한다는 것은 이미 설명했다. 차입시장에서의 위험이란 투자 후 회수되는 수익이 얼마나 확정적이냐를 의미하는 **신용위험**(credit risk)이다. 예로 국채(정부가 발행한 채권)는 회수가 거의 100% 확정적이기 때문에 신용위험이 없다. 따라서 낮은 금리에도 투자자들이 사간다.[3] 한편 다른 금융자산(financial asset)들은 위험의 크기에 따라 국채 이상의 수익률로 약정해야 투자자가 사간다. 예로 회사채는 국채보다 조금 더 위험하므로 기업의 위험도에 따라 국채보다 높은 금리로 거래된다. 국채 중에서도 단기국채(3개월물)는 신용위험이 거의 없어 **무위험자산**(riskfree asset)이라 부르며 모든 채권물의 금리산정 및 위험자산의 수익률 산정 시 기준(base)이 된다.[4] 무위험자산도 앞에서 얘기한 현재의 소비를 포기하는 대가로 소정의 이자를 지급해야 한다. 그것이 무위험자산에 대한 수익률(R_F)이다. 예금금리는 국채보다 조금 높게, 그리고 신용도가 낮은 신용카드 현금대출이나 대부업자로부터의 대출은 개인신용도에 따라 다르지만 연 30% 정도로 높

---

3. 참고로 2013년 8월 20일 현재 국채(90일, 1년, 3년, 10년, 30년 만기)에 대한 시장금리는 2.6%, 2.7%, 3.0%, 3.7%, 4.0% 수준이다.

4. 제6장에서 배운 위험자산에 대한 기대수익률(CAPM식에 의함)도 기준금리 R_F에 위험프리미엄을 더한 값임을 기억하길 바란다.

게 형성되기도 한다. 개인신용도란 개인이 빚에 대해 지불능력을 평가한 급수이다. 주로 A, B, … 또는 1, 2, …, 16, …, 20 등으로 나눈 등급이다. A와 1이 우수이고 뒤로 갈수록 신용도는 떨어진다. 등급이 낮을수록 이자는 물론 원금 상환도 어렵다.[5]

은행으로부터의 차입

은행으로부터의 차입은 은행과의 협상, 즉 회사가 위치한 지역의 은행지점이나 큰 액수인 경우 본부 영업부와의 대출약정협상을 통해 자금조달을 하게 된다. 협상의 내용은 담보설정 규모, 금리의 수준, 금리 재산정 기준(예: 매 3개월), 만기(보통 3년), 재대출약정, 지급보증 등이다. 기관은 기업의 재무건전성, 담보여력, 경영자 평판, 사업의 전망 등을 고려하여 등급을 매기고 이에 걸맞는 대출금리를 제시한다. 담보가 부족하거나 은행 단독으로 위험을 부담하기 어려운 경우 대주주 또는 제3자로부터의 지급보증을 요구하는 경우가 흔하다. 특히 중소기업의 경우 견실한 매출과 영업이익이 실현되지 않고 담보여력이 없는 경우, 신용보증기금이나 기술보증기금 등의 공적 기관으로부터 대출보증을 받아 올 것을 요구한다.

채권(회사채)

채권은 채권시장의 여러 요건에 맞춰 발행한다. 여러 요건이란 첫째, 신용등급이 어느 정도 높아야 한다. 일반적으로 우리나라의 경우 보통 A등급 이상 되어야 하며, 미국의 경우 BBB 이상 되어야 한다. 물론 그 이하라도 발행 가능하나 시장에서 소화시키기 매우 어렵다. 둘째, 일반투자자를 대상으로 한 공모(public placement)로 할 것인지 기관투자자(보험사, 연금, 펀드 등)나 소수의 부자들에게만 발행하는 사모(private placement)로 할 것인지 결정해야 한다. 물론 공모인 경우 높은 신용등급으로 평가되어야 하며, 특히 금융감독원의 허락을 받아 법규의 절차에 의거하여 발행해야 한다. 소액투자자의 피해를 막기 위해 매우 강한 회계투명성과 회사 내부의 이사회 결의 등이 요구된다. 때로는 금

5. 예로 16등급의 신용도란 최근 3개월 이상 이자지급을 못 하고 있는 개인의 신용도를 말한다.

감원이 지정한 감사로부터 회계감사를 받아야 하는 경우도 있다. 한편 기관투자자나 오랫동안 관계를 가진 부자들에게만 폐쇄적으로 발행하는 사모의 경우는 소액투자자 피해가 없는 경우라 규제가 공모에 비해 훨씬 덜하며 채권의 조항도 매우 유연하다. 다만, 투자자의 입장에선 유동성이 매우 낮아 만기 전 매각보다는 만기 보유한다.

채권과 차입 간의 선택

채권발행이든 차입이든 기업의 입장에서는 똑같은 부채이고 어떤 것이 더 싸고, 유연하고, 투명한 거래인지 판단하여 차입 또는 채권발행을 결정한다. 채권시장이 발전하면서 대기업들은 과거 신용대출[6]에 의존했던 단기자금조달인 경우에도 차입보다는 채권발행을 선호한다. 자금이 풍부하고 회사의 명성이 있는 한 만기 시 재발행(roll over)이 쉽고 무엇보다도 금융기관의 압력으로부터 벗어날 수 있기 때문이다.[7]

기타 단기금융수단

이 외에도 다양한 형태의 단기금융수단이 있다. 기업은 거래성 어음(매출채권)을 담보로 기업어음(CP ; commercial papers)을 발행하거나 팩토링(factoring)으로 자금을 융통할 수 있다. CP는 1주일, 한 달, 3개월 등의 단기채권이고, 팩토링은 기업(client이라 함)이 상거래상 받은 매출채권을 금융기관(factor라 함)에 양도하는 대신 기관으로부터 자금을 먼저 가져다 쓰는 제도이다. 매출채권 만기일에 기관은 채권발행자인 기업의 고객(customer라 함)으로부터 외상매출 대금을 회수해야 하는 책임을 진다. 매출채권의 부실위험과 기업(client)의 신용이 할인액을 결정한다. 이들에게 단기자금을 융통해 주는 은행, 증권사 등은 RP(환매조건부 채권) 등을 발행하여 이들 자금과 매치시킨다. 기관은 낮은 금리로 자금 조달하기 때문에 예대마진을 이익으로 얻게 된다. RP

---

6. 담보제공 없이 기업의 현금흐름능력, 즉 채무지불능력인 신용(credit)만 믿고 대출해 주는 대출상품이다.
7. 금융기관의 압력 중에서 가장 불편한 것은 '꺾기' 요구로 대출받은 상당분의 미처분 자금을 자기 은행에 재예치하는 것을 요구하는 행태이다. 이 외에도 경제가 어려우면 갑자기 재대출 취소나 재대출 시 자금 규모를 축소하는 등의 결정으로 기업을 힘들게 한다.

는 기관이 저축자로부터 나중에 되사주는 조건으로 약정이자를 지급하는 예금과 같은 거래이지만 예금이 아니어서 예금보험공사의 보호대상이 아니다.

은행과 증권사의 차이

이와 같이 은행은 불특정다수인 저축자에게 예금, 은행채권과 RP 등을 판대금으로 자금을 공급받아 자기 부담 아래 또 다른 불특정다수인 대출수여자에게 자금을 제공하는, 소위 자금중개를 한다고 해서 **자금중개기관**(financial intermediary)이라 불린다. 은행은 예금과 대출이자의 차이, 예대마진을 주 수입원으로 한다. 한편, 증권사는 중개도 일부 하지만 주로 시장에서의 금융상품 거래와 경영권 거래(M&A)를 주선하는 브로커의 역할을 한다. 이들은 브로커 수수료를 주 수입원으로 한다.

사채

사채는 은행, 보험, 증권사와 같은 금융기관들로부터 대출 등이 어려운 신용이 없는 기업들이 급전의 경우에 매우 제한적으로 사용 가능하나, 사채시장에서 자금을 유통했다는 소문은 기업에게 치명적일 수 있다. 그만큼 신용이 악화되었다는 것을 자본시장에 알리는 효과를 자아내기 때문이다.

7.4 주식발행과 주식시장

주식발행을 통한 자금조달은 그리 흔치 않다. 이익잉여가 자기자본이기 때문에 부채비율이 100%인 기업의 경우 이익잉여만큼 부채를 조달하면 부채비율을 증가시키지 않으면서 상당한 자금동원이 가능하다. 그러나 매우 높은 (+)NPV 프로젝트가 있고 '이익잉여×2' 만큼의 자금으로는 투자자금 충당이 어렵다면 주식발행을 통한 자금조달, 즉 증자를 고려할 수 있다.

주식 형태별 조달방식

주식의 형태로 자금을 조달하는 경우는, 1) 이미 상장되어 있는 기업이 보통주의 유상증자(seasoned offering)를 통해 추가적인 자금을 조달하고자 하는 경우, 2) 이미 상장되어 있는 기업이 우선주의 유상증자를 통해 추가적인 자금을 조달하고자 하는 경우, 3) 비공개기업이 공개하면서 보통주를 신규상장(IPO ; initial public offering)하여 자본시장에 접근하고자 하는 경우, 마지막으로 4) 비공개기업이 비공개 상태에서 유상증자를 통해 추가적인 자금을 조달하고자 하는 경우로 나눌 수 있다.

보통주 증자의 경우는 이미 시장에서 가격이 형성되어 있으므로 현재의 주가를 기준으로 증자 물량이 모두 소화될 수 있는 증자방식을 선정해야 한다. 증자의 목적이 어떤 (+)NPV 사업을 추진하기 위한 자금조달인 이상, 원하는 만큼이 조달, 즉 주식 100%가 시장에서 모두 소화되도록 해야 한다. 둘째는 구주주에게 피해가 가지 않도록 할인발행 시 구주주 물량이 거의 소진되도록 홍보에 힘써야 한다.

100% 소화와 관련한 발행사의 부담을 없애기 위해 발행사는 주간사인 증권사와 발행계약을 할 때 주간사가 모든 물량의 소화를 책임지는 **총액인수**(firm commitment) 방식을 택한다. 이 방식은 1,000억원을 조달하는 것이 목적이라면 주간사가 발행사에 총액인 1,000억원을 발행사에 미리 지불하고, 주간사는 1,000억원에 해당하는 주식을 발행사로부터 받아 유통시켜 자금을 회수하는 방식이다. 따라서 100% 소화와 관련한 부담을 주간사가 지는 방식이다. 대부분의 증자(보통주, 우선주)와 신규상장은 총액인수방식을 따른다.

우선주 발행의 경우는 대주주 경영권에 침해가 가지 않으면서 부채비율을 낮추는 자금조달 방식이다. 우선주는 주주로서의 의결권은 없는 대신, 배당에 우선적인 권리를 가진다. 그러나 우선적 권리라는 것이 액면가 대비 배당성향 1% 수준이라 액면가 5,000원짜리 주식의 경우 50원이 추가배당이며, 이는 투자자에게 큰 의미가 없다. 이런 이유로 보통주보다 주가가 많이 할인되어(예: 20～40%의 할인) 가격이 형성되므로 이로 자금을 조달할 경우 물량부담이 크다. 한편 전환우선주의 경우 일정 기간이 지나면 주주의 요청에 의해 보통주로 전환되게 되므로, 대주주 입장에서도 우선주의 발행이 반드시 유리하다 할 수 없다.

주식가치의 평가논리

주식가치를 추정한다는 것은 매우 어렵다. 현재가치가 미래 현금흐름의 현가의 합이기 때문에 주가도 주식보유 후의 미래 현금흐름인 배당과 주가상승분을 적정 할인율로 할인한 값이다. 배당은 기업이 창출한 현금흐름 중 빚에 대한 이자를 다 갚고 남은 현금흐름 중에서 결정하는 값이다. 이도 추정하기 어렵지만 미래 주가상승분은 더더욱 예측하기 어렵다.

따라서 **주식가치**는 기업의 재무가치에서 부채를 빼서 산출한다. 기업의 재무가치는 기업이 자산의 운영으로부터 창출한 현금흐름 중에서 투자하고 남은 **자유현금흐름**(free cashflow)을 적정 할인율(자본비용)로 나눠 계산한다. 투자는 다음기의 현금흐름을 창출하기 위한 것으로 지금 당장 청구권자가 가져갈 수 없는 자금이기 때문에 이를 뺀 자유현금흐름을 채권자와 주주에게 귀속되는 현금흐름으로 본다. 자본비용추정은 제6장에서 논의한 대로 부채는 만기수익률로, 자본은 CAPM 등의 모형을 이용하여 비용을 추정한다.

$$\text{자유현금흐름} = \text{EBIT} \times (1 - \text{법인세율}) + \text{감가상각비} - \text{투자비}$$

$$\text{기업의 재무가치 } V_0 = \sum_{t=1}^{T} \frac{FCF_t}{(1+r_t)^t} + \frac{V_T}{(1+r_T)^T}$$

여기서, V_0: 현재의 기업가치

FCF_t: t기의 자유현금흐름

r_t: t기의 자본비용(할인률)

T: 자료가 가능한 기간(예: 10년)

V_T: T년 말의 기업가치(영구연금 할인법으로 추정)

따라서 **총 주식가치**(market capitalization)는 현재의 기업가치 V_0에서 부채(보통 장부가치)를 제한 값으로 추정한다. 이를 주식수로 나누면 (추정)주가가 산출된다. 이 주가를 **주식의 원천적 가치**(fundamental value)라고도 한다. 문제는 원천가치는 이론적으로 맞지만 연도별 *FCF*, 자본비용 등을 추정하는 과정에서 임의성이 개입된다.

따라서 이런 약점을 보완하기 위해 시장정보를 반영하여 최종 주가를 산정한다. 시장정보의 반영은 1) 동종업종에서 유사 기업군을 선정하여, 2) 이들로부터 *PER*와 같은 평균배수(multiple)를 계산하고, 3) 해당 기업의 재무정보에 투여해 주가를 1차 추정하고, 4) 그 값에 위의 원천적 가치와 재무건전성 특성 등을 반영하여 최종 결정한다. 이도 임의적인 요소가 반영되지만 시장정보가 반영되기 때문에 절대 황당한 값이 산출되지는 않는다.

요약하면, 증자 시의 주가는 이미 시장가격이 형성되어 있으므로 이에 준해 가격을 결정하면 된다. 100% 구주주 배정일 경우, 이론적으로 어떤 가격도 문제가 되지 않는다. 싸면 싼 대로 비싸면 비싼 대로 다 구주주의 몫이 되기 때문에 이해상충이 안 일어난다. 다만, 현재의 주가에서 크게 벗어날 경우 주식 분할이나 합병과 같은 효과를 야기하기 때문에 특별한 설명이 필요하다.

초기상장이나 비상장사가 증자할 경우에는 위의 주식가치 이론을 적용한다. 다만 비상장사가 증자할 경우 이 주식을 매입한 투자자는 나중에 장외시장에서만 주식을 거래해야 하기 때문에 상장을 앞둔 기업이 아닌 이상 주식을 유동화하는 데에 큰 어려움을 겪는다. 따라서 기업은 투자자에게 유동성위험에 대한 프리미엄을 따로 지급해야 한다. 즉, 모든 것이 같다 해도 상장사 대비 20～40% 정도 할인해서 팔아야 소화된다.

다음으로 비상장사가 최초로 공개하는 **신규공모**시장은 매우 뜨거운 시장(hot market)이다. 상장 당일 큰 수익을 얻을 수 있는 시장이기 때문이다. 비상장회사가 기업의 원활한 자금공급을 위해 상장을 결정했다 하자. 이는 불특정다수로부터 자금을 공급받겠다는 결정이다. IPO에 참여하는 최초 투자자는 생활이 어려운 과부일 수 있고 땅 한 마지기 가지고 있는 시골의 노인일 수 있다. 즉, 투자 아마추어인 이들에게 손실을 끼치는 행위는 기업에게는 큰 부담이다. 왜냐하면 기업의 내용과 관련하여 기업 내부의 사람과 외부 사람 간에 큰 격차가 있어 너무 높은 가격에 공모하여 손실을 끼쳤을 때 도덕적인 문제가 발생하기 때문이다. 따라서 감독 당국도 이런 점을 고려하여 신규상장 시장에 대해서는 상장요건을 까다롭게 요구한다. 예로 지난 2～3년의 매출 신장률이나 영업이익이 건실한가, 또는 자산가치가 높든가 해야 한다. 처음 기업을 공개하면서 상장하는 것이므로 공모가로 얼마가 적정한지 아무도 알 수 없다. 따라서 많은 사람들의 지혜를 모은다. 일반적으로 최초 공모가는 주관 증권사의 자문을 받아 아래와 같이 1차 결정하고, 이후 수백 개의 관심 기관투자자로부터 수요예측(book building)을 받아 최종 공모가를 발행사와 협의하여 결정한다.

주간사는 공모가를 1차 산정함에 있어 자주 쓰이는 방법을 소개하면, 1) EBITDA에 배수(multiple)를 곱해 기업의 **경제가치**(EV ; economic value)를 추정하고, 2) EV에서 **순부채**(= 이자부 부채 − 이자부 자산)를 빼어 총 주식가치를 산정한다. 3) **공모가**는 총 주식가치를 주식수로 나눈 값이다. **EBITDA**(earning before interest and tax plus depreciation and amortization)는 영업이익에 감가상각비와 무형자산에 대한 감가상각비를 더한 것으로 이자지급 전 가용 현금흐름이다. EBITDA에 곱할 배수는 상장할 회사와 같은 업종의 비슷한 재무구조를 가진 유사 상장사들(3～5개)의 평균 EV/EBITDA 비율이다. 상장사들의 EV는 주식시가총액[8]에 순부채를 더한 값이다. 이 방식은 위 기업의 재무가치 산정 방식을 압축해서 쉽게 적용한 방식이나 원천적 가치를 계산해 보지 않았다는 면에서 정보의 손실이 있는 방식이다.

주식가치(추정) = EV − 순부채

= EBITDA × 배수 − 순부채

여기서 주식가치(추정) : 상장할 기업의 주식가치(할인 전)

EV : 기업의 경제가치

EBITDA : 이자, 법인세, 감가상각 전 영업이익

배수 : 벤치마킹 상장사들의 평균 EV/EBITDA (EV = 시가총액 + 순부채)

순부채 : 이자지급성 부채 − 이자수취성 자산

이런 방식으로 산정된 주가는 상장사 기준으로 산정된 주가이므로 여기에 10～25% 정도를 할인하여 1차 공모가를 확정한다. 공모가가 너무 낮으면 주식수가 필요 이상으로 늘어나 기존 주주에 불리하다. 반면 너무 높으면 상장 당일 소화 안 될 가능성을 높이므로 총액인수방식으로 일을 추진하는 주간사에게 큰 부담이 된다. 따라서 이후 시행되는 수요예측은 주간사의 부담을 많이 줄여준다. 왜냐하면 실제 살 사람들의 의향을 반영한 값이어서 이보다 조금 낮게 맞춘 공모가는 거의 100% 소화되기 때문이다. 이런 과정을 거쳐

8. 시가총액(market capitalization)은 '마켓 캡'이라 부르며 '주가×주식수'이다. 이 경우 주가는 1～3개월간의 주가를 가중평균하여 사용한다.

공모가가 결정되고 일반에 공시된다.

공모가가 공시된 날로부터 대개 1주일 내에 상장하게 되는데,[9] 상장 당일 종가가 공모가보다 높을 때가 많다. '하루 수익률 = (당일 종가/공모가 – 1) × 100' 가 수십 %가 되는 경우도 많다. 이런 이유로 신규공모시장을 뜨거운 시장이라 하는데, 이런 현상을 **신규공모 저평가 현상**(IPO underpricing)이라 한다. 한편 정보가 부족한 아마추어 투자자들은 무차별로 공모에 응하게 되는데, 이럴 경우 과도한 공모가를 설정한 기업, 즉 상장 당일 큰 폭의 (–)%를 보여준 기업들의 물량을 이들이 많이 사가게 된다. 왜냐하면 정보가 많은 기관투자자는 좋은 기업만 골라 투자하기 때문이다. 아마추어 투자자들은 물량을 받는 데는 성공했으나 손실을 입게 되는데, 이런 현상을 빗대어 **승자의 저주**(winner's curse)라 한다.[10]

7.5 자금조달과 재무구조

자금조달은 재무구조에 영향을 준다. 만일 증자 없이 부채조달을 지속하면 부채비율이 올라 장기 지불능력이 떨어진다. 부채비율이 높은 상황에서 손실이 지속될 경우 부도위험에 처하게 된다. 대부분 성장 유혹을 물리치지 못하고 능력 이상의 성장을 추진할 때 이런 위험에 처하게 된다. 기업이 지불능력이 떨어져 곤경에 처하는 이와 같은 위험을 **재무위험**(financial risk)이라고 한다.

재무구조이론

재무구조이론은 조달순서이론(pecking order theory)과 교환이론(static

9. 공모가 발표된 후 상장일까지는 대략 1주일이 걸린다. 이 기간, 금융위기와 같은 충격이 와 주식이 소화가 안 될 경우 주간사는 이를 보유할 수밖에 없고 이후 주가가 회복 못 할 경우 큰 피해를 입게 된다.

10. 따라서 금융 당국은 이런 개미투자자들을 보호하기 위해 일정 기간(1개월) 동안 주가가 공모가 90% 이하로 떨어지면 주간사가 강제 매입하는 제도를 유지하기도 하고(2003년 폐지), 또는 일반투자자에 한해 공모가 90%에 되사줘야 하는 풋옵션을 발행하도록 하는 제도도 유지했으나 이 또한 2007년 폐지되었다.

tradeoff theory)으로 나누어 설명할 수 있다. **조달순서이론**은 기업이 자금을 조달할 때 내부유보자금(이익잉여)을 최우선으로 사용하고 단기차입, 중장기 채권발행, 그리고 맨 마지막으로 마지못할 경우에 한해 증자를 한다는 것이다. 실제로도 많은 기업이 이 같은 순서를 지킨다. 특히 증자를 선호하지 않는 이유는 기업 내부 정보가 외부에 노출되지 않았을 때 경영자에 의한 증자 결정은 주식이 고평가되어 있다는 신호를 보내 주식하락으로 이어지기 때문이다. 그리고 높은 발행수수료와 긴 준비시간 또한 증자를 선호하지 않는 이유 중 하나이다.

이와는 달리 **교환이론**은 부채 사용이 이자에 대한 세금감면 효과 등 현금흐름 개선 효과와 함께 자본비용을 낮추는 대신 앞서 설명한 바와 같이 파산위험(bankruptcy risk)을 증가시키므로 기업의 재무관리자는 부채발행에 따르는 이득과 손실을 적절히 교환하여 균형점에서 재무구조를 선택한다는 이론이다. 즉, 기업마다 최적 재무구조가 존재한다는 것이다. 이 같은 예상은 순서이론과 상치된다. 왜냐하면 순서이론은 어떤 적정 부채비율을 염두에 두지 않고 조달결정을 하기 때문이다.

실증분석에 의하면 기업의 재무구조 결정은 단기에는 순서이론을, 중·장기에는 교환이론을 따른다. 예를 들어 부채비율 100%가 적정인데 부채조달로 성장하느라 부채비율이 150%로 올랐다면 그 후 몇 년은 내부유보나 증자로 부채비율을 100% 수준으로 낮추려 한다는 것이다. 이 같은 논리는 업종별로 기업들이 일정한 비율로 부채비율을 맞추려 한다는 현실을 설명한다 할 수 있겠다.

재무위험관리

재무위험은 과도한 성장정책에 기인하는 경우가 많다. 즉, 성장과 재무위험 간의 균형을 어떻게 유지하느냐가 중요하다. 이를 위해 다음과 같은 제언을 하고 싶다.

1 성장 정책의 위험요소를 계량으로 파악한다. 통계적인 추정방식을 쓰는 것을 추천한다.

2 수용 가능한 범위 내의 위험인지 점검한다. 즉, **부채여력**(debt capacity)을 가지고 있는가를 점검하란 뜻이다. 부채여력이란 금리의 상승 없이 추가로 조달할 수 있는 부채의 양이다.
재무관리에서 설명하는 **지속 가능한 성장률**(sustainable growth rate)을 따르는 것도 좋다.

3 의사결정과정에서 전략과 재무 간의 균형을 유지하는 것이 좋다. 전략통들은 진취적인 반면, 재무통들은 보수적이다. 의사결정과정에서의 이들 간의 균형은 적정한 성장을 도모하는 데 중요한 요소이다.

4 자본시장의 반응과 평가에 귀기울여야 한다. 예로 대형 M&A 등을 추진할 경우 주거래은행 고위 간부와 증권사 애널리스트들의 견해를 미리 청취하는 것이 바람직하다.

7.6 결론

제 7 장에서는 자금조달에 대해 설명했다. 자본시장에서의 거래를 결정하는 원리, 위험별 조달시장의 형태, 조달시장별 특성에 대해 논했다. 우선 회계정보를 바탕으로 한 재무건전성 평가를 설명했다. 이어 차입시장에서의 가격결정, 채권시장과 단기차입시장의 여러 형태에 대해 설명했다. 다음으로 주식시장과 관련하여 우선 기업가치평가 모형과 이로부터 주가를 추정하는 과정을 설명했다. 이런 이론적 바탕에서 증자, 신규공모시장, 비상장주식의 발행 등을 설명했다. 마지막으로 조달로 인해 결정되는 재무구조에 대해 논했다. 재무위험과 이를 관리하기 위한 실무적 제안을 했다.

우리는 앞 장에서 사업기회의 발견과 투자안의 재무적 평가를 배웠고, 본 장에서 이런 사업을 추진하기 위한 자금조달을 알아보았다. 사업 아이디어가 있고 돈을 조달할 능력이 있다면 얼마나 대단한가? 상당한 능력을 이미 갖춘 셈이다. 용기를 가지고 다음 장으로 또 전진해 보자. 다음은 조직이다.

연습문제

01. 자금조달 방식과 관련하여,

1) 상장기업과 비상장기업의 자금조달 행태의 차이는 무엇인가?
2) 창업하려는 기업가의 자금조달 방식에는 어떤 것이 있는가?
3) 엔젤과 벤처캐피탈의 공통점과 차이는 무엇인가?

02. 자본시장과 관련하여,

1) 자본시장의 수요자와 공급자는 누구인가?
2) 자본의 가격은 무엇인가?
3) 금리와 수익률의 차이는 무엇인가?
4) 자본시장의 원리—'위험과 수익률의 관계'란 어떤 것인가?
5) 자본시장의 종류와 수익률을 추정하는 요소는 무엇인가?

03. 손익계산서와 관련하여,

1) 손익계산서는 투자자에게 무엇을 알려주는가? 이익과 현금흐름의 차이는?
2) 영업이익률로 설명하고자 하는 바는 무엇인가?
3) 이자보상배율로 설명하고자 하는 바는 무엇인가? 최소 어느 정도 되어야 건전한 기업인가?
4) 손익계산서의 정보를 왜 흐름정보(flow information)라 하는가?

04. 재무상태표와 관련하여,

1) 재무상태표는 투자자에게 기업의 어떤 상태를 알려주고 있는가?
2) 부채비율을 레버리지(지렛대)비율이라고 하는데 그 이유는 무엇인가?
3) 부채비율은 재무위험을 나타내는 지표이다. 왜 그러한가?
4) 자산회전율을 자산의 효율적 운영 정도를 나타내지만 생산성지표로 이용된다. 제4장의 생산이론에서의 생산성과 연관하여 설명해 보시오.
5) 재고자산회전율은 재고자산의 효율적 운영을 나타낸다. 제3장, 제4장의 *EOQ*모델과 연관하여 설명해 보시오.
6) 자기자본이익률(*ROE*)은 주주에게는 가장 관심있는 재무지표 중의 하나이

다. 왜 그런가? 또한 어느 정도 되어야 우량기업의 수준으로 파악하는가?

7) 재무상태표가 제공하는 정보를 왜 스톡정보(stock information)라 하는가?

05. 재무건전성의 평가와 관련하여,

1) 재무건전성을 평가하는 4가지 지표란 무엇인가?

2) 4가지 지표가 중시하는 3가지 관점은 무엇인가?

3) 이들 지표와 자기자본이익률(*ROE*)과의 관계를 설명하시오.

06. 금융시장, 통화정책, 재정정책과 관련하여,

1) 금융기관으로부터의 차입시장은 어떤 상황에 영향을 받는가?

2) 통화정책은 긴축(contraction)과 확장(expansion)의 선택 중 하나를 취한다. 어떤 상황에서 긴축 또는 확장을 선택하는가? 이런 선택이 금리와 소비에 주는 영향은 무엇인가?

3) 통화정책을 결정하는 통화당국이란 누구를 말하는가?

4) 통화당국과 정부는 구조적으로 독립적인가?

5) 통화당국에 의한 통화정책과 정부에 의한 재정정책이 반드시 조화를 이뤄야 하는가?

6) 정부에 의한 재정정책이란 어떤 것인가? 2010년 이후 유럽의 재정위기란 어떻게 일어났는가? 재정 부실이 금리와 소비에 끼치는 영향은 무엇인가?

7) 기업의 대출금리는 어떻게 결정되는가?

8) 우대금리란 무엇이고, 이는 통화정책과 어떻게 연결되어 있는가?

07. 채권의 평가와 채권시장과 관련하여,

1) 기업의 채권(회사채)을 평가하는 기준은 무엇인가?

2) 신용평가의 기준은 무엇인가? 기업의 재무건전성 지표와 관련이 있는가?

3) 채권시장은 어떻게 구성되는가?

4) 채권 수요자, 즉 대규모 채권투자자인 연금, 생명보험사들은 회사채를 만기 전에 중도 매각하여 손익을 발생시키는가? 어떤 문제 때문에 그렇게 하는가?

5) 회사채는 어느 정도의 신용등급을 받아야 유통되는가?

6) 기업의 입장에서 볼 때 채권을 통한 자금조달이 차입보다 유리한 면은 무엇인가?
7) CP나 RP는 무엇이고, 어떤 경우 자금조달 수단으로 사용하는가?

08. 기업가치와 주식의 평가와 관련하여,

1) 기업가치는 무엇이며, 이를 평가하는 이론을 설명하시오.
2) 위 1)의 방법 외에 상장기업의 경우 일반적으로 어떻게 추정하는가?
3) 시가총액(market capitalization)은 무엇이고, 경영진의 입장에서 왜 중요한가?
4) 증권회사에 근무하면서 주식을 전문적으로 평가하는 직업을 무엇이라 하는가?
5) 그들은 무엇을 근거로 예상주가를 추정하고 buy 또는 sell을 추천하는가?

09. 신규공모(IPO)시장과 증자시장과 관련하여,

1) 기업이 공개하여 주식시장에 신규 공모할 때 증권사들은 주가를 어떻게 추정하는가?
2) IPO시장에서의 투자수익률이 높은 이유는 무엇인가?
3) IPO시장에서의 승자의 저주(winner' s curse)란 어떤 현상인가?
4) 증자의 경우 100% 구주주 배정이면 어떤 가격이든 주가희석(stock dilution)에 따른 구주주 손실이 안 일어난다. 왜 그런가? 실제로도 그런가?
5) 실권주 공무란 무엇인가?

10. 재무구조와 재무구조이론과 관련하여,

1) 재무구조는 왜 중요한가?
2) 기업별 적정재무구조란 존재하는가?
3) 순서이론이 주장하는 바는 무엇인가? 위 2)의 답과 상충을 일으키는가?
4) 교환이론이 주장하는 바는 무엇인가? 위 3)의 순서이론과 상충을 일으키는가?
5) 노벨경제학 수상자인 모딜리아니 & 밀러 교수는 시장이 완전하다면 재무구조가 기업가치에 영향을 안 준다고 했다. 그러면 자금을 전부 부채로 조

달해서 이자감면을 극대화하는 것이 올바른 재무관리자의 선택인가?

11. 재무위험과 재무위험 관리와 관련하여,

1) 재무위험이 가져다주는 폐해는 무엇인가?
2) 성장전략이 재무위험에 어떻게 영향을 주는가?
3) 제1장의 경영원리에서 '성장과 위험은 상호교환관계이다'라고 했다. 문장 내의 위험이 재무위험을 말하는가?
4) 무형자산을 키우면서 성장을 추구하는 기업은 어떤 재무정책을 유지해야 하는가?

chapter 08

학습목표

독자들은 이 장의 학습을 통해 다음의 주제에 담긴 내용을 알아야 한다.

1. 경영활동의 순환과정
2. 조직이론
3. 조직의 형태
4. 인적자원관리
5. 직무분석
6. 성과목표와 평가
7. 급여설계
8. 동기부여
9. 리더십
10. 팔로워십
11. 소통의 기술

조직운영

::: 들어가기

기러기가 하늘을 무리지어 나는 모습을 보노라면 신비한 느낌이 든다. 수십 마리가 삼각편대를 이루면서 조금도 흐트러짐 없이 수천 킬로미터를 난다니 말이다. 맨 앞의 새는 길을 아는 리더 격인 새일 것이다. 인간도 초기에는 가족 중심으로 사냥을 하고 수확물을 나누면서 생존해 왔다. 사냥하는 모습을 보면 그저 각자의 일을 하는 듯 보이지만 보이지 않는 규칙이 있다. 반드시 이끄는 자(리더)와 따르는 자(팔로워)가 있는 것이다. 인간은 오랫동안 조직을 통해 생존해 왔다. 현대의 가상조직은 누군가가 아이디어가 있으면 인터넷을 통해 전혀 모르는 사람과도 지식을 공유하면서 가치 있는 일을 만들어낸다. 형태는 달라졌어도 원시사회나 지금이나 변치 않는 모습이 있다. 협업과 분업이다. '백지장도 맞들면 낫다'는 말은 협업이다. 또한 각자가 할 수 있는 일의 양과 잘할 수 있는 부분이 다르기 때문에 분업은 전체 성과를 올리는 데 효과적이다. 협업과 분업은 언어를 만들었고, 언어는 인간의 두뇌를 키우고, 발달한 두뇌는 기술을 만들어내고, 기술은 조직 속에서 지식이 되었고, 사회는 점차 지식사회로 바뀌면서 현대의 조직은 지식사회와 인터넷환경에 걸맞게 진화를 거듭하고 있다. 인간은 태어나면서부터 가족의 일원으로 사회의 일원으로 조직의 틀 안에서 산다. 어려서는 집과 학교에서, 커서는 집과 직장에서 대부분의 시간을 보낸다. 가족에서나 직장에서나 조직의 일원으로서 권한과 책임을 가진다. 한편 현대의 많은 기업들은 전 세계로부터 인재들을 선발하여 이들이 전 세계 고객의 행복을 위해 진력을 다하도록 동기부여함으로써 경쟁력과 수익성을 유지한다. 기업이 인적자원(human capital)을 어떤 원리에 의해 조직화하는지, 종업원들을 어떻게 동기부여하는지 알아보자.

8.1 조직 만들기

조직은 성과를 높이기 위해 만들어진다. 여러분이 이 과목에서 리포트를 제출해야 하는 과제를 받았다 하자. 개인으로도 할 수 있고 공동으로도 할 수 있다고 할 때 여러분은 어떤 선택을 하겠는가? 팀원 간에 협업과 분업이 잘

되어서 혼자 할 때보다 좋은 리포트를 정시에 만들 수 있다는 판단이 서면 팀을 선택할 것이다. 그러나 서로 마음이 맞지 않고 실력 차가 많아 소통이나 논쟁에 많은 시간이 들 것 같으면 차라리 혼자 하는 것이 낫다고 생각할 것이다. 애는 애대로 쓰고도 좋은 리포트를 생산할 것 같지 않기 때문이다. 에디슨이나 스티브 잡스가 초기 제품발명 단계에서는 혼자 외롭게 했지만 각각 전력회사와 애플을 창업한 후에는 기업조직을 만들어 상업화된 제품을 만들기 시작했다. 조직은 일의 양이 많고 복잡해 분업이 효과적이고 조직원 간에 협업이 가능할 때 효과적이다.

기업의 4차원 업무영역

기업의 업무(일)를 나누면 적어도 4차원으로 분류된다.

첫 번째 차원은 **경영활동** 측면에서의 일이다. 경영은 3단계 활동을 반복한다. '뭘 할 것인가(what to do) ➡ 어떻게 할 것인가(how to do) ➡ 성과 평가 및 보상(how to evaluate)' 이다. 제1장에서 다뤘듯이 뭘 할 것인가를 정하는 단계는 사업을 상상(imagination)하고 계획(plan)하는 일이다. 많은 기업들에서는 사업개발(BD; business development) 부서가 이를 담당한다. 어떻게 할 것인가를 정하는 단계는 신조직이 필요하면 조직을 만들고, 생산프로세스를 구축하여 제품을 생산 · 판매하면서 필요시 실행에 필요한 업무간 · 조직간 마찰을 조정하는 일이다. 상위 관리자와 중간 관리자가 이를 담당한다. 마지막 단계는 성과 평가 및 보상을 실행하는 단계와 개선점을 파악하여 피드백을 실시하는 과정을 합한 통제과정이다. 이 활동들은 모든 경영자에게 익숙해야 하는 일이나, 책임과 권한은 계층별로 다르다.

두 번째 차원은 **부가가치사슬** 측면에서의 일이다. 제2장에서 다뤘듯이 R&D, 디자인, 시제품 제작, 생산, 광고 · 영업, 유통 · 판매, A/S, 재무, 브랜드, 법무, 총무 등 기능별로 부가가치를 창출하는 영역이다. 기능별로 전문적인 내용이 많아 분업은 불가피하다.

세 번째 차원은 **사업** 측면에서의 일이다. 현대 기업이 하나의 제품만 다루는 경우는 드물다. 제품별로 각기 독립적인 사업이 있다고 한다면 제1장에서 다뤘듯이 제품별로 각기 다른 일이 존재한다.

전통적인 기업의 기능별 조직체계 그림 8-1

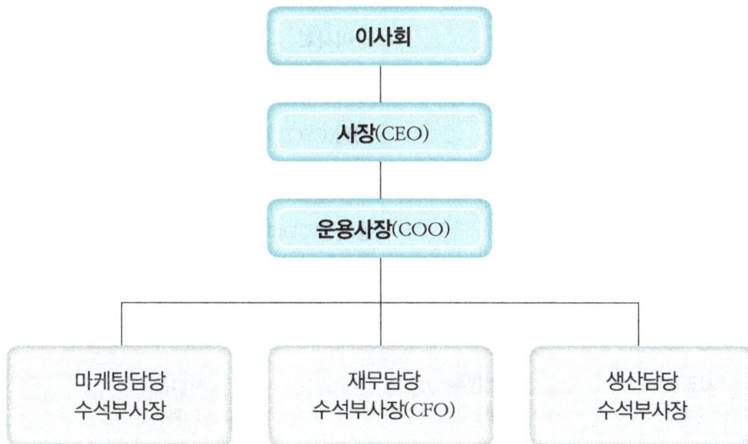

네 번째 차원은 **지역** 측면에서의 일이다. 국가별로 시장환경과 소비자가 다르고 한 나라에서도 지역별로 소비 특성이 다르다. 이를 각각의 다른 일로 본다면 지역별로 일을 나눌 수 있다.

4차원을 각각 세분화하면 각 차원 내 구분의 숫자를 모두 곱한 만큼 많은 수의 독특한 일이 존재하고, 이를 모두 조직화한다면 너무 많은 조직이 생긴다. 따라서 이들 간의 소통이나 조정, 평가 등 많은 어려움이 생길 수 있다.

조직구조의 유형들

조직구조는 위 4차원 일을 어떻게 조직화하느냐를 구현한 것이다. 가장 단순한 조직은 **기능적 조직**이다. 하나의 사업과 하나의 시장만 존재하는, 즉 1, 2차원의 일만 존재한 경우 기능별로 조직을 나눈 것이다.

마케팅, 재무, 생산 담당 수석부사장을 두어 기능별로 관리한다. 마케팅 담당 수석부사장은 신제품, 광고, 영업, 유통, A/S를, 생산 담당 수석부사장은 개별 공장을 모두 통솔하고, 각 공장의 공장장은 공장을 현장에서 직접 관리한다. 재무를 총괄하는 수석부사장은 특별히 CFO(chief financial officer)라 부르며 자금조달, 재무제표 작성, 투자결정, 투자자 관계, 세금, 관련사 신

그림 8-2 사업부 조직체계

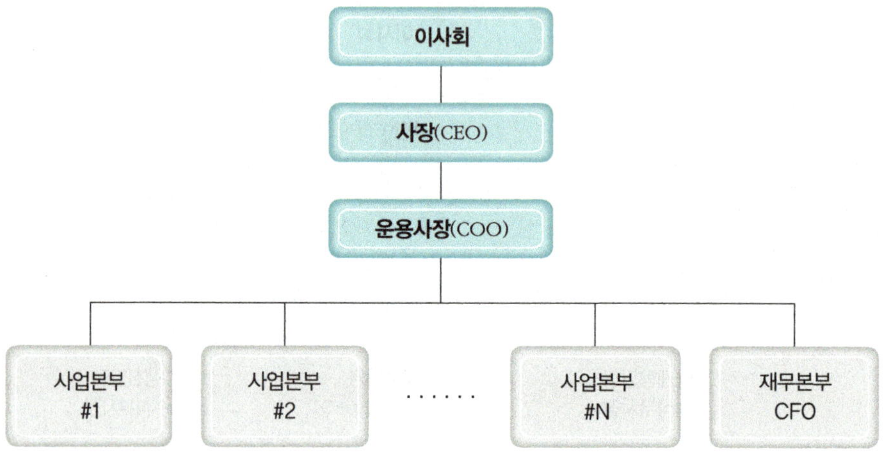

용부여, 이사회 운용 등을 맡으면서 CEO의 지척에서 다양한 자문을 제공한다.[1] 1차원의 의사결정 과정은 몇 가지만을 제외하고는 모두 COO(운용 담당 사장)이 맡는다. 대정부 관계, 미래사업 개발, 임원의 인사, 이사회 운용, 대규모 투자결정, 배당결정 등은 최고경영자(CEO; chief executive officer)가 담당한다.

다음으로 여러 개의 비교적 독립적인 사업이 있을 경우 **사업부 조직**을 가지는 것이 일반적이다. 1, 2, 3차원이 존재하는 경우이다. 사업본부장(또는 business group장)은 규모에 따라 사장, 부사장, 전무, 상무의 직위를 부여받고 책임지는 사업본부를 독립기업처럼[2] 운영한다. 사업본부는 본부 내에 생산, 마케팅, 재무부서를 둔다. 그러나 〈그림 8-2〉에서와 같이 재무부서는 별도의 사업본부로 있되 이 부서를 책임지는 CFO는 자금조달, 재무제표 작성 등 전사적인 재무업무를 관장하고 각 사업본부의 재무부서로부터 자료를 공급받아 각 사업부의 성과평가와 생산성목표, 할인율 등을 정하고 신규사업에

1. 〈Social Network〉란 영화는 페이스북의 창업자 마크 주커버그가 CFO 역할을 해낸 숀 파커와 얼마나 긴밀히 움직이는가 보여준다.
2. 사업본부별로 독립회계를 가지며 외부의 경쟁기업과의 비교를 중시한다.

매트릭스 조직체계 그림 8-3

대한 의견을 CEO에 제안한다. COO는 사업본부 간의 조정, 공동 시장개발 등 사업관련 기획, BG장 평가 및 실행상의 주요사항 결정을 맡는다. 사업본부는 '부사장 → 전무 → 상무 → 부장 → 차장 → 대리 → 사원' 의 위계질서를 가지며 운영되는 라인(line) 부서이면서 이익을 창출하는 것이 목표라 하여 **이익센터**(profit center)라 부른다. 회계, 재무, 법률, 총무 등과 같은 지원 부서는 각 사업부와 최고경영자, 투자자에게 부가가치 정보나 서비스를 창출하는 스태프(staff) 부서로서 이익 없이 비용만 창출한다 하여 **비용센터**(cost center)라 부른다.[3]

다음으로 독립적인 제품들을 가지고 있고, 각 제품들이 다시 지역별로 상이한 형태의 사업일 경우 **매트릭스 조직**을 고려해 볼 수 있다. 즉, 4개의 차원이 모두 존재하는 경우이다. 〈그림 8-3〉의 ABB는 가로로는 사업 또는 제품, 세로로는 지역으로 잘게 나눠 얻은 단위(조그만 박스)를 독립 사업부로 규성하고 이들을 각각 별도의 기업처럼 운영 · 관리하고 있다(유형 1이라 칭함). 특이한 점은 재무기능 또한 제품사업부와 마찬가지로 완전한 독립 사업부인 이익센터로 운영한다는 점이다. 독립 사업부는 5,000여 개에 이르고, 이들

3. 기업 외부로부터 매출 발생이 안 된다는 의미이지, 스태프 부서인 전략, 재무, 브랜드관리, 법무 등이 창출하는 부가가치는 절대적이다.

사업부는 각자 독립회사처럼 운영되나 사업부장은 제품군 본부장에 보고하고, 동시에 지역별 본부장에 보고해야 한다. 그러나 이들 본부장으로부터의 명령체계가 사업부 조직처럼 강한 것이 아니다. 대부분의 의사결정을 독립적으로 행하되 대규모의 신규사업 추진 같은 중요 사항은 CEO와의 직접 교류를 통해 최종 결정한다. 이런 조직이 운용되려면 두 가지 조건이 만족되어야 한다. 첫째, 회계정보시스템이 잘 구축되어 CEO가 문제될 만한 사업부를 실시간(realtime) 계측할 수 있어야 하고 이들의 업무를 CEO가 모두 이해해야 한다. CEO는 일관된 원칙에 의거하여, CFO의 자문을 받아 대규모의 신규사업 추진 및 사업부 폐쇄 등을 결정한다. 둘째, 평가시스템이 객관적이고 투명해야 한다. 성과평가에 대한 원칙이 흔들리면 소통해야 할 수장이 너무 많아 혼란에 빠지기 쉽고 수습이 어렵다.

또 다른 매트릭스 조직(유형 2라 칭함)으로는 유형 1 조직의 두 개의 축인 사업과 지역 중에서 지역을 빼고 그 자리에 기능을 넣은 구조이다. 대신 가로에 기능(부가가치사슬)을[4] 배치하고, 세로에 사업(또는 프로젝트) 1, 2, 3, 4, …를 배치하여 모든 직원이나 팀들은[5] 기능과 사업에 소속하여 이익창출에 기여하게 만든다. 이들은 기능 면에서는 기능 총괄인 기능별 부사장의 지시를 받으면서도, 사업 면에서는 사업본부장의 지시를 받아 움직인다. 유형 1, 유형 2 모두 성과평가는 양쪽에서 다 받는다.

매트릭스 조직의 큰 장점은 본사의 높은 브랜드 가치나 저비용의 자금조달 여건을 공유하면서도 조직이 작고 전문가 그룹에 의해 자율적으로 운영되므로 1) 복잡한 프로젝트 수행이 가능하고, 2) 혁신과 변화에도 유연하게 움직일 수 있으며, 3) 평가가 용이하고 분명하여 성과 위주로 조직이 운영된다는 점이다. 그러나 양쪽의 장들의 의견이 다를 경우 조직이 매우 정치적이 되고 잘못될 경우 책임소재가 분명치 않다는 단점이 있다. 또한 유형 2의 경우 기능별로 모인 조직원 간의 문화충돌도 문제점으로 지적된다.[6]

---

4. 자주 변하지 않는 기능, 예로 조사 · 기획 · 연구, 마케팅 · 영업, 엔지니어링, 생산, 재무 · 지원의 5개 기능이다.

5. 이 경우는 유형 1에서와 같이 사업부라기보다는 팀으로 보는 것이 맞고, 팀원이 1인일 수도 있다.

6. HP사는 2005 ~ 2006년 사업본부장에게 확실한 책임을 부여하기 위해 전 회장이 강화했던 매트릭스 조직을 사업부 조직으로 다시 전환시키는 데 상당한 비용을 지불했다.

위에서 설명한 세 가지 조직구조 외에 보다 더 유연하고 복잡성을 소화해 내면서도 비용경쟁적인 조직구조로 **네트워크형 조직**이 대안으로 제시된다. 공급사슬이 글로벌해지고, 특히 생산 면에서 다른 기업들과의 제휴(alliance)를 통한 협력이 가능해지면서 기능별 강점이 있는 기업들을 연결하여 제품을 디자인 · 생산 · 판매하는 조직체계를 만드는 것이다. 이런 조직은 고객변화에 적응하여 적시에 낮은 가격으로 품격 있는 제품을 생산할 수 있는데, 이것이 가능한 이유는 글로벌한 기업들의 핵심역량만을 모아 연결하기 때문이다. 변화하는 현대에는 하나의 기업이 모든 가치사슬에서 핵심역량을 다 가질 수 없다. IT의 발달은 이들을 쉽게 엮을 수 있도록 도와주고 있고 그런 추세는 가속화되고 있다. 네트워크형 조직구조의 극단적인 모습은 **가상기업**(virtual corporation)이다. 가상기업은 공장과 같은 물리적인 조직을 가지지 않고 가치사슬의 제 기능을 공급할 별개의 기업들을 제휴로 연결하여 가치사슬을 내부화한 기업과 마찬가지로 고객에게 제품을 공급하도록 한 조직구조이다. 보안업체인 세콤의 경우 콜센터는 지역 콜센터 운영사로부터, 보안인력은 인력경비업체인 에스텍시스템으로부터 공급받는다. 세콤이 요금청구서비스도 아웃소싱하고 있다면 그들이 가진 것은 삼성계열사라는 브랜드 이미지와 이들 관련사 서비스들을 원활하게 엮는 네트워크 기술이다. 고객은 세콤으로부터 서비스를 받는데 서비스를 제공하는 주체는 네트워크 내에 제휴사들인 것이다. 이런 경우 위 4차원의 업무영역 중 경영활동만을 자체적으로 하고 나머지는 네트워크로 연결된 타사가 대행하도록 하는 것이다. 삼성이라는 브랜드품실을 공유하면서.

미국의 경우를 살펴보면, 시스코시스템은 34개의 공장에서 물건을 만들어내어 고객에게 깔끔하게 전달하지만 자신들이 소유하는 공장은 2개에 불과하다. 애플이나 나이키는 제조사임에도 불구하고 자체 생산공장을 가지지 않고 전 세계의 부품 · 제조사와 네트워크로 연결하여 제품을 제작하고 있다. 월마트는 관련물품 납품사와 물류 네트워크로 연결하여 고객이 구입한 후 결제시점에 그 납품사로부터 매입한 것으로 하여 재고비용을 0으로 만들었다. 델은 고객으로부터 PC 주문접수 후 부품사로부터 부품을 모듈 형태로 납품받는 즉시 조립하여 배송한다. 이 역시 재고비용이 거의 발생하지 않는다. 이 같은 네트워크 조직이 성공하려면 고객의 입장에서 아무런 불편이 있어서는 안 된다. 네트워크로 연결된 조직이지만 모든 기능을 내부화한 기업과 마찬가지로 고객에게 원하는 제품이나 서비스가 깔끔하게 공급되어야 한다는 것이다.

이 외에도 프로젝트가 수행하는 기간에만 존재하는 **프로젝트형 조직**이 있다. 발전소, 유료 고속도로와 같이 20~30년 존속하는 프로젝트도 있지만 실리콘밸리의 프로그램 제작사들은 프로젝트를 수행하는 동안 그 지역 프로그래머를 시간제로 고용하여 프로그램을 제작하고 프로젝트가 끝나면 없어진다. 이런 조직은 비서, 사무실, PC도 모두 시간제나 렌탈로 공급받음으로써 고정비를 완벽하게 제거한다.

회사 전체의 조직구조는 아니지만 회사 내의 어떤 특별한 목적을 위해 회사 전체의 구조와 다른 조직을 만드는 경우가 있다. **팀**(team) **구조**와 **위원회**(committee) **구조**가 이런 조직구조이다. 팀은 문제해결, 복합적인 기능의 수행과 같은 한시적 업무를 수행하기 위해 구성되는 경우가 대부분이다. 하지만 어떤 업무영역에서 자율경영을 유도하여 생산성을 높이기 위해 구성되는 경우도 있는데 이런 경우는 장기적으로 존속한다.[7] 요사이 IT 환경의 발달로 가상팀을 활용하는 경우도 있다. 가상팀은 회사 내의 조그만 가상조직으로 지리적으로 떨어져 있어도 하나의 팀으로 작동하는 조직으로, 매킨지와 같은 컨설팅사, 국제적인 로펌, 국제적인 투자은행, 국제적인 회계법인들이 상시 고객을 위해 사용하는 조직이다. 예로 한국의 기업이 기업매수전략을 구사할 때, 컨설팅사는 서울, 뉴욕, 싱가폴, 런던에 상주하는 전문가로 가상팀을 구성하여 원스톱(one-stop) 서비스를 제공한다. 팀조직이 잘 작동되려면, 서로 다른 기능을 수행하는 동일한 직급의 직원이 자율적으로 운용되도록 해야 한다. 이런 조건이 맞을 때 1) 자발적 참여가 이뤄지고, 2) 서로 다른 기능들이 융합하면서 시너지[8]가 창출된다. 그 결과 각자가 풀 수 없는 복잡한 문제를 기한 내에 해결할 수 있게 된다.

---

7. 2006년 미국 생산직 노동자의 70% 이상이 자율경영팀에 소속되어 있으면서 생산성 및 품질관리 등에 영향을 주는 과업을 스스로 결정했다.

8. 시너지란 1+1=2가 아니라 3, 4, 5의 결과가 나오는 경우로, 1(=3−2), 2, 3만큼의 시너지가 발생했다고 한다.

위원회 조직은 집단의사결정기구로서 주요 사안을 심의하고 결정하는 일에 적합한 조직이다. 이사회 내의 감사위원회, 보상위원회, 리스크관리위원회 등이 이에 해당된다.

|생각 1| 검색엔진 회사인 구글이 무인전기자동차 사업을 구상 중이다. 참고로 미국 국민은 95% 이상이 구글 맵을 통해 지도를 보고 있으며, 구글은 전기차의 개척자인 테슬라(Tesla)와의 합작을 고려 중이다. 현재 구글과 테슬라는 전기충전소 위치, 충전상태 등을 알려주는 앱을 공동 개발한 바 있다. 테슬라의 창업자 겸 CEO인 머스크는 비싼 GPS를 이용한 무인전기차보다 저렴한 카메라 장착 무인자동차에 그리고 당장은 무인자동차보다는 전기차 가격하락에 더욱 관심이 있다. 구글이 이 사업을 실현화하려면 어떤 조직구조가 바람직할까?

조직구조와 조직원 간의 관계설정

조직을 설계할 때는 1) 조직구조 자체, 2) 조직구조 내의 조직원 간의 관계설정, 3) 이런 구조와 관계에서 조직원들이 열정을 가지고 일할 수 있는 분위기 조성을 고려해야 한다. 1)은 위에서 설명한 구조 중에서의 선택상의 문제이고, 2)는 상하관계 또는 명령체계를 설정하는 일이고, 3)은 인적자원관리와 리더십 · 팔로워십에 의해 형성되는 조직문화 과제이다.

1. 경영관리 위계와 계층(layer)

경영관리를 위해서는 명령을 내리는 윗사람과 이를 받아 수행하는 아랫사람이 필요하다. 조직의 **위계**(hierarchy)는 경영진, 중간관리자, 일선관리자, 종업원으로 나눈다. 가장 명확한 지휘계통(chain of command)을 가진 조직은 군대 또는 관료조직이다. 모든 조직원은 하나의 직접 상관을 둔다. 이를 **지휘 단일성**(unity of command)이라 하는데 이는 명확한 명령체계를 보장한다. 이 조직은 상사가 정보나 의사결정 능력 면에서 우월성을 가지고 수평적인 다른 조직(예: 다른 중대)들이 서로 다른 일(작전)을 수행하는 경우 효과적이다. 매트릭스 조직은 지휘 단일성을 포기한 대신 큰 원칙 아래 자율경영을 강화한 조직이다.

위계는 관리자가 하부 직원에게 일을 시키고 지휘 · 감독하고 평가할 권한(authority)을 가지며, 때로는 하부 직원에게 자신의 직무를 위임(delegation)하나, 책무(accountability)는 관리자 본인이 짐으로써 작동한다. 위계는 조직에 많은 계층(layer)를 만든다. 우리가 아는 직급만 해도 회장, 부회장, 대표이사 사장, 운용사장, 부사장, 전무, 상무, 부장, 차장, 과장, 대리, 평직원 12개가 된다. 이는 경력과 관리자 위치에 맞춘 직급이지만 어느 정도 의사결정상의 계층을 설명한다. 계층이 많다는 것은 의사결정이 늦어지고 하부 조직원의 창의적인 아이디어가 실현되기 어렵게 한다. 1980년대 이후 많은 기업이 계층을 줄이며 슬림화된 조직(lean organization)을 가지기 위해 조직 리엔지니어링(re-engineering)을 실시했다.

계층을 줄인다 해도 어느 정도의 계층은 불가피하다. 이런 경우 창의적 아이디어를 발굴하면서도 빠른 의사결정을 가능하게 하는 것은 조직원과의 수평적 관계를 선호하는 리더십 스타일이다. 대부분 혁신을 지향하는 조직은 불필요한 형식과 계층 간의 담을 없애고 근무환경도 자유로운 학습조직으로 만들어 위계가 만든 장벽을 허문다. 수평화된 조직에서는 개인에게 없는 막대한 자유를 주는 대신 개인별로 성과를 평가할 수 있는 시스템의 구축과 성과에 따른 보상이 조직문화로 정착되어야 한다.

|생각 2| 전산과 IT기술의 발달은 위계를 중시하는 조직에 어떤 영향을 주었을까?

2. 통제범위

위계는 조직을 피라미드형으로 만든다. 그것은 어떤 한 사람이 통제할 수 있는 하부 직원의 수나 일의 범위가 제한적이기 때문이다. 모든 직급의 관리자가 7명 정도의 하부 조직원을 관장할 수 있다면 회장 밑에

7명의 사장, 49명의 사업본부장(전무, 상무), … 등 7배수로 계속 늘어날 것이다. 이같이 한 사람이 하부 조직원을 통제할 수 있는 범위를 **통제범위**(span of control)라 한다. 제2장에서 중소기업의 경우 직급 간의 통제범위가 있다 해도 사장이 직원 하나하나를 다 챙기고 그 수가 100명이라면 사장이 직접 관리할 수 있는 범위, 즉 통제범위는 100명이 된다. 앞서 소개한 ABB의 경우, 1997년 회장을 맡고 있던 바나빅은 매트릭스 조직 내의 5,000여 개의 사업부를 직접 관리했다. 사람의 능력과 열정에 따라 통제범위는 크게 달라진다.

3. 집중화 vs. 분산화

같은 조직구조라도 권한을 중앙에 **집중**(centralization)하느냐, 현장에 가깝게 **분권**(decentralization)하느냐는 조직을 설계함에 있어 중요한 판단이다. 집중은 효율성, 투명성을 늘리나 창의나 리더십을 발휘할 기회를 없앤다. 반면 분산은 자율과 창의, 현장성, 즉시성을 강화하나 목표들 간의 상충, 소통의 문제, 노력의 중복, 조직 간 갈등을 일으킨다.

예로 대학교에서 교수 채용은 중요한 업무 중 하나이다. 대부분의 경우 교수의 자질을 제일 잘 아는 사람은 같은 전공 교수들이다. 따라서 대부분의 대학들은 단과대학 학장의 감독 아래 전공 교수들과 외부의 전공 학자들의 의견을 종합하여 적절한 사람을 단수 또는 복수(순위 매겨서)로 1차 선정하고, 이를 본부에 올리면 본부 행정을 맡고 있는 총장은 극히 이례적인 경우를 제외하고는 선발과정을 신뢰하여 그 결정에 따른다. 그러나 선발과정에서 정실주의(nepotism)가 작동하면 교수 간의 갈등이 시작된다.

| 생각 3 | 위 예에서 교수 간의 갈등이나 정실주의를 우려하여 교수 채용을 본부가 주관한다면 어떤 장단점이 있을까?

우선 위의 대학의 경우처럼 분권의 정도를 결정할 때 중요한 점은 하위 계층(위 경우 평교수)에 권력이 이양되었을 때 아래 계층 인력들이 그 업무를 제대로 수행할 능력이 있는가 그리고 그에 따라 늘어난 책임을 지려는 의지가 있는가이다. 그 외의 구조적인 요소로서 지리적으로 분산되었거나 또는 기업이 너무 방대하여 집중화가 어려운 경우, 마지막으로 신기술 사업으로 현장의 기술자들만이 그 업무를 신속히 개발할 수 있는 경우를 들 수 있다.

4. 비공식 조직

공식 조직(formal organization)을 구조화할 때 비공식 조직(informal organization)의 역할을 고려해야 한다. 비공식 조직이란 조직도에 없는 조직으로 개인들의 비공식 관계를 기반으로 연결되는 네트워크와의 의사소통 채널이다. 비공식 조직은 그 시작이 같은 가치를 공유하고, 같이 편안한 시간을 그리고 은밀한 시간을 자주 가지는 조직이므로 정(情)으로 뭉친 조직이라 할 수 있다. 위계질서가 가지는 경직된 정보채널과는 달리 비공식 조직에서는 고객화(customized)된 정보를 지인으로부터 언제나 부담 없이 그리고 은밀하고 빨리 전달 받을 수 있다. 또한 그 조직 내에서 자신의 평판도 수시로 확인할 수 있다. 신입직원에게는 위계조직에서는 가르쳐주지 않는 상사의 스타일 등에 대한 정보를 알려주어 조기 적응에 도움도 준다. 비공식 조직의 기여는 공식 조직의 규범(norm)을 알려준다는 것이다. 예로 컨설팅회사에서 상사가 일을 주면 토요일에 무조건 나와 일해야 한다면 이는 노동법상 문제가 되는 행위라 공개적으로 알 수 없는 것이지만 비공식 조직을 통해 금방 알게 되면서 익숙해진다. 규범은 조직원이 지켜야 하는 불문율이기 때문이다. 비공식 조직이 이와 같이 좋은 점만 있는 것도 아니다. 확인되지 않은 소문(grapevine)이 마치 진실인 것처럼 퍼지고 그것이 위계질서를 해칠 수도 있다. 따라서 공식 조직을 설계 및 운용할 때 비공식 조직의 순기능, 역기능을 잘 고려해야 한다. 예로 애매한 내용의 업무관련 설명을 고위관리자가 발언하는 것을 삼가고, 비공식 조직의 리더들을 의사결정 과정에 참여시켜 성과에 집중할 수 있는 사내 분위기를 유지하는 것이다.

조직문화

조직문화는 '문화의 일반적인 정의'[9]에 의할 때, 1) 조직의 보편적인 가치를 완성하는 과정, 2) 세밀한 방식으로 조직원의 생각과 경험을 다양하게 기록한 지적이고 상상력이 깃든 실체, 3) 조직 내의 일상적 행위에서 어떤 의미나 가치를 표현하는 특정한 삶의 방식을 의미한다. 구성원 간의 독특한 의사소통방식도 특정한 삶의 방식 중 하나이다. 쉽게 정리하면 조직문화란 조직원들이 뜻하는 바대로 움직이면서 만드는 어떤 행동패턴이며, 이는 그들의 생각, 경험, 삶의 방식을 지적으로 묘사함으로써 구체화된다. 예로 군대의 조직문화를 생각해 보자. 군대의 조직문화는 1) 적과의 싸움에서 무조건 승리해야 된다는 자세, 2) 승리를 위한 훈련, 전투에 투입되면 상사 명령에 대한 무조건적인 복종, 동료가 쓰러져가도 전투에 임하는 집중력, 3) 상사와 부하 간의 경직적인 소통방식, 상사와의 갈등과 상사에 대한 신뢰, 동료애, 막사생활 등에 대한 구체적인 기록이라 할 수 있을 것이다.

이와 같이 조직문화는 조직구조나 위계질서가 정할 수 없는 조직 내의 인간의 행위, 생각, 감정을 세심하게 표현한 것이다. 화약제조사의 조직문화는 폭발사고가 없어야 한다는 가치 하에 군대와 같은 엄격한 조직문화를 가지는 반면, 스마트폰에 들어가는 앱 개발회사는 경쟁사보다 앞서서 고객이 좋아할 프로그램 개발에 최대 가치를 두고 상사나 직원이나 위계질서 없이 24시간 같이 뒹굴며 격식 없이 소통하여 제품개발에만 힘쓰는 조직문화를 가지게 된다.

기업의 성과는 어떤 조직문화를 갖느냐에 따라 크게 달라질 것으로 예상된다. 제7장에서 다룬 현대카드와 애플의 경우 그들이 높은 성과를 냈던 기간의 조직문화 특성이 동종업의 다른 회사와 매우 달랐던 것은 흥미로운 사실이다.

조직문화를 결정하는 요소들을 정리하면 다음과 같다.

9. RAYMOND WILLIAMS (1921 ~ 1988). 영국의 대표적인 문화비평가이자 소설가이다.

- 사업의 성격: 제품수명주기 중 어디에 위치하는가? 부가가치가 높은가? 지식산업인가?
- 시장의 형태: 얼마나 경쟁적인 시장인가?
- 인적자원의 구성: 보편성을 띠는가? vs. 지엽성(지역, 학교, 나이, 성별, 학력)인가?
- 권한과 책임의 배분: 집중 vs. 분산
- 누가 평가하는가: 상급자가 평가하는가, 다면평가인가?
- 리더십과 팔로워십 스타일

8.2 인적자원관리

앞서 설명한 대로 1단계에서 기업의 리더들은 자신들 회사의 4차원 업무 영역을 잘 배치할 조직구조를 선택하고 나면,[10] 그 틀에 조직원들을 배치해야 한다. 우선 조직원이 해야 할 직무를 명확히 규정하는 일이 필요하다. 그다음 단계에서는 그 자리에 잘 맞는 사람을 모집 · 선발(또는 기존 직원을 재교육)하고, 기업문화와 함께 실무를 가르치고 일에 투입한 후 열정을 갖고 일하도록 여러 가지 인센티브를 제공한다. 조직 효율성은 어떻게 인센티브를 주고 자극하느냐에 달려 있다. 제1장에서 거론했듯이 인적자원관리의 핵심원리는 '사람은 인센티브로 움직인다' 이다. 인센티브에는 채찍과 당근이 있다. 채찍은 무보직, 전근이나 퇴직권고, 해고이고 당근은 높은 보상이다. 보상은 급여와 승진, 포상으로 이뤄진다. 인센티브의 종류와 크기는 평가에 의한다. 대부분의 평가는 성과목표 대비 달성률이다. 성과목표 대비 높은 달성률을 지향하는 MBO(management by objectives)는 개별 조직원을 조직이 원하는 방향으로 이끄는 등대와 같은 것이다.

이를 단계별로 정리하면, '직무분석 → 선발 · 배치 → 교육 → 목표설정 → 평가 → 보상' 의 순이다.

---

10. 기존의 기업들은 이미 강건한 조직구조가 구축되어 있으니 상시적으로는 인력관리가 더 큰 주제가 된다.

직무분석

직무분석(job analysis)이란 특정 직무를 구성하는 과업(task)과 책임사항을 도출하는 작업이다. 이를 기술하여 **직무기술서**(job description)를 작성하게 되는데, 이 기술서에는 직무명칭, 근무지와 부서(또는 보고채널), 정규직 · 비정규직과 같은 키워드를 머리 위(headline)에 기술하고 그 아래 직무요약(직무에 대한 2줄 정도의 설명), 의무와 책임을 예상투입시간(또는 %)을 기준으로 설명한 구체적인 업무내용을 기술한다. 예로 시간의 20%를 어떤 일을 하는 데 써야 된다는 식이다. 직무기술서가 작성되면 그 자리에 지원할 지원자의 자격을 설명한 **직무명세서**(job specification)가 작성된다. 예로 경영분야 석사학위 소지자로서 마케팅부서에서 2년 이상의 경력을 가진 자, 현장 영업직원들과 협력하면서 창의적인 아이디어를 만들어내야 하고 프레젠테이션에도 능한 자 등이다.

선발과 배치

우수인력의 유치는 경쟁력의 핵심이다. 첨단기술을 필요로 하는 기업일수록 최고의 인력을 보유하는 것은 무엇보다도 중요하다. 2등 기술이 의미 없을 때가 많기 때문이다. 사람은 내부와 외부에서 뽑게 되는데, 기업문화에 따라 외부로부터의 선발을 선호하는 기업이 있는가 하면, 신입사원을 공채로 한 번 뽑으면 그 윗자리는 대부분 **내부경쟁**과 **승계계획**(succession planning)에 의해 재배치하는 것을 선호하는 기업이 있다. 승계계획이란 상사가 '자기 자리에 누가 오면 제일 적합한지'를 매년 평가해서 인사과에 올리면 이 내용이 담긴 관련 DB를 재배치 때 사용하는 프로그램이다. 서양의 대기업들은 대개 이런 프로그램을 유지한다. 직원들 사이에서 화가 나도 참으라는 뜻으로 '회사를 바꿀 힘이 없으면 상사에 복종하라'는 말이 도는 이유도 그만큼 상사가 자신의 미래를 쥐락펴락하기 때문이다. 외부로부터의 **선발**은 '서류선형 ➡ 시험 ➡ 면접 ➡ 신원조회 ➡ 신체검사 ➡ 채용'의 순서를 거친다. 중견사원이나 임원을 선발할 때는 공개적으로 하기 어렵기 때문에 헤드헌터(head hunter)의 추천을 받아 선발한다. 신입사원을 선발할 경우는 학교성적이나 창의성도 보지만 인성을 더 많이 본다. 즉, 우수하나 부정직한 직원보다는 정직한 직원을, 그리고 창의적이나 금방 떠날 사람보다는 오래 남을 사람을 선호한다. 왜냐하면 초기 5년 정도는 직원이 회사에 기여하는 부분보다 회사가 직원에게 투자하는 부분이 크므로 초기 이직은 회사로서는 손실이기 때문이다.

교육훈련과 학습

기업에서의 교육은 현장교육, 연수소 교육, 외부 교육기관에 위탁하는 위탁교육으로 나눌수 있다. 현장교육은 신입사원에 대한 오리엔테이션, OJT(on the job training)가 있고 일정 기간 회사의 여러 부서에 실제 근무하면서 다양한 업무를 익히는 직무순환(job rotation)이 있다.[11] 이 외에도 발전소, 병원 등에서는 윗사람이 자세, 이론, 실무를 수년간에 걸쳐 가르치는 도제제도(apprenticeship)가 아직도 효과적으로 유지된다. 사내에서 후배의 질문에 답해 주는 멘토(mentor)제도 또한 소통은 늘리고 비용은 별로 안 드는 제도로 널리 활용되고 있다.

연수소 교육은 직급별로 다양한 주제에 대해 이뤄지며, 항공사나 자동차 회사는 연수소에 조종이나 공장에서의 업무를 가상으로 할 수 있는 장치를 설치해 효과를 보기도 한다. 위탁교육은 주변의 대학에 회사에 맞는 교육프로그램을 개설해 학위(degree)나 졸업장(diploma)을 주는 제도이다. 유럽의 많은 직업대학(vocational school)들은 고졸 직장인들이 승진하기 위해 필요한 지식과 직능을 가르쳐서 젊은이들의 시간 낭비를 대폭 줄여준다. 대개 주중 하루의 저녁과 토 · 일요일의 반일을 이용해 강의를 들으며 5년 정도에 학사학위를 따는데 학비는 국가가 대부분 부담한다. 최근에는 사이버교육이 발달하면서 사이버를 통한 외부교육이 시간에 쫓기는 직장인들에게는 인기이다.

기업에서의 학습은 교육과정에서뿐만 아니라 현업, 즉 일을 통한 학습이 중요하다. 이는 종업원들이 회사에 임하는 기본자세로서 보다 더 높은 성과를 내려는 욕구에서 비롯된다. 우선 상사나 선배로부터 업무에 직접적으로 적용되는 기술 등을 배우려는 자세에 반응하여 상사나 선배가 이 같은 기술을

---

11. 오리엔테이션은 대개 하루 정도 하며, 현장교육인 OJT는 자기 회사뿐 아니라 선진 회사에 1주일～1개월 기간 동안 진행되며, 직무순환은 보통 2년 정도 걸린다. 회사에서 임원으로 키울 우수 인재들은 의도적으로 순환 보직근무를 시키면서 짧은 시간(10년) 내에 회사 전체의 세세한 부분을 깨우치게 한다.

가르쳐 줌으로써 이뤄지는 학습이다. 다음으로는 계획, 실행, 통제(평가 및 피드백)의 경영활동 과정에서 고객이나 관련사들로부터 자극받아 배우는 학습이다. 예로 고객불만을 해소하기 위한 피드백 활동의 일환으로 계획과 실행 및 성과목표를 바꾼다든지, 판매사원의 판매방식을 개선하는 아이디어를 낸다든지 또는 그 과정에서 고객의 만족을 늘리는 새로운 사업기회를 발견한다든지 하면 이것 자체가 무엇보다 중요한 학습이다. 물론 이런 개선활동의 실행 정도의 파악과 부진의 원인 규명 또한 중요한 학습이 된다. 이는 문제해결뿐만 아니라 수익성 증대에도 직접 기여한다. 따라서 이를 조직화하여 문제나 기회에 대한 집단지성을 끌어내는 일이 필요한데 이런 목적으로 만들어진 조직을 학습조직(learning organization)이라 한다.[12]

성과목표와 평가

성과목표는 대개 해당 연도의 2～3개월 전(보통 10월～11월) 개별 사업부의 차기연도 업무계획 시 결정된다. 각 사업본부는 본사와의 협의 끝에 차기연도 사업본부의 매출 · 비용 · 기여이익 · **투하자본수익률**(ROIC; return on invested capital)[13]을 설정하며, 그 후 사업본부에 소속된 사업부의 목표를 결정한다. 각 사업부는 사업부 목표 대비 실적을 비교하여 달성률을 계산하고 이에 준해 사업부 평점을 받는다. 그 후 각 사업부에 소속된 직원들은 사업부의 평점과 개인평점을 종합하여 성과급을 받는다. 개인평점은 상사가 직무기술서에 명시된 주어진 일에 대해 각각 달성도를 평가한 후 이들을 중요도로 가중평균하여 평점을 정한다. 점수화하는 회사도 있으나, 대부분 점수화하기 어려워 대학 학점과 같이 A, B, C, D로 평점을 매긴다. B와 C를 대학처럼 B+, B0, B- 식으로 나누며 대부분 직원은 B와 C 중에서 평점을 받는다. A는 없는 경우가 많으나 특출한 경우 조직 전체에서 1명 정도이고, D는 퇴직 권고 1순위이다. 승계계획을 하는 기업의 경우 성적이 B라도 후계자로 지명된 경우 조직 내에서는 상당한 의미를 부여받는다.

---

12. 애플은 직장을 대학의 캠퍼스처럼 꾸며 항시 학습하는 분위기를 조성하여 창조와 혁신을 추구했고 GE, 지록스, 에릭슨 같은 성공 기업들은 문제해결방식으로 학습조직을 활용한다.
13. ROIC(= 현금흐름/영업에 투하된 자본)으로 투하된 자본 대비 수익률이다.

사업부 비용을 산정할 때 본사와 사업본부가 보유한 자산 중 영업에 할당 안 된 자산의 감가상각비, 영업과 관련되지 않은 스태프 직원의 활동과 관련한 비용을 각 사업본부에 어떻게 할당하느냐가 중요한 과제가 된다. 대부분 매출 기준으로 할당받게 되는데, 이럴 경우 영업이익률이 낮은 큰 규모의 자산을 가진 사업본부는 상대적으로 낮은 평점을 받게 된다.

급여설계

급여는 선발 시나 기존 직원의 사기에 가장 큰 영향을 주는 요소이다. 급여는 기본적으로 직원이 기여한 생산성(productivity)에 대한 반대급부이다. 자본시장에서의 가격결정 메커니즘과 마찬가지로 급여-노동량에 대한 가격도 노동시장에서 수요와 공급에 의해 결정된다.[14]

급여는 노동에 대한 보상으로서 노동에 대한 시장가격의 의미도 가지나, 각 개인에게는 일하고자 하는 동기부여의 원천이다. 돈 안 받고 일하기를 기대하는 것은 현실적으로 맞지 않다. 자본에서는 위험이 가격(이율)을 결정하지만 위험을 평가하는 것이 간단하지 않았다. 노동시장의 경우도 임금의 반대편(trade off)에 있는 생산성을 평가하기가 쉽지 않다. 일류대학을 나온 인재가 반드시 생산성이 높다고 할 수 없다. 다만 일류대학을 나온 인재가 생산성이 높을 확률이 클 뿐이다.[15]

그러나 회사에서의 경력은 생산성과 연관이 깊으며 경력은 급여를 결정하는 주요 요인으로 분석되고 있다. 경력에 따른 임금은 기능(skill)이 쌓이면서 증가하다가, 기술이 노후화되면서 점차 하락한다.[16] 〈그림 8-4〉에서와 같이 임금은 시간이 지나면서 축적된 기능에 의해 결정되며, 수명이 60년에 달하는 기술의 경우 경력 23년에 절정을 이루고 그 후 급격히 하락함을 보여준다. 이 경우 최고조에 달했을 때의 임금은 신입 기술자의 2.1배, 수명 40년의 기술의 경우 신입기술자의 1.7배 수준으로 지급하는 것으로 분석했다.

---

14. 제4장의 생산이론에서 노동시장에서의 임금결정의 간단한 모형을 다뤘다.

15. 일류기업의 CEO 중 낮은 학력 보유자가 많다. 과도한 학력은 낮은 생산성을 감추기 위함이다.

16. Experience vs. obsolescence : A vintage-human-capital model, Matthias Kredler, *Jouranl of Economic Theory*, 2013.8.

일하는 동안의 경력-임금 구조

그림 8-4

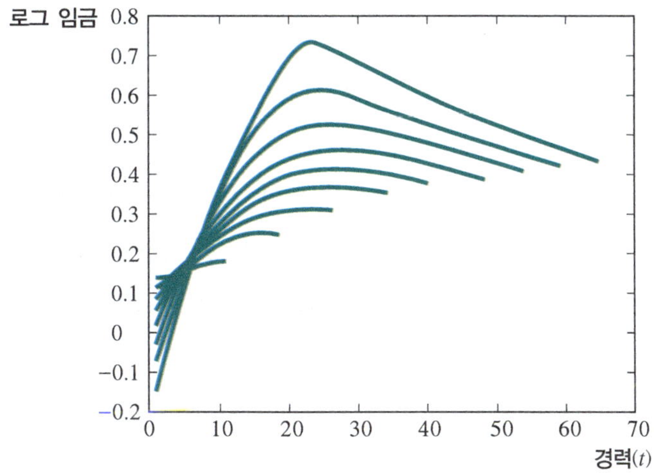

재배치, 이직, 조직축소

성과가 나쁜 직원은 재교육을 받게 할 수 있다. 성과 나쁜 직원 중에 재교육 후 높은 성과를 내는 경우가 많다. 재배치하여 새로운 분위기에서 새 출발하는 것이 좋다. 그래도 성과가 안 나면 이직할 수 있는 여건을 만들어 주는 것이 좋다. 개인도 다른 데 가서 새로운 출발을 할 수 있다면 그것이 본인에게 이득이다.

또한 신규사업이 아닌 어떤 사업부가 지속적으로 손실을 내고 있다면 또는 현재는 이익을 내고 있너라도 앞으로 손실이 예상된다면 사업부 조직을 따로 떼어내어 분사·매각하거나 조직을 축소할 수 있다. 이런 결정은 제2장에서 다룬 수익모형의 지속성의 관점에서 파악해야 한다. 즉, 지금 정리 또는 매각할 때의 가치와 계속 사업할 때의 가치를 비교하여 결정한다. 참고로 명성이 높은 기업일수록, 기업의 재무상태가 좋을수록, 직원들의 소양이 높을수록 분사나 매각이 손쉽다. 매각하여 나가는 직원들이 기존회사로부터 좋은 복지조건을 부여받고 새 주인으로부터 장기간 고용을 보장받으면서 더 좋은 급여를 받을 수 있는 가능성이 높아지기 때문이다.

노동조합

근로자는 법에 의해 노동조합을 통해 단결권, 단체교섭권, 단체행동권을 가진다. 노조는 사용자(기업주 또는 경영진)와 임금, 근로시간, 근로조건 등을 협상하여 이에 대한 협정을 맺는데, 협정에 이르기까지의 과정을 단체교섭(collective bargaining)이라 한다. 노조는 파업(strike)과 시위로 근로자의 권리를 주장하고, 사용자는 대체인력 투입, 불법 노조활동에 대한 손해배상, 사업축소, 직장폐쇄로 대응한다. 우리나라는 한 직장에 여러 개의 노조가 있는 복수노조를 허용한다. 광업, 제조업에서 시작한 노조활동은 서비스, 공공부문까지 확대되었다.

우리나라는 노사 간의 합의가 이뤄지지 않고 분쟁이 지속될 때 이를 해결하기 위해 조정(conciliation)과 중재(arbitration)제도를 두고 있다. 조정은 준사법적인 합의제 행정기관인 노동위원회에서 이뤄지며, 노동위원회는 근로자, 사용자, 공익의 3인으로 구성된 조정위원회를 구성하여 조정에 들어간다. 중재는 재판이 아닌 다른 방법으로 분쟁을 해결하는 법적 수단으로, 파업을 해결하거나 피하기 위한 기술적인 수단이다. 중재는 분쟁 시에 선정되는 중재인이나, 단체협약으로 규정된 재정인(umpire)에 의해 진행되며, 중재인의 판정에 대해서는 재심을 요구할 수 없어 최종협약이 된다.

일반적으로 모든 분쟁은 재판(litigation)보다는 중재로, 중재보다는 조정으로 그리고 조정보다는 분쟁의 예방으로 해결하는 것이 최선이다.

8.3 종업원의 동기부여

8.2절에서는 인적자원관리 측면에서 종업원들이 어떻게 직무를 잘 수행할 수 있게 하느냐를 다뤘다. 이 과정에서 동기부여 관련 내용이 일부 포함되었다. 본 절에서는 동기부여의 측면에서 직무설계를 어떻게 하느냐를 다룬다. 즉, 8.2절에서는 조직논리에서 출발했다면 본 절에서는 인간논리에서 출발한다. 조직의 목적에 맞게 능력에 걸맞는 사람을 뽑아 그 직무에 맞는다고 생각되는 자리에 배치했다 하더라도 그 조직원이 어떤 이유에서인지 몰라도

열심히 일하려는 마음가짐이 없다면 기대하는 성과를 달성할 수 없다. 제1장의 경영원리로 다뤘듯이 '사람은 인센티브로 움직인다'. 경영자는 '적재적소에만 배치시키면 스스로 움직인다'는 생각을 버려야 한다. 필요조건은 되어도 충분조건은 아닌 것이다.

동기부여이론

한국은 1961년 당시 세계 4대 최빈국 중 하나였다.[17] 50여 년 후, 한국경제는 선진국의 문턱까지 와 있다. 한국 역사에 관심이 많은 외국의 저명한 역사가들도 삼성이 소니를 넘어 세계 #1 회사인 애플의 대항마로 경쟁하는 상황을[18] 잘 설명 못 한다. 역사에서 주변국이 중심으로 부각되는 경우가 드물기 때문이다. 1930년대 일제 치하에서는 지구상에서 가장 게으른 민족으로, 1950년대 초반에는 민주주의가 불가능한 나라[19]로 평가받았지만 경제발전과 민주주의를 모두 이뤘다. 저자의 판단은 오랜 역사 속에서 뿌리내린 게으름을 멸시하고 학문을 중시하는 문화적 자긍심이 70년간 눌려 있다가 '잘살아보세'와 '하면 된다(can do spirit)'와 같은 정신운동에 힘입어 불같이 되살아나고 대외경제 여건도 도와주면서 경제발전을 이루게 된 것이고, 불의에 굴복 안 하는 이상추구적인 선비정신과 민중의 힘이 독재를 물리치고 민주주의를 지켜낸 것으로 해석한다. 한국의 얘기를 동기이론 서두에 설명하는 이유는 조직원들이 일을 열심히 하면 잘 될 수 있다는 마음가짐이 조직성과 달성에 중요함을 말하기 위함이다. '우리는 뭘 해도 안 돼!'가 아니라 '하면 된다!' 그리고 '그 성과는 나를 기쁘게 해!'라는 긍정적인 사고가 민간기업의 각 조직원들로 하여금 밤낮없이 일에 몰두할 수 있는 집단 에너지를 창출하는 것이다. 최근 미국을 중심으로 긍정의 힘이 강조되고 있지만[20] 수사(rhetoric)에 치우친 긍정 일변도의 언어는 도리어 기업을 위험에 빠뜨리며, 이 어려움에서 벗어나는 것을 어렵게 한다는 분석도 있다. 즉, 한국이 과거 싼 임금의 수련

17. 참고로 당시 한국의 1인당 GNP는 82달러였고, 아프리카 가나는 197달러였다.
18. 2013년 중반 현재 기준이다.
19. 1952년 영국의 London Times 기자가 이승만 대통령이 군대를 동원해 직선제 개헌을 통과시킨 것을 보고 "한국에서 민주주의를 바라는 것은 쓰레기통에서 장미꽃을 바라는 것과 같다"고 보도했다.
20. '칭찬은 고래도 춤추게 한다'는 식의 언어가 많은 경영자의 운명을 바꿨다.

된 노동자가 풍부한 상황에서, 즉 원천적인 경쟁력을 갖춘 상황에서 미국과 같은 경공업제품에 대한 무제한적인 시장도 존재했기 때문에 '하면 된다' 는 긍정적 사고가 초기에 경제상장을 이루는 데 큰 도움이 되었을 것이다. 그러나 21세기와 같이 첨단화된 기술, 글로벌한 시장상황에서 단순히 긍정적인 사고만으로 성장하기 쉽지 않다. 이는 필요하지만 하나의 필요조건일 뿐일 것이다. 우리의 산업화는 1960년대 시작해서 1970년대 큰 어려움을 겪고, 1980년대 후반 들어서야 우량기업들이 자본을 조금씩 축적할 수 있었고, 2000년대 들어와서는 축적된 자본과 우수인력을 기반으로 세계적인 기업들이 나오기 시작했다. 한국기업의 새로운 도전은 상명불복의 군대문화와 '하면 된다' 는 긍정적 사고에서 보다 다양하고 정교한 동기부여로 남들이 생각 못 한 혁신을 일으킬 수 있느냐이다. 이제 동기부여이론을 차근차근 살펴보자.

19세기 말 미국 베들레헴 철강회사의 **테일러**(Frederic Talyor)는 좋은 결과에 대한 경제적 인센티브와 생산에는 최적 방법이 하나만 존재한다는 논리하에 개별 공정에서의 낭비를 없애기 위해 동작당 노동시간을 스톱워치로 재서 공정의 동작별 노동시간을 효율화하는 데 성공했다. 이런 **과학적 관리방식**(scientific management)은 컨베이어벨트 시스템을 포함한 조립라인 생산방식의 도입, 작업의 표준화 등을 가속화하여 공장의 효율을 획기적으로 올렸다. 과학적 관리방식으로 작업자당 생산량을 계측할 수 있으므로 1) 근로자에게 **차별적 임금**을 지급하여 동기부여하고, 2) 감독을 **분업화**하고, 3) 지도표에 의한 목표관리 및 평가를 가능하게 했다. 테일러는 과학적 관리방식은 전체적으로 생산비를 줄여 기업이 활성화되면 노동자 해고는 줄고, 수입은 늘며, 고용은 증가할 것이라고 주장하면서 직원들의 자발적인 참여를 독려했다. 오늘날의 많은 공장은 테일러의 경영, 즉 능률에 의한 동기부여를 기본으로 하여 설계된다.

능률에 의해 성과급을 주어 동기부여하면 최선이라는 생각들은 1930년대 전화교환기 생산회사인 웨스턴 일렉트릭(western Electric)사의 **호손**(Hawthorne)공장에서의 모의실험 결과를 보면서 수정되었다. 이 공장의 엔지니어들은 생산성에 영향을 주는 조명도를 달리해서 능률을 평가했더니 차이가 없더라는 것이다. 이들은 하버드 대학의 산업심리학자인 메이요 교수를 데려와 그 이유를 분석했는데,[21] 일부 참여자에게 "자네들은 나름대로 남들과 다른 능력이 있어서 뽑혔네!" 하며 **자긍심**을 불어넣어 주고, 또 일부 참여자에게는 노동자들이 스스로 생산성 향상을 할 수 있는 **자율권**을 부여했더니, 자긍심을 가진 그룹과 자율권을 받은 그룹에서 높은 능률이 나타난 것이다. 또한 비공식 조직으로부터의 집단압력도 능률증진에 도움이 됨을 밝혔다. 이 연구는 개인의 경제적 욕구보다는 인간관계와 같은 **사회적 욕구**가 일어날 때, 또는 인간이 생산의 도구로서가 아니라 생산의 주체로 인식될 때 작업자 능률을 증가시킨다는 것을 증명했다. 이후 기업이 능률을 올리려면 인간을 인간답게 대접해야 하고 인간관계에서 형성된 가치기준에 맞춰 '신바람 날 수 있는 여건'을 조성해야 작업능률을 올릴 수 있다는 믿음을 주었다. 이 실험은 그때까지의 포드의 컨베이어벨트로 대변되는 과학적 관리가 최적이라는 인식을 버리고 인간관계를 중시하게 된 경영사적으로도 중요한 사건으로 받아들여진다.

그 후 동기부여와 관련해서는 보다 인간의 본질적인 문제를 이해하자는 반성이 일고 심리학의 이론을 바탕으로 한 동기부여이론으로 발전하기 시작했다. 동기부여론에 영향을 준 심리학자들의 견해들을 열거하면 다음과 같다.

- 아리스토텔레스(BC 384~322년)는 스승 플라톤과 달리 신체와 영혼은 하나(일원론)임을 주장했다.
- 심리학의 아버지 분트(1832~1920년)는 정신현상은 감각과 감정의 융합현상이고 정신현상에서 감각과 감정을 나누어 분리할 수 있다고 보았다.
- 사회심리학자인 맥도걸(1871~1938년)은 행동은 목적적이며 그 기저에는 본능이 존재한다고 생각했다. 당시 사회적 행동은 타인의 영향을 많이 받는다는 생각이 중심을 이루고 있었다.
- 프로이드(1856~1939년)는 인간의 마음에는 무의식이 존재한다고 했고, 저명한 소아성욕론을 수립했다. 그 업적은 코페르니쿠스, 다윈과 더불어 인간 중심의 지성사에 길이 남고 있다.

---

21. 1927~1932년 기간 진행되었다.

- 아들러(1870～1937년)는 인간의 행동과 발달을 결정하는 것은 인간존재에 보편적인 열등감, 무력감과 이를 보상 또는 극복하려는 권력에의 의지, 즉 우월의 요구라고 했다.
- 칼 융(1875～1961년)은 정신분석의 유효성을 인식하고 연상실험을 창시, 프로이트가 말하는 억압된 것을 입증하고, '콤플렉스' 라 이름 붙였다. 분석심리학의 기초를 세우고 무의식의 자기원형이 존재하며 이를 '내향형' 과 '외향형' 으로 나누고 연상과 심리치료를 통해 원하는 개체로의 변화가 가능함을 보여주었다.
- 베르트하이머(1880～1943년)는 분트의 요소론적 심리학에 반대하며 의미 있는 전체를 중시했다. 즉, 의식은 요소의 단순한 결합도, 부분에서 전체를 구성하는 것도 아니라고 주장했다. 의미 있는 전체를 형성하고 있는 것이 게슈탈트(Gestalt = 형태, shape)라 했다.
- 톨만(1886～1959년)은 자극-행동의 관계를 모델을 통해 설명했는데, 행동은 환경적 자극(S), 생리적 충동(P), 유전(H), 과거의 훈련(T), 연령에 따른 성숙도(A)에 의해 결정된다고 주장했다. 흥미로운 것은 머릿속에 인지도(cognitive map)가 있다고 생각했으며 이 인지도를 기호로 그려 생각했다. 예로 작업장의 빠른 통로를 'ㄹ' 자로 일단 인식하면 같은 길로 찾아가는 행동을 반복한다는 것이다.
- 올포트(1897～1967년)는 성인의 동기는 유아적 충동에서 발달하지만 독립적이라 주장했다. 성격심리학자로 자아와 성격을 중요하게 생각했다. 성숙한 성격의 사람들은 7가지 경향성을 가지는데, 그 중에는 자아의식을 확대하려는 경향과 성과를 높이려는 경향을 포함하고 있다.
- 아브라함 매슬로우(1908～1970년)는 인본주의 심리학자로서 1) 기본적인 생리적 욕구에서부터, 2) 안전, 3) 사회적 욕구, 4) 자기존중 그리고 궁극적으로, 5) 자기실현에 이르기까지 충족되어야 할 욕구에 위계가 있다는 욕구 5단계설을 주장했다. 1), 2)단계는 육체적인 욕구이다. 3)단계는 소속감과 사회적 관계에서 다른 이로부터 사랑을 받고자 하는 욕구로, 비공식 조직과 같은 사회적 관계로부터 받는 사랑과 인정이 이런 욕구를 충족시킨다. 4)단계는 존경받고 싶은 욕구로 자존심에 반

영된다. 상사로부터의 칭찬은 자존심을 고무시킨다. 5)단계는 잠재능력의 구현이다. 실존철학에 영향을 받아 본능적인 욕구위계를 만들었다. 아래 단계가 충족되지 않으면 위 단계의 욕구가 동기유발을 못 한다든가 충족된 욕구에 대한 추가 욕구는 더 이상 자극제가 안 된다든가 하는 그의 이론은 비판받는다.

- 에릭 프롬(1900~1980년)은 'to have or to be(소유냐 존재냐)' 에서 내가 물건을 소유하면 그 소유물이 나를 소유하게 된다고 했다. 나의 주체의식이 그것을 소유함에 의존하기 때문이다. 그러나 존재적인 삶은 소유에 얽매이지 않으면서 재능을 생산적으로 사용하는 것을 즐거워하고 세계(이웃, 자연)와 하나가 되려고 하는 삶이다. 변화와 성장 같은 과정이나 행동을 중요시하는 삶이다. 어려운 삶이지만 문제의 심각성을 알면 그렇게 살 수 있다고 보았다. 건강한 성격을 가진 사람의 특징으로 올포트의 성숙함과 매슬로우의 자아를 실현하려는 생산적 지향을 들었다.
- 머레이(1893~1988년)는 인간의 성격은 대뇌의 생리적 현상이고, 그 시점까지의 경험의 최종 산물이므로 계속 변한다. 성격은 행복감과 관련되어 있는데 인간은 긴장을 감소시키면서 행복을 느끼므로 긴장이 없는 상태보다는 어느 정도 줄일 수 있는 긴장이 있는 것이 행복에 더 좋다. 그는 인간의 욕구를 성취욕구, 결연욕구, 권력욕구, 자율욕구 등 20가지로 분류했다.
- 맥클리랜드(1917~1998년)는 머레이의 욕구 중 성취욕구, 결연욕구, 권력욕구 세 욕구를 중심으로 연구했고, 성취욕구를 뭔가 어려운 일을 달성하려는 욕구, 장애를 극복하여 높은 목표를 이룩하려는 욕구, 어떤 물건이나 인간, 사상 등을 철저히 이해하고 조작 또는 조직화함에 있어 보다 빨리 독립적으로 하려는 욕구, 자신을 몰아붙여 다른 사람들과 경쟁하여 능가하고 싶은 욕구, 그리고 자신의 능력을 유감없이 발휘하여 자신의 가치를 높이려는 욕구 등으로 정의했다. 그는 인정 또는 보상받은 욕구만이 학습되었고 조직 내에서의 동기유발을 자극하기 위해서는 주변 상황을 학습된 성취욕구가 최고로 방출되기에 적합하도록 만드는

것이라 했다.

- 허츠버그(1923～2000년)는 매슬로우의 욕구이론을 근거로 “인간이 직업적 체험에서 어떤 요인들이 만족을 일으키고 어떤 것이 불만족을 야기하는가를 조사했다. 전자를 동기유발요인(motivation factors), 후자를 위생요인(hygiene factors)으로 이름 짓고 조사한 결과 성취감, 인정, 일 자체, 승진, 성장 등이 동기를 유발하고 회사방침, 감독, 급여, 고용보장 등이 위생요인으로 밝혔다. 즉, 조직은 위생요인(job dissatisfier라고도 함)을 적절히 통제하고 유발요인은 장려함으로써 조직성과를 올릴 수 있다고 했다. 그러나 그의 연구업적은 직무 만족도에 대한 것이지 진정 동기유발에 관한 연구가 아니라는 비판도 받는다.
- 반듀라(1925～)는 『사회학습이론』이란 저서에서 사람은 간접경험으로 학습하며(예: 폭력 영상물을 많이 본 사람이 더 폭력적이 된다), 간접경험에 의한 행동은 자존심이 낮을 때 더 잘 작동한다(예: 부자들의 명품 사는 것 따라 하기)고 보았다. 작업장에서 어려운 일을 해내거나 작업의 내용을 폭 넓게 이해하려는 노력은 자기효능감(self-efficacy)이 높은 경우 활발히 일어난다. 자기효능감이란 자기 능력을 판단한 후 가지게 되는 목표달성에 대한 확신의 크기를 말하는데 과거의 성취경험, 자기가 남보다 떨어지지 않는다는 자신감, 꼭 해내고 말겠다는 각오(심리적 각성상태), 사회정보를 바탕으로 한 도전정신에서 비롯된다고 했다.

이 같은 심리학자들의 학문적 기여는 조직 목표달성을 위한 동기부여뿐만 아니라 소비자 행태에 이르는 여러 분야에서 많은 영감을 주고 있다. 동기부여이론은 이런 이론적 배경과 작업장에서의 경험을 통해, 경영학의 조직행위론(organization behavior) 학자들에 의해 더욱 발전했다.

- MIT 경영대학원의 더그 맥그레거(1906～1960)는 X이론과 Y이론을 제창했는데 X이론은 인간의 본성을 게으름, 의존성 등 부정적으로 보고 꾸준히 지시하고 자극을 주어야 일을 한다는 이론이고, Y이론은 인간 본성을 부지런함, 책임감, 자율, 창조력 등 낙관적으로 보아 긍정적인

인센티브로 동기부여를 할 수 있다는 이론이다.

- 하버드대학교의 스키너(1904~1990)와 그의 제자들에 의한 강화이론(reinforcement theory)은 작업자들이 선택한 행동은 예상되는 결과(보상과 처벌)에 의해 영향받는다는 이론이다. 이는 경영자가 보상과 처벌을 일괄적으로 적용하여 원하는 결과를 얻겠다는 것으로 개인별 격차를 고려하지 않는다는 허점이 있다. 특정한 조치가 어떤 사람에겐 상이고 다른 사람에겐 벌이 될 수도 있기 때문이다.
- 예일 경영대학의 빅터 브룸(1932~) 등에 의한 기대이론(expectancy theory)은 개인이 특정한 방식으로 일할 가능성은 성과에 대한 기대, 성과가 보상을 어떻게 늘려줄 것이라는 기대에 의한다는 것이다. 이 이론에 의할 때 도달 가능한 성과수준을 설정하고 보상계획을 명확히 전달하라는 것이다.
- GE의 행동심리학자 존 스태시 아담스는 1963년 레온 페스팅거의 인지부조화(cognitive dissonance) 이론을[22] 바탕으로 공정성이론(equity theory)을 제기했는데 이 이론은 자신의 능력과 노동 등(input)으로부터의 보상(output)이 동료와 비교하여 공정한가가 직무 만족도를 결정하고, 이는 다시 일을 얼마나 열심히 할지 또는 이직여부 등을 결정하게 한다는 것이다.
- 메릴랜드 경영대학의 에드윈 록(1938~)이 아리스토텔레스의 결과와 원인의 연관성을 설명한 최종 인과관계(final causality)에 근거하여 발전시킨 목표설정이론(goal setting theory)은 목표가 구체적이면, 즉 회사가 각 팀이나 조직원들로부터 바라는 것이 분명할 때 개인들이 일을 할 동기가 더 커진다는 이론으로, 구체적이고 달성 어려운 목표설정과 진행 중 피드백의 실시는 작업성과를 올린다는 이론이다. 실행자들이 목표설정에 참여하도록 하는 것도 그들에게 목표를 각인하게 해주는

22. 사람은 자신의 태도(또는 생각)와 행동 간에 모순이 있을 때 이런 모순을 불쾌하게 여겨 태도나 행동을 바꾼다는 이론이다. 다만, 태도는 다른 사람이 모르지만, 행동은 다른 사람들이 이미 알고 있으므로, 행동에 맞게 태도를 바꾸게 된다. 예로 담배를 피우는 사람이 담배가 몸에 해롭다고 생각하면서도 계속 피면, 인지부조화를 일으킨다. 이럴 때 담배를 끊든지 담배에 대한 부정적인 생각을 바꾸든지 한다.

좋은 기법이다. MBO도 이런 이론에 근거한 경영기법으로 해석할 수 있다.

이들 이론을 포괄적으로 정리하면, '인간은 내재된 원형(자아)이 있으며, 원형의 한 단면인 성격은 외부자극에 의해 변하며, 욕구를 충족시키는 인센티브의 정도에 따라 반응한다. 행동은 반응의 결과이다. 따라서 조직 내에서의 개인들은 집단적인 그리고 개별적인 욕구를 증가시키는 인센티브에 의해 움직이며, 그들이 기대하는 성과에 대한 보상이 분명하고 공정할수록 잘 움직인다'로 요약된다.

동기부여이론의 응용

작업장에서 종업원들에게 동기부여하는 방법으로 어떤 것이 있는가 알아보자.

1. 직무설계 측면에서

테일러의 과학적 관리는 **분업화**, **단순화**, **전문화**로 생산성을 올리려 했으나 소비의 경우와 마찬가지로 자율적이고 자아가 강한 사람에게는 반복적인 일보다는 다양한 일, 자신의 아이디어가 들어간 새로운 일에서 더 큰 만족감을 느낀다. 이런 근로자에게는 수평으로 업무를 늘려주는 **직무확장**(job enlargement)을 고려해 볼 수 있다. 백화점 영업 담당자에게 직판점 영업도 맡기는 식이다. 아울러 경영활동 중 실행에만 국한되어 있는 업무 영역을 상부 영역인 기획, 조직으로 그리고 하부 영역인 통제로 의사결정 영역을 넓혀줄 수 있다. 이를 **직무 충실화**(job enrichment)라 한다. 다음으로 다소 위험성이 있지만 **직무순환**(job rotation)을 고려해 볼 수 있다. 근로자의 지루함을 달래줄 수 있으나 훈련비용, 불량 등을 증가시킨다. 이 같은 비용을 줄일 수 있으면서 순환근무가 가져다주는 직무의 유연성과 같은 장점을 살리는 방식으로 이용된다면 직무순환도 바람직하다. 직무순환은 승진 전에 여러 경험을 쌓고 인맥이나 근무자의 성격 등을 인지시키게 하기 위해서도 활용된다. 이런 경우 승진이 기대된다는 생각에 능률증대도 가져올 수 있다.

2. 인정과 강화

우수직원상 수여와 같은 행사는 작업장에서의 종업원의 노력을 공식적으로 **인정**(recognition)하는 행사이다. 이는 직원들 간의 비공식 조직에서 더욱 강화된다. "멋있어! 한 턱 내야지?" 라는 말을 들을 때 자신을 인정해 준 공식 조직에 충성심을 느끼게 된다. 이달의 우수직원을 엘리베이터 앞에 붙이고, 최우수 강사상을 수여하는 것도 인정을 통한 동기부여의 종류이다.

아울러 직원들을 성과목표 설정이나 문제해결에 참여시키는 참여경영(participative management)은 의사결정의 상당부분을 모든 직원에게 위임하여 책임을 부여하는 **강화**(empowerment)기법으로 동기부여를 통한 성과증진을 위해 널리 사용되는 기법이다. UCLA의 오우치 교수는 그의 Z이론에서 동기부여를 위해 느린 승진과 집단의사결정을 강조한다. 그러나 이런 의사결정구조는 보편적인 동기는 유발할지 모르나, 느린 경영, 책임 떠넘기기 등으로 기업의 경쟁력을 낮춰 글로벌 경쟁시대에는 맞지 않는 이론으로 비판받는다. 따라서 집단이 아닌 개인 수준에서의 인정과 강화가 더 효과적인 것으로 받아들여지고 있다.[23]

따라서 참여하여 할 수 있는 업무범위에서 직무를 추가로 위임받고 그 직무에 대한 책임을 명확히 한나넌 집단의사결정을 어느 정도 수용한 참여경영은 인정과 강화를 동시에 반영하는 매우 효과적인 방법이 될 수 있다. 따라서 작업장에서의 자율경영 팀제나 복잡한 문제해결을 위한 태스크포스는 이 같은 효과를 반영한 직제라 할 수 있다. 독일은 노동 근로자의 경영에의 참여의 길도 열어 놓았는데, 노조 책임자가 이사회의 상위 기구인 감독이사회의 정식 위원으로 활동하고 있는 것

23. 소니가 힘들어졌으나 도요타는 잘하고 있어 집단의사결정을 중시하는 오우치의 Z이론을 모두 부정할 수는 없으나, 책임소재 모호는 도요타 급발진 사태(2010)에 대한 늑장대응에서 보듯이 잘못된 기업문화를 형성하는 데 기여했다고 보인다.

이다.[24] 그러나 실제로는 업무내용의 파악과 심의가 어려워 이사회의 안건을 한 번 더 거르는 정도의 수준에 머무르고 있는 것으로 평가되고 있다.

3. 근무환경 변화

IT환경의 변화는 특정 업무에 있어 재택근무를 가능하게 하고 있으며, 여성인력의 취업증가로 육아를 위한 반일 근무, 무급휴가 등의 욕구가 증가하고 있다. 독일은 아기가 생기기 전 또는 경기가 활력 있을 때 초과근무를 하면 이를 회사에 누적했다가 나중에 휴가나 경기하강 시 근무시간으로 대체해 육아도 하고, 월급을 안정화하기도 한다.

컨설팅 같은 서비스 업종의 경우 지정석을 없애는 대신 공동 사무실을 운용하여 상사와의 충돌을 최소화하면서 자율적 근무환경을 만들기도 한다. 영업 근무자가 아닌 이상 복장을 자유화하고 쉬면서 일하면서 창의적인 성과를 늘린다. 사내 카페를 두어 가장 맛있는 커피를 제공하고, 제일 전망 좋은 공간을 일반 직원의 휴식공간으로 할애하여 노트북이나 아이패드로 일할 수 있게 배려한다. 학습조직에 걸맞게 첨단 캠퍼스 형태의 근무환경을 형성하여 연구하는 직장과 같은 설정을 한다. 이런 모든 것은 맥그레거의 Y이론에 기인한 것이지만 머레이의 긴장이론에 맞춰 조직원 만족을 위해서도 약간의 긴장(tension)은 필요하다. 긴장은 성과평가를 철저히 하는 것으로 족하다. 구글이나 애플 같은 회사의 근무자의 모습을 보면 다 노는 것 같아보여도 삼삼오오 모여 숙의하는 모습이 진지하고 내뿜는 눈빛이 번득인다. 바로 프로젝트 종료일(due date)에도 일을 못 끝내면 짐을 싸야할지 모르기 때문이다.

4. 경제적 인센티브

고정급 외에 지급되는 경제적 인센티브는 분명하고 효과적이다. 생산

---

24. 공정이론의 적용으로도 보이나, 독일이 공동체 실천을 중요시하는 가톨릭 국가라는 문화적 기반을 고려하면, 감독이사회 설치와 노조의 참여는 다소 종교적인 색채를 띤 것으로 보인다.

성을 올리기 위한 **이득배분**(gain sharing)제도는 생산성이 오르면 기업 이익 증가율과 무관하게 이익 일부를 미리 정해진 공식에 의해 지급하는 제도이다. **이윤배분**(profit sharing)제도는 생산성 증가와 관계없이 이익 일부를 모든 직원에게 지급하는 제도이다. 그러나 이 제도들은 이윤은 주주에게 귀속된다는 자본주의의 원리를 벗어난 것이므로 이사회가 이 방식이 주주에게도 바람직하다는 확신에서 출발해야 한다. 주주와의 충돌을 피한 방식으로는 **변동급여**(piece rate pay)**제도**와 **우리사주제도**(ESOP; employee stock ownership plan)가 있다. 전자의 경우 생산량 한 개당 얼마씩을 종업원 급여로 지급하므로 기업의 입장에서 변동비로 처리하면 되고, 후자의 경우 회사의 신용으로 저리로 대출받아 회사 주식을 할인받아 주식을 보유하게 하므로 주주와 종업원의 목표를 일치화하는 장치이다. 즉, 주가극대화라는 공동목표가 생긴 셈이다.

경영자에 대한 경제적 인센티브로는 **성과급**(pay-for-performance)과 **스톡옵션**이 있다. 보너스라고 불리는 성과급은 실적이 목표 대비 상회하거나 할 때 현금이나 주식으로 지급하는 보상수단이며 스톡옵션(stock option)은 주식을 추후(통상 3년 후) 얼마에(보통 부여 시의 5% 할증) 살 수 있는 옵션이다. 예로 3년 후 주가가 2배 올랐다면 초기 가격의 95%에 해당하는 수익이 발생한 셈이다. 2008년 이후 주식시장이 침체되면서 스톡옵션보다는 주식으로 받기를 선호한다. 2008년 이전만 해도 최고경영자[25] 보수는 고정급, 성과급, 스톡옵션이 대개 1:1:1로 구성되어 있었는데, 미래 투자를 장려한다고 해서 스톡옵션 비율을 크게 늘려 매년 수천만 달러의 보상을 받아가기도 했다.

경제적 인센티브는 돈의 관점에서 수입이 증가하는 측면뿐만 아니라 공정(공정성이론), 주주와 종업원이 목표 일치(주주-사원 이익 일치), 인정(recognition), 자기존경(self esteem)과 같은 긍정적인 동기부여의 요소로 작동한다.

---

25. 소위 상위 1%라 비난받은 계층들. 특히 금융권의 도덕적 해이가 컸는데 이는 공정성이론에 의해서도 설명되듯이 나머지 99%의 불만을 일으켰고 월스트리트 점령(Occupying Wall Street)!으로 이어졌다.

5. 동기부여적인 자기계발

자아(ego)의식이 점차 강해지는 현대에는 독립적인 사고가 강해지면서 부모로부터의 재정적 독립을, 가난으로부터의 해방을 얻으려 애쓴다. 이런 사회적인 트렌드 아래 자신들의 스펙쌓기(career path)는 매우 중요하다. 회사는 종업원의 미래도 같이 고민해 주어야 한다. 또한 외모 지상주의도 새로운 트렌드이다. 여성은 8등신을 남성은 6팩을 가지려 한다. 특정 시간을 운동에 할애해야 하는데 이를 근무처가 신경써 주면 충성도가 올라간다. 또한 지식노동자의 경우 지적 욕구도 매우 강하다. 이들의 지적 능력을 인정해 주는 사내제도는 이들을 회사에 집중하게 해준다.

- **개인의 경쟁력 강화활동 지원**: 야간 대학원 학비지원, 사내 대학운영, 멘토제도
- **일과 생활의 균형**: 사내 체육시설, 건강관리 비용(예: 헬스클럽 등록비) 실비정산
- **지식노동자의 자부심 자극**: 사내 논문대회
- **특별활동 지원**: 사회적 기여활동, 매니어(직밴, 암벽타기 등), 등산모임 해외등반 지원

동기부여를 해치는 요소들

강화이론에 의거 동기부여를 해치는 요소들에 대한 파악과 관리가 동기부여의 중요한 과제이다. 이들을 열거하면 다음과 같다.

- **불공정한 평가**: 정실주의(nepotism)에 근거한 편파적 보상과 승진, 여성차별 등
- **과로**: 퇴근 후 시간의 무절제한 근무요구와 노력에 대한 무보상
- **인격적으로 무시하는 것**: X이론에 의거 한번 찍히면 반전기회 안 주는 사내 분위기
- **프라이버시(privacy) 침해**: 결혼생활, 배경과 관련한 뜬소문(gossip) 등

- 술 문화: 술을 육체적으로 받아들이기 어려운 사람에게 술을 강요하는 행태
- 군대문화: 상사에게 무조건 복종하는 사내 분위기
- 자기계발 방해: 저녁과 주말 시간을 회사가 좌지우지하는 사내 분위기
- 타사와의 환경차이

문제는 이 같은 문제를 어떻게 계측(monitor)하느냐이다. 대체적으로 결근율, 이직률, 투서, 상사가 평가한 것에 대한 재평가 요구빈도, 업무성과 급감[26] 시 그 원인을 파악하는 과정에서 알게 되는 사후 처방식이 보편적이다. 그러나 비공식 조직으로부터의 불만 접수, 멘토제도 운영, 내부고발자(whistleblower) 보호제도 등이 사전적인 또는 즉시 교정 가능한 조치를 할 수 있는 정보수집체계로서 많은 기업이 도입하고 있다.

8.4 리더십과 팔로워십

8.3절에서 종업원을 집단으로 보았을 때 이들에게 동기부여하는 이슈를 다뤘다면 본 절에서는 상사와 부하 간의 상-하, 하-상 문제를 다룬다. 어떤 조직에서나 지시를 내리는 자와 지시를 받는 자는 존재한다. 이를 상사(boss)와 부하(subordinates)로 나누는데 상사는 생산현장에서 지시를 내리는 일과 같이 반복적인 일을 다루기도 하지만, 회사를 어디로 끌고 가야 하는지, 어려운 난관에 부딪혔을 때 문제해결을 어떻게 해야 하는지, 소직원 간의 이해상충이 있을 때 이를 어떻게 해소할지와 같은 과제도 다뤄야 한다. 이럴 경우 상사라는 관점보다는 조직을 이끄는(lead) **리더**(leader)라고 보는 것이 알맞다.[27] 회사를 이끌어 가는 사람이기 때문이다. 상사의 반대편에 부하가 있듯이 리더의 반대편에 **팔로워**(follower)가 있다.

---

26. 예로 상사의 성추행 사건 이후 가해자인 상사가 전보발령 안 되자 업무성과가 급락하는 경우이다.

27. 세종대왕이나 이순신 장군은 부하에게는 각각 왕, 장군과 같은 상사이지만 나라를 부흥시키고 위기에서 구해 준 리더이다. 성경의 솔로몬 왕도 현명한 이스라엘의 리더로 칭송받는다. 이 3인은 인간이기에 불완전하여 고민도 많이 하고 큰 실수도 한다.

리더십이란?

조직을 이끄는 리더의 임무는 조직의 목적을 달성하기 위해 판단(judge)하고 조직원을 지도하고 동기부여하는 일이다. **리더십**이란 경영활동 과정에서 리더가 판단, 지도 및 동기부여하는 과정(process)을 말한다. 리더는 다른 사람을 움직일 수 있는 힘, 권력(power)을 하나의 도구로 가지면서, 조직의 목표 달성을 위해 이를 효과적으로 활용해야 한다. 리더의 힘은 직위(position), 보상과 겁[28]을 줄 수 있는 능력, 지식, 카리스마(charisma)에서 나온다.

리더십 스타일

리더의 행위는 종업원 전체에 큰 영향을 미친다. 따라서 리더는 자기의 행동을 자신의 경영철학에 비춰 일관성 있도록 애써야 한다. 그리고 정직하고 공정해야 한다. 리더의 일관된 행동양식을 **리더십 스타일**이라 한다. 이는 리더가 가지는 **권한의 크기**에 따라 4가지 스타일로 나눈다. 각 스타일별 특성과 효과적으로 적용되는 조직을 정리하면 〈표 8-1〉과 같다.

표 8-1 리더십 스타일

	의사결정 주체	부하와의 관계	효과적으로 적용되는 조직
독재적 스타일	본인 홀로	권위적 관계	군대, 위험물 생산현장
코치 스타일	의견 받아 본인	스승-제자 관계	병원, CEO
민주적 스타일	의견 모아 같이	부하 의견 존중	이사회, 사업본부장
자유방임적	각자 알아서	업무 위임	로펌, 애플, 구글류의 회사

팔로워십이란?

팔로워(follower)란 리더의 반대편에 있는 자로서 상사로부터 지시·명령을 받아 일을 직접 수행하는 부하 또는 하급자이다. 리더가 일의 방향과 범위를 결정하지만 그 일의 내용의 양과 질은 팔로워에 의해 결정된다. 따라서 기업의 성과는 이 두 계층이 조직의 목표를 달성하기 위해 지시와 실행이 얼마

28. 해고, 감봉, 사업부 조정 등이 있다.

나 잘 이뤄졌는가에 달려 있다. 좋은 리더도 중요하지만 좋은 팔로워도 마찬가지로 중요하다.

좋은 팔로워가 갖춰야 할 요소로 흔히 두 가지를 든다.[29] 하나는 **독립적이고 비판적인 사고능력**이다. 아무 생각 없이 시키는 일만 하지 말고 똑똑하게 자기 생각을 가지고 상사와 토론할 수 있어야 한다. 다른 하나는 **적극적인 행동력**이다. 정해진 과업을 열정적으로 실행해야 한다. 이것이 부족하면 아무리 똑똑해도 뒤에서 비판만 하는 평론가에 머물게 된다.

그리고 사고·행동력의 두 가지 요소에 따라 팔로워는 네 가지 유형으로 나눠진다. 적극적으로 행동하는데 독립적 사고력이 부족하면 '**순응형 팔로워**', 사고력은 뛰어난데 적극적 행동력이 부족하면 '**소외형 팔로워**', 둘 다 높으면 '**모범형 팔로워**', 둘 다 내세울 것 없는 중간이면 '**실무형 팔로워**'이다.

회사의 인사는 대부분 직무에 맞춰 직무책임자(리더)를 선정하므로 팔로워와 리더의 스타일이 충돌된다면 팔로워 유형이 직무와 잘 안 맞는 유형일 가능성이 높다. 따라서 어떤 유형의 팔로워이든 리더의 스타일에 맞춰 그에 잘 어울리는 팔로워가 될 필요가 있다. 그래야 성과가 늘어나고 본인도 편안히 직장생활을 하게 된다. 초기에는 소통을 늘리고 예의를 갖추면서 리더와의 관계를 돈독히 유지해야 한다. 일단 리더가 신뢰해야 팔로워의 스타일을 리더의 행동양식에 반영할 수 있으며 리더를 바꾸는 것보다는 아직 유연한 젊은 팔로워들이 리더에 맞게 유형을 조금 조정하는 것이 한결 쉽다. 직무나 리더를 장기간 바꿀 수 없는 상황이라면 자기 유형 자체를 바꿀 필요가 있다. 일종의 성장통으로 생각하면 된다. 인내하며 융통성을 발휘하여 리더에 맞추면서, 리더를 어느 정도 받들어줘야 조직이 산다.

어떤 리더든 간에 팔로워들이 꼭 피해야 할 것들이 있다. 1) 상사를 지나치게 어려워하고 거리를 두는 것, 2) 보고도 잘 안 하고 부르기 전엔 절대 가지 않는 것, 3) 중간보고를 껄끄러워 하는 것, 4) 일의 결과만 잘 내면 된다고 생각하면서 과정을 공유하지 않는 것이 그것이다. 이런 자세는 스스로를 소외하게 만든다.

---

29. 미국 카네기멜론대학의 켈리(Kelly) 교수의 연구에서 인용했다.

|생각 4| 당신은 지금 현재 동아리나 가족 내에서 어떤 팔로워이며 앞으로 직장에 가면 어떤 팔로워가 되고 싶은가?

빗나간 리더십과 팔로워십—최악의 필패 신드롬[30]

❶ 단계: 한 달 전 중견기업 부장 김 모씨는 평소 친분이 있던 고객으로부터 전화 한 통을 받았다. '영업사원 이 대리로부터 구매한 제품에 흠이 있어 문의했지만, 이 대리로부터 충분한 설명을 듣지 못했다' 는 내용이었다. 김 부장은 '이 대리가 고객관리를 잘 못하는 게 아닐까' 걱정이 됐다. 그래서 앞으로 이 대리의 영업활동을 조금 더 체크하기로 했다.

❷ 단계: 최근 들어 이 대리는 기분이 울적하다. 이 대리는 말했다. "제 영업활동에 부장의 통제가 늘어서 그래요. 부장이 저를 믿지 않는 것 같아 일이 손에 잡히지 않아요." 부장과의 대화도 점점 뜸해졌다.

❸ 단계: 김 부장은 이 대리의 업무 열의가 떨어진 게 분명하게 느껴졌다. 부장의 머릿속에서 이 대리는 점점 '일을 못하는 직원' 으로 분류되기 시작했다. 김 부장은 이 대리의 업무에 더욱더 개입했다.

❹ 단계: 이 대리는 부장의 계속된 '돋보기식 개입' 에 화가 났다. '나를 믿지 않는 사람과는 일하고 싶지 않다' 며 묵시적으로 반항하기까지 했다. 상위 10%를 유지하던 이 대리의 영업실적은 하위 10%로 곤두박질쳤다.

❺ 단계: 김 부장은 절망에 빠졌다. "이 대리는 정말 무능한 직원이에요. 단순한 일 외에는 맡길 수가 없더군요." 김 부장의 최종평가는 이랬다. "남들은 이 대리가 훌륭한 세일즈맨이라고들 했죠. 하지만 저는 '아닐 것이다' 고 생각했어요. 결국 제 판단이 맞았어요. 제가 이 대리를 제대로

---

30. 매경 2013.6.8일자 프랑스 경영 School의 인시아드 경영대학원 교수와의 '필패 신드롬' 에 관한 인터뷰 기사에서 발췌 후 수정했다.

본 것이죠."

베스트 직원이던 이 대리가 최악의 직원으로 전락한 까닭은 무엇일까. 만조니 교수는 "김 부장과 이 대리가 **필패 신드롬**(set-up-to-fail syndrome)이라는 악순환에 빠졌기 때문"이라고 진단한다. 유능한 직원들도 상사가 일을 잘 못하는 직원이라고 여기게 되면 실제로 무능한 직원으로 전락한다는 것이다. 필패 신드롬이 만연한 까닭은 사람들이 자신의 예상·판단에 부합되는 증거만 보기 때문이라고 말했다. 이 같은 **확증적 편향**(confirmatory bias)이 필패 신드롬의 주요 원인이다. 더욱 큰 문제는 상사가 이를 고치려고 노력할수록 결과는 더 나빠진다는 점이다.

위의 상황을 분석해 보자. 우선 상사는 직원들을 일을 잘하는 인그룹(in-group)과 일을 잘 못하는 아웃그룹(out-group)으로 나눈다. 맥그레거의 X이론, Y이론이 적용되는 부분이다. 인간이 진화과정을 거치면서 살아남은 것도 X, Y로 꼬리표를 달아 구분하는 능력 때문이다. 위험한 상황(X)과 그렇지 않은 상황(Y)을 구분하는 능력을 가짐으로써 여태까지 생존할 수 있었다는 것이다. 그러나 인간은 자신이 분류한 것이 옳은지 따져보는 힘도 있다. 예를 들어 상사 머릿속에 'A는 일 못하는 직원이야'라는 생각이 떠올랐다고 해도 스스로에게 이렇게 되물을 수 있다. '잠깐. 내가 어떻게 A가 일 못하는 직원인 줄 알지. 정말로 그런가'라고 말이다. 그런 다음 A와 마주 앉아 대화를 나누고 A를 도와주려고 시도한다. 이렇게 진전된다면 해결의 실마리가 보인다.

그러면 부하에게는 어떤 심리현상이 일어날까?

일단 직원 본인이 아웃그룹으로 분류되면 자신의 상사를 '나쁜 상사'로 분류한다. 이런 생각은 직원의 행동에서 드러나고, 상사는 다시 자신을 나쁜 상사로 생각하는 직원에 대해서 더욱더 '일 못하는 직원' 또는 아예 '멍청이(dumb guy)'로 분류해 버린다. 쉽진 않지만 직원이 다시 신뢰를 얻기 위해 더욱 열심히 일해야 한다고 각오를 했다면 어떤 상황이 전개될까? 더욱 열심히 일하려고 했다 하자. 그가 잘하는 것을 기대하지 않기 때문에 열심히 일해도 상사가 알아채지 못하는 때가 대부분이다. 만일 더 열심히 일하는데, 상사가 직원 A를 계속 싫어하고 무능한 직원으로 취급한다면 A는 어떻게 할 것인가. 어느 순간에 A는 자신감과 일에 대한 동기를 잃어버린다. 수많은 연구결과에 따르면 인간은 권력자가 자신을 어떻게 생각하느냐에 따라 크게 영향을 받는다. 어릴 때는 부모가, 좀 커서는 학교 선생님이, 직장에서는 상사가 자신을 어떻게 대우하느냐에 크게 영향을 받는다. 결국 상사가 자신을 믿어주지 않으면 직원은 어느 순간 업무 의욕을 잃게 된다. 이후 대부분의 직원들은 업무에서 철수한다. 자기 아이디어를 실현하기 위해 싸우지 않는다. (공장에서 기계가 가동을 멈추듯) 업무를 셧다운(shut-down)한다. 최악인 증상은 상사와 단절하는 것이다. 상사와 대화가 줄어들수록 상사는 부하직원이 무엇을 하는지 더욱 모르게 된다.

이와는 달리 자긍심이 강한 소수의 모범형 팔로워들은 상사의 판단이 틀렸다는 것을 입증하려고 한다. 그래서 상사와 싸운다. 그러나 이 경우도 결과는 나쁘다. 상사는 이들에 대해 '일도 못하면서 항상 불만인 직원' 이라고 생각하게 된다.

필패 신드롬을 예방하려면 무엇이 가장 중요할까? 상사와 부하직원이 서로에게 기대하는 바를 분명히 하면 이를 예방할 수 있다. 상사는 부하직원에게 이렇게 얘기해야 한다.

"나는 업무와 관련해 당신한테서 무엇을 얻고 싶은지 말하고 싶다. 당신에게 몇 가지 기대하는 게 있기 때문이다. 당신 역시 나에 대해 알고 싶은 것을 말해 달라. 우리가 서로에게 무엇을 기대하는지에 대해 합의점을 찾는다면 우리 관계는 더욱 좋아질 것이다." 기대이론과 목표설정이론이 적용되는 순간이다.

그렇다면 부하는 위와 같은 반응 외에 무엇을 할 수 있을까?

우선 상사와 부하직원 양자가 필패 신드롬에 원인을 제공했다는 점을 인정해야 한다. 내가 문제의 일부분이라는 사실을 깨달아야 한다는 뜻이다. 그래야 해법을 찾을 수 있다. 아인슈타인은 "계속 똑같이 행동하면서, 다른 결과를 바라는 것이야말로 미친 짓이다" 라는 명언을 남긴 바 있다. 부하직원 또한 상사를 대한 방식이 나쁜 결과를 낳았다면, 당연히 그 방식을 바꿔야 한다. 위에서 팔로워가 피해야 할 4가지 중 하나라도 자기가 그런 행태를 보이고 있다면 이를 고쳐야 한다. 요점은 마음을 열고 상사로부터 소통이 있을 때 적극적으로 답하라는 것이다.

그러나 동양문화에서는 상사와 부하직원 간에 허심탄회한 대화가 쉽지 않다. 이런 경우 일본에서는 상사가 부하 직원의 친구를 찾아간다고 한다. "나는 부하직원을 돕고 싶어. 그런데 그는 반응이 없어. 당신이 그에게 내 뜻을 전해다오"라고 부탁을 한다. 그러면 친구는 업무가 끝난 뒤 해당 직원과 함께 술을 마시면서 상사의 뜻을 전달한다. 어쨌든 가장 중요한 점은 상사가 부하직원에게 '나는 당신을 돕고 싶다'는 뜻을 전해야 한다는 것이다.

|생각 5| 좋은 관리자가 어떻게 위대한 직원들을 실패하게 만드는지 정리해 보자.

올바른 소통법

리더십과 팔로워십 간의 필패 신드롬을 예방하는 방법은 **소통**(communication)이다. 소통은 인내와 에너지를 필요로 하지만 기술적인 부분도 많다. 꼭 필요한 두 가지 기술을 들라면, 하나는 **진정성**(authenticity)이요 다른 하나는 **긍정 언어**(positive language)이다.

어떻게 하면 구성원과 마음으로 소통할 수 있을까? 핵심은 진정성이다.

부하들을 대할 때 자신이 그들의 말을 듣고 싶어 하며 자기가 그들로부터 무엇을 원하는지를 진정으로 말해 주어야 한다. 회사 경영상의 문제점이나 본인의 약점과 같은 불편한 진실도 용기 있게 말해 줘야 한다. 부하들도 회사나 상사가 불완전하다는 것을 알고 있다. 그렇기에 '좋은 게 좋다'는 식의 포장으로 갈등을 가리는 리더들을 마음속으로 존경하지 않는다. 진정성 있는 소통의 예를 들어보자. 렌터카 업계의 만년 2위였던 아비스는 광고 역사상 가장 기억할 만한 카피 "우리는 2위에 불과합니다. 그래서 더 열심히 노력합니다"를 내세웠다. 처음에 경영진은 거세게 반대했다고 한다. 자기들이 2위라고 떠벌이는 광고를 누가 하고 싶겠는가? 게다가 1위 업체보다 카운터 대기줄이 짧다고까지 광고했으니……. 하지만 이 광고는 보통 솔직한 것이 아니라, 예상치 못한 방식으로 솔직했고 사람들에게 깊은 인상을 남겼다. 그 결과

1년 안에 흑자로 전환했고 시장점유율이 세 배 이상 증가했다. 진실을 말하는 것은 어렵다. 진실은 때로 추하고 불편하며, 상처를 줄 수 있기 때문이다. 하지만 어렵기 때문에 그만큼 가치가 있다. 오프라 윈프리가 수치스러운 과거를 방송에서 말하는 데도, 도미노 피자가 피자 맛이 골판지 맛 같다고 말하는 고객의 목소리를 그대로 광고에 내보내는 데도 상당한 용기가 필요했다. 그 결과 용기에 상응하는 신뢰를 얻었다.

또한 진정성 있는 소통을 하기 위해서는 '무엇을 말하느냐' 못지않게 '어떻게 말하느냐' 가 중요하다. '내 맘대로' 일방적으로 표출하는 것을 진정성으로 착각해선 안 된다. 상대가 잘 받아들이게 하려면 긍정 언어를 써서 말해야 한다. 기억하자. 사람들이 우리의 말을 받아들이지 않거나 반감을 갖는 이유는 우리가 말하는 내용(what) 때문이 아니라 말하는 방식(how) 때문이라는 점을 말이다. 같은 말도 긍정 언어를 사용한 경우를 보자. "지금까지 뭐 했어?" 가 아니라, "어떻게 하면 빨리 진행할 수 있겠어?" 라고 해야 한다. 안 되는 이유만 나열할 게 아니라 대안을 끄집어내는 토론에 집중해야 한다. 실패했다는 결론만 내리지 말고, 얻은 교훈이 무엇인지를 묻고 정리해야 한다. 이런 게 긍정 언어다. 어렵고 불확실한 환경일수록 구성원의 사기를 올리는 리더십이 절실하다. 진정성을 가지고 도전을 주되, 애정을 가지고 긍정 언어로 소통하는 게 답이다.[31]

의사가 의료과실로 소송을 당할 가능성은 얼마나 부적당한 치료를 했느냐가 아니라, 환자와의 소통에 달려 있다고 한다. 환자가 소송을 제기하기로 마음먹는 것은 의료 피해 후 의사들이 냉담하게 대응하고 소통하려 하지 않기 때문이다. 소송을 당한 적이 없는 의사는 그렇지 않은 의사보다 더 잘 웃고, 더 적극적으로 환자의 말을 경청한다고 한다. 상대가 무례하고 불친절하다는 것을 즉각 느낄 수 있는 것처럼, 진정성과 존중을 나타내는 데도 그다지 많은 시간이 필요한 것은 아니다. 사람과 소통하면서 바쁘다는 핑계를 대지 말아야 한다. 노스캐롤라이나 대학의 바바라 프레드릭슨 교수와 브라질 가톨릭대학의 마셜 로사다 교수는 60개 기업에서 회의 때 나온 모든 단어를 분석한 결

31. The Doosan Way leadership newsletter, 2013.7.25. 4쪽, 고현숙 교수(국민대)의 글에서 인용했다.

과 기업의 번성여부를 가르는 긍정 단어 대 부정 단어의 비율은 2.9대 1이었다. 즉, 긍정단어가 부정단어보다 2.9배보다 높으면 기업이 번성한다는 것이다. 이를 **로사다 비율**(Losada ratio)이라 한다. 흥미로운 사실은 부부들의 주말 대화를 분석해도 마찬가지로, 2.9대 1 이하이면 이혼에 이른다는 동일한 결론을 얻었다. 다정하고 안정된 결혼생활에는 5대 1, 즉 긍정 단어 5에 부정 단어 1의 비율이 필요하다고 한다.

8.5 결론

우리는 제8장에서 하드웨어적인 조직구조에서 출발하여, 인적자원의 효율적 운용이란 소프트한 측면에서 직무분석, 급여, 노조활동 등을 다뤘다. 이후 조직 내에 인적자원이 배치된 후 이들에게 신바람 나게 일할 수 있도록 하는 동기부여의 이론과 이의 응용방식을 다뤘다. 보다 원천적인 이해를 위해 심리학의 주요 업적을 정리했고 이를 조직행위에 적용하여 개발한 동기부여 이론들을 추출했다. 다음으로 집단에 대한 동기부여가 아닌 명령체계상의 상사와 부하 간의 관계를 다뤘다. 소위 리더십과 팔로워십을 다루면서 리더십 스타일에 따라 효과적인 조직체계가 다르며, 이들의 조화로운 역학관계가 성과에 큰 영향을 줌을 알 수 있었다. 이들 간의 문제 사례로 지적된 필패 신드롬을 통해 동기부여이론을 다시 조명했고, 이를 예방하기 위해 소통이 중요함을 지적했다. 마지막으로 효과적인 소통 요소인 진정성과 긍정 언어에 대해 설명했다.[32] 이 장을 통해 기업들이 목표한 성과를 올리기 위해 어떤 논리를 조화롭게 사용해야 하며 구성원들을 다룰 때 어떤 심성으로 대해야 하는지 알 수 있었다. 결국 경영자 자신이나 구성원 모두 인센티브에 의해 움직이며 경영자는 자신의 이익뿐 아니라 구성원에게 공정한 인센티브를 제공해 줌으로써 그들의 이익도 함께 챙겨줘야 함을 알 수 있었을 것이다.

자동차의 왕 포드처럼 '내가 회사를 세운 것은 우리 종업원들이 탈 차를

32. 참고로 8.1절의 내용을 거시조직론, 8.2절부터의 내용을 미시조직론이라고도 한다.

만들기 위해서이다' 와 같은 경영철학을 경영자가 가지고 있다면 얼마나 신바람 나게 일을 할까 상상해 본다.

연습문제

01. 조직이론과 관련하여,

1) 조직의 이점을 간단히 설명하시오. (본 장의 들어가기 참조)
2) 협업의 이점은 무엇인가?
3) 분업의 이점은 무엇인가?

02. 전통적인 조직 형태와 관련하여,

1) 기업조직 형태를 결정하는 4차원의 경영활동 영역은 무엇인가?
2) 4차원의 경영활동 영역을 다 가진 기업이 기능적 조직을 가질 때의 강점과 약점은 무엇인가?
3) 4차원의 경영활동 영역을 다 가진 기업이 사업부 조직을 가질 때의 강점과 약점은 무엇인가?
4) 4차원의 경영활동 영역을 다 가진 기업이 매트릭스 조직을 가질 때의 강점과 약점은 무엇인가?
5) 매트릭스 조직이 태생적으로 가지는 약점은 무엇인가? 이 조직형태가 잘 작동되기 위한 조건은 무엇인가?

03. 새로운 조직 형태와 관련하여,

1) 네트워크 조직이란 무엇인가? 어떤 기업에 알맞는가?
2) 프로젝트형 조직이란 무엇인가? 어떤 기업에 알맞는가?
3) 팀 조직은 어떤 강점을 가지는가?

04. 조직화 과정에서 고려해야 할 사항과 관련하여,

1) 위계란 무엇인가? 왜 필요한가? 20세기 말 이후 조직상의 위계를 늘리는 추세인가, 아니면 줄이는 추세인가?

2) 통제범위와 위계, 기업규모의 관계는 어떠한가?
3) 권한의 분산과 집중을 결정할 때 어떤 기준이 적용되어야 하는가?
4) 비공식 조직이란 무엇인가? 공식 조직을 만드는 데 왜 이를 고려해야 하는가?
5) 조직문화의 정의는 무엇인가? 조직이 지향하는 보편적인 가치는 어떤 것일까? 이 가치가 형성되는 과정에서의 비공식 조직의 영향은 큰가?

05. 직무분석과 관련하여,

1) 직무기술서란 무엇인가?
2) 직무명세서는 얼마나 자세해야 하는가?
3) 직무명세서는 개인별 평가에 어떻게 활용되는가?

06. 성과목표와 평가와 관련하여,

1) 일반적으로 사용하는 사업부 평가지표는 무엇인가?
2) ROIC란 무엇인가? 사업부 평가지표로 널리 쓰이는 이유는 무엇인가?
3) 하부직원을 승계자로 지명하는 승계계획(succession plan)은 하부직원에 대한 성과평가와 서로 독립적으로 이뤄지는가, 아니면 보완적인가? 둘 다 아니라면 평가의 한 부분으로 이뤄지는가?

07. 급여설계 및 보상과 관련하여,

1) 급여 결정의 기본원리는 무엇인가?
2) 경력과 급여의 관계는 어떠한가? (본문의 폭일 자료 참조)
3) 경영진 평가에 있어 '자격이 아니라 성과에 의해 평가되어야 한다'는 원칙을 적용하기 위한 이사회의 방안은 무엇인가?

08. 동기부여와 관련하여,

1) F. 테일러에 의한 과학적 관리방식의 공헌과 약점은 무엇인가?
2) 1930년대 호손(Hawthorne)공장에서의 모의실험과 메이어 교수의 공헌은 무엇인가?
3) 매슬로우의 욕구 5단계설의 공헌과 한계점은 무엇인가?

4) 맥클리랜드가 학습조직에 기여한 이론은 무엇인가?
5) 허츠버그의 동기유발요인, 위생요인론과 맥그레거의 X이론, Y이론 간의 본질적인 차이는 무엇인가?
6) 채찍과 당근으로 인용되는 스키너의 강화이론은 어떤 것인가? 어떤 한계점을 가지는가?
7) 빅터 브룸의 기대이론, 존 스태시 아담스의 공정성이론, 에드윈 록의 목표설정이론은 동기를 부여하는 방법론상 허츠버그, 맥그리거나 스키너의 이론과 어떤 관점이 다른가?

09. 리더십 및 팔로워십과 관련하여,

1) 리더십의 정의는 무엇인가?
2) 리더십 스타일이란 것이 존재하는가? 한 유형에 고착되면 안 변하는가?
3) 우리나라에서 팔로워십이 중요해지는 사회현상은 무엇이라 생각하는가?
4) 팔로워가 피해야 하는 행동은 무엇인가?
5) 리더와 팔로워 간의 심각한 문제가 발생했을 때(본문의 필패 신드롬 참조) 누가 문제를 해결해야 하는가? 리더인가? 둘 다인가? 아니면 팔로워인가?
6) 올바른 소통을 하기 위해 갖추어야 할 두 요소는 무엇인가?
7) 로사다 비율이란 무엇인가?

지속가능경영

part IV

chapter 09_
기업의 형태와 이해관계자

chapter 10_
지속가능경영과 사회적 책임

chapter 11_
혁신과 기업가정신

chapter 09

학습목표

독자들은 이 장의 학습을 통해 다음의 주제에 담긴 내용을 알아야 한다.

1. 기업의 형태
2. 유한책임제도
3. 대리인 문제
4. 스톡옵션의 기능
5. 상장 결정과 비용
6. 주주총회에서의 주주의사 반영
7. 사외이사제도
8. 감사위원회와 상임감사
9. 기관투자자의 감시활동
10. 주주행동주의
11. 기업집단구조의 특성과 문제점

기업의 형태와 이해관계자

::: 들어가기

제8장까지는 경제구조 내에서의 기업의 역할, 즉 소비자 만족을 위해 경영자는 무엇을 그리고 목표를 달성하기 위한 성과 중심의 경영을 어떻게 하는가에 대해 설명했다. 본 장은 기업을 우주의 중심에 놓고 기업과 계약관계로 연결된 이해관계자들이 누가 있으며 이들이 기업이 창출한 현금흐름에 대해 어떤 권한과 책임을 가지는지 알아본다. 이해관계자의 기업에 대한 권한은 계약의 형태에 따라 다르며, 이는 구조적으로는 기업의 형태에 의해 정형적으로 결정된다. 따라서 이야기의 출발점을 기업의 형태에 두고 **형태별 이해관계자**, 그리고 그들과 **기업의 계약관계** 등을 논한다. 다양한 형태의 기업이 있지만 이야기의 핵심은 **주식회사**이다. 19세기 이후 발전하기 시작한 주식회사의 특성, 그들이 인류문명 발전에 기여한 부분, 이 기업구조의 지속가능성, 이해관계자 간의 기업에 대한 지배관계를 설명하는 기업지배구조, 지배구조를 건강하게 만드는 기업 내 그리고 기업 외의 통제제도 등을 설명한다. 자본주의 그 자체를 설명하는 주식회사의 구조, 우리나라 재벌과 같은 주식회사 집단의 구조와 이들의 작동 메커니즘에 대해 알아보자.

9.1 기업의 형태

사업은 경제활동이지만 동시에 계약이 수반되는 법적 행위이다. 따라서 사업을 시작할 때 사업자 등록을 주무 관청에 하고 사업자 등록번호를 받아야만 사업이라는 경제행위를 할 수 있다. 등록에 앞서 가장 먼저 결정해야 할 일은 어떤 형태로 사업을 시작할 것인가이다.

법에서 규정하는 기업형태는 크게 세 가지이다. **개인사업자**, **파트너십**(**합명회사**) 그리고 **법인**(**주식회사**)이다. 개인사업자는 개인 혼자 투자 · 소유 · 운영하며 사업의 모든 책임을 지는(무한책임을 진다고 함) 형태이며, 파트너십은 여러 명이 공동으로 투자 · 소유 · 운영하며 모든 책임을 같이(연대해서 무한책임) 진다. 파트너십은 여러 명의 개인사업자로 구성되어 있다고 보면 된다. 이와 같이 사람(人)으로 구성되었다 하여 **인적회사**(人的會社)라 한다. 주인이 바뀌면 기업은 해체된다.

반면 법인(주식회사)은 자본에 의해 구성된 가상적인 인격체로서 사람(자연인)처럼 다양한 계약도 하고 사업주로서의 책임과 납세의무도 가진다. 자본은 주식으로 표시되며 주식보유자를 주주라 하고 이들이 회사의 주인이다. 법인은 주식으로 구성된 회사로서 주식회사라 하며, 자본, 즉 물(物)로 구성되므로 **물적회사**(物的會社)라 한다. 주인이 바뀌어도 자본이 유지되므로 회사는 존속한다. 주식회사의 커다란 특징은 주주가 회사의 책임에 대해 자신의 투자범위, 즉 보유주식 범위 내에서만 책임을 진다는 점이다. 이와 같은 제한된 책임은 개인사업자나 파트너십에서의 무한책임과 대비해서 **유한책임**(limited liability)이라 한다. 세 가지 유형 외에도 파트너십과 법인의 중간 형태라 볼 수 있는 합자회사, 유한회사와 유한책임회사 그리고 사용자가 주인인 협동조합, 이 밖에도 프랜차이즈가 있다.

여러 종류 중 어떤 형태로 사업을 할지는 투자자본의 특성, 앞으로 닥쳐올 사업상의 위험, 경영 및 현금흐름 처리방식, 세법 등을 고려하여 결정한다. 우선 투자규모가 작고 위험이 작으며 필요시 쉽게 접고 싶으면 개인사업자로 시작하지만, 초기부터 상당 규모의 자본이 있고 사업 위험을 개인자산과 분리하고 싶으면 유한회사나 주식회사가 유리하다. 조금 더 자세히 들여다 보자.

개인사업자

개인사업자(sole proprietorship)는 개인 1인(주인)이 설립하며, 주인이 경영을 직접한다. 회사경영에 따른 이익은 주인의 개인사업소득으로 분류되어 종합소득과세의 대상이 된다. 따라서 이익이 클 경우 법인세 대비 높은 개인소득세를 내야 한다. 언제든지 이익을 처분하거나 회사를 처분할 수 있는 자유가 있다는 것이 큰 장점이다. 규모가 작은 영세사업자나 중소기업에 유리한 회사형태이다. 개인사업자는 개인기업으로 불리기도 한다.

장단점을 정리하면 장점으로는 간단한 설립절차, 운영 및 청산의 독자 결정, 이익독점, 정부규제로부터의 자유, 법인세 면제, 영세기업의 경우 세제 혜택 등을 들 수 있다. 한편 단점으로는 자금조달과 우수인력 확보의 어려움, 무한책임과 개인의 희생, 소득이 많을 때[1] 높은 소득세율의 적용 등이 있다.

파트너십—합명회사 · 합자회사

파트너십(partnership)은 공동기업으로 책임을 분담하는 기업형태로 기본적으로 무한책임사원으로만 구성된 합명회사(ordinary partnership)를 말하나, 무한책임사원과 유한책임사원이 함께 구성된 합자회사(limited partnership)도 포함한다. 합명회사는 2인 이상의 개인들이 모여 무한책임을 지는 회사이다. 또한 사원이 무한책임을 지기 때문에 채권변제가 안 될 시 변제의 의무가 있으며, 지분의 처분이나 양도도 다른 사원의 동의를 얻어야 가능하다. 새로운 사원의 모집이나 퇴사도 다른 사원의 동의를 얻어야 하기 때문에 소규모의 가족기업에 적합한 기업형태이다. 독일이나 이탈리아 등 유럽에서 대대로 경영권을 승계하는 가족기업들이 이런 형태를 취한다. 개인기업과 마찬가지로 인적회사이다.

한편 합자회사(limited partnership)는 무한책임사원과 유한책임사원 각 1인 이상으로 구성된 회사이다. 무한책임사원의 출자는 재산, 노무(勞務), 신용 중 어느 것으로도 출자할 수 있지만, 유한책임사원은 재산만으로 출자해야 한다. 회사경영원칙을 정한 정관에 다른 정함이 없는 한 무한책임사원은 기업경영 및 업무집행에 대해 권한과 의무를 지며, 유한책임사원은 업무집행능력은 없고 출자에 따른 이익의 배분만 가능하며, 회사 채무에 대해 투자한도 범위 내에서 직접 책임을 진다.[2] 유한책임사원에게는 감시권이 있다. 유한책임사원의 주식양도도 무한책임사원 전원의 허락 아래 가능하고 사망 시 자식에게 상속되어 상속인이 새로운 사원이 되는 구조이다. 유한책임사원이 모두 퇴사하면 회사는 해산된다. 합명회사에 비해 자본의 조달이 용이하다는 장점을 지닌다. 인적 및 물적 회사의 특성을 모두 가진다.

파트너십에서는 사원 간에 이해상충이 존재한다. 사원 간 서로 무한책임

---

1. 한국의 경우 1억원 개인소득자는 40%가 넘는 세율을 적용받는다. 한편 법인세율은 최고 20%대이다.
2. 이를 직접유한책임이라 한다. 한편 법인의 경우 주주는 회사 채무에 대해 직접적으로 책임을 지지 않는다. 간접적으로만 책임을 진다하여 법인의 유한책임 주주는 간접유한책임을 진다 한다.

을 지는 구조는 한 사원의 부도덕한 행위로 인한 민사상의 모든 책임을 다른 무한책임사원이 진다는 의미로, **도덕적 해이**(moral hazard)[3]가 일어날 확률이 다른 구조보다 크다. 이런 이유로 해서 파트너십은 직원들의 업무행위가 타인에 영향을 덜 주고, 서로의 행위를 즉시 파악할 수 있고, 명성이 중요한 전문 업종에 종사하면서 서로 신뢰하는 전문인(professionals) 간에 한해 설립되는 것이 바람직하다. 법률회사, 회계사, 공동 병원, 투자은행, 컨설팅회사 등이 파트너십에 맞는 사업유형이다.

장단점을 정리하면 장점은 동업협약서만 있으면 설립이 가능하고, 여러 개인사업자의 공동기업이므로 개인기업에 비해 자금조달, 우수인력과 전문성의 확보가 용이하고, 법인에 비해서는 운영, 이익배분 및 청산에 있어서의 절차가 용이하며 정부규제로부터의 자유, 법인세 면제 등의 혜택을 누릴 수 있다는 점이다. 한편 단점으로는 무한책임에 따른 이해상충, 개인기업 대비 운영과 이익 처분상의 의견충돌과 분쟁, 청산의 복잡성 등이 있다. 한 동업자가 사업을 그만두고자 하는 경우 다른 모든 파트너(동업자)의 승인 아래 다른 파트너나 제3자에게 양도해야 하고, 50% 이상의 지분을 가진 파트너가 정리할 경우는 소유구조를 완전히 바꾸거나 회사를 정리해야 하는 복잡성이 있어 이런 계획이 설립시점에 있었다면 동업협약서에 미리 이런 조항을 삽입해야 한다.

계약정신에 투철하고 공정성을 중시하는 서구사회에서는 전문가 사이의 동업이 일반적이나 아시아 국가에서는 유교적 문화의 특성 때문인지 동업이 흔치 않다. 지식서비스산업과 문화산업은 그 특성상 공동으로 사업을 키우고 이익을 공유하는 사업 모형이 많고, 따라서 이런 사업에는 파트너십이 잘 어울린다. 그런데 이런 사업은 매출이나 이익에의 파트너별 기여도 같은 것을 명확히 규정하기 어려운 면이 있어, 파트너십이 오래 지속되려면 운영방식이나 이익배분에 대한 원칙뿐 아니라 파트너라는 동업정신, 즉 '파트너가 살아야 나도 산다'라는 믿음이 지켜져야 한다.[4] 우리나라의 경우 회사법상 파트너

---

3. 도덕적으로 해서는 안 되는 일. 예로, 동업자 A가 A의 실체를 모르는 다른 동업자의 이익에 반해 자기 이익을 추구하는 행동(예: 회사 담보로 대출 받은 돈을 사적으로 주식이나 파생상품에 투자).

4. 법무법인은 원래 합명회사이다. 2007년 규모증대를 허용하기 위해 유한회사로의 전환을 허용했다. 법무법인(유)는 수임사건 관련 손해배상에 대해서만 담당 변호사와 직접 지휘·감독 등을 한 직원만이 연대책임을 지며, 그것도 투자 범위 내에서만 진다. 따라서 많은 변호사를 모집할 수 있다.

십은 법인이 아니나, 세법상 파트너십도 회사라서 법인으로 인식한다. 따라서 법인세 납부 대상이다.[5]

주식회사(corporation)—법인

주식회사란 자본으로 구성된 물적회사이므로 가상적인 인격체(법인) 자격을 부여받아 자산을 보유하고 상거래를 주도하며 이익에 대한 납세의무를 진다. 자본은 '주식가치×주식수'로 나타내며 주식을 소유한 주주가 주인이며, 주주는 자신이 갖고 있는 주식 범위 내에서 책임지고 배당을 받을 권리를 가진다. 주식회사의 3요소로 자본, 주식 및 유한책임을 든다. 주식회사 하면 삼성전자, 한국전력과 같은 큰 회사를 떠올리게 된다. 그러나 자본금 1,000만원짜리 1인 주식회사도 설립 가능하다.

장단점을 정리하면 장점으로는 유한책임, 소유권 처분, 존속성, 대규모 자금조달과 대규모 프로젝트의 추진, 위험분산 등을 들 수 있고, 단점으로는 법인세로 인한 이중과세, 복잡한 설립절차, 다양하고 까다로운 정부규제를 들 수 있다. 설립자 대주주의 입장에서는 경영권 보호를 위해 지분 매각을 할 수 없다면 회사운용과 관련하여 사적으로 쓸 수 있는 수입은 노동에 대한 월급과 배당 밖에는 없다. 개인사업자의 경우 사업소득이 개인소득이 되는 경우와 큰 차이가 있다. 상장이 되어 있지 않은 경우 소유권처분에 따른 할인도 크다.[6] 주식회사는 9.2절에서 자세히 다룬다.

유한회사(limited private corporation)—법인

유한회사는 주식회사와 같이 자본의 결합으로 구성된 물적회사이다. 따라서 법인의 자격으로 사업을 행한다. 사원의 책임은 유한하여 이 점은 주식회

5. 세법에 의거하여 파트너십에도 법인세를 과세하는 것에 대해 조세저항이 없는 이유는 일단 개인소득세의 경우 소득이 8,800만원, 3억원이 넘으면 각각 38.5, 41.8%의 세율을, 법인세의 경우 최고 24.2%의 세율을 적용받으므로 세금이 적기 때문이다. 만일, 순이익을 모두 파트너에게 배당할 경우 개인별로 원천징수(15.4%)하나 배당액이 이자소득과 합해 2,000만원 이상이면 종합소득과세 대상이 되나 세액 산출 시 법인세 낸 부분을 감안하여 계산하므로 이중과세가 발생하지 않는다. 다만, 원천징수의 경우 이중과세가 되어도(최고 24.2+15.4%) 개인세율(38.5 또는 41.8%)과 비슷하거나 낮기 때문이다. 인적회사에 법인세를 물리는 세제는 과세에 선택을 허용하는 미국 등에 비해 경직적이다.

6. 제7장 참조.

사와 같으나, 내부 운영이 폐쇄적이고 비공개적이라는 점에서 합명회사와 유사하다. 각 사원은 출자좌수에 대하여 지분을 가지며, **자본의 충실화**를 위해 자본 납입금이 정관에 정한 액수에 크게 못 미칠 경우 설립 시 사원 등은 이를 보전할 공동의 책임이 있다.[7] 1인 또는 다수의 이사를 두어야 하나, 이사회나 대표이사와 같은 독립기구를 두지 않으며, 감사도 임의기관으로 업무 및 회계 감사권을 가진다. 회계감사에 대한 의무가 없다. 대표 의결기구인 사원총회는 **서면의 결의**로도 가능하다. 지분의 유가증권화가 불가능하나 사원은 지분을 양도하거나 상속할 수 있다. 그러나 실제 시장형성이 어려워 지분의 처분이 쉽지 않다.[8] 세법상으로도 법인이므로 소득에 대해 법인세를 내고 배당은 개인소득이 되어 배당소득세를 한 번 더 내야 한다.

유한책임회사(LLC; limited liability corporation)—법인

유한책임회사는 유한회사와 같이 자본의 결합으로 구성된 물적회사이고, 법인자격으로 사업을 행한다. 유한책임회사는 유한회사와 유사하나, 내부관계에 관해 정관이나 상법에 다른 규정이 없는 한 합명회사 규정을 따르므로 유한회사보다 더 합명회사에 가깝다. 그러나 유한회사에 있는 이사나 감사를 두지 않아도 되고 유한회사는 할 수 없는 채권발행도 가능하며, 사원 동의로 주식회사로의 전환도 가능하다. 업무집행자는 업무집행권과 회사대표권을 가지며 사원이 아닌 제3자, 법인도 업무집행자가 될 수 있다. 사원 동의가 있으면 지분양도, 퇴사 시 지분에 대한 회사로부터의 환급이 자유롭다. 세법상 법인이므로[9] 법인세를 납부해야 한다.

---

7. 이를 전보책임이라 하며, 잘못된 부분을 이전해서 대신 메워야 하는 책임이다.
8. 2013년 8월 현재 LLC와 유한회사가 2만 개 정도 설립되어 있다.
9. 이 제도는 미국의 LLC, S corporation을 준용해서 2012년 4월 상법개정으로 도입되었다. 미국의 경우 LLC는 법인세 부과 대상에서 면제되어 회사소득은 모두 개인소득이 되어 배당에 대한 소득세, 사회보장세(15.3%), 건강보험료(2%)만을 납부하면 된다. LLC는 주주가 한 명이라도 사망하거나 유고가 발생하면 회사가 존속하지 않지만, S corporation은 주식양도가 가능하고 회사의 영속성이 보장된다. S corporation의 소득은 주주에 대한 급여소득과 그 나머지를 배당소득으로 분류할 수 있고, 배당소득에 적용되는 상대적으로 낮은 세율을 활용할 수 있어 주식회사보다 유리하다. 또한 LLC의 경우 배당소득에 물리는 사회보장세(15.3%), 건강보험료(2%)에 대한 납부의무가 없는 대신, LLC에서는 활용할 수 있는 2% 이상 지분 소유의 주주에게 제공되는 복지혜택(건강보험료)을 회사비용으로 소득공제 받지 못한다. 한국도 국제와의 융합성을 고려하여, 법인세 면제를 위한 과세특례 적용을 논의 중이다(2013.8. 현재).

다음으로는 회사의 형태라기보다는 소유·운영·생산·소비·영업을 한 조직 내에서 실행하는 협동조합과, 생산·영업을 위한 회사 간의 연합조직체인 조인트벤처, 프랜차이즈를 소개한다.

협동조합

농협, 수협, 축협 등으로 익숙한 **협동조합**(cooperatives)은 경제적 약자인 농민, 어민, 축산업자, 중소 상공인이 경제적 목적을 추구할 목적으로 구매, 생산, 판매, 소비의 일부 또는 전부를 협동으로 영위하는 단체조직이다. 가입·탈퇴가 자유로운 인적 구성체로, 조합원은 1인 1표로 운영에 민주적으로 참여한다. 조합원은 정기적으로 회비를 내야 하며, 출자액에 관계없이 조합에의 기여에 따라 잉여금을 배분받는다. 협동조합은 유한책임, 영속성, 이사회 및 행정조직의 운영 등 기업의 특성을 가지나, 영리목적이 아니어서 잉여금에 대한 세금이 없다. 협동조합은 경제활동 외에도 조합원의 복지를 위해 여러 종류의 서비스를 제공한다. 저리 대출, 생필품 구매, 주택공급, 보험, 상조 등을 제공한다.

조인트벤처

조인트벤처(joint venture)는 기업 간에 공동의 목적을 가지고 일정 기간 동안 협약을 맺어 설립하는 공동출자 회사이다. 대개 기술과 생산능력을 가진 기업과 유통을 담당할 지역회사가 50:50 또는 51:49 등으로 지분을 나눠 가지며, 50:50의 경우는 사전에 경영권은 누가 가진다는 협약을 맺는다. GS-칼텍스, 현대자동차-북경 등이 한 예이다.

프랜차이즈

일상적으로 먹고 마시는 외식업과 편의점, 의상, 자동차정비, 세탁 등의 소비산업이 프랜차이즈(franchise) 간의 경쟁으로 바뀌고 있다. 이제는 안과, 치과병원도 프랜차이즈화하고 있다. **프랜차이징**은 상품이나 서비스의 노하우를 제공하는 체인본사 또는 가맹본부(franchiser)가 가맹점(franchisee)을 모집하여 이들 간에 프랜차이즈 계약(franchise agreement)을 맺고 공동으로 사업을 하는 형태이다. 계약에 의해 가맹점은 상호와 로고를 사용할 권한과 사업에 필요한 모든 노하우를 제공함과 동시에 본사가 지정한 장비구입, 재고수준과 월 판매량 유지, 판촉활동 참여, 본사와의 의사소통 등을 요구한다.

체인본사의 입장에서는 자기 돈 안 들이고 사업을 확장할 수 있다. 본사–가맹점 구조를 보면, 본사(스타벅스라 하자)의 지명도가 높고 매출이 커 낮은 금리로 자금조달이 가능하다. 이 금리는 가맹점(홍대 정문 앞 스타벅스)이 개별로 조달할 때의 자본비용보다 낮기 때문에 재무적으로 이점이 있다. 또한 많은 자금을 운용함으로써 개별 외식사업 가게의 영세성을 극복할 수 있다. 우수 인력을 뽑아 마케팅전략을 구사하고 상품개발에 보다 많은 자원을 투입할 수 있다. 본사 입장에서 볼 때 단점은 본사 소유의 직판점에 비해 통제가 어렵다는 점이다. 전 세계의 스타벅스 커피점의 서비스 품질을 일치시킨다는 것은 실제 불가능하다. 스위스 제네바 시내의 맥도날드는 세계 어느 곳의 맥도날드보다 맛있다. 서울에서 그런 맛을 내는 맥도날드를 가 본 적이 없다.

가맹점(franchisee) 주인의 입장에서는 어느 정도의 돈과 열정만 있으면 그럴듯한 사업을 큰 위험 없이 할 수 있다는 장점이 있다. 사회경험을 충분히 쌓은 준비된 가맹점주는 2～3개의 가맹점을 운용하여 안정적인 수입을 누리기도 한다. 그러나 가맹점 사업은 **재미 못 볼 위험**(down-side potential)은 큰 반면 **성장 잠재력**(up-side potential)은 매우 제한적이라는 점이 큰 단점이다. 우선 사업 초기 매출예측을 본사에 의존하여 설비투자를 하는데 대부분 본사가 지정한 업체나 장비를 써야 한다. 즉, 이 사업이 아니면 다른 데 쓸 수 없는 장비들이 대부분이다. 매출계획이 일반적으로 과대하면 고정비 부분만큼 매달 비용을 지불해야 한다. 본사 직원은 과대 매출예측으로 자신은 업적을 올려 성과급을 올리는 대신 가맹점에게는 그 모든 부담을 지게 하여 피해를 주는 도덕적 해이가 발생할 수 있다.[10]

일단 적정 규모의 투자가 일어났다 해도 두 가지 큰 위험이 있다. 하나는 프랜차이즈가 아닌 유사 업체가 근처에 생겨 공격적으로 영업하는 경우이다. 진입장벽이 낮은 경쟁시장이기 때문에 쉽게 일어나는 현상이다. 문제는 경쟁

10. 사후적으로 본사 직원은 가맹점 주인이 열심히 안 했다고 평가하여 과대예측을 정당화한다.

을 위해 영업 영역을 넓힐 수가 없다는 것이다. 영업구역 제한이 있기 때문이다. 둘째는 수익배분이 본사 의존적이라는 점이다. 본사는 매출의 일정 부분을 로열티로 가져가고, 매출이 좀 오르면 판촉활동이라고 해서 가격인하를 종용한다. 어떤 때는 손해 보고 매출을 일으켜야 하는 경우도 있는데, 본사는 원료를 제공해서 벌고, 매출의 고정 %를 가져가니 좋지만 가맹점은 매우 박한 이익에 힘들게 된다. 비용절감 부분은 결국 인건비 부분으로 아르바이트 학생을 줄이고 본인뿐 아니라 온 가족이 전력투구하게 되는데 이 경우도 건강상 어려움을 겪는다. 대출로 자금을 조달한 경우 더욱 긴박해진다. 이자를 내고 나면 인건비도 안 나오는 경우가 비일비재하다. 대개 특정 기간(예: 2년) 동안은 계약자가 반드시 운용해야 한다는 계약조건 때문에 양도도 어렵고, 결국 약정기간 동안 힘들게 운용하다가, 그 기간이 끝나면 원금 손실을 보면서 매각해야 하는 상황에 처하게 된다.

따라서 가맹점 사업주는 초기 단계의 정확한 매출예측, 여유자금 확보, 비정규 인력을 쓸 수 있는 영업이익의 확보, 퇴출과 관련한 유연한 계약 등에 유의해야 한다. 이런 점에 유의하면서, 그 일 자체를 즐기고 너무 높은 이익률을 기대하지 않는다면 프랜차이즈 가맹점 사업은 자금의 여유가 있고 경험 많은 장년층에게 알맞는 사업일 수 있다.

9.2 주식회사의 특성

앞서 간략히 소개했듯이 주식회사란 자본으로 구성된 물적회사이므로 법인격을 부여받아 자산을 보유하고 상거래를 주도하며 이익에 대한 납세의무를 진다. 자본은 '주식가치×주식수'로 나타내며 주식을 소유한 주주가 주인이며, 주주는 자신이 갖고 있는 주식 범위 내에서만 책임을 지고 배당을 받을 권리를 가진다. 주식회사의 3요소로 자본, 주식 및 유한책임을 든다.

자본이란 회사가 보유해야 할 순자산의 기준으로 발행주식의 액면총액으로 표시하며 법으로 정해진 금액은 없으나 일반적으로 1,000만원 이상으로 한다. 액면총액은 변하지 않아 규범적일 뿐 항상 변하는 순자산의 가치와는 다르다. **주식**(share)은 자본의 구성요소로 액면가(par value)[11]로 나타내기도 하고 액면가 없이 표시하기도 한다. 자본의 구성분자로서 주식회사의 물적 요소인 자본과 인적 요소인 주주를 결부시키는 역할을 한다. 주주는 **유한책임**만을 지므로 높은 수익을 얻으려는 많은 투자자가 부담 없이 주식에 투자한다. 회사는 거대한 자본을 조달할 수 있으면서도, 다수사원으로 구성되는 회사의 복잡한 법률관계를 간명하게 처리할 수 있다. 주식회사의 주주는 회사가 부도를 내든 사고를 내든 아무런 책임이 없다. 이와 같이 엄격한 간접유한책임이란 점에서, 합자회사의 유한책임사원이나 LLC, 유한회사의 사원의 유한책임과는 다르다.

자본시장의 발달과 자금조달의 원천

주주는 유한책임을 지나, 원금보존이란 차원에서 대단히 위험한 투자를 한 셈이다. 왜냐하면 기업이 영업이익을 낸다는 것이 쉬운 일이 아니며 영업이익이 나도 우선 이자, 법인세 그리고 투자금을 제한 후에야 주주에게 돌아올 몫이 있다. 그 몫을 잔여현금흐름이라 하며 이에 대한 청구권만 있다 하여 **지분소유자**(equity holders)인 주주를 **잔여현금흐름청구권자**(residual claim holders)라 한다. 원금을 날릴 수 있는 이렇게 위험한 투자임에도 불구하고 주식에 투자하는 이유는 자본시장을 통해 위험을 분산할 수 있기 때문이다. 예로 ETF(exchange traded funds)는 지수에 투자한 펀드이므로 한 기업의 영업손실이 끼치는 영향을 줄여준다. 예로 그 기업과 경쟁하는 회사가 손실 낸 회사의 시장을 뺏어 이익을 냈다면 모두에 조금씩 투자한 ETF는 웬만한 수익을 냈을 것이다. 미국의 경우, 1926년 이후 80년의 주식수익률은 평균하여 연 12% 정도를 내고 있다. 국채가 1.5% 수준인 것에 비하면 엄청나게 높은 수익률을 낸 것이다. 이 같은 높은 수익률에 대한 기대로 주식시장에는 돈이 언제나 넘친다. 전 세계적으로도 여러 곳에 산재한 자본시장이 통합되고 IT로 연결되면서 국제 간 거래에 대한 비용이 점차 낮아지고 있다. 자본시장의 자본조달로서의 창구는 계속 커지고 있다.

---

11. 5,000원, 500원 등이다.

위험투자와 혁신

그렇다면 기업의 입장에서는 어떤가? 기업은 손실이 나도 자본이 남아 있는 한 파산하지 않는다. 주주의 돈은 기업으로 하여금 모험을 할 수 있도록 해준다. 거대 기업은 몇 년 동안 수조의 투자를 하고도 손실을 견뎌낸다. 혁신은 실패를 딛고 일어난다. **창조적인 파괴**는 막대한 자본의 주식회사로의 유입으로 가능했다. 20세기 많은 부분의 **혁신**(innovations)은 기업들의 위험투자로부터 만들어졌다. IBM이 1960년대 초 상용 메인프레임을 개발할 때나 1980년대 초 삼성전자가 반도체에 투자할 때나 기업의 사활을 걸 정도의 위험을 수반한 투자로 성공이 가능했다. 이런 투자의 기본에는 유한책임제도로 유인된 주주의 위험투자가 바탕이 된 것이다. 자본시장에서의 거래를 통해 기업의 사업위험을 투자자(주주)에게 전이하고 주주는 한 기업에의 사업위험을 분산하여 최소화하고 기다리는 동안, 기업은 이 자금을 위험한 혁신투자에 쏟아부어 실패를 딛고 중장기적으로는 큰 성공을 이뤄 그로부터의 이익을 주주에게 분배하는 것이다. 이런 혁신은 인류의 문명에 기여하고 소비자의 삶의 질을 증대시킨다. 1960년 최고의 운송수단인 시속 5km의 전차가 서울의 종로거리를 누비고 다녔지만, 2010년에는 누구나 KTX로 시속 300km로 달릴 수 있게 된 것이다. 60배 빨라진 것이다.[12]

대리인 문제

주식회사는 자본에 의해 구성된 회사이고 자본의 구성요소인 주주가 주인(principal)이다. 주주가 기업의 주인이 될 수 있는 사회통념은 기업운영에 따르는 사업위험의 대부분을 부담하기 때문이다. 주식회사 운영을 규정한 상법에 의할 때, 회사는 주식을 50%+1주 이상 가진 대주주가 경영권을 가지며 대주주는 이사회를 구성하여 회사를 경영할 CEO(경영자)를 선정한다.[13] 경영자는 주주의 이익을 대변하는 **대리인**(agent)이다. 그는 직원을 고용하고 자원을 배분하는 권한을 주주로부터 위임받는다. 주주의 관심은 투자수익률이고

12. 저자가 경험한 속도감의 변화이다.

13. 창업 후 많은 시간이 경과하면 대주주가 없어지고 소액주주로만 주주가 구성되므로 당시 존재하는 이사회가 내부 규범(대표이사 후보 추천 위원회 등을 두어)에 의해 경영자를 선정한다.

이는 배당과 현재주가의 매입 시 주가 대비 비율의 합이다. 앞의 비율은 **배당수익률**, 뒤의 비율은 **주가수익률**이다.

$$\text{주주의 투자수익률} = \frac{\text{현금배당액}}{\text{매입주가}} + \frac{\text{현재주가}}{\text{매입주가}}$$

경영자는 적절한 수준의 배당을 지급하면서도 주가를 올리기 위한 노력을 해야 한다. **주식총액**(market capitalization)과 **부채총액**을 더한 것이 **기업가치**(enterprise value)이고 부채총액이 변하지 않는다면 주주가 원하는 주가극대화는 기업가치 극대화와 일치한다. 따라서 경영자는 대리인으로서 **기업가치 극대화**를 위해 노력해야 한다.

그런데 대리인인 경영자가 이런 목표와 상충되는 행동을 하기도 한다. 다양한 예가 있지만[14] 가장 간단한 예를 하나 들자면, 개인적인 비용을 지나치게 써 주주에게 귀속되어야 할 현금흐름을 낭비한 경우이다. 경영인에 의해 필요 이상으로 사용된 비용은 회사의 직접적인 비용이 되므로 회사의 이익 감소 및 주가 하락의 원인이 된다. 대리인이 주인의 자금을 축냈다 해서 **대리인 비용**(agency cost)이라 한다. 대리인 비용은 기업뿐 아니라 정부, 공기업, 협동조합, 종교단체, 사회적 기업 등 모든 조직에서 일어난다.

주식회사의 경우 대리인 비용을 줄일 수 있는 방법으로서 첫째, 대리인인 경영자에게 **인센티브를 제공**하는 방법이 있다. 주식을 미리 정한 가격에 살 수 있는 권한인 **스톡옵션**을 임원에게 제공하여 주주와 이해를 일치시키는 방법이다. 스톡옵션 제도는 상장사의 임원에 대한 보상차원뿐 아니라 비상장 벤처기업 등에서 높은 급여를 부여하지 않고도 우수한 인력을 유치할 때도 많이 사용한다. 우수인력들은 당장의 높은 급여보다는 작은 확률이더라도 참여한 회사가 IPO에 성공하는 데 온힘을 다한다. IPO에 성공하면 창업공신들의 스톡옵션은 큰 재산이 된다. 한편, 직원들에게는 **우리사주계획**(ESOP; employee stock ownership plan)에 의한 주식보유를 장려하여 주가의 상승이 주주의 이익 증대뿐 아니라 직원의 이해와 직결되도록 하는 것이다. 둘째, 주주들이

14. 9.3, 9.4절과 그 외의 대리인 문제는 재무관리 서적을 참조하라.

이사회(board of directors)를 통해 회사의 상황을 감시하고 CEO가 잘못된 의사결정을 할 때 반대의사를 표명한다. 또한 무능한 경영자를 교체한다. 연금이나 생명보험, 투자회사와 같은 **기관투자자**(institutional investors)는 대주주로서 경영자 결정에 대한 의견을 제시하여 이사회가 제대로 작동하도록 힘을 실어주기도 한다. 셋째, **경영권 시장**(market for corporate control), 즉 M&A 시장이 외부에서 대리인 문제를 통제하는 기능을 수행 할 수 있다. 예를 들어, 주가가 동종업계의 주가에 비해 많이 떨어졌다면 **기업사냥꾼**(corporate raiders)이 소액주주들로부터 위임장(proxy)을 받아 주주총회에서 임원진의 교체를 요구한다든지, 아니면 다른 회사나 **사모펀드**(PEF; private equity funds)가 **적대적 기업인수**(hostile takeovers)로 경영진을 교체할 수 있다.

9.3 상장주식회사의 지배구조

기업은 재화나 서비스를 생산 · 유통하기 위해 조직되며, 이를 위해 다양한 **이해관계자**(stakeholders)와 계약을 맺는다. 주주와는 지분투자에 상응하여 잔여현금흐름에 대한 청구권과 의결권을, 채권자와는 이자 및 원금 지급계약과 파산 시 회사정리 권한을, CEO와 임원과 노동에 대한 고정급 · 성과급 · 스톡옵션 · 임기 관련 계약을, 종업원과는 노동품질에 상응하는 급여 계약을 맺는다. 이 외에도 부품을 공급하는 부품공급자, 제품에 대가를 지급하는 소비자, 법인세를 징수하는 정부, 투지 등 인프라를 제공하면서 지방세를 징수하는 지방자치단체 등이 있다. 이들 이해관계자는 자신들의 이해가 지켜지는지 감시한다. 아울러 이해관계자 간의 이해상충이 존재하는 것도 현실이다. 혁신적이나 위험한 투자를 하면 주가는 오르나 채권 값은 하락할 수 있다. 부품에 대한 현금 지급을 낮추면 회사는 이익을 본다. 근로자의 복지수준을 낮추면 주가 상승으로 이어져 단기투자자의 배를 불린다. 독점적 가격을 부과할 수 있는 기업이 상품가격을 올리면 소비자는 힘들어지지만 나머지는 불평이 없다. 회사의 존속을 위해서는 이해관계자 간의 이해가 균형 있게 유지되어야 한다. 이와 같이 이해관계자가 자신의 이익을 지키기 위해 기업의 경영의사결정을 직 · 간접으로 지배하는 구조를 **기업지배구조**(corporate governance system)라 한다. 이해관계자의 중심에는 **주주**가 있다. 이들은 기업운영에 따르는 위험의 대부분을 부담하기 때문에 기업의 주인(principal) 자격을 가진다. 주주는 이사회를 구성하여 CEO를 비롯한 임원을 선임하고 임원은 종업원을 조직화하여 회사 자산을 운용한다. 임원은 주주의 대리인(agent)으로서 이해관계자와의 계약이 지켜지고 암묵적인 계약이더라도 지켜질 수 있도록 노력해야 한다. 암묵적인 계약은 소비자에게는 그들을 행복하게 할 수 있는 상품을, 주주에게는 기대하는 주가수익률을, 채권자에게는 높은 신용평가를, 종업원에게는 공정한 보상을, 부품공급자에게는 더불어 존재하는 상생을, 정부에는 넉넉한 세금을, 지역사회에는 고용과 사회 및 문화 인프라를 제공할 수 있어야 한다. 기업지배구조는 CEO와 임원진이 이와 같은 노력을 하는지 감시 · 감독하게 되는데 대표적인 기관으로 주주총회와 이사회가 있다. 이를 기업 내부에 있다 해서 **내부통제제도**라 한다. 한편 **외부통제제도**로는 앞서 대리인 문제에서 언급한 대로 기관투자자에 의한 의견개진, 기업사냥꾼의 위임장 경쟁, M&A 등이 있다.

상장의 결정: 효익과 비용

기업이 성장하기 위해서는 많은 자본이 필요하고 이는 자본금으로 충당하게 된다. 부채비율 50%를 지키고 싶다면 새로운 투자자금의 2/3는 자본금으로 충당해야 한다. 이익잉여로 충당이 안 되면 대부분 증자의 형식을 취한다. 비상장된 회사(private company)는 자금을 모으기도 어렵고 제대로 평가받기도 어렵다. 왜냐하면 사모(private offering)는 법적으로도 규모 제한이 있을 뿐 아니라 비상장회사 주식은 유통이 안 되어 다수가 사려하지 않기 때문이다. 지속적인 증자를 위해서는 기업을 공개하여 주식시장에 **상장**해야 한다. 처음으로 주식시장에 상장하는 행위를 **신규공모**(IPO; initial public offering)라 한다.[15]

상장이 되면 기업에 대한 시장의 신뢰도가 올라 채권발행도 가능해진다.

15. 제7장의 자금조달에서 절차에 관한 사항을 자세히 다뤘다.

상장은 이후 증자나 채권발행을 통해 기업의 신규 투자기회를 계속적으로 실현할 수 있는 절대적으로 필요한 선택이지만 많은 비용이 발생한다. 공모는 사모와 달리 일반투자자, 즉 불특정 다수인으로부터의 자금조달이고, 그들에게 피해가 안 가도록 정부나 규제당국이 신경을 쓰지 않을 수 없기 때문이다.[16] 외부감사법인의 감사를 받아야 하는 것, 내부통제제도의 운영, 이사회 운영과 관련된 것 등의 **금전적인 비용**과, 공시의무와 같이 일반투자자에게 회사 현금흐름에 영향을 줄 수 있는 사건이나 의사결정 내용을 즉시 그리고 정확하게 알려주는 데 들어가는 노력, 기관투자자들의 배당 압력, 경영간섭, 거래투명성을 높이기 위한 노력, 사외이사들에 의한 기업통제나 등기 임원급여 공개 등의 다양한 **비금전적인 비용**이 발생한다.[17] 이 같은 비용에도 불구하고 비상장기업이 상장하면 비상장 시기 대비 주가가 평균 10~40% 상승한다. 가격 면에서도 상장의 혜택은 크다. 이와 같이 회계투명성을 유지하고 공시의무를 지키는 데 드는 비용보다 상장에 따르는 혜택이 크므로 대부분의 창업자들은 상장요건이 갖춰지면 상장을 결정한다.

주주총회와 주주의 역할

주주총회(shareholders meeting)는 주식회사의 최고의사결정기구이다. 모든 주주가 참여하여 CEO의 성과보고와 경영계획을 듣고 그들의 의견을 피력할 수 있는 자리이다. 그러나 현실은 총회꾼이라는 주주총회 참여를 직업으로 하는 사람과 우리사주로 주주가 된 사원들로 자리를 메운 총회가 개최되는 것이 일반적이고 30분이면 박수로 모든 사항이 통과된다. 이 같은 소수의 주주만 참여해도 주주총회 개최요건을 충족할 수 있는 것은 **섀도우보팅**(shadow voting)제도가 있기 때문이다. 이 제도는 최소 의결정족수를 확보하지 못한 경우 예탁결제원에 요청하여 예탁결제원이 소액주주를 대신해 의결권을 행사하는 제도이다. 이때 예탁결제원은 찬반의 의견을 제시할 수 없고 참석 주주

16. 1934년 미국의 증권거래법(security exchange act of 1933 & 1934)은 증권에 진실(truth in securities)을 불어넣어 준 법이다.

17. 2013년 기준 금전적인 비용은 유가증권시장 상장기업은 연 약 10억원, 코스닥 기업은 약 4억원에 이르며, 비금전적인 비용은 연 2백 회가 넘는 수시공시, 배당 압력, 규제적용 방지 및 소송관련 비용 등이다.

들의 찬반비율에 따라 그대로 의결권을 행사한다. 주주 천 명 중 10명이 참석하여 6:4로 가결했다면 나머지 990명도 6:4로 투표한 것으로 간주한다. 5%의 지분도 가지지 못한 대주주가 경영권을 마음대로 행사할 수 있도록 한 제도이다.

이 같은 폐해를 막는 방법은 주주가 많이 참석하여 자기 의사를 밝혀야 하는데 몇 주를 가지고 있다고 주주총회를 참석하기 위해 휴가 내서 교통비 내고 올 주주는 없다. 따라서 이들이 다른 장소에서도 전자적 도구(예: PC, 스마트 폰)로 의사를 표명할 수 있는 **전자투표제도**의 도입과 이용이 필요하다.[18] 만일 전자투표가 보편화되면 **위임장 경쟁**(proxy fighting)이 늘어날 것으로 보인다. 위임장 경쟁이란 경영진의 의견에 반해 소액주주들이 힘을 합쳐 주주총회 안건에 반대하는 또는 새로운 안(예: 경영진이 제시한 사람과 다른 이사 선임)을 지지하는 투표를 통해 경영계획(예: 주요 자산 매각, 합병, 분할 등)을 바꾸든가, 경영진을 교체하고자 하는 노력이다. 위임장 경쟁은 지배권을 가지지 못한 대주주나 기업사냥꾼에 의해 주도된다.

이사회, 이사들의 책무

이사회(board of directors)는 주식회사의 실제적인 최고의사결정기구이다. 주주총회보다는 위계상 낮은 위치에 있지만 앞서 설명한 대로 주주총회가 의사결정기구로서 제 역할을 하지 못하며 자주 열릴 수도 없어 주요 사안은 모두 이사회에서 처리된다. 이사회는 이사(directors)들로 구성되며, CEO를 포함한 집행임원인 **사내이사**(executive directors)와 외부인으로서 비상임인 **사외이사**(outside directors)로 구성된다. 이사회의장(chairman)은 모든 이사를 대표하나 이사와 같은 1표를 가지며 회의를 주재한다. 집행임원을 대표하는 대표이사(CEO; chief executive officer)가 의장을 맡기도 하고, 사외이사의 연장자나 오래된 자가 의장을 맡기도 한다. 이사회가 집행임원을 감시 · 감독해야 한다는 입장에서는 CEO와 다른 이가 의장을 맡는 것이 맞지만, 많은 경우 업무에의 전문성 등을 고려하여 CEO가 맡는다. 이사들은 이사회에 올라온

18. 전자투표제도의 도입은 정관에 정하지 않아도 이사회 결의로 가능하다.

안건을 심의 · 의결함에 있어 신의성실로 회사의 이익을 위해 노력할 의무, 즉 **신의성실의무**(fiduciary duty)가 있으며, 만일 절차를 무시한 결정으로 회사에 피해를 주는 일, 배임 등을 행했을 때 민사 및 형사(배임 경우)상의 책임을 진다. 이 책임은 무한책임으로 그 피해가 크므로 적극적인 의사결정을 유도하기 위해 어떤 액수까지는 회사가 손해배상책임보험을 든다.

이사회는 필요에 따라 이사회 내부에 위원회를 둔다. 상임감사가 없는 경우, **감사위원회**(audit committee)를 반드시 두어야 하며, 감사위원회 위원장(감사위원장)은 사외이사여야 한다. 감사위원장은 상임감사와 마찬가지로 회계감사, 업무감사를 행한다. 이 외에도 CEO를 비롯한 임원들이 주주의 이익을 훼손하는지 감시 · 감독해야 하며 외부감사법인의 선임 후 이사회에의 추천, 재무제표 승인 등을 행한다. 상임감사는 상임으로 주주총회에서 선임되어 사장 다음의 서열을 가지나 실제 CEO가 뽑기 때문에 중립적인 의사결정을 하지 못한다. 한편 감사위원장은 이사회 멤버 중에서 회계 · 재무 전문가가 선임되어 중립성 제고에 기여를 하지만 비상임이고 월급이 다른 이사와 비슷하여 업무집중도는 낮다. 따라서 상임감사 대신 감사위원회가 감사업무를 전담할 경우 내부에 약점을 보완할 감사지원 사무국이 있는 것이 좋다. 감사위원회 외에도 CEO와 임원의 성과급을 결정하는 **보상위원회**, 대규모 투자를 사전에 심의하는 **경영전략위원회**, 금융기관의 경우 위험을 관장하는 **위험관리위원회** 등이 설치될 수 있다. 대부분 CEO의 전횡이나 위험선택, 지나친 보상 등을 견제하는 위원회로 사외이사의 역할이 중요하다. 사외이사는 CEO로부터의 중립성뿐만 아니라 업(業)과 관련한 전문지식을 가져야 하나, 성실하게 임해야 한다.

기관투자자의 역할

외부 통제기구로서 우선 기관투자자들을 들 수 있다. **기관투자자**들은 투자를 목적으로 하는 자산관리기구이다. 국민연금 · 공무원연금 · 사학연금과 같은 연금기관, 각종 공제회, 생명보험회사, 투자신탁 및 자산관리회사, 헤지펀드 등이다. 이들은 짧게는 2～3년, 길게는 수십 년 후에 갚아야 할 현금흐름을 관리하는 기관으로 대리인 문제의 가장 큰 피해자이다. 그러나 그들은 기업경영을 아는 사람이 아닌 단지 투자자이기 때문에 기업경영에 섣불리 간섭할 수도 없어 주가나 채권 값으로 의견을 제시한다. 예상 수익률을 밑도는 주가 성과에 대해 책임을 묻는다든지 경영자의 의사결정(예: 공격적 기업인수에 대한 독약처방)이 주가를 하락시키는 요인임이 분명할 때 의견을 개진함으로써 경영에 간섭한다. 한편 기업사냥꾼의 경영간섭에 대해 찬 · 반의 의견을 제시함으로써 기업사냥꾼을 도울 수도 제어할 수도 있다.

기업경영권 시장(markets for corporate control)

강력한 외부 통제기구로서 기업경영권이 거래되는 **M&A 시장**을 들 수 있다. **경영권**이란 주주간의 합의 아래 거래될 수도 있고 거래를 원하지 않을 경우 강제로 빼앗을 수도 있다. 후자의 예를 들면, 35% 지분을 가진 대주주가 소액주주의 이익에 아랑곳하지 않고 엉터리로 경영해서 주가가 낮다고 하자. 이런 기회를 그 기업을 잘 아는 다른 기업이나 **기업사냥꾼**(corporate raiders)이 그냥 놔둘 리 없다. 만일 그들이 훌륭한 경영진으로 재구축하여 주가를 50% 올릴 자신이 있고 그렇게 생각하는 기관투자자도 있다면 기관투자자의 돈으로 기업공개매수를 시도할 수 있다. 어느 날 갑자기 신문에 광고를 내어 '현재 주가가 10,000원인데 10일 동안 51%까지 12,500에 사겠다' 고 하는 것이다. 그동안 재미 못 봤던 소액주주들이 이에 동조하여 51%를 확보하면, 임시 주주총회를 열어 이사를 모두 교체한다. 완전한 경영권과 경영진 교체가 이뤄진 것이다. 과거의 대주주도 나쁠 것이 없다. 경영권을 빼앗겼지만 재산 가치는 늘어났기 때문이다.[19]

기업사냥꾼은 자본시장의 큰 손들과 연계해서 경영권 공략을 하는 반면에 소액주주들의 권익을 위해 대주주나 경영자들을 공략하는 그룹이 있다. 이들을 **주주 행동주의자**(shareholder activist)라 한다. 주식 1주만 가지고 있어도 주주총회에 참석할 수 있으므로 주주총회에 참석하여 경영진에게 다른 새로운 제안을 하고, 어떤 민감한 내용(예: CEO보상규모의 적정성, 대주주 경영자의 자녀에의 주식배정 관련사항, 이사들의 배임여부)에 대해 설명을 요구한다. 이

19. 미국의 칼 아이칸(Carl Icahn)이 대표적인 기업사냥꾼이다.

런 행동들은 지배구조를 개산하여 궁극적으로 소액주주들의 이익에 기여하는 경우가 많다.[20]

한편 기업을 경영하는 경영자 입장에서는 외부세력이 경영권을 흔드는 것을 중대한 위기 또는 리더십의 혼란으로 받아들인다. 실제로 이런 도전이 있을 시 신규사업 등과 같은 어려운 선택은 뒤로 미뤄진다. 스웨덴의 발렌베리 그룹은 오랫동안 어마어마한 규모로 커 가면서도 경영권을 유지하고 있는 기업집단이다. 이들 가족은 경영권이 혁신의 핵심이라고 믿고 실제로 자신들에게 주어진 경영권을 가족의 부를 축적하기 위해서가 아니라 국가경제를 끌어갈 혁신활동에 매진하라는 뜻으로 받아들인다. 이같이 규모가 커지고 부채비율이 높지 않은데도 경영권이 유지되는 것은 이 기업에 한해 국가와 노조(노사정 협의)가 합의하여 창업자 가족이 보유한 주식에 한해 다수의결권을 허용해 줬기 때문이다. 이런 주식은 보통주 1주당 여러 개의 의결권을 가진 주식인데, 이를 **차등의결권주식**(dual class shares)이라 한다. 비상장회사의 경우에는 많은 국가에서 차등의결권주식을 허용한다. 이는 아는 사람들끼리 자발적인 합의 하에 의결권을 위임한 구조라 인식되기 때문이다. 하지만 상장기업의 경우, 1주 1표(1 share 1 vote)라는 주주평등원칙을 해하는 제도로 대주주 경영자 전횡 시 불특정 다수인인 소액주주에게 피해가 돌아간다고 본다. 미국의 경우 포드와 구글, 페이스북만이 주주의 동의를 얻어 각각 가족과 창업자가 차등의결권주식을 보유하고 있다.[21]

9.4 기업집단의 구조

한국에서 기업지배구조상 이해상충문제는 **재벌**이라 불리는 기업집단과 관련하여 자주 논의된다. 이런 논의는 한국경제 발전과정에서의 재벌의 기여

20. 과거 참여연대소속 경영·경제학자들이 주주행동주의자로서 삼성, 현대그룹을 대상으로 활동했다.

21. 워런 버핏은 일반투자자들이 가진 주식보다 200배의 의결권을 가진 주식보유로 버크셔 해서웨이(비상장)를 지배하고 있다. 상장사인 구글의 창업자인 브린(브린 소유 주식의 의결권은 일반 보통주의 10배)과 래리 페이지 등 창업자들은 10% 미만의 지분으로 전체 의결권의 3분의 2를 장악하며, 페이스북의 저커버그도 일반투자자보다 10배의 의결권을 가진 주식을 소유 중이다.

와 아직도 한국을 이끄는 대표적인 기업들이 재벌체제의 긍정적인 요소에 힘입어 성장하고 있다는 사실에서 뜨거운 논쟁거리이다. 재벌을 편드는 사람은 주주의 입장에서 주가수익률이 최대 관심사이고 이들 기업이 가장 높은 수익률을 주주에게 제공했다면 이해상충이 가장 적은 기업이 아니냐는 논리이다. 그러나 1997년 외환위기 이후 30대 기업집단의 반이 파산하여 주주들에게 엄청난 고통을 준 것을 고려하면 재벌구조가 주주의 이익을 위해 최선을 다했다고는 말할 수 없다. 본 절에서는 기업집단의 두 가지 구조인 지주회사구조와 순환출자구조를 설명하고 이해상충문제를 설명한다.

지주회사구조

지주회사구조(holding company structure)는 서구의 기업구조에서 매우 보편적인 구조이다. 우리는 제8장의 조직구조에서 기능구조, 사업부 구조, 매트릭스 구조, 네트워크 구조를 다뤘다. 이런 단일체제 아래의 기업은 소유구조가 창업자나 투자자들의 지분투자로 형성된다. 그러나 지주회사구조는 모회사가 자회사를, 자회사가 손자회사를, 손자가 증손자를, …… 식으로 기업이 기업을 소유하는 구조이다. 만일 모회사가 자회사의 50%+1주를 소유하고 경영권을 가진다면 1/2의 자본으로 1의 사업을 할 수 있다.[22] 만일 자회사의 부채비율이 100%라면 1/4의 자본으로 1의 사업을 할 수 있는 셈이다. 한마디로 1의 모회사 투자로 4배의 사업을 할 수 있다. 이를 손자회사에 적용하면 16배로 사업을 키울 수 있고, 증손자회사이면 64배가 된다. 작은 자본으로 큰 사업을 할 수 있고 지주회사의 통제권을 가지면 모든 피라미드 구조 내의 기업에 대한 통제권을 확보한다.[23]

현행 '독점규제 및 공정거래에 관한 법률' (이하 공정거래법)은 자회사의 지배를 목적으로 하되, 자회사의 주식을 자산의 50% 이상 보유하고 있으면 지주회사로 규정한다. 또한 사업내용에 따라 **금융지주회사**와 **일반(비금융)지주회사**로 나누고, 사업을 영위하는가에 따라 **순수지주회사**(pure holding company)와 **사업지주회사**(business holding company)로 나눈다. 순수지주회사는 스

22. 1주는 작은 수라 무시한 것이다.

23. 소위 선단식 경영이라 불린다. 2012년 9월 현재 115개(금융지주회사 12개 포함)의 지주회사가 있다.

스로 사업을 하지 않고 사업회사를 자회사로 둔 지주회사이고, 사업지주회사는 사업을 하면서 다른 사업회사를 자회사로 둔 지주회사이다.[24] 지주회사 관련하여 몇 가지 규제가 있는데 1) 금융지주회사는 일반회사를 소유하지 못하나 비은행지주회사의 경우에 한해 일반회사 소유가 가능하며(금융지주회사법), 2) 일반지주회사는 금융(손)자회사를 소유하지 못한다(공정거래법). 3) 금융지주회사는 순수지주회사여야만 한다. 4) 또한 지주회사는 자본의 2배 내에서만 부채를 조달할 수 있고, 자회사 지분은 비상장일 경우 40%, 상장일 경우 20% 이상을 소유해야 하며[25] 손자회사부터는 100% 자회사(실제로는 증손자)인 경우 허용한다. 비금융과 금융 간의 교차 소유를 금지하는 이유는 산업 간 위험의 전이를 막기 위한 것이고,[26] 부채비율, 자회사 소유비율에 대한 규제는 소유와 지배 간의 괴리를 줄이기 위함이다.

지주회사의 장점은 1) 큰 규모의 사업을 하나의 통제권으로 운용할 수 있다는 점, 2) 사업회사가 부실할 경우 매각, 사업축소 등 구조조정이 용이하고 기업 간의 관계가 다음에 설명할 순환출자구조보다 더욱 투명하다는 점이다.

순환출자구조

순환출자구조는 'A ➡ B ➡ C ➡ A' 로 출자하는 방식이다. 즉, 출자받은 회사가 다시 한 다리 건너 자사에 출자한 회사에 다시 출자하는 형태이다. 이의 이해를 위해 상호출자를 이해해야 한다. 상호출자는 'A ➡ B' 로, 이후 'B ➡ A' 로 서로 출자하는 방식인데, 이 방식은 공정거래법에 의해 금지되었고 이후 상호출자를 피하기 위해 순환출자방식이 활용되었다. 따서 상호출자와 지주회사세노가 불법(1999년 허용)이었고 자금조달이 어려웠던 상황에서 신사업 추진이나 재무구조 개선을 위해 보유 자본이 주로 활용되었는데, 이 방법은 돈 안 들이고 자본을 늘리면서도 경영권 확보가 가능한 방법이다. 삼성의 경우 가족이 대주주인 '에버랜드 ➡ 삼성생명 ➡ 삼성전자 ➡ 삼성카드 ➡ 에버랜드' 로 출자가 이어지고, 현대차의 경우 가족이 대주주인 '글로비스 ➡ 현

24. (주)LG는 구본무 외 가족들이 소유한 순수지주회사로 직접 사업을 하지 않으나, (주)두산은 여러 사업을 하면서 두산중공업 등의 자회사를 두고 있다. 따라서 (주)두산은 사업지주회사이다.

25. 우리나라의 20% 규제는 가공자본을 키운 가장 큰 요인으로 지적된다.

26. 금융지주회사법과는 별도로 산업자본은 은행의 지분을 4% 이상 소유하지 못한다(은행법).

대모비스 → 현대차 → 기아차 → 현대모비스' 로 출자가 이어진다. 고리형 상호출자방식라고도 불리는 이 방식은 가공자본을 형성하면서도 경영권을 유지하는, 즉 1주 1표를 실질적으로 지키지 않는 기형적인 구조라 할 수 있다.[27]

순환출자의 장점은 1) 지주회사보다도 더 큰 규모의 사업을 하나의 통제권으로 운영할 수 있고, 2) 자본, 인력의 동원이 매우 쉬워 초대형 신사업 추진이 인사권을 가진 대주주(소위 총수)의 결정에 따라 신속히 진행되며, 3) 경영권 방어에 도움이 된다는 점이다. 단점은 총수가 잘못된 결정을 내릴 때 제어 장치가 없고, 계열회사 간 너무 얽혀 있어 한 사업회사가 부실할 경우 전이될 위험이 크며, 이럴 조짐이 보일 경우 법인을 떼어내어 매각하는 구조조정이 대단히 어렵다는 점이다. 물론 모두 재무적으로 견실하여 계열사 간 상호지급보증이 없다면 불가능한 것은 아니나 매우 복잡하다.

기업집단구조와 소유-지배괴리도

소유-지배괴리도는 전체 의결권 주식 중 오너 가족과 특수관계인이 가진 지분의 비율을 소유%라 하고 이에 계열사 출자분을 더해 통제할 수 있는 총지분비율을 지배%라 할 때, 지배%에서 소유%를 뺀 %값이다. 2011년 지주회사구조의 괴리도와 순환출자구조의 괴리도는 각각 33.8%, 37.6%이다. 순환출자의 경우 괴리도가 이렇게 높다는 것은 총수일가가 지분 3%만 가져도 40.6%의 의결권을 가지니 경영권 확보에 문제가 없다는 얘기이다. 또한 지주회사 체제의 괴리도가 이렇게 높은 것도 국제적 기준으로 보면 아주 기이한 현상이다. 미국의 지주회사는 일반적으로 자회사를 하나의 부서처럼 100% 소유한다. 지주회사의 장점은 취하되, 다른 주주들로부터 간섭받지 않고 효율적으로 경영하기 위해서이다. 그러나 한국 기업집단들은 적은 지분으로 더 강하게 그룹을 장악하기 위해 지주회사제도를 택한다.

27. 삼성은 삼성전자의 오너지분이, 현대차는 현대모비스의 오너지분이 너무 낮은 것이 순환출자를 끊지 못하는 이유이다. 삼성전자의 경우(2012년 말) 지배지분이 17.6%인데 이 중 삼성생명이 7.5%를 차지한다. 금산분리원칙에 의거 금융계열사의 비금융계열사 지분에 대한 의결권은 15%로 제한한다. 만일 이 %를 7.5% 밑으로 내릴 경우 삼성전자 나아가서는 삼성그룹의 경영권이 위협받는다. 순환출자구조는 자본주의 본산인 미국, 영국에는 없으나 일본의 도요타그룹, 프랑스의 LVMH, 이탈리아의 Agnelli그룹, 인도의 TaTa그룹, 캐나다 Hees-Edper그룹, 독일의 Deutsche그룹이 유사한 출자구조를 가지고 있다.

기업집단구조의 장점과 이해상충문제

우리나라의 지주회사구조나 순환출자구조는 공히 기업집단의 총수가 적은 지분으로 많은 계열사를 지배하기 때문에 소유-지배의 괴리에 따른 사익편취 위험이 있고, 경제력 집중을 심화시켜 경쟁환경을 악화시키는 폐해가 있다.[28] 한편 이런 구조는 창업자 가족인 총수일가의 입장에서는 그들이 기업경영에 매진할 수 있는 인센티브를 제공한다. 소위 오너십을 보유하면서 전문경영인의 대리인 문제를 철저히 통제하고 사업보국의 정신 아래 계열 대표회사를 세계적인 기업으로 키우고 국가브랜드를 키우는 데 기여한 점은 전 세계적으로도 경이로운 성과로 받아들여지고 있다.

문제는 가공자본에 의한 성장패턴과 가족에 의한 지배지속은 구조적으로 취약하다는 점이다. 첫째, 계열사나 자회사 간에 인적 및 사업 구조가 얽혀 있어 호혜적인 가격으로 서로 일감을 몰아주는 **내부거래**가 만연되어 있고, 구조조정이 늦춰져 집단 수익성이 떨어진다. 한편 이 집단에 속하지 않은 사업가는 하청이 아닌 이상 그들 시장에의 접근이 더욱 어려워지며, 신사업을 일으키기가 더욱 어렵게 된다. 창조적인 아이디어가 경제의 중요한 자원으로 커가는 길을 막게 되는 것이다. 둘째, 가족에의 승계를 위한 탈법적인 행위로 **자산탈취**와 기업명성 하락을 일으켜 **주주이익을 훼손**한다. 예로 회사 사업부로 해도 될 사업을 가족 100% 소유 회사에 이전하여 총수가족의 재산을 키우는 행태는 명백한 주주 이익을 훼손하는 배임행위이다.[29]

현재의 상황에서 순환출자를 해소하는 방법으로는, 1) 오너가 자금을 조달하여 출자고리를 끊는 방식, 2) 순환출자 고리상의 기업 지분을 매각하여 순환출자를 끊고 매각자금을 이용해 나머지 회사의 경영권 강화(자사주 매입 등)를 도모하는 방식, 3) 차등의결권주식을 정관에 도입해 현재의 경영권을 유지하면서 복잡한 구조를 정리하는 방식, 아니면 4) 연금 등 기관투자자나 외국계자본과 **관계투자**(relational investing)[30] 계약으로 불안정하지만 경영권

28. 100%로 자회사를 지배하는 미국의 관행에 비해 우리나라의 20% 규제는 가공자본을 키워 이런 효과를 키운 요인이 된다.
29. 이를 터넬링(tunneling)이라고도 한다.
30. 관계투자란 단순투자가 아닌 경영권을 보호해 주는 차원에서 투자하면서 회사 발전을 지원해 장기적으로 수익을 도모하는 투자방식이다.

을 유지하면서 정리하는 방식을 들 수 있다. 오너의 입장에서는 1)과 2)방식은 막대한 자금을 동원하거나 주요 회사를 포기해야 하는데 순환출자구조가 불법도 아닌 상황에서 이 안을 택할 인센티브는 없어 보인다. 3)과 4)가 고려해 볼 만한 안이 될 것이나 특혜 논란으로 이 안들도 실현화되기는 쉽지 않은 상황이다.

9.5 결론

기업은 이를 둘러싼 경제주체들, 즉 이해관계자들과의 계약 집합(nexus of contracts)이다. 기업의 경영자는 이들 이해관계자의 이익을 증대시킴과 동시에 이들 간의 이해균형(balance of interests)에 힘써야 한다. 우선 기업형태에 따라 구성원 간 계약이 다르므로 기업형태를 다뤘다. 인적회사인 개인사업자와 파트너십, 물적회사인 LLC, 유한회사와 주식회사를 다뤘다. 다음으로 주식회사를 자세히 다루면서 주식회사의 특성을 이해하고, 주식회사 구조 아래에서는 경영자의 대리인 문제가 태생적인 문제임을 알 수 있었다. 경영자와 주주는 다른 이해를 가지고 있기 때문이다. 따라서 경영자의 이해를 주주와 일치시키기 위해 고안된 스톡옵션과 그의 역할을 다뤘다. 다음으로 상장주식회사의 지배구조를 다루면서 주주총회, 이사회와 같은 기업 내의 내부통제제도와 기관투자자의 역할과 M&A 시장과 같은 기업 외의 외부통제제도를 다뤘다. 마지막으로 기업집단의 기업구조인 지주회사와 순환출자구조를 다뤘다. 이 과정에서 우리나라 재벌들이 어떻게 두 구조를 가지게 되었는가, 이 구조를 통해 어떤 경영상의 장점을 가지는가, 또한 경제 전반에는 어떤 폐해가 있을 수 있는가, 대주주 경영진과 소액주주 간에 이해상충문제는 없는가 다뤘다. 본 장에서 다룬 지배구조는 주식회사의 지속경영 과제의 핵심이다. 경영진이나 대주주 경영자가 제멋대로 회사를 운영한다면 누가 그 회사 주식이나 회사채에 투자하겠는가? 지배구조가 기업의 경쟁력임을 시사하는 질문이다. 다음 제10장에서는 지배구조를 포함하여 기업이 앞으로 오랫동안 지속경영을 하기 위해서는 어떤 부분에 신경을 써야 하는지 설명한다.

연습문제

01. 기업의 형태와 관련하여,

1) 형태별 계약관계는 어떻게 다른가?
2) 인적회사와 물적회사의 차이는 무엇인가?
3) 합명회사의 파트너 간 도덕적 해이의 가능성을 설명하시오.
4) 주식회사가 가장 보편적인 이유는 무엇인가?

02. 유한책임 제도에 대하여,

1) 유한책임이란 무엇인가?
2) 합자회사의 유한책임사원, 유한회사, LLC와 주식회사의 유한책임의 차이는 무엇인가?
3) 유한책임 제도가 자본시장 발달에 기여한 이유는 무엇인가?
4) 유한책임 제도가 기업으로 하여금 혁신활동을 왕성하게 만든 구조는 무엇인가?

03. 대리인 문제에 대하여,

1) 주식회사의 주인과 대리인 문제란 무엇인가?
2) 대주주 오너 경영자의 지분율이 높을수록(예: 70%) 대리인 문제가 적은 이유는 무엇인가?
3) 대리인 문제를 줄이기 위한 방법은 어떤 것이 있는가?

04. 스톡옵션에 대하여,

1) 스톡옵션을 설계하고 부여하는 목적은 무엇인가?
2) 경영진에의 스톡옵션의 부여 방식은 무엇인가?
3) 스톡옵션이 경영성과에 끼친 영향은 무엇인가?
4) 스톡옵션의 폐해는 무엇인가? (힌트: 회계상의 사기행위, back-dating 등)
5) Occupy Wall Street 운동과 스톡옵션의 관계는 어떤 것인가?

05. 기업공개, 즉 상장과 관련하여 다음을 설명하시오.

1) 기업공개 절차와 요건
2) 기업공개를 결정하는 이유
3) 상장회사의 상장비용

06. 주주총회에 대하여,

1) 주주총회의 상법상의 회사 내 위상은 어떠한가?
2) 최고의사결정기구로서의 주주총회의 현실은 어떠한가?
3) 쉐도우 보팅(shadow voting) 제도의 취지와 허점은 무엇인가?
4) 위임장 경쟁(proxy fight)이란 무엇인가?
5) 전자투표제도의 예상효과를 어떻게 평가하는가?

07. 이사회에 대하여,

1) 이사회의 상법상의 회사 내 위상은 어떠한가?
2) 사외이사제도를 도입하는 이유는 무엇인가? 사외이사의 법적인 책무는 무엇인가?
3) 감사기능의 필요성은 무엇인가?
4) 감사위원회제도와 상임감사제도의 차이점은 무엇인가?
5) 임원배상책임보험의 목적은 무엇인가?

08. 기관투자자의 감시활동에 대하여,

1) 기관투자자란 누구인가?
2) 기관투자자가 대주주가 되는 현상은 심화되는가?
3) 기관투자자의 사회적 책임은 무엇인가?
4) 기관투자자의 기업 감시활동은 어느 선까지 해야 하는가? 이사 선임에 개입해야 하는가?

09. 주주행동주의에 대하여,

1) 주주행동주의란 무엇인가?
2) 주주행동주의자는 누구를 위해 활동하는가?

3) 주주행동주의자가 가져야 할 윤리의식은 무엇인가?

10. 기업집단구조에 대하여,

1) 기업집단은 누구인가?
2) 그들이 한국경제발전에 기여한 부분은 어떤 것인가?
3) 기업집단구조가 문제가 있다는 그들의 특성은 무엇인가?
4) 순환출자구조를 가지게 된 역사적인 배경은 무엇인가? 사례를 들어 설명하시오.
5) 지주회사(holding company)로의 전환이 가져다주는 이점은 무엇인가? 주가의 반응은 어떠한가?
6) 소유-지배괴리도는 무엇인가? 이것이 높은 집단에 속한 기업의 문제점은 무엇인가?
7) 소유-지배괴리도가 높은 집단의 대표기업에도 외국인 투자자들이 많이 투자하는 이유는 무엇인가?
8) 우리나라 기업집단 구조의 경쟁력은 무엇인가?
9) 대주주 오너 입장에서 이 구조가 가져다주는 이점은 무엇인가?
10) 정부의 입장에서 현재의 기업집단구조가 부담스러운 이유는 무엇인가?

chapter 10

학습목표

독자들은 이 장의 학습을 통해 다음의 주제에 담긴 내용을 알아야 한다.

1. 지속가능경영의 필요성
2. 지속가능경영의 요소: E, S, G
3. 공공재 이론
4. 탄소배출권
5. 환경 경영활동 프로세스
6. 사회적 책임의 위계
7. 경영판단원칙
8. 법과 공익의 일치성
9. 벤담과 밀의 공리주의
10. 롤의 정의론
11. 도덕적 해이와 역선택
12. 블랙스완

지속가능경영과 사회적 책임

들어가기

제8장까지는 경제구조 내에서의 기업의 역할을 살펴보았고, 제9장에서는 기업과 계약관계로 연결된 이해관계자들에게 어떤 책임이 있는지 알아보았다. 본 장에서는 기업도 사회의 한 부분이고, 지구상에 존재하는 개체라는 인식 아래, 기업이 장수할 수 있는 토양이 사회의 구성원으로서의 책임, 그리고 환경에의 책임과 어떤 연관성이 있는지 살펴본다. 아울러 기업의 존재는 기업이 고객가치를 창출하는 한 공익적이며, 따라서 기업의 존속은 공익에 부합된다. 문제는 기업이 고객만족을 위한 정도경영을 하고, 이해관계자에 그리고 환경과 사회에 책임을 다해도 망할 수 있다는 것이다. 즉, 경영자는 경제위기와 같이 전혀 예측할 수 없는 큰 파고 속에도 살아남아야만 공익에 대한 책임을 완수하는 것이다. 독자들은 여태껏 고객을 만족시키는 제품의 생산, 이익창출과 같은 효율성 제고, 경제적 이윤의 창출에 대해 살펴보았다. 이제 후세들도 안전하게 살 수 있는 환경 보전과 공정한 사회 건설을 위해 기업은 어떤 경영활동을 할 수 있는지, 그리고 경제위기라는 어려움이 닥쳐와도 살아남아 기업 본연의 책무를 다할 수 있는 전략에 대해 알아보자. 차가운 머리와 뜨거운 가슴이 함께 필요한 시점이다.

10.1 왜 지속가능경영인가?

기업은 고객을 보다 더 만족시켜 그 대가로 얻은 수익으로 삶을 이어간다. 또한 이렇게 창출된 현금흐름을 이해관계자들에게 공정하게 배분하고 이런 배분이 이들을 만족시킬 때 기업의 존재가치를 다시 한 번 인정받는다. 따라서 **기업의 일차적인 책임**은 자본비용을 상회하는 현금흐름을 창출하는 데에 있다.

관리 측면에서 보면, 제4장과 제5장에서 다룬 $P - ATC > 0$ 구조가 유지되도록 경쟁력을 유지하는 것이 중요하다. 고객에게 제품의 가치를 높게 평가받아야 높은 가격(*P*)을 받을 수 있고, 생산성을 높여야 평균비용(*ATC*)을 낮출 수 있다. 이 같은 구조를 유지하기 위해서는 마케팅, 생산 등 부가가치사슬에서의 지속적인 창조와 혁신이 이뤄져야 하며, 이를 이룸으로써 자본비용을 상회하는 현금흐름의 창출이 가능해지는 것이다. 반면, 일차적인 책임을 수행하지 못한 기업들은 파산하여 시장에서 사라진다.[1]

일차적인 책임을 수행하는 기업은 직접적인 이해관계자에게뿐 아니라 사회적으로도 바람직하다. 사회적인 자원을 잘 활용하고 있는 셈이고, 문명을 발전시키고 훌륭한 시민에게 일자리를 창출하고 세금을 납부함으로써 지역사회에도 좋은 이웃과 같은 존재가 된다. 이런 관점에서 본다면 기업의 수명이 길어진다는 것은 이해관계자에게뿐 아니라 사회적으로도 바람직한 현상이다. **장수기업**(長壽企業)은 지역사회의 중요한 자산이고 장수기업군은 국부의 원천이라 볼 수 있다.[2]

수익성 추구 = 장수기업?

그렇다면 기업이 일차적인 책임, 즉 수익성 추구를 바탕에 둔 경제적인 성과만을 추구하면 장수할 수 있는가? 반드시 그렇지 않을 수 있다. 경제적인 성과는 장수의 필요 및 충분 조건인 것은 맞지만, 경제적 책임만을 지는 기업이 지속적으로 경제적 성과를 낼 수 없다는 데에 수익 만능주의의 함정이 있다. 즉, 경제적 성과만을 추구할 때 기업이 사업할 수 있는 기반이 훼손되고 있다면 지속적인 수익추구가 불가능하다. 예로 소비 증대에 맞춰 지속적으로 공해가 배출되는 생산을 늘려 지역의 환경을 크게 훼손했다면 환경복구 비용에 어마어마한 비용이 들 뿐 아니라 그 기업의 제품이 고객들로부터 외면당하게 된다는 것이다. 따라서 기업은 수익성 추구 외에도 사업기반이 훼손될 행위를 미리 제어하는 **지속가능경영**(sustainability management)를 따로 펼쳐야 장수할 수 있다.

---

1. 고객만족 창출과 생산성 증대를 통해 일차적인 책임을 지키려는 경영방식을 우리는 정도경영(正道經營)이라 불러왔다.
2. 선진국이란 다양한 규모의 장수기업, 부가가치가 높은 지식기반 산업을 많이 가진 나라이다.

지속가능경영의 대상—E, S, G

수익성 추구라는 일차적인 책임에 더해 기업이 관심을 기울여야 할 **지속가능경영의 대상**으로 E, S, G가 주목받고 있다.[3] E는 **환경**(environment)이고 S는 **사회적 책임**(social responsibility), G는 **기업지배구조**(governance)이다. 첫째로 환경은 소비 증가에 따른 생산 증가로 지구가 황폐화되어 결국 소비가 위축된다면, 둘째로 사회적 책임은 기업이 사회적 불평등을 가속화시켜 갈등의 중심에 선다면, 셋째로 지배구조는 경영진이 잘못된 경영으로 이해관계자로부터 외면을 받게 된다면 기업의 존속이 가능(sustainability)하지 않다는 것이다.

또 다른 지속가능경영—위기경영

우리는 많은 기업들이, 어떤 경우에는 매우 존경받는 훌륭한 기업들도 파산하는 경우를 본다. 대부분 기술변혁이나 고객의 취향을 따라가지 못한, 즉 변화를 이겨내 수익성 추구라는 기업의 일차적 책무를 다하지 못한 경우이다. 하지만 1997년 아시아 경제위기, 2008년 금융위기는 기업이 전혀 예측하지 못한 경제위기를 넘지 못했기 때문에 파산한 경우로, 이는 대부분 예측 불가능한 사태이다. 이같이 전혀 예측 못 했던 경제적 위기도 넘길 수 있는 경영을 **위기경영**(crisis management)이라 한다.

따라서 지속가능경영은 다음 등식과 같이 나타낼 수 있다.

---

3. 유엔환경계획(UNEP) 산하 GRI(Global reporting Initiative)는 지속가능경영의 가이드라인(2000년 최초발간, 2013년 5월 개정)을 만들어 기업들이 이 가이드라인에 의거 보고서를 자발적으로 작성하도록 유도하여 경제, 사회, 환경 세 가지 목적이 균형 있게 이뤄지도록 유도하고 있다. 또한 보고서를 작성한 기업에 대해 A, B, C로 점수를 매긴다. 한편 가이드라인 원본은 GRI 홈페이지(https://www.globalreporting.org/reporting/g4/Pages/default.aspx)를 참조하기 바란다.
한편 1999년 미국의 다우존스와 스위스의 SAM(Sustainable Asset Management)은 다우지수인 DJIA(Dow Jones Industrial Average)와 같이 우량기업의 주가지수 중 하나로 다우존스지속가능경영지수(DJSI; Dow Jones Sustainability Index)를 만들었는데, 이는 시가총액 세계 2,500위 내의 우량기업들을 대상으로 재무성과뿐 아니라 지배구조, 환경, 사회공헌도 등을 평가하여 2005년 12월 31일에서의 점수를 1,000포인트로 하여 주기적으로 평가해 발표하고 있다. 우리나라 기업으로는 삼성전자, 삼성전기, SDI, SK텔레콤, KT, Posco, 현대모비스, SK-Hynix, 코웨이, 삼성증권, 삼성생명, 현대건설 등 23개 기업이 포함되어 있다(2013.8).

지속가능경영 = 수익추구경영 + E, S, G 경영 + 위기경영

지속가능경영이란 이와 같이 기업이 수익 책임을 다하고 환경문제를 해소할 방법을 찾아 사회에 공헌하여 다양한 이해관계자의 기대에 부응함으로써 기업가치와 기업경쟁력을 높여 지속적인 성장을 꾀하며, 예측 불가능한 경제위기도 이겨낼 수 있는 경영활동이다.

따라서 지속가능경영은 고객만족을 통한 수익 증대라는 경영의 일차적인 책임 외에 과거 기업경영의 범위를 벗어난다고 생각했던 환경보호와 사회발전에 대한 공익적 기여를 중시한다.[4] 또한 기업의 존속과 관련된 과제는 이 외에도 위기를 넘을 수 있는 대응능력과 보다 장기적으로는 이런 공익적 기여 정신이 뿌리 내릴 수 있는 올바른 기업윤리와 기업문화의 정착을 포함한다. 다음 10.2절에서는 환경문제를, 10.3절에서는 기업의 사회적 책임—법적 책임과 윤리적 책임—을 다룬다. 윤리적 책임은 기업의 장수를 목적으로 한 것은 아니나 이해관계자들에게 경제적 가치뿐 아니라 도덕적 가치도 제공하려는 위대한 기업의 모습이다. 이사의 신의성실의무 등은 상법에 의해 법적인 책임으로 규정되어 있으나, 세부사항은 규범으로 제정되어 기업의 선택사항이다.[5] 10.4절에서는 경제위기에 대한 대응을 다룬다.

10.2 환경문제(E)

기업은 기업의 생산활동과 영업활동 과정에서 일자리를 창출하여 지역사회에 기여하지만 환경을 훼손하여 공익에 해를 끼친다. 이 중에서도 생산과정에서 배출된 소음 · 가스 · 열 · 폐기물은 공기와 지하수, 하천을 오염시키고 주민의 건강을 해쳐 그들의 삶의 질을 떨어뜨린다. 이 같은 공해는 기업이 사업의 추진과정에서 어쩔 수 없이 만들어내는 부산물들이다. 심각한 수준의

4. 여기서의 공익적 기여란 현금흐름상의 여유를 계약관계상의 이해관계자뿐 아니라 공익 부문에도 일정 부분 할애하라는 수준보다는, 폭넓은 이해관계자와 공생해야만 살아남을 수 있다는 위기의식에서 출발한 기여여야 한다는 것이다.

5. 기업지배구조와 관련된 세부내용은 제9장을 참조하기 바란다.

공해유발은 공익의 적으로 기업을 위기에 빠뜨리기도 한다. 1991년 모 전자 회사의 페놀 유출로 인한 낙동강 식수원 오염은 그 회사의 주종 사업인 음료의 시장점유율을 급격히 하락시켰다. 시장 1위에서 단숨에 2위로 내려갔고, 주인이 여러 차례 바뀌는 등 우여곡절을 겪었으며, 다시 1위로 복귀하는 데 20년 이상이 걸렸다. 이런 사태가 있기 전까지는 기업들이 일반적으로 환경 개선에 적극적이지 않다. 법으로 규제하기 전 또는 남이 먼저 하기 전에는 더욱 그렇다. 생산비용을 증가시킨다고 생각하기 때문이다.

기업은 왜 환경에 책임질 이유가 없다고 생각하는가?

생산과정에서 배출된 소음 · 열 · 폐기물은 지역사회에 즉시 반발을 일으키고 기업은 이로 인해 문을 닫아야 할지 모른다 했다. 그렇다면 기업들은 그동안 왜 이를 비용화하여 철저히 관리하지 않았는가? **공공재이론**[6]에 의하면 경제주체들은 공공재에 대해 개별적으로 비용을 지불할 동기를 가지지 않는다는 것이다. 공공재의 예로 가로등을 들어보자. 가로등은 필요하지만 수많은 주민들이 가지는 효익(benefit)은 각기 다르고 그것을 비용화하여 지불을 강요하지 못하는 현실에서 누구나 공짜로 가로등 빛을 즐기려 한다는 것이다. 이와 같이 기업들은 공해 역시, 피해가 누구한테 얼마만큼 가는지 알 수도 없고 이에 대한 비용을 지불하지 않아도 되니 공공재로 인식한다. 공공재는 공짜이고 개별 주체들은 **무임승차**(free ride)해도 된다는 것이다. 공공재에 대한 투자는 정부가 책임지고 해야 할 일이고, 기업은 막대한 법인세를 내니 책임이 없다는 것이다. 이런 논리를 환경에 적용할 때 어떤 문제가 발생할까?

가로등은 세우지 않으면 개별로 플래시나 가스총을 들고 다님으로써 불편을 대체할 수단이 있지만, 공해의 경우 공해를 늘려야 수익이 늘어나는 구조라면 기업들은 소비성장에 따라 지속적으로 공해를 늘릴 것이다. 본격적인 산업화 100년이 지난 21세기 초, 이 같은 '소비증가 → 기업성장 → 공해누적'과 같은 악순환구조는 지구 온난화와 같은 문제를 일으키며 지구 전체에 큰 위협이 되고 있다. 공해는 기업에게는 수익을 가져다주었지만 인류에게는

6. public good theory라 한다.

(-)외부효과로[7] 작용한다. 만일 이를 계속 방치하면 지구가 망가지고 기업도 물건을 팔 대상이 없어질지 모른다. 어느 정부도 가만히 있지 않을 것이다. 어떤 형태로든 원인 제공을 한 기업을 옥죌 것이다. 기업도 지속경영의 관점에서 이런 규제를 수용할 수밖에 없다.

예로 시장이 스스로 공해문제를 해결하지 못함에 따라[8] 참다못한 정부가 어느 날 국가 간 협약에 따라 일정 수준 이하로 배기가스를 규제할 경우, 기업 A는 생산을 많이 줄여야 하고, 기업 B는 생산을 안 줄여도 공해제거 장치의 부착으로 공해를 아주 많이 줄일 수 있다고 하자. 모든 기업이 정부규제에 맞출 수는 있지만 그 부담에 있어서는 정도의 차이가 클 수 있는 상황이다.

환경오염은 어떻게 해결하는가?

정리하면, 공해는 공공재이고, 시장실패가 일어나는 분야이며, 따라서 정부 규제밖에 답이 없다고 할 수 있다. 그래서 위와 같은 조치가 취해진 것이 자연스럽고 최선이다. 과연 그럴까? 시카고대학의 로널드 코즈(1910~2013) 교수는 환경오염 같은 사회적 비용도 '재산권' 개념을 도입하면 정부 규제보다 더 효율적으로 공해를 줄일 수 있다 보았다. 재산권 손실이 큰 쪽이 자연스럽게 비용을 부담하게 되기 때문이다. 위의 경우 환경오염을 줄이기 위해 상당한 매출 감소(재산권의 손실)를 부담(예: 1,000)하는 기업 A가 기업 B에게 공해배출권(예: 500)을 돈을 주고 사면, 기업 A는 매출 감소에 따르는 손실보다는 훨씬 적은 배출권 비용 500만 증가한 셈이고 기업 B는 공해제거 장치를 추가하는 데 들어가는 비용(예: 400)을 늘린 대신 이보다 큰 값의 배출권 판매로 이익(500 - 400 = 100)을 얻는다. 결과적으로 전체 공해의 양은 정부가 원하는 만큼 줄이면서, 두 기업 간의 공해배출권 거래로 두 기업은 합해 600(= 1,000 - 400)만큼 비용을 절감하게 된 것이다. 규제보다 효율적인 것이다. 유럽은 2008년 이후 탄소배출권[9]을 기업 간에 거래하고 있다. 이에 환경단체들

7. 외부효과(externality)란 어떤 경제활동과 관련하여 타인에게 의도하지 않은 혜택이나 손해를 가져다주면서도 이에 대한 대가를 받지도 않고 비용을 지불하지도 않는 상태인데, 아파트 공원부지에 공원이 생겼는데 공원 앞 101동 아파트 값만 올랐다면 101동 주민에겐 (+)외부효과요, 골프장에 인접한 축사의 지독한 분뇨냄새로 골프장 내장객이 줄었다면 골프장 사업자에겐 (-)외부효과이다.

8. 이같이 수요, 공급이 만나 균형가격에서 거래가 일어날 수 없는 현상을 시장실패(market failure)라 한다.

은 기금을 모아 배출권을 기업으로부터 사서 소각하는 운동을 벌리고 있다. 지구온난화의 주범인 온실가스 감축을 더욱 촉진하기 위해서이다.

환경에 대한 기업의 태도

이와 같이 사회적 비용을 창출하는 공공재 중의 일부가 재산권 거래로 효율적으로 해소될 수 있다 하나, 그것은 어디까지나 전체 공해의 양을 줄일 때 가장 비용절감적인 방법일 뿐이고, 현재 수준의 공해량을 유지하는 정도 또는 약간의 감소를 위한 정책일 뿐이다. 미래를 위해 공해의 절대량을 충분히 줄여야 한다. 향후, 정부가 공해량을 급격히 감소시키는 가혹한 규제를 적용할 경우 기업은 수익성에 큰 타격을 입게 된다. 즉, 환경에 대한 관심과 철저한 관리 없이 기업은 지속 가능하지 않을 수 있다.

이런 환경에 대한 시각은 지구는 인류의 것이고 기업은 인류문명의 발전을 위해 제한 없이 무한대로 생산에 몰입해도 좋다는 생각을 가지고 있었으나, 이미 문제들이 나타나고 있으며 이에 국가들이 규제를 하고 있으니 선제적으로 준비하자는 것이다. 10년을 내다보는 경영이라면 이런 시각이 옳다. 먼 미래를 예측할 수 없는 상황에서 무한정 비용을 들일 수 없기 때문이다. 보다 더 근본적으로 인류와 지구의 관계를 이해하고 기업의 역할을 찾는다면 더욱 현명한 판단이 가능할 것 같다. 다음의 글은 인류와 지구의 관계를 설명한다.

"자연의 규모나 광대함에 비하면 무시해도 좋을 만큼 미미하게 생명 무대에 등장했던 인류는 오늘날 지구 생태계의 역사에 중요한 등장인물이 되었다. 지속적이고 심오한 변화의 직간접적인 원인인 인류는 지구 생태계 전체, 즉 토양, 물, 기후, 그리고 지구에서 살고 있는 동식물상 전체에 영향을 끼치고 있다. 따라서 우리가 아무런 불안감 없이 파괴하고 있는 것들이 우리의 미래는 아니더라도, 적어도 우리의 아이들이나 손자들의 미래일 수 있다."[10]

다음과 같이 정리해 본다.

---

9. 온실가스라 불리는 이산화탄소(CO_2), 메탄(CH_4), 아산화질소(N_2O) 등을 배출할 수 있는 권리이다.
10. 로베르 바르보 저, 강현주 옮김, 『격리된 낙원』, 글로세움 펴냄, 2009, 154쪽.

- 공해는 수익에 비례하여 커진다. 기업의 수익추구와 성장전략은 공해를 더욱 키우고 환경을 해친다. 풍선에 바람을 너무 불어넣으면 풍선이 터지듯이 지금 지구환경이 거의 터지기 직전 상태에 다다랐다.[11] 기업들은 공해유발의 책임자로서 폭발하기 직전까지 왔다는 문제의식이 필요하다.
- 탄소배출권과 같은 공해의 거래는 바람직하나 공해의 총량을 줄이는 보다 적극적인 노력이 필요하다.
- 기후환경변화에 대한 사회의식은 크게 변하고 있다. 2000년대 들어 기업 성장이 어느 정도 이뤄졌다는 인식도 있고, 기후 온난화, 원전 사고 등이 일어나면서 '지구는 현 세대가 잠시 빌려 쓰다 자녀에 물려줘야 하는 곳' 이라든가 '이제부터는 환경이다' 라는 의식이 강해지고 있다. 한편 기업이 변화하는 사회의식을 따라가지 못하면 공동체나 사회에 의미 있는 공헌을 하고 싶어 하는 매우 유능하고 헌신적인 젊은이들을 끌어 모을 수 없다.
- 환경문제는 규제를 통해 지속적으로 수익을 감소시키는 충격으로 작용한다. 더 이상 무임승차할 수 있는 공공재가 아니다. 몇 년 사업하고 문을 닫을 기업이 아니라면 무책임, 무관심의 늪에서 빠져나와야 한다. 무관심이야말로 먼 미래를 내다보지 않는 경영방식으로, 경영자에게는 기업을 위험에 빠뜨리는 죄악과 같은 것이다.

따라서 기업들은 환경오염과 같은 공익에 확실히 해가 되는 것에 대해서는 철저한 관리가 필요하다. 1단계로 불가피한 것과 불가피하지 않은 것을 분류하여, 우선 불가피하지 않으면서 환경오염을 일으키는 활동을 없애고, 다음으로 불가피하게 발생할 수밖에 없는 것에 대해서는 1) 연차적으로 줄여나가는 방법, 2) 대체 생산방식의 모색 또는 3) 이를 줄이기 위한 정부와의 협력, 4) 나아가서는 새로운 규범이나 입법, 국가 간 협약에 이르기까지 지속적인 이의 해소와 적응을 위한 노력이 중요하다. 환경에 대한 기업의 책임은 기업

11. 지구온난화, 환경호르몬, 원전사고로 인한 방사능 오염 등은 시급한 해결을 요하는 환경문제이다.

의 사회적 책임의 하나이고 이해관계자 관점에서도 중요한 과제이다. 환경을 개선하기 위한 경영활동 프로세스, 즉 활동범위의 결정, 조직화, 실행과 통제는 기업의 여타 사회적 책임을 늘리는 경영활동의 좋은 본보기가 될 것이다.

10.3 기업의 사회적 책임(S)

자신이 끼친 영향에 대한 책임은 고의가 아니더라도 책임져야 한다는 것이 오랜 문명사회의 원칙이다. 로마인들은 이를 **야수법**(野獸法)이라 했다. 주인이 부주의하여 우리 속의 사자가 도망가서 이웃에게 상해를 입혔다면 그에 대한 책임을 져야 한다는 것이다. 고의든 고의가 아니든 상관없다. 현대사회에서도 어린 아이가 치 안에 숨겨진 총을 장난감인 줄 알고 발사해 어떤 이의 목숨을 앗아갔다면 이에 대한 책임은 관리를 소홀히 한 부모가 져야 하는 것과 같다. 이는 법적 책임인 동시에 도의적인 책임이기도 하다.

개인뿐만 아니라 기업에게도 야수법이 그대로 적용되어야 하는가? 당연하다. 예로 반도체공장에서 불소가스가 새어나와 지역주민이 대피하는 소동이 일어나고 몇 사람은 호흡곤란을 일으켜 입원치료를 받았다 하자. 그런데 그 지역의 주택가격이 폭락했고, 그 지역 주민들은 이사를 가고 싶어도 집이 안 팔려 갈 수가 없다고 한다. 회사는 병원비뿐 아니라 집값 하락부분까지 보상해줘야 한다. 다행히 기업이 여유가 있어 이를 보상할 수 있다면 다행이지만 대부분 어려운 경우가 많다. 이런 경우 국가가 재난지역으로 선포하지 않는 한 국가보상이 어렵다. 그러나 한 국가 내의 일이니 어떤 형태로든 주변으로부터 도움을 얻을 수 있을 것이다. 그렇다면 체르노빌이나 후쿠시마에서의 원전사고는 어떤가? 모두 공기업의 관리소홀로 일어난 일이지만, 여러 국가 또는 대륙을 넘는 광활한 지역에 몇십 년 이상 방사능 유출에 따른 피해를 입힐 수 있는 사건들이다. 이는 에너지를 싸게 얻고자 하는 욕구와 그에 맞춰 싸게 만들려는 기업(조직)의 행태가 만나 일어난 일들이지만, 주변국들의 고통으로 연결된 사건들이다.

그렇다면 기업들이 사회에 대해 끼친 나쁜 영향이 위의 예와 같이 직접적인 것이 아니고, 간접적인, 즉 인과관계가 약간 애매한 경우에도 책임을 져야 하는가? 예를 들어 기업이 값싼 원두를 구입하기 위해 지구 저편의 아동들에게 노동을 강요하는 구조를 만들었다든가, 고도의 전자기기를 개발하여 노인들을 소외시켰다든가, 글로벌한 경영을 늘리면서 지역 간, 기업규모 간에 소득 불균형을 키워 갈등구조를 더욱 악화시켰다면 이에 대해 책임을 져야 하는가? 책임이 애매한 경우, 법에 규정하지 않은 이슈에 대해서도 야수법의 적용이 가능한가?

경영판단의 원칙과 법적 책임

기업은 주어진 법적 여건과 사회적인 통념이라는 여건에서 소비자 만족과 이윤의 증대를 위해 최선의 판단을 해야 한다. 이를 합리적인(rational) 판단이라 한다. 합리적이지 않은 결정, 예로 사회적인 책임이란 명분 아래 비합리적인 의사결정(예: 사업성이 낮은 곳에 과도한 비용 지불)을 하여 회사가치를 크게 훼손했다면 CEO나 이사회는 신의성실의무(fiduciary duty)를 다하지 못한 책임을 져야 한다. 경영판단의 원칙(business judgement rule)은 합리적인 의사결정이 나쁜 결과로 이어져도 이사들에게 책임을 묻지 않는다는 원칙으로, 비합리적인 결정을 하여 회사에 피해를 준 것에 대해서는 위와 같이 이사들에게 신의성실의무 등 책임을 묻는다. 여기서 주어진 여건이란 '불법이 아니라면' 이란 뜻이다. 따라서 회사를 이끄는 임원들은 자신들의 경영활동이 법이나 규정, 정부지침을 잘 따르고 있는지 또는 조직원 모두가 회사 일을 함에 있어 법을 준수하는지 점검할 책임이 있고 이의 효과적인 수행을 위해 준법감시인(compliance officers) 조직을 운영한다. 이런 경영자의 준법책임을 법적 책임이라 한다. 기업의 경영자는 수익추구 책임이라는 일차적인 책임을 수행하는 과정에서 마주치는 법적 장애나 분쟁을 해결하는 상황에서 사회구성원으로서의 준법의무를 동시에 만족시켜야 한다. 따라서 기업의 첫 번째 공익과 관련한 사회적 책임은 법을 준수해야 하는 법적 책임이다.

법은 '모든 국민이 행복을 추구할 수 있어야 한다' 는 헌법정신에 맞춰 분야별로 국민이나 기업 등이 지켜야 할 규율을 명시한 것이며, 이는 공익을 지키기 위한 최소한의 요건이다. 즉, 법은 공익을 대변한 것으로 경영자의 준법은 공익활동의 시작이다. 따라서 경영자의 사회적 책임을 논함에 있어 수익추구와 같은 경제적 책임 다음으로 법적 책임은 도의적인 책임과 같은 다른 책임에 앞서 경영자가 져야 하는 책임이다. 기업 활동을 함에 있어 반드시 지켜야 할 법으로 소비자기본법, 제조물책임법, 공정거래법, 환경관련법, 노동법, 자본시장법, 식품안전기본법, 세법 등을 들 수 있고 규범으로는 기업지배구조규범 등이 있다.[12]

우리는 기업들이 탈법은 아니지만 매우 부적절한 행위를 하는 것을 자주 본다. 이익을 본다면 무슨 일이라도 할 수 있다는 행태는 많은 사람들의 분노를 자아낸다. 그러나 그것도 기업의 선택이고 주주의 입장에서 볼 때 바람직하다고 보는 경우도 많아 법적인 해석을 빌리는 경우가 많다. 대부분 기업이 이긴다. 예로 과대광고나 불균형 판매가 좋은 예이다. 그렇다면 기업은 경영판단 원칙을 훼손하지 않으면서 사회가 요구하는 것을 어느 정도까지 수용해야 하는가?

윤리적 책임

기업이 법적인 책임에 더해 사회의 통념(norm)과 일관성을 가지는 결정을 하고자 할 때 경영자가 **윤리적 책임**을 진다고 한다. 사회의 윤리 중에 기업이 받아들인 윤리를 기업윤리라 본다면 법에서 요구하지 않아도 이를 충실히 실행하고 이를 이사회가 지지할 때 윤리적 책임을 용이하게 수행할 수 있다. 이런 책임의 수행이 기업가치에 도움이 된다면 경영판단원칙에 위배되지 않는다. 그러나 단기간의 수익에 훼손을 준다 해도 회사의 명성에 긍정적인 영향을 주어 경쟁력을 올려준다면 이사회를 설득하려는 CEO의 노력에 따라 윤리적인 활동을 원활히 할 수 있다.

윤리는 국가 또는 사회가 요구하는 국민의 인간으로서의 존엄성, 그들의 가치, 행복추구권에 합치되도록 행동하는 기준이다. 이 기준은 정의로운 사회의 진실과 궤를 같이하고 위 내용이 상당부분 법에 반영되어 있어 법치주의와도 궤를 같이한다. 따라서 법적 책임을 완수하면 윤리경영을 행했다고 말

12. 개별 법률과 규범에 대해서는 제13장에서 다룬다.

할 수도 있다. 그러나 법은 지나친 면도 있는 반면 부족한 면도 많다. 특히 변화하는 사회의 욕구를 다 반영하지 못한다는 면에서 부족하다. 따라서 기업활동과 관련해서 윤리적인 판단을 해야 할 경우가 발생한다. 기업의 윤리와 사회의 윤리가 충돌을 일으키는 경우가 있다. 기업은 이익에 기여하는 고객을 중시하지만 국가는 인권에 대해 말하므로 인당 수혜가 같아야 공정하다고 본다.

기업의 윤리경영에 대해 논하기에 앞서 윤리에 대한 기본 인식이 필요하다. **윤리**(ethics), **정의**(justice), **공정**(fairness)은 서로 연관되어 설명한다. 공동분모가 크다는 얘기이다. 크게 두 가지 이론이 있는데 벤담(Jeremy Bentham, 1748～1832)의 공리주의와 롤(John Rawls, 1921～2002)의 **정의론**이다. **공리주의**(utilitarianism)는 '**최대다수의 최대행복**'을[13] 도덕과 입법의 원리로 제시한 것인데, 초기에는 행복의 질을 고려하지 않았지만 밀(John S. Mill)은 쾌락의 질적인 차이를 주장하며 벤담의 사상을 수정했다. 또한 공리주의는 행복을 추구하는 개인의 이기심을 전제로 하므로 경제적 자유를 뒷받침하지만, 사회적 공리의 증대에 도움이 된다면, 정부의 간섭과 분배를 위한 사회적 입법도 정당화한다. 특히 행복의 질적 차이를 인정하며 벤담의 양적 공리주의에 근본적인 수정을 가한 밀은 노동입법이나 단결권의 보호, 지대(地代) 공유 주장 등을 통해 사회 개량의 방향을 제시했다. 이처럼 공리주의는 '**다수결의 원리**'에 기초한 민주주의적 정치 제도와 사유재산 보호의 틀 안에서 점진적인 분배의 평등을 강조하는 복지사상의 발달에 기여했다. 행복의 질적 차이를 인정하기 어려운 현실에서 기업들은 돈의 가치를 행복의 기준으로 보고 다른 생각을 가지는 사회와 충돌할 수 있다. 한 예로 포드자동차는 '핀토'라는 차종의 개발 과정에서 가솔린 탱크의 위치를 잘못 선정해 뒤쪽에서 충돌하면 화재 발생위험이 크다는 것을 알았다. 생산현장에서는 설계를 변경하자고 제안했지만 경영진은 많은 비용이 든다는 이유로 받아들이지 않았다. 사고가 발생할 경우 손해배상액(= 연간 사고빈도 × 평균 보상액)을 분석해 보니, 설계 변경보다 저렴하게 나왔기 때문이다. 실제로 화재사고가 발생해 13살 소년이 전신 화상을 입었다.[14] 기업의 입장에서 보면 수많은 직원과 주주들의 이익을

---

13. 'the greatest happiness of the greatest number'

소수의 피해자보다 중시한 공리주의의 적용으로 해석했지만 행복의 질적 차이를 간과한 것이다. 이런 점이 공리주의의 약점이다.

한편 롤은 그의 저서 『**정의론**(*theory of justice*)』에서 정의를 두 가지 원리로 정의했다.

원리 ❶ 기회 평등: 모든 개인은 타인의 자유와 양립할 정도로 자유를 누릴 권리를 가진다.

원리 ❷ 결과 차등: 사회적 불평등은 원리 1에 위배된다면 해소되어야 한다.

그의 개념은 매우 구체적으로 스포츠 경기에서의 페어플레이(fair play) 같은 것이다. 일단, 개인들이 사회공동체로서 살아가면서 충돌하고 해결하는 과정을 게임으로 본다. 그러면 개인들의 권리와 책임에 대한 규정은 게임의 법칙이다. 결과에 이르는 절차(process)와 형식이 평등하다면, 즉 게임의 룰이 잘 지켜지면 결과에 무관하게 공정하다는 것이다. 원리 1은 인간은 기본권(정치, 집회, 양심 · 사상, 신체, 재산권 등)을 모두 가지며 다수의 이익을 위해 희생되어서는 안 된다는 것이다. 따라서 '최대다수의 최대행복'을 지향하는 공리주의와 다르다. 공리주의는 효율성의 원칙을 중시하여 노예제나 계급제를 허용한 반면, 정의론은 효율에 앞서 **동등한 기본권 부여를 중시**한다. 원리 2는 불평등은 인정하되 모든 참여자, 특히 사회의 최소 수혜자에게 그 불평등을 보상할 정도의 이득(예: 짧은 근무시간, 작은 책임 등)을 가져온다면 정당화된다는 것이다. 그는 위 원리에서 **기회균등**과 **절차적 정의**를 강조했는데, 기회균등의 원리는 교육 · 출세의 기회가 평등하게 주어진다면 재능의 차이에 따른 불평등은 인정해야 하며, 절차적 정의를 실행함에 있어 불평등한 사회에서 소수의 최소 수혜자가 전체가 정당한 것으로 여기면 정의로운 사회라는 것이다.

---

14. 법원은 포드자동차에 350만 달러의 실제 손해액과 1억 2,500만 달러의 징벌적 배상금의 지급을 판결했다(1981). 징벌적 손해배상제란 악의적 불법행위에 대해 실손해액의 2～수백 배의 배상금을 부과하는 제도이다. 포드사는 명성에도 큰 타격을 입었고, 이는 리콜제도를 만들게 된 사건으로 기록되었다.

예로 절차적 정의란 케이크를 잘라 배분할 때 자르는 자가 맨나중에 가져가게 한다면 정의로운 절차를 따랐다고 본다. 맨먼저 가져가게 한다면 가장 큰 것을 가져갈 수 있기 때문에 이를 배제해야 최소 수혜자도 정의롭다고 인정한다는 것이다. 즉, 절차가 정의를 가져온다는 것으로, 절차적 정의만 이뤄지면 어떤 결과가 올바른 결과인가에 대한 독립적인 기준은 없다. 도박이나 내기와 같은 제로섬 게임(zero sum game)에서도 자발적이고 속이지만 않는다면 공정한 내기가 될 수 있다는 것이다.[15] 또한 롤은 "만일 불공정(차등적인)한 분배가 모든 사람의 이익에 도움이 되지 못한다면 모든 재화는 평등하게 분배되어야 공정하다"고 했다. 그러나 이는 말에 그치는 선언으로 그 이유는 성과에 연동한 보상이 모든 사람의 이익에 합치되지 않을 수 없기 때문이다. 그는 좋은 것보다는 옳은 것에 초점을 맞추고 **질서 있는 사회**(well ordered society)를 지향했다. 기업의 관점에서 직원의 선발 · 교육과정에서의 차별은 용납하지 않지만 유능하고 더 노력하여 성과가 좋은 직원에게 더 많은 보상을 해주는 것은 공정하다는 것을 일깨워주었다. 하지만 최소 수혜자에 대한 배려를 전제한 정의라는 점에 주목할 필요가 있다. 테일러리즘의 성과급이나 존 아담스의 공정성이론의 바탕에는 이 사상이 깔려 있다.

두 사상을 비교하면 공리주의가 직관적으로 옳고 그름의 구체적인 아이디어를 주지만 개인을 존중하지 않고 때론 반직관적이고 혐오스러운 함의를 내포한 반면, 롤의 정의론은 개인주의도 해치지 않으면서 타인을 위해 개인의 권리희생을 강요하지 않는 '**공정**(fairness)**으로서의 정의**'이며 이는 기회평등-결과차등의 정의로 평등(equity)과 차등(inequality)이 결코 만나지 못하는 평행선이 아니라는 것을 설명했다.

이 같은 사상적 기반 위에 국제표준화기구(ISO)[16]가 2010년에 발표한 **조직의 사회적 책임에 관한 지침**(ISO26000)은 산업계, 정부 등 7개 경제주체의

15. 한편 인간의 본성은 사회적 계급과 중립적이지 않아 편향성을 가져(그는 본 원리의 가정으로 인간은 무지의 베일에 싸여 있다고 함) 절차적 정의만으로는 정의로운 사회건설이 어렵고, 특히 고용인이 특정인을 자기의 도구로 쓰는 행위를 정당화할 수 있기 때문에 공리주의보다 나을 게 없다는 비판을 받았다.

16. International standard organization. 국제규격제정을 주목적으로 1946년 영국에서 설립된 국제기구이며 규격제정은 국가 간 물자와 서비스 교류를 용이하게 하고 국가 간 경제활동 협력을 위한 것이다. 따라서 사회적 책임을 도외시하는 기업들은 국제교류에 제한을 받을 수 있게 되었다.

지배구조와 인권, 노동관행, 환경, 공정운영관행, 소비자이슈, 지역사회 · 공동체 참여와 개발 등 7대 의제를 사회책임의 이슈로 규정하고 이에 대한 실행 지침과 권고사항을 제시하고 있다. 권고에 앞서 이 지침은 조직의 윤리적 행태는 정직(honesty), 평등(equity), 언행일치(integrity)와 같은 가치에 기초한 행동이어야 하며, 이런 가치는 사람, 동물, 환경에 관한 관심과 함께 조직의 활동과 결정이 이해관계자의 이해에 대해 미치는 영향을 다루려는 의지를 의미한다고 했다.[17] 따라서 기업의 관점에서 해석하면 기업의 윤리적 행태는 회계 · 공시 · 제품 · 종업원보상에서의 **투명성**(transparency), **절차적 평등**(equity in process), '주어진 일을 **신의성실**로 제대로 해낸다'(integrity)에 기초한다고 축약할 수 있을 것이다. 기업의 잘못된 행태로 지적되는 정보 불균형 아래의 **도덕적 해이**나 **역선택**에 의한 시장실패는 투명성과 언행일치를 위반하는 행위이다.[18]

소비자에 대한 윤리경영

기업과 소비자 간에는 정보의 불균형 문제가 있다. 제품의 품질에 대해 기업만이 자세히 알고 있는 경우가 많다. 따라서 기업은 과대하게 포장하여 비싸게 팔고자 하는 유혹을 가진다. 법에 저촉되지 않는 범위에서 마케팅활동이란 미명 아래 제품의 효과에 대해 과대광고를 한다든가, 위험이 큰 금융상품을 정보가 부족한 소비자에게 안전한 상품으로 둔갑시켜 판매하는 불균형 판매 등은 **도덕적 해이**(moral hazard)의 전형이다.[19] 한편 소비자나 소비자 권익단체도 제품의 품질에 대해 조사하고 분석하는 노력을 같이해야 한다. 이 같은 문제를 줄이고자 제품 개발과정부터 소비자가 직접 참여하는 제도는

---

17. "An organization's behaviour should be based on the values of honesty, equity and integrity. These values imply a concern for people, animals and the environment and a commitment to address the impact of its activities and decisions on stakeholders' interests." (ISO 2010, p. 11)

18. 중고차와 같이(기펜재) 제품의 품질을 고객이 판단하기 어렵고 의심할 때 판매자가 가격을 내리면 도리어 안 사게 되는 역선택(adverse selection)이 일어난다. 이는 시장실패로 이어지고 이런 재화가 거래되는 시장을 레몬시장(lemon market)이라 한다. 레몬은 달게 생겼으나 씹으면 신맛이 나기 때문이다.

19. 보험계약에서는 소비자가 도덕적 해이(moral hazard)를 일으킨다. 자동차 보험의 경우 계약자들의 사고율이 비계약자보다 높다든지, 생명보험 가입 후 살인을 생각하는 것 등이 대표적인 사례이다.

바람직하다.[20]

직원에 대한 윤리경영

가장 좋은 직장이 어딘가는 우수 인력들이 회사를 고를 때 가장 중요시하는 요소이다. 일한 만큼 정당한 보상을 받느냐가 가장 중요하다. 이는 존 아담스의 **공정성이론**에서도 살펴보았듯이 자신의 투입(교육수준, 노동, 창의, 자율적 판단 등) 대비 보상(금전, 자기실현, 등)이 공정한가인데 이를 다른 말로 풀이하면, 연봉도 중요하지만 일의 가치유무, 근무여건과 위치, 개인 참여여건, 자기계발 여건, 퇴근시간, 공익활동, 이직률, 성과급 등 또한 중요하다는 것이다. 미국에서는 가장 좋은 직장을 선정하는 조사를 실시하여 선정된 기업 사례를 소개한다. 좋은 사례는 타기업에 전파되어 그 자체가 공익적인 효과를 낳는다.

한편 매슬로우의 가장 기본이 되는 욕구인 **경제적인 욕구**와 **안전욕구**를 충족시키는 사용자 측의 노력이 선행되어야 한다. 따라서 작업장 환경 및 안전(safety),[21] 종업원 건강(health), 즉 산업재해를 줄이기 위한 적극적인 투자도 중요한 윤리 이슈이다. 국제화되고 있는 상황에서 개발도상국에 있는 현지 공장에서의 사고나 산재에 대한 보상을 본사의 경우와 동등하게 처리하느냐의 문제, 이를 줄이기 위한 투자는 어떻게 하느냐는 윤리적인 문제이다.

또한 경영자와 노조의 관계에 있어 현재의 노동법은 현재 근로에 임하는 근로자의 권익에 관련된 것으로서 기존 근로자의 권익을 과보호할 경우(예: 생산성 대비 과도한 임금) 새로운 근로자의 취업이나 새로운 투자를 위축시킬 수 있어 공익에 바람직하지 않을 수 있다.[22]

---

20. 이런 새로운 부류의 사람들을 프로슈머(producer와 consumer의 합성어)라고도 한다.

21. 안전(safety)이란 근무 중 사고로 다치거나 사망하는 근로자의 수 등이고, 건강(health)은 건강에 치명적인 가스나 석면흡입과 소음, 근무자세 등으로 매년 늘어나는 산재대상자의 수 등이다.

22. 노조가 없는 대기업이 노조설립을 막기 위해 과도한 임금을 지불하면, 노조가 있는 기업의 임금이 동반 상승하고, 이로 인한 상승은 노동법에 의해 보호받지 못하는 비정규 또는 파견근무자를 상대적으로 차별하게 한다. 이로 인한 인건비의 상승은 높은 임금을 줄 수 없는 중소기업과의 불균형을 확대시킨다. 아울러, 기존 정규직원의 공격적인 노조활동은 국내에서의 새로운 투자를 막아 지역사회의 발전을 막기도 한다. 경영자는 노조와의 협상과정에서 빠른 타결도 중요하지만 투자확대, 취업기회 확대, 중소기업과의 임금격차 감축과 같은 공익적인 책무도 동시에 고려해야 한다.

투자자에 대한 윤리경영

주주자본주의 하에서의 지배구조 관련 준수사항도 기업의 윤리적인 이슈이다. 경영진이 대리인문제를 야기하지 않고 **투명경영**과 이해관계자에의 공정배분을 통해 투자자에 대한 **윤리경영**을 행하는 것이 원칙이나, 지배구조는 그 나라의 문화나 시장구조와 연계되어 있어 국가별로 산업별로 다양하다. 따라서 법으로 강제하는 것이 어렵고, 다만 바람직한 구조를 규범으로 만들어 선택하도록 하고 있다.

1999년 OECD(경제협력개발기구)는 '**기업지배구조의 기본원칙**'을 마련했는데, 영·미식 기업지배모형인 주주자본주의를 중심으로 1) 주주이익 중시, 2) 이사회 활성화 그리고 3) 자본시장의 역할 제고 등을 주요 원칙으로 하고 있다. 한국은 1997년 외환위기 이후 대기업들의 줄도산과 주주와 채권자의 피해가 폭증하면서 기업지배구조의 강화를 논의하게 되었고 이후 한국지배구조원이 설립되면서 규범을 제정하고 상장사를 중심으로 지배구조를 매년 평가하여 점수화하고 이를 바탕으로 우수 지배구조 기업을 선정·시상하고 있다. **규범**은 상법이나 자통법으로 규제하기 어려운 내용을 포괄적으로 담고 있으며 기업들이 투명경영과 이사회 중심 경영의 실천을 위해 선택할 수 있는 모범답안을 열거한 것이다. 내용은 1) 주주의 권리 강화, 2) 이사회 및 감사기구 활성화, 3) 이해관계자 권리보호 그리고 4) 시장에 의한 경영감시 등을 기본 골격으로 이뤄지고 있다. 2014년 이후 개정 상법에 준법지원인제도 설치, 상임감사 있는 기업에 감사위원회 설치, 사외이사 자격과 구성요건 강화, 집행임원제도 설치, 감사위원분리선출 및 집중투표제도, 이중대표소송제도,[23] 전자투표제도 의무화, 경영판단원칙의 명문화 등이 지배구조 내용을 추가하는 것을 논의 중에 있다.

세금납부에 대한 윤리경영

탈세는 위법이나 절세는 합법이다. 국제거래가 많은 대기업들은 조세피

23. 대표소송(derivative suit)은 이사 등이 당해회사에 지는 손해배상청구를 주주가 대위하는 것으로 이중대표소송은 모회사가 대위청구권을 행사하지 아니하여 모회사에 손실이 발생한 경우 모회사 주주가 이사에 대표소송을 할 수 있는 제도이다.

난처에 자회사를 설립하든가, 이전가격을 이용하여 세금을 최소화한다. 이런 절세행위는 합법이지만 공익 차원에서 문제로 지적되고 있다. 각국의 정부나 의회에서는 이를 불법화하기 위한 입법논의가 진행 중이다.[24]

사회에 대한 윤리경영

이 외의 사회에 대한 책임은 실로 다양하다. 최우선적인 책임은 앞 절에서 논의된 **환경**에 대한 윤리적인 책임이다. 전기자동차나 태양광, 풍력, 지열, 조력발전 등에의 투자는 공익적이지만, 때에 따라서는 새로운 사업을 선점하는 효과를 낳기도 한다.

수명의 연장은 많은 사회적인 과제를 만든다. 무인자동차의 실현은 고령화 사회에 대비한 기업의 신사업이지만 오랜 시간의 운전을 어려워하는 고령자의 행복에 지대한 영향을 줄 수 있다. 따라서 매우 공익적인 투자라 볼 수 있다.

기업의 활동이 글로벌화되면서 소득 양극화와 중산층 붕괴에 영향을 끼치고 있다는 논의도 있다. 이를 뒷받침할 만한 근거가 없어 동의할 수 없으나 비중이 적더라도 많은 수의 사람들이 그런 생각을 가지고 있다면 기업은 이를 줄일 수 있는 경영활동을 해야 한다. 기업이 할 수 있는 일은 고용을 많이 창출하는 일이다. 또한 능력이 다소 부족한 사람들에 대해 교육투자를 늘리는 것도 좋은 방법이다.

한편 제품의 기능이 더욱 고도화되면서 이 기술을 소화 못 하는 세대가 늘어나고 소외당하고 있다. 정보화가 가져다주는 세대분할, 즉 **디지털 디바이드**(digital divide)가 이것이다. 디지털 디바이드의 폐해를 줄이기 위해서는 노인들이 용이하게 쓸 수 있는 기능을 신제품에 부여하여 개발하는 방법을 고려할 수 있다. 또한 문화예술 분야에서도 자본의 역할이 중요해지면서 상업성이 높은 영역에만 투자가 일어나 이 분야는 넉넉한 반면, 순수예술 영역은 경

---

24. 미국의 애플은 막대한 이익에도 불구하고 세금이 적어 지나친 절세에 대한 논란을 일으킨 바 있다. 이후 구글, MS, 페덱스, 오라클 등은 조세피난처에 각각 100, 100, 150, 400개 이상의 자회사를 두고 절세를 해온 것으로 밝혀졌다. EU는 국가별 이익과 세금을 공개하는 법안을 마련 중이다.(2013년)

제적으로 더욱 어려워지는 문화분할(culture divide)이 커지고 있다. 클래식을 지원하는 메세나운동 등이 문화분할을 다소 지연시키는 공익활동이다. 이 같은 분할현상은 문명의 발전과 자본이 가져다주는 작용과 반작용이다. 이에는 기업의 책임이 큰 만큼 여유 있는 기업들은 어느 정도 책임을 가져야 한다는 것이 사회적인 통념이다.

이 외에도 **자선행위**로 사회적 책임을 드러낸다. 기업이나 임직원들은 돈으로, 재능기부로 또는 단순 봉사로 이에 임한다. 상장된 기업은 사적인 조직이나 공적인 조직이기도 하다. 이는 정부가 개입해도 된다는 의미는 절대 아니고, 무차별한 다수의 주주나 채권자들로부터 자금을 모아 무차별한 온 국민을 대상으로 사업을 한다는 측면에서 그렇다. 대주주 지분이 희석되고 연금기관, 외국의 기관투자자 등의 수동적인 투자자가 주주의 대부분을 구성하게 된다면 공적 조직으로서의 의미가 더욱 강해진다. 나라가 재난에 처했을 때, 또는 적십자사, 구세군, 재정적으로 어려운 양로원, 고아원, 미혼모 지원단체, 암·희귀병 퇴치를 위한 질병연구기관 등에의 기부는 공익 차원에서 바람직하다.

이 외에도 청소년의 건강에 유해한 제품의 제작이나 지원을 삼가고, 인권을 탄압하는 독재정권에 도움이 되는 사업을 일체 안 한다든가, 인명을 살상하는 무기 등을 제작하거나 원료가 되는 물건을 자국 국가를 위하는 경우가 아닌 경우에는 매매 안 한다든가 하는 윤리 규정의 제정은 공익에 바람직하다고 할 수 있다.

10.4 경제위기와 대응

기업의 사회적 책임은 오래 존속하는 것 그 자체이기도 하다. 인류의 삶을 풍족하게 해주는 제품의 개발, 고용창출, 많은 투자자에게 이익환원 등 기업활동의 상당분이 사회적 기능이기 때문이다. 기업이 고객가치를 창출하면 이익을 낼 것이고 파산할 일 없다고 하지만 예측 못 한 경제위기 앞에서는 존속이 어려운 경우가 종종 발생한다. 이 경우 사업 내용이 알차면 다른 주인에게 경영권이 넘어가 주인만 바뀌는 것이니 문제가 없지 않느냐 하겠지만, 1997년 외환위기 때 경험한 바와 같이 한 대기업의 파산이 수많은 계열사와 부품공급자를 파산으로 몰고 갔다. 이 시기 우리나라 30대 기업집단의 반이 파산했으니 이로 인한 연쇄부도와 해고, 신용불량자 양산 등 사회적 폐해는 이루 말할 수 없다. 특히, 흑자도산은 기업의 존재이유는 남았는데 자금관리를 잘못하여 망한 경우이니 공익에도 바람직하지 않다. 따라서 기업의 존속은 그 자체가 사회적 책임이다. 고객의 만족을 통한 수익추구 책임이나 앞서 설명한 E, S, G 관련한 법적 · 윤리적 책임을 다했다 해도 예측 못 한 경제위기를 넘지 못하고 망했다면 누가 경영자 책임이 없다고 말하겠는가?

몇 년 전까지만 해도 세계 최장수기업 곤고구미(金剛組)건설은 한국인의 자긍심을 불러준 기업이었다. 서기 578년에 백제인 유중광이 오사카 부근에 설립한 곤고구미건설은 2006년까지만 해도 세계 최장수기업이었다. 그러나 1980년대 후반 일본의 부동산 버블 시 부동산에 잘못 투자했다가 부동산 장기침체를 견디지 못하고 2006년 파산한 것이다. 40대 후손이 1,429년 역사의 막을 내린 것이다. 곤고구미건설은 그 오랫동안 '보이는 것보다는 보이지 않는 곳에 더 충실하라' 는 기업이념을 지켜왔다. 질을 중시하며 직원 150명에 연간 매출액 1,000억원 수준만을 유지해 왔다. 그 이유는 공사를 더 많이 할 경우 부실화될 위험이 높다는 이유에서다. 1995년 고베 대지진 때도 곤고구미가 지은 사찰만은 온전했다 한다. 그러나 제 아무리 훌륭한 기업이념을 가지고 운영해 왔다 해도 단 한 번의 실수로 망할 수 있는 것이다. 부동산 버블 시 빚으로 부동산에 투자한 그 하나의 결정 때문에 말이다.

경제위기 이론

경제위기의 원인은 다양하다. '지나치게 낙관적인 전망 ➡ 기업들의 과잉투자 ➡ 소비자들의 사재기 ➡ 빚에 의존한 위험투자 증가 ➡ 버블의 형성 ➡ 산업간 · 국가간 확대 ➡ 버블의 붕괴 ➡ 붕괴의 전염(contagion)' 이 일반적인 모습이다. 문제는 그 당시에는 지나친 낙관인지, 버블인지 알지 못한다는 것이다. 버블이 꺼지고 난 후에야 알게 된다. 또한 거래 및 금융의 글로벌화가 모든 국가 간의 자산을 얽어매 아무도 독립적이지 않다. 그래서 미래의

주가수익률의 뚱뚱한 꼬리

그림 10-1

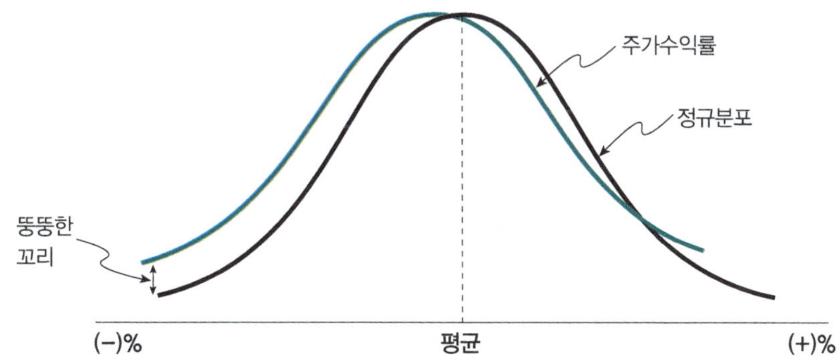

경제위기가 어디서 올지 아무도 모른다. 2008년 금융위기는 2013년 현재도 여러 형태로 지속되고 있다. 그런데 이는 우리와는 전혀 상관없는 미국 저신용자들의 **주택담보대출**(sub-prime mortgage)시장의 과다한 신장과 이를 바탕으로 해 만들어낸 **고부채비율 투자상품**(high leveraged investment vehicles)의 매도와 붕괴로 인한 것이다. 기업은 이를 예측하기 어렵고 어떤 때는 파악하는 데 몇 년이 걸린다. 하지만 기업들은 이에 대응할 수 있어야 한다. 이를 위해 우선 통계적인 특성을 이해할 필요가 있다. **뚱뚱한 꼬리**(fat tail) 현상이다

〈그림 10-1〉에서 보듯이 종합주가지수의 주가수익률 분포도를 보면 정규분포(normal distribution)와 비교하여 양쪽 끝이 뚱뚱한 모습을 보이고 있다. 이를 뚱뚱한 꼬리라 하는데 이것이 의미하는 바는 매우 치명적인 악재나 대박과 같은 호재가 제법 자주 일어난다는 것이다. 특별한 호재가 치명적인 악재 뒤에 이어 나타난다고 가정하면, 특별한 호재란 악재 뒤에 살아남은 기업들이 누리는 경제호황으로 해석될 수 있다. 따라서 뚱뚱한 꼬리는 치명적인 악재가 제법 자주 일어난다는 것을 의미한다.

인류가 아프리카를 지배하기 전 아프리카 코끼리는 주기적인 대가뭄에 의해 개체 수 조정이 이뤄졌다 한다. 예로 5년 주기로 엄청난 가뭄이 오는데 이때 몸집이 너무 크거나 병약한 코끼리는 다 죽었다 한다. 개체수의 조정을 통한 생태균형의 유지는 자연의 섭리이다. 경제위기도 경제의 이치라 할 수

있다. 즉, 준비 안 된 욕심을 너무 많이 내는 기업은 이런 파고를 넘을 수 없다는 경제 이치이다. 문제는 20세기 후반 이후 예상치 못한 위기적 상황이 자주 일어나고 있다는 점이다.

얼마 전부터 예상치 못한 위기적 상황을 **블랙스완**—흑조(黑鳥)—으로 표현하기도 한다.[25] '고니는 당연히 백조이다' 라고 생각하는 사람에게 검은 색깔을 가진 흑조는 '실제로는 존재하지 않는 어떤 것' 이란 의미였으나, 17세기 한 생태학자가 실제로 호주에 살고 있는 흑조를 발견함으로써 '불가능하다고 인식된 상황이 실제 발생하는 것' 이란 의미로 바뀌었다. 경제적 의미의 블랙스완은 일반적 기대영역 바깥에 존재하는 관측값이나 극심한 충격을 동반하며, 일단 존재가 사실로 드러나면 그에 대한 설명이 가능한 현상으로 정의한다. 〈그림 10-1〉의 좌측 끝에 있는 뚱뚱한 꼬리가 그런 현상을 통계적으로 보여준다.

블랙스완은 인지오류인가?

경제적 의미의 블랙스완은 불가능하다고 인식된 경제위기로 해석되고 이는 '지나치게 낙관적인 전망 → 기업들의 과잉투자 → 소비자들의 사재기 → 빚에 의존한 위험투자 증가 → 버블의 형성 → 산업간 · 국가간 확대 → 버블의 붕괴 → 붕괴의 전염(contagion)' 이 일반적인 모습이라 했다. 지나치게 낙관적인 경제 예측에서 출발하여 빚에 의존한 위험투자(과감성), 버블을 균형가로 보는 착시현상으로 이어지는 경제위기 현상은 다양한 **인지오류의 사슬**로 볼 수 있다. 물론 여기에는 등장인물들의 도덕적 해이 등이 주도적인 역할을 한다. 먼 나라에서 일어나는 인지오류와 도덕적 해이 현상을 모든 기업들이 이해하기도 감당해 내기도 어렵다. 다만 밖으로부터의 블랙스완에 대비하되 스스로 인지오류에 빠지지 않는 경영문화가 중요하다.

블랙스완의 형태

일반적인 형태는 경기의 장기침체와 부채를 감소시키는 **디-레버리징**

25. 월스트리트 투자전문가인 나심 니콜라스 탈레브가 그의 저서 『검은 백조(*The black swan*, 2007)』를 통해 서브프라임 모기지 사태를 예언하면서 두루 쓰이게 되었다.

(deleveraging)[26]으로 인한 자산가격의 하락, 그리고 환율, 주가, 금리, 물가, 성장률 등 거시지표의 급격한 변화이다. 일본의 경우 1985년 플라자 합의 이후 엔화가 달러당 239엔에서 3년 후 128엔으로 44% 평가절상했다. 기업은 원가절감으로 견뎠으나, 자산버블이 일어나고 이후 버블이 꺼지면서 시작된 장기침체는 2013년 현재까지 20년간 이어지고 있다. 우리나라의 경우 1997년 외환위기 시 달러당 원화가치가 1,800원까지 절하되었다가 950원까지 절상되었던 기억이 있다.

이 외에도 기술의 변화, 통상환경의 변화, 원자재가격의 폭등, 정치 환경의 변화도 예상치 못하는 블랙스완의 주요 메뉴들이다.

인지오류적인 부실화

개별 기업이 스스로 인지오류에 빠지면 블랙스완이 왔을 때 더 큰 어려움을 겪게 된다. 흔하게 범하는 인지오류를 유형별로 열거해 본다.

유형 ❶ 과거에 통했던 **대마불사**(too big to fail)도 이제는 작동하기 어렵다. 특히 기업집단의 대마불사에 의존한 경영은 세금을 탐내는 반공익적 선택이다.[27]

유형 ❷ 알짜사업을 보유하고 있음에도 제2창업이니 업계순위 등 중요하지 않은 가치에 몰입하여 기업 전체를 부실하게 만든다.[28]

유형 ❸ 새로움에 대한 지나친 유혹에 빠져 그 위험을 정확히 판단하지 못한다.[29]

---

26. 개인, 기업, 금융기관 등의 경제주체들이 공동으로 부채를 줄이는 현상을 의미한다. 대부분 소비를 줄여 이자를 갚고 자산을 매각하여 부채원금을 갚는다.
27. 대우, STX, 금호아시아나 그룹은 현금흐름 창출능력에 안 맞는 사업확장과 부채에 의존한 M&A 등으로 정책금융기관에 많은 부담을 주었다.
28. 진로, 쌍방울 등은 경영권 승계 후에, 웅진그룹은 건설 등에 과잉투자하면서 부실화되었다.
29. 파생상품인 KIKO 계약 시 지나친 위험선택, 광케이블, 태양광 등에의 과잉투자 등이 이에 해당한다.

유형 ❹ 빚을 자기 돈으로 착각한다. 실제로 빚은 매초 '딸깍 딸깍' 미터기가 돌아가듯이 이자가 누적되는 무서운 존재이다. 부채조달 시에는 그에 상응하는 이익이 나는 자산이 있는지 확인하는, 즉 부채와 (이익을 내는) 자산을 매치시키는 훈련이 필요하다.

기업의 대응

블랙스완에 대한 기업의 대응은 '항상 준비하라!' 이다. 위험에 대한 분석에는 **시나리오 분석**과 **스트레스 테스트**(stress test) 방식이 있다. 시나리오 방식은 예상되는 불황, 호황의 시나리오에서 매출, 영업이익, 이자비용, 순이익, ROE 등을 포함한 재무건전성 평가를 하는 것이다. 스트레스 테스트는 위기상황[30]에서 파산이 일어나는가 검증하는 방식이다. 만일 파산이 예견된다면 이를 피할 수 있는 대응방안을 마련해야 한다.

이 같은 종합적인 분석과 함께 개별적으로는 아래 사항에 대해 관리한다.

- **자금 여유(buffer)의 확보**: 유동비율과 당좌비율(현금보유)을 여유 있게 유지한다.
- **재무구조**: 부채비율을 보수적으로 가져가면서 추가적인 부채조달 여유(debt capacity)을 충분히 유지한다. 이자보상배율은 최소 3.5 이상을 유지한다.
- **적정성장률**: 지속가능 성장률[31] 내에서 성장을 도모한다.
- **기업조직과 소유구조를 독립적으로 유연하게**: 위험의 파급을 막는 조직 및 소유구조를 유지한다.
- **지식의 축적과 위기에 대한 준비**: 사장은 씽크탱크를 곁에 두고 블랙스완을 점검한다. 임원들은 블랙스완에 대해 항상 주의를 기울이는 조직문화를 구축한다.
- **대응팀 구성**: 기술충격에 대비하여 미래사업팀을 조직・운영한다.

---

30. 1%, 5%의 최악의 상태 등을 얘기한다. 이는 각각 창사 이래 500번의 경제상황(예: 매출변동률로 추정)이 있었다면 그중 5번째로 나쁜 상황, 25번째로 나쁜 상황을 의미한다.

31. 재무관리 교과서를 참조하길 바란다.

- **네트워크 운용**: 임원들은 전 세계 지식네트워크를 평소에 유지 및 관리한다.
- **이해관계자와의 소통**: 고객변화에 대해서는 고객을 통해 모니터하는 체제를 구축한다. 현장을 보면 문제가 보인다.
- **빅데이터(big data) 활용**: 이의 활용으로 고객의 변화과정, 타기업의 전략변화를 분석한다.

10.5 기업윤리와 기업문화

기업은 사회 환경 속에 존재하는 사회적 기관이다. 공직사회의 부패나 정부의 복지정책의 미비와 같은 사회문제에 영향을 받는다.[32] 따라서 기업은 사회 스스로가 자정능력이나 사회문제 해결에 소극적이라도 사회문제에 관심을 기울일 수밖에 없다. 선진국의 기업들과 경쟁하면서 그들의 직원이 누리는 공정한 사회와 복지사회를 우리 직원이 누리지 못할 경우 우수 인력의 유치나 동기부여에 나쁜 영향을 받을 수 있다. 정의로운 기업이 정의롭지 않은 사회에서 기능하기 어려운 이유이다. 사회의 병을 고치거나 적어도 주변만이라도 개선하려는 행동은 경영자의 역할이고 도전이다. 이는 기회가 될 수도 있다. 사회문제를 사업상의 기회로 전환하는 상황은 새로운 기술의 개발, 제품과 서비스 개선을 하면서보다는 사회문제 그 자체를 해결하면서 발생한다.[33]

앞서 논의한 야수법에 의해서도 기업이 사회에 끼치는 나쁜 영향에 대해 책임을 질 수 있어야 한다. 그러나 기업의 능력이 크나면 이런 소극적인 사회적 책임에서 벗어나 사회적 책무를 키워야 한다. 특히 우리나라의 대기업처럼 전 세계에 법인을 설립하고 현지인을 경영자로 두어 경영하는 상황에서 우리나라의 사회적 병폐를 그대로 수용하거나 그것을 도리어 이용하는 것은[34]

32. 정부관리가 뇌물을 요구한다든가, 보육시설이 턱없이 모자라 자녀보육 문제로 여직원의 생산성이 떨어진다든가 하는 것 등이다.

33. 중국 이랜드는 세금을 철저히 내고 이익의 상당부분을 근처 초등학교 지원에 할애한다. 규모는 비할 바 없으나 애플 같은 세계적인 기업들보다도 많은 세금을 내어 세무당국으로부터 특별대접을 받고 지역사회에서는 없어져서는 안 될 기업으로 인식되고 있다.

그들의 책무를 위반한 것이다. 일류 제품과 서비스를 만드는 만큼, 우리 사회가 일류가 되는 데 기여해야 한다.

기업윤리의 기본 틀은 공정한 배분과 정의로운 사회에의 기여로 요약된다. 부패한 사회를 이용하기 위해 경영자가 공직자와 뇌물을 기반으로 한 네트워크를 쌓거나 그들의 관혼상재에 많은 시간을 할애해야 한다면 그 기업으로부터 뛰어난 업적을 기대하기 어렵다. 이 같은 기업윤리와 이반된 행태의 지속은 기업윤리의 근간을 흔든다. 제품은 한두 번 실패해도 이것이 도리어 다른 제품의 창조를 돕는 경우가 있으나, 기업윤리는 세우기도 어렵지만 한번 훼손되면 다시 세우기는 더욱 어렵다.

조직문화와 기업문화

조직문화는 조직의 목표를 수행하는 과정에서 정착된 문화이다. 조직문화는 제품의 특성, 생산과정에서의 사고 가능성, 비공식 조직의 특성 등에 의해 영향받아 형성된다. 기업문화는 기업의 비전과 사회의 일원으로서의 윤리를 실천하는 문화이다. 조직문화는 자생적인 조직원들의 정체성(norm)에 의한 것이어서 억지로 어떤 방향으로 유도하면 반작용이 큰 특성이 있다. 그렇다 하더라도 조직문화가 기업문화를 실천하는 문화일수록 바람직한 문화이다.

기업문화가 기업윤리, 즉 공정한 배분과 정의로운 사회에의 기여를 실천하기 위해서는 열린 문화, 투명한 문화, 생산적인 문화가 되어야 한다. 기업 내부에 국한된 시각에서 사회를 보는 열린 문화, 정직성에 바탕을 둔 투명한 문화, 실제로 효과가 나타나도록 하는 생산적인 문화가 되어야 한다. 비교적 폐쇄적인 조직문화가 열린 기업문화와 조화되기 위해서는, 비공식 조직의 영향력이 강한 조직문화가 객관적이고 투명한 기업문화와 충돌되지 않게 하기 위해서는 리더의 역할이 중요하다.

리더의 역할

경영자는 모두 기업 리더그룹의 일원이다. 그들의 경영자로서의 자격은

34. 예로 부패한 세무당국을 이용하여 오너가 사적 이득을 취하는 행태들이다. 국세청장이 퇴임 후 구속되는 사례가 반복되고 있다.

다음과 같이 요약된다.[35]

1 신의성실(Integrity)

2 전문성(Professionalism)

3 리더십(leadership)

4 혁신과 창의(creativity)

해설하면 경영자는 1 대리인으로서 주인의 입장에서 주어진 임무를 성실하게 해내어 성과로 보여주어야 하며, 2 어느 분야이든 전문가적인 윤리와 능력을 보유하며, 3 리더로서 외로이 의사결정을 하며, 이에 대한 책임을 지고, 조직원을 공정하게 이끌고, 소통에 능해야 하며, 오만을 버리고 겸손해야 하며, 4 혁신과 창의로 기업의 활력을 높이고 위험관리로 기업존속에 기여해야 한다는 것이다.[36]

경영자의 자격은 그들의 역할을 상당분 설명하고 있다. 그들은 조직문화뿐 아니라 기업문화를 이끄는 주체이다. 이런 일을 하기 위해서는 일반 직원과 다른 소명의식을 가지고 인격적으로도 보다 더 성숙되어야 한다. 위 두 번째 전문가로서의 자격 중 전문가적인 윤리는 기업의 사회적 책임과 관련하여 전문가가 갖추어야 할 기본적인 자격요건이다. 전문가의 윤리는 책임에 대한 윤리로서 2,500년 전 그리스의 명의 **히포크라테스**(BC 460-377)**의 선서**에도 잘 표현되어 있다. 이는 '내 능력과 판단에 따라, 나는 환자에게 도움이 된다고 생각한 처방을 따를 뿐 환자에게 절대로 해를 끼칠 수 있는 처방은 내리지 않겠다' 이다. 이를 줄이면 '(더 좋은 방법을) 알면서 해를 끼치지 말라' 이다. **프로페서널**이란 알면서도 해를 끼치는 도덕적 해이 같은 행위를 하지 않는다고 종업원과 고객이 믿도록 해야 한다는 것이다. 이런 가장 기본적인 것이 되어야 여타 어려운 일들을 해낼 수 있다는 것이다. 직원과 고객으로부터의 믿음 없이 무슨 일을 할 수 있겠는가?

---

35. 홍익대학교 경영대학은 이 4가지 자격에 충실한 경영자 양성을 교육미션으로 두고 있다.

36. 혁신과 기업가정신은 제11 장에서 설명한다.

10.6 결론

기업은 고객만족을 높여 수익을 창출해야 하는 첫 번째 책임이 있다. 이를 수익추구 책임 또는 경제적 책임이라 한다. 수익추구 책임을 잘 수행할수록 기업과 계약관계에 있는 이해관계자들을 더욱 만족시킨다. 이해관계자란 주주, 채권자, 임직원, 소비자, 국가, 지역사회, 부품공급자 등이다. 또한 기업은 기업이 앞으로 활동해야 하는 사회가 공정하도록 하는 데 기여해야 하고, 후세들이 살기 좋은 지구가 되도록 힘써야 한다. 이런 환경의 조성은 기업의 존재가치를 높이고 앞으로도 길게 영업할 수 있는 사회 및 지구환경을 만들어준다. 이같이 지구환경개선(E), 사회적인 책임(S), 이해관계자 만족(G)을 충족하면서, 즉 장수할 수 있는 기업환경을 만들어가면서 경영활동을 하는 경영방식을 지속가능경영이라 한다. 사회적 책임은 공익(공정사회의 건설)에 부합되는 경영을 말하며 이는 법을 준수하는 법적 책임과 법에 규정되어 있지 않으나 사회윤리와 부합되는 윤리 책임으로 나눈다. 법적 책임은 의무로서 소홀함이 없도록 조직화해야 하며, 윤리적 책임은 주주와의 충돌을 일으키지 않는 범위에서 또는 주주를 설득할 수 있을 때 선택적으로 행해진다.

10.4절에서는 일반적 기대영역 바깥에 존재하는 관측값이나 극심한 충격을 동반하는 블랙스완이 인지적인 오류의 결과물임을 이해하고 이런 파고에도 견딜 수 있는 경영문화의 필요성을 설명했다. 또한 스스로 인지오류에 빠지지 말아야 장수할 수 있음도 설명했다. 인지적 오류를 줄이려면 경영자는 차가운 머리가 필요하고, 윤리 책임을 늘리기 위해서는 뜨거운 가슴이 필요하다.

마지막 10.5절에서는 기업윤리와 기업문화의 연계성, 기업문화와 조직문화의 연계성 그리고 경영자의 역할에 대해 설명했다. 사회적 책임이 기업윤리로 받아들여지고, 이것이 기업문화에 정착되고, 이를 리더인 경영자가 이끌 때 사회적 책임이 실행될 수 있음을 설명했다. 마지막으로 경영자의 프로페셔널로서의 윤리가 사회적 책임 수행의 출발점임을 설명했다.

연습문제

01. 지속가능경영에 대하여,

1) 지속가능경영의 정의는 무엇인가?
2) 지속가능경영이 왜 필요한가?

02. 지속가능경영의 대상과 관련하여?

1) 지속가능경영의 대상인 E, S, G란 무엇인가?
2) '지속가능경영 = 기업장수'로 본다면 추가해야 할 내용은 무엇인가?

03. 환경에 관하여,

1) 공공재 이론이란 무엇인가?
2) 기업의 환경에 대한 책임회피 현상을 공공재 이론으로 설명하시오.

04. 탄소배출권에 대하여,

1) 로널드 코스교수의 '재산권' 개념이란 무엇인가?
2) 탄소배출권 거래를 허용한 환경규제방식의 한계는 무엇인가?
3) 환경단체가 탄소배출권을 매입하여 소각하는 이유는 무엇인가?

05. 환경 경영활동 프로세스에 대하여,

1) 환경에 대해 무관심했을 때 큰 재앙이 올 수 있는 구조적인 문제는 무엇인가?
2) 환경경영관리의 첫 번째 단계는 무엇인가? 두 번째 단계는 무엇인가?
3) 기업은 환경규범 제정에 어떤 식으로 참여해야 하는가?

06. 사회적 책임에 대하여,

1) 왜 사회적 책임인가? 수익추구라는 1차 책무도 버거운데.
2) 경영판단원칙이 사회적 책임에 의미하는 바는 무엇인가?
3) 사회적 책임에도 위계가 있는가?

4) 법은 공익을 대변하는가?

5) 법적 책임으로 부족한 이유는 무엇인가?

6) 윤리적 책임에 대한 주주의 반대가 있다면 어떻게 해야 하는가?

07. 정의로운 사회에 대하여,

1) 밴담과 밀의 공리주의는 무엇인가?

2) 롤이 얘기하는 정의로운 사회는 무엇인가?

3) 기업이 흔히 행하는 도덕적 해이란 무엇인가? 예를 들어 설명하시오.

4) 기업의 행태와 소비자의 역선택, 또는 소비자의 행태와 기업의 역선택을 예로 들어 설명하여 보시오. (힌트: 중고차, 생명보험 등)

08. 경제위기에 대한 대응에 대하여,

1) 뚱뚱한 꼬리 현상이란 어떤 것인가?

2) 블랙스완으로 설명되는 경제현상은 무엇인가?

3) 경제위기 발생과정에서의 인지적 오류는 어떤 것이 있는가?

4) 일반 기업들이 범하기 쉬운 인지적 오류는 어떤 것이 있는가?

5) 스트레스 테스트란 무엇인가? 왜 블랙스완에 대한 대비책으로 유효한가?

6) 블랙스완에의 대응방안을 세 가지만 고른다면 무엇인가? 이를 우선적으로 고른 이유는 무엇인가?

chapter 11

학습목표

독자들은 이 장의 학습을 통해 다음의 주제에 담긴 내용을 알아야 한다.

1. 변화에 대한 기업의 태도
2. 유지와 혁신의 균형
3. 혁신의 대상
4. 혁신과 기업성장
5. 혁신 프로세스
6. 혁신의 위험성
7. 위키노믹스와 혁신
8. 기업가란?
9. 중소기업의 강점
10. 혁신과 기업가정신의 만남
11. 창업계획과 창업자금의 조달
12. 혁신과 표준화

혁신과 기업가정신

⁝⁝ 들어가기

기업은 변화에 적응하지 못하면 시장에서 사라진다. 왜냐하면 기업이 현재 생산하고 있는 재화나 제공하는 서비스의 매력도가 줄어들기 때문이다. 따라서 기업은 변화에 맞춰 또는 변화를 일으키면서 새로운 작업에 몰두해야 한다. 변화를 이익기회로 바꿔야 한다. 이는 지속적이고 일상적인 기업의 활동이 되어야 한다. 이렇게 변화를 기회로 바꾸는 작업을 우리는 혁신이라고 한다. 혁신은 기존의 것과 다른 것이고 기존의 것을 일부 포기함으로써 시작할 수 있나. 따라서 저항과 반발이 일어난다. 이는 혁신의 큰 위험 중 하나이다. 기업가들은 혁신의 전문가이며 새로운 것을 만들어내는 일에 열광한다. 위험을 계산하지만 위험을 넘는 성과에 더욱 집중한다. 이로써 높은 성과를 만들어낸다. **혁신**과 **기업가정신**은 서로 융합하여 기업에게 성장의 기회를 제공한다. 혁신도 시간이 지나면 기존의 것이 되고 표준화되어 전 세계로 보편화된다. 언젠가는 전 세계인이 혁신의 수혜자가 되는 것이다. 혁신은 고객을 행복하게 하고, 기업을 오래 생존시키며, 문명을 발전시키고, 나아가 모든 인류가 그 문명의 수혜자가 되게끔 하는 작업이다. 이런 혁신을 자발적으로 행하는 조직은 기업뿐이다.

11.1 변화와 혁신

모든 것은 변한다. 기업은 변화를 가치로 전환하는 유일한 조직체이다. 기업이 있기 전 인간들의 소식들은 자신의 지대(rent)를 유지하기 위한 조직으로 변화를 서시하거나 죄소한 감속시키고자 했다. 기업만이 변화를 받아들여 이를 가치창출 기회로 전환했고, 기업은 유일한 부의 증식기관이 되었다. 변화를 기회로 전환하는 작업을 **혁신**이라 한다.[1] 변화에 자극받아 일어난 혁신은 세상을 다시 변화시킨다.

---

1. 조지프 슘페터(1883-1950)는 의도한 혁신만이 부를 낳는다 했다.

왜 혁신인가?

변화의 속도가 점점 빨라지고 있다. 혁신하지 못하는 기업은 보유 자산을 낭비하다가 어느 날 시장에서 사라진다. 1980년대 경영학자들에게 주목받았던 43개의 초우량기업 중 14개가 불과 5년 만에 부도로 법정관리에 들어갔고 몇 개는 청산되었다. 우리나라의 현재 10대 민간기업 중 어느 것도 40년 전에 존재하지 않았던 기업이다.

기업은 기존 사업의 유지와 함께 혁신을 끊임없이 함으로써 존속 가능하다. 유지와 혁신 간의 균형은 끊임없는 경영의 핵심과제이다. 이의 균형은 시장추세나 기업문화에 잘 어울려야 하고 전체 수익을 증가시키는 것이 되어야 한다. 균형이란 규모가 크나 완숙된 사업들과, 지금은 규모가 작지만 성장 전 상태에 있으면서 장래에 큰 사업이 될 신사업들을 적절히 배치하는 것을 말한다.[2]

혁신이란?

변화에 대한 대응에는 진화와 혁신이 있다. 진화는 환경변화에 대한 느슨한 대응이지만, 혁신은 변화를 기회로 전환시키는 작업이다. 진화는 모두가 같이 그리고 천천히 진행되어 대부분 종을 유지하지만, 혁신은 남보다 빠른 조직만 살아남는다. 타이밍을 잃으면 의미가 없다. 경쟁이 더욱 치열해지는 미래의 경영환경에서 이익창출기회는 혁신을 통해서만 가능하다. (+)NPV 프로젝트도, 차별화된 제품의 개발도 혁신에 의해서만 가능하다. 따라서 기업성장은 혁신의 산물이고, 성장을 가속화시키는 것도 혁신이다.

혁신의 대상

혁신은 환경변화를 기회로 전환시키는 작업이다. 혁신의 대상은 제품, 고객의 요구, 기술, 조직, 프로세스, 지배구조, 시장, 사회, 가치관 등과 이들의 조합이 된다. 제품, 기술 및 프로세스에서의 혁신으로 고객가치를 더욱 올리

---

2. 사업 포트폴리오 측면에서의 균형으로 제4장의 생산곡선으로 설명한 것이다. 본 장의 내용들은 피터 드러커(1909-2005) 교수가 여러 저서에서 밝힌 견해를 다수 반영하여 집필되었다.

고 조직과 가치관에서의 혁신을 통해 종업원의 동기부여, 개별 능력과 만족감을 제고하고, 지배구조, 시장 및 사회책임 활동에서의 혁신을 통해 존경받는 기업으로 성장할 수 있다. 혁신은 변화를 기반으로 이뤄지므로 혁신의 대상도 혁신적으로 바뀔 수 있다.

가장 보편적으로 일어나는 혁신은 제품, 고객의 요구, 시장, 프로세스, 지식(기술 포함)에서 부족한 점을 찾아 새롭고 훨씬 더 생산적인 것으로 바꾸는 경우이다. 똑같은 냉장고를 에스키모에 동결방지용 저장고로 판 영업사원은 '대단한 장사꾼' 이란 칭호와 함께 고객요구에 혁신을 일으킨 사람이다.

완전히 새로운 것을 만들어내는 경우는 매우 드물다. 이미 회사 내에 존재하는 것들이 대다수이다. 회사 내의 불합리하게 이뤄지는 것들, 수익성 낮은 사업들, 무능한 상사, 잘못된 배치, 물류의 정체, 소비자 불만 등 이미 존재하는 것들이고 이는 모두 혁신의 대상이다.

이미 알고 있는 경우도 많다. 생명보험을 고객이 수수료 없이 직접 쇼핑하지 못하는 상황도 알고, 정직하지 못한 사람들이 사고를 빙자해서 보험금을 갈취해 가는 것도 안다. 소방전은 왜 다 빨개야 하는지, 유성페인트는 왜 온 동네가 냄새로 고통을 받는 신나를 꼭 써야 하는지, 환경호르몬이 어린 자녀들에게 어떤 위해를 끼치는지 모두 안다.

미래의 상당부분이 지금 존재하는 경우도 많다. 고령화 사회가 미래라면 그 같은 조짐은 이미 현재에 있고 이를 기회로 만드는 조그만 혁신은 거대한 시장의 선두주자가 될 만한 사업이 될 수 있다.

혁신은 인터넷이나 모바일기기처럼 세상에 없던 것을 만들어내어 거대한 변혁을 가져오는 것도 있으나 다음과 같이

1. 부족한 점을 개선하여 훨씬 새로운 것을 만들고,
2. 알려진 갈증을 속 시원히 풀어줄 물건을 만들고,
3. 미래에 일어날 변화 중 이미 보이지만 남이 안 하는 것을 좀더 빨리 하여,

(예상되는) 변화를 이익창출기회로 만드는 작업이 대부분이다.

혁신을 통한 성장

이익창출기회는 혁신을 통해서만 가능하다.

예를 들자면,

- 신규투자를 통한 이익창출기회는 (+)NPV 프로젝트를 의미하며, 이는 독점적인 경쟁시장에서 제품혁신으로 독점적인 경쟁력(monopolistic competitive edge)을 가질 때 실현될 수 있다.
- 또한 프로세스를 혁신적으로 효율화하는 프로세스 리엔지니어링(process re-engineering)은 생산 및 영업 비용을 획기적으로 줄임으로써 성장에 기여한다.
- 지배구조 규범에 따르는 지배구조 혁신은 자본비용을 낮춰 기업가치를 증대시킨다. 사회혁신을 지원하는 사회 책임활동은 기업의 명성을 키워 브랜드 가치를 증가시킨다.
- 리더와 팔로워 간의 소통방식에서의 혁신은 종업원의 자발적인 참여를 늘리고 생산성을 올린다.

이와 같이 다양한 형태의 혁신은 기업을 성장하도록 도와주고 기업가치를 증대시킨다. 따라서 기업 경영자에게 조직이 혁신을 수행할 수 있도록 리드하는 능력은 성장과 기업가치 제고를 통해 수익추구 책임과 사회책임 등을 수행하는 데에 있어 반드시 필요한 핵심역량이다. 조직이 혁신할 수 있는 능력을 혁신능력 또는 혁신기량이라고 한다.

혁신 프로세스

혁신을 성장으로 이끌기 위해서는 경영활동 프로세스와 마찬가지로 what-to-do, how-to-do와 how-to-evaluate의 3단계 과정이 필요하다. 성장목표를 설정한 후 혁신기회의 발굴, 혁신이유, 혁신시점을 명확히 설정하는 what-to-do의 과정이 있고, 실행을 위해 혁신기량을 배양하고 실행하는 how-to-do의 과정이 있으며, 마지막으로 혁신을 반대하고 이에 저항하는 세력을 통제하고 조정하고 혁신성과를 보상하는 how-to-evaluate의 과정이 있다. 혁신 리더들은 '혁신을 위한 혁신'이 아닌 변화를 이익창출기회로 전환하는 '실질적인 혁신'이 될 수 있도록 노력해야 한다. 때로는 숲을, 때로는 나무를 보면서, 그리고 가끔은 나무 사이로 불어오는 바람소리를 즐기면서 저항을 인내로 견디고 지지 세력을 신바람으로 이끌어야 한다.

혁신 프로세스를 수행함에 있어 공통적으로 유의해야 할 점은 다음과 같다.[3]

❶ 단계: 성장전략의 구축

제언: 현실적인(realistic) 성장전략을 구축하라.

- 과연 우리 기업에 가능한 성장목표는 어느 수준인가?
  가능한 성장이란 기업을 어떤 경우에도 파산으로 몰고 가는 수준이 아니라는 뜻이다. 또한 위험을 파악할 수 있어야 하고, 그것이 감내할 수준인지를 평가해야 한다.
- 적정한 매출 성장률은?
- 대표적으로 지속가능 성장률을 적용한다면, 그 조정범위는 어떤가?
  '**지속가능 성장률**(sustainable growth rate)'[4]이란 재무위험을 증가시키지 않고, 추가적인 주식발행(증자) 없이 성장할 수 있는 최고 성장률을 의미한다. 따라서 이보다 높은 성장률을 지향할 경우, 재무위험을 증가시켜도 되는 부채여력(debt capacity)이 있는지 점검하고, 증자가 필요한 경우 이것이 가능한지 분석한다. 즉, 대주주의 경영권 희석 문제가 있는지, 시장여건이 어떤지, 증자로 인한 주가하락 현상이 있는지, 있다면 이를 최소화할 수 있는 IR(investor relation)활동이 필요한지에 대해 점검한다.
- 계속사업과 혁신사업의 재조정을 통해 위에서 산출한 성장률과 매치시킨다.

---

3. 펜실베이니아대학교 와튼스쿨의 George Day 마케팅 교수/Mack Institute for Innovation Management 소장의 웨비나 시리즈(2013.10)와 피터 드러커의 『혁신과 기업가정신(2007년판)』의 내용에서 발췌했다.
4. 지속가능 성장률 $g = ROE^*(1-d)$. $d = \frac{\text{현금배당액}}{\text{당기순이익}}$, $ROE^* = \frac{\text{당기순이익}}{\text{연초 자본}}$.

우수한 성과를 내는 기업들은 3년마다 기존의 모든 사업들을 사형수 재판에 올려놓는다. 이 중에서 사형선고를 받은 것은 정리한다. 그렇게 해서 생긴 여유 인력과 자금을 혁신사업에 투입한다. 예산상으로는 전체 예산의 10% 수준을 혁신사업에 투입한다. 이런 재조정 과정을 거쳐 구성될 새로운 사업 포트폴리오의 성장률을 예측하여 위에서 추정한 지속가능 성장률과 연결시켜 본다. 다만 혁신사업들은 초기에 수익성을 파악할 수 없는 경우가 많다. 그러나 전체 사업 포트폴리오의 수익성 파악과 이를 근거로 한 성장률의 계산은 필요한 것이므로, 혁신의 수익효과에 대한 자료가 필요하다. 그것이 목표수익이든 계산된 것이든 부정확한 것일 수 있으므로, 이 과정에서 추정한 혁신의 수익효과는 이를 뒷받침할 만한 충분한 논리가 없는 한 평가를 위한 목표치로 사용되어서는 안 된다.

❷ 단계: 혁신기회의 발굴

제언: 가장 우수한 그리고 잘 해낼 수 있는 혁신기회를 발굴하라.

- 위 대상에서 (+)성과를 낼 수 있는 모든 기회를 점검하고 이 중에서 최적의 것을 찾는다.

  피터 드러커는 아래 7가지 방법으로 혁신의 기회를 점검할 것을 제안한다. 주로 제품혁신에 관한 것들이다.

  ① 회사가 경험한 예기치 못한 성공, 예상치 못한 실패, 예상 밖의 사건
  ② 현실과 이상(理想, 원하는 상태)와의 갭(gap)
  ③ 프로세스상에 자주 요구되는 개선사항
  ④ 산업구조와 시장의 변화
  ⑤ 인구구조 변화
  ⑥ 인식과 감성, 가치의 변화
  ⑦ 새로운 지식의 출현
- 현재의 조직능력을 감안하여 조직에 가장 어울릴 수 있는 것을 고른다. 혁신은 조직원의 인내를 요구하고 다양한 욕구불만을 일으킨다. 체질에 맞지 않으면 견디기 어렵다.

- 혁신은 반드시 자신의 강점에 기반을 두어야 한다.
  혁신은 지식과 능력에 의존하고 큰 위험을 수반한다.

❸ 단계: 혁신기량의 배양과 실행

제언: 혁신기량을 결정하는 3대 요소인 기업문화, 실행능력과 환경조성의 조화(orchestration)를 통해 혁신기량(innovation prowess)을 키워라.

- 혁신을 중시하는 **기업문화**(culture)를 구축하라.
  고등학교 시절 공부 잘하는 것보다 운동 잘하는 학생이 영웅이 되듯이, 혁신지향적인 사람이 존경받는 기업문화의 구축이 중요하다. 이를 위해서는 사장이 먼저 털어야 할 것[5]을 훌훌 털어내야 한다.
- **실행능력**을 키워라.
  실행능력(capability)은 혁신 인력풀과 같이 혁신을 담아낼 그릇(capacity)과 개별 조직원의 능력(ability)이 만나 형성된다.
  제6장의 현대카드의 사례에서 보듯이 재무성과는 기본이고 임원으로 승진하거나 연임되려면 손실을 보더라도 1년에 1~2건의 현재의 틀을 깨는 창의적인 사업을 실행해야 한다. 회사가 혁신을 수행할 직원들을 혁신 프로젝트에 배치하면 임원들은 그 인력풀(capacity) 안의 직원들에 큰 방향을 제시하고 직원들은 각자 자신들의 능력(ability)을 발휘해서 혁신성과를 만들어내는 것이다. 이런 훈련과정에서[6] 직원들은 혁신과제를 지속적으로 점검하고 거기에서 수익성과 연결된 최적의 것을 찾아 실행하는 능력을 배양하게 된다.
- 혁신이 작동할 수 있는 **환경조성**(configuration)을 구축하라.
  학습조직과 같이 학습하는 환경은 혁신의 중요한 요소이다. 지식배경이 다른 다양한 사람들이 만나 융합적인 아이디어가 실현화될 수 있는 융합지향적인 학습조직은 더욱 혁신에 바람직한 환경이다. 과학자와 인류학자가 만나 기술과 문화적 관습[7]을 융합하여 새로운 기기를 만들

5. 의사결정의 독점, 저급한 근무환경, 회의 · 면담 시 혼자만 말하는 것, 복종하는 자들만 요직에 배치하는 것, 지나치게 높은 사장실 문턱 등이다.
6. 손실을 수용한다는 면에서 훈련이다. 다만, 본 사업과 합한 재무적인 성과는 기본으로 요구된다.

어내는 작업 같은 일은 특별한 환경조성 없이는 불가능하다. 주의할 점은 기존 사업 유지팀과 혁신조직을 섞지 않는 것이다. 문화나 지식배경이 크게 다르기 때문이다.

■ 이들 3대 요소의 조화를 통해 혁신기량을 배양하라.

성공적인 혁신리더(innovation leaders)는 우뇌와 좌뇌 모두를 사용한다.

① 숫자를 보는 동시에 사람을 보고,

② 기술진보를 따라가면서 동시에 습관화된 행태를 이해하고,

③ 재무를 따지는 동시에 현장을 찾아 고객의 기대, 가치, 니즈를 이해하며,

④ 조직원들의 세부능력을 평가하면서 조화로운 인적 배치와 환경을 상상한다.

이와 같이 혁신은 자율적이고 참여적인 조직문화 아래 개인들의 기량이 학습하는 환경에 힘입어 맘껏 발휘될 때 성공적으로 이뤄진다.

❹ 단계: 혁신의 평가와 보상

제언: 시장과 고객에 대한 공헌도로 평가하라.

평가는 언제나 목표 대비 달성된 성과의 수준으로 결정된다. 그러나 혁신은 그의 영향을, 특히 경제적 효과를 측정하기 어렵다. 따라서 목표설정 자체가 어려운 경우가 많다. 또한 두 개의 혁신 프로젝트를 비교하는 것조차도 어려운 때가 많다. 예로 즉시 시행할 수 있는 10개의 프로세스 개선 프로젝트와 10년 후에나 성과가 나타날 수 있는 거대한 바이오 연구 프로젝트가 있을 때 어떤 것이 중요하다고 말하기 어렵다. 한마디로 애매하다.

따라서 평가도 혁신의 목적에 맞춰 이뤄지는 것이 바람직하다. 혁신은 궁극적으로 변화를 남보다 먼저 인식하여 고객에게 보다 높은 만족을 주기

---

7. 문화적 관습이란 한 나라에 깊숙이 뿌리내린 문화적 행동, 사고방식을 말한다. 인텔 상호작용경험연구소는 엔지니어, 산업디자이너, 사회학자 등 다양한 배경지식을 가진 직원들이 함께 IT, 모바일 기술에 '사람들이 언제 좌절하고 무엇을 원하는지' 와 같은 통찰력을 반영하여 식당에서 와인을 잔에 따르면 태블릿PC에 전기가 들어오게 하여 기분을 업시키는 저전력장치나 신나게 자전거를 탈 때도 작동 가능한 어깨에 부착하는 패드형 모바일기기 등을 개발한다.

위해 이뤄진다. 따라서 혁신 프로젝트 평가는 기술의 중요성이나 진보에 기반을 두기보다는 시장과 고객에 대한 공헌도에 기반을 두어 평가한다.

혁신적 사고의 적용[8]

성장 단계에서의 적용 예

1. 창업과정: 싸되 즐거움에 집중한 서비스를 제공한다.
2. 초기 수익기반 구축과정: 품질혁신에 집중한다.
3. 이익창출과정: 유통혁신으로 시장점유율을 늘린다.
4. 유지발전과정: 유기적 성장과 M&A, 부가가치사슬의 모든 면에서의 혁신활동을 반복한다. 사형수 재판도 혁신을 받아들이는 한 방법이다. 예기치 못한 성공에 주목한다.
5. 수익모형의 쇠퇴과정: 감성을 자극하는 디자인 혁신을 시도한다.

부가가치사슬에의 적용 예

1. 디자인 단계: 가장 세분화된 시장에 가장 알맞은 디자인으로 지속적인 혁신을 진행한다.
2. 시제품 제작단계: 대량생산에서의 오류를 최소화하는 시제품 혁신에 주력한다.
3. 대량생산: 조직혁신으로 자율적 문제해결을 한다.
4. 광고 · 영업: 인터넷 공모를 이용하고, 고객의 입으로 제품을 알린다.
5. 판매 · 유통: 부품 모듈화, 주문형 생산으로 무재고를 지향한다.
6. A/S: 불량 제로를 지향하여 제로 A/S를 지향한다.
7. 재무: 고객이 주식을 보유하는 제도로 경영권 공격을 막는다.
8. 브랜드: 4P에서의 혁신이 브랜드 가치를 키운다. 제품, 매장, 명함, 광고 등 보는 것과 느끼는 것(look and feel)을 일치시켜 일관된 이미지를 유지한다.

8. 여기서 제시란 예는 답이 아니고 저자가 제시한 하나의 예에 불과한 것들이다.

혁신의 위험성

혁신은 새로운 도전이기 때문에 불확실성이 크고, 기존의 틀을 바꾸는 것이기 때문에 현재의 것을 유지하고자 하는 다른 내부 조직원들로부터의 반발을 일으킬 수 있다. 그러나 위험이 크다는 이유만으로 혁신을 멈추어서는 안 된다. 그것은 넘어서야 할 장벽(hurdle)이다. 즉, 수용 가능한 범위 내의 위험인지, 혁신의 성과가 예상되는 위험을 택하고도 가치가 있는 일인지의 판단 문제일 뿐이다. 따라서 예상되는 위험이 수용 가능한 범위인 것만 확인되면 혁신은 성과에 집중하여 추진되어야 한다.

실제로 성숙된 사업에 매달려 지키는 것에만 연연하는 것은 매우 위험한 일이다. 이는 점차 이익마진이 줄어든다는 문제와 남아 있는 설비와 인력이 그대로 수익으로 연결 안 되는 고정비 증가로 남기 때문이다.[9] 이런 관점에서 혁신은 기존 사업의 위험을 줄여주기까지 하는 위험이 적은 선택이다. 왜냐하면 기존 사업에서 재능 있는 직원과 고정자산 등을 혁신사업에 재배치함으로써 기존 성숙사업이 부담할 고정비를 줄여주기 때문이다.

혁신에 있어서 다음과 같은 위험을 주의해야 한다.

1. 새로운 사업을 만들 수 있을 만큼의 성과를 거둘 수 있는가 판단한다. 성과에 자신이 없는 혁신은 위험을 무릅쓸 가치가 없는 혁신이다.
2. 실패하면 단번에 기업 자체가 존속하기 어려운 정도로 돈을 잃는 혁신은 추구해서는 안 된다.
3. 장기적으로 성과를 낼 수 없는 혁신은 위험하다. 실패한 혁신은 한 번의 손실로 끝나지만, 초기에 성공한 것이지만 지속적으로 자금이 들어가 본사의 근본을 흔들 정도라면 이 또한 택해서는 안 되는 혁신이다. 대부분 이런 혁신은 남을 위한 혁신이다. 선발주자가 파산하는 대부분의 사례가 이에 해당한다.
4. 혁신이 도래되는 시기에 위험 때문에 혁신을 택하지 않음으로 해서 더 큰 위험을 가지게 되는 경우도 있다. 우리나라가 제철을 안 했더라면

9. 연공서열적 임금체계로 인해 고정비가 증가하기도 한다.

> 영원한 후진국으로 남아 있었을 것이고, 통신 인프라를 최고 수준으로 구축 안 해 놨더라면 인터넷 강국은 영원히 이루지 못했을 것이다. 삼성이 반도체를 안 했더라면, 조선사들이 LNG선이나 해양 생산설비를 안 했더라면, 현대자동차가 자체 모델로 세계시장을 공략 안 했더라면 현재 이미 이 세상에 없어진 회사였을 수 있다. 이들이 이런 혁신적인 사업을 시작할 때 국제적인 경영분석가들은 대부분 무모한 도전이라 했으나 위험보다는 성과에 집중함으로써 성장도 하고 살아남을 수 있었던 것이다.

혁신을 성공으로 연결시키려면 위험요소를 기술, 시장, 자금 등 다방면으로 평가하고 그 범위와 크기를 줄여야 한다.[10]

인터넷의 발전과 위키노믹스의 도래

인터넷의 발달은 세상을 바꾸고 있다. 인터넷은 산업구조를 바꾸기도 하는데 여기서 소개하는 **이데아고라**(ideagoras)가 그 예이다.[11] 세계적인 제약사 엘리릴리는 **이노센티브**(InnoCentive)라는 조직을 만들어, 어려운 기술과제에 대해 전 세계의 과학자들에게 문제해결 방법을 묻는 사이버 기술시장 사이트를 개설했다.

베르너 뮐러는 명석한 화학자로서 대부분의 경력을 훽스트 셀라니社에서 쌓았다. 그는 과학연구에 열정적이었으나 그가 뛰어난 연구업적에 힘입어 승진할 때마다 업무와 연관성이 적은 일을 하기 시작했다. 화학과 목공일이다. 정년이 되어 오랫동안 일했던 직장으로부터 퇴직한 후 집에 이 두 일을 할 수 있는 시설을 갖주고 하루를 절반으로 나누어 이 두 취미생활에 몰두했다. 어느 날 그는 답이 필요한 과학적인 문제들이 올라와 있는 이노센티브라는 웹사

10. 삼성그룹이 반도체 사업을 처음 시작한 1983년은 우리 경제가 매우 어려웠을 때이고 삼성도 이를 추진할 만한 자금력이 부족한 상황이었다. 삼성은 정부를 설득하여 상당액의 R&D 자금을 지원받았고 이후 통신기술인 TDX 개발에도 정부연구소와 공동으로 개발하여 자금, 기술 측면에서의 위험 범위와 크기를 줄였다.
11. 탭스코트 & 윌리엄스, 윤미나 옮김, 이준기 감수, 『위키노믹스』, 21세기북스, 2007, 157-160쪽에서 인용했다.

이트를 우연히 보게 된다. 거기에다 실현 가능한 답을 제시한 사람에게 적지 않은 보상이 주어지는 것을 알게 되었다. 그는 즉시 자기에게 일이 주어졌다고 생각하고 기쁜 마음에서 한 과제에 매달린다. 이 과제는 한 회사가 최종 약품가격을 낮출 수 있는 초기단계의 원료를 발견하는 일로 이 회사는 이 신제품 프로젝트에 예산을 모두 다 써버려 내부적으로 해결책을 찾기 어려운 상황이었다. 그래서 R&D 팀은 이노센티브에 이 문제를 올렸다. 그것은 마침 밀러가 수십 년간 화학자로 일하면서 인식해 왔던 문제였다. 얼마 안 있어 유익한 해결책을 웹사이트에 올려놨고, 회사는 크게 만족했다. 그것은 한 번도 고려해 보지 않았던 방법이었다. 그는 상금으로 받은 25,000달러를 그의 연구실에 투자했다. 그의 취미생활은 완전한 컨설팅 사업으로 변모했다.

베르너 뮐러는 드문 예가 아니다. 그는 보잉, 다우, 듀퐁, 노바티스, P&G와 같은 35개 회사에 솔루션을 제공하는 이노센티브에 등록된 175개국의 과학자 9만 명 중 한 사람일 뿐이다. 베르너 뮐러와 이노센티브의 사례는 회사들이 혁신하는 방법이 근본적으로 변하고 있음을 보여주고 있다. 기업이 독특하고 유능한 인재를 고용해 새로운 제품을 개발하는 기존 방식보다 더 빠르고 효율적으로 세계시장을 활용하는 방식이다. 과학자 9만 명을 아무런 임금의 지불 없이 고용한 효과를 보고 있는 것이다. 우리는 이런 시장을 이데아고라라 부른다. 이 시장은 고대 아테네의 심장부에서 부흥했던 아고라와 비슷하다. 이데아고라는 혁신에 굶주린 회사들이 접근할 수 있도록 전 세계의 아이디어와 발명품, 과학적인 전문지식을 구체적인 문제해결에 끌어 모은다.[12]

혁신과 한국경제

한국은 현재 혁신에 목말라 있다. 과거 모방으로 남을 좇아가기만 해도 성장할 수 있었지만, 이제는 혁신적인 제품이 아니면 이익을 내기 어려운 시대로 진입했다. 따라서 혁신과 창조는 이 시대의 가장 중요한 화두이고 이들은 경쟁력의 원천으로 인식되어야 한다.

---

12. 이노센티브 말고도 NineSigma, InnovationXchange Network, YourEncore, Innovation Relay Center가 비슷한 역할을 한다. 이데아고라는 eBay(경매분야의 선도기업) for innovation으로 인식된다.

한국이 혁신을 통한 성장에 가능성이 있다고 보는 이유는 그동안의 국제 경쟁과정에서 다양한 혁신경험을 쌓았을 뿐 아니라 세계적인 수준의 ICT 인프라를 갖추고 있다는 점이다. 다만, 여러 가지 규제로 주요 산업에서의 혁신—현실과 이상간의 갭이 있으나 이를 메우려는 혁신—이 일어나기 어려운 상황이다. 대표적인 예로 의료, 교육, 금융 분야에서의 규제는 매우 심각한 것으로 알려져 있다.

11.2 기업가정신

기업가(entrepreneur)란 과거 탐험가처럼 새로운 일을 저지르는 사람이다. 기업가는 위험을 무릅쓰고 새 사업을 하거나, 기존 회사를 혁신하여 크고 강하게 만든다. 그는 동토에 씨앗을 뿌려 옥토를 만드는 개척자와 같이 남이 생각 못 한 일을 고안하여 이를 성과로 연결하는 실천가이다.

기업가정신이란?

기업가가 새 사업을 추진하거나, 기존 회사를 혁신하여 크고 강하게 만드는 원동력은 탐험정신과 같은 특유의 **기업가정신**(entrepreneurship)이 있기 때문이다. 우선 높은 파도와 폭우, 질병, 해적, 식자재 부족, 질서혼란과 같은 어려움을 극복하고 원하는 목적지까지 가장 효과적인 방법으로 항해해야 하는 **탐험가**처럼 기업가는 경험, 판단력, 리더십, 용기와 인내로 이루려는 바를 향해 하나씩 진행해 가야 한다. 일을 저지르지만 무모하지도 않고 혁신을 매우 체계적으로 지식과 경험, 도전으로 성과와 연결시킨다. 기업가정신이란 '새로운 사업을 통한 새로운 가치의 실현을 무엇보다도 존중하는 정신'이다.

기업가정신과 벤처문화

기업가의 가장 성공적인 모형으로 **애플의 스티브 잡스**를 꼽는다. 그와 동업자 팀 쿡이 애플을 성공으로 이끈 요소들을 잘 연구하면 혁신을 성과로 연결하는 길이 잘 보인다. 애플의 경우처럼 기업가가 하는 사업 중에 신기술 기반의 벤처사업들이 제일 주목받는다. IT와 바이오(bio) 분야가 활발하다. 요사이는 전기자동차 등도 이 대열에 참여하고 있다. **벤처**(venture)는 말 그대로 모험적인 사업이다. 재미있는 그러나 매우 우수한 것을 추구하다보면 그중에서 사업이 되는 것이 나온다. 벤처를 사랑하는 사람끼리는 의견을 나누고 서로 도와 하나의 작품을 만든다. 기술에 있어 네 것 내 것이 없다. 서로 누구 것인지 다 알며 서로가 인정한다. 이런 믿음 아래 재미있는 일, 인간을 더욱 독립적으로 만드는 일, 그들에게 더 많은 자유를 부여하는 일을 추구한다. 처음부터 '돈을 벌자' 라고 생각하지 않는다. 마치 해변에서 같이 멋있는 모래성을 쌓고 함께 즐거워하듯 기술을 공유하면서 물건을 만들어내는 것이다. 그중에서 사업적으로 성공한 것이 나오면 운이 참 좋았다고 생각한다.[13] 애플과 같은 벤처가 성공한 기반에는 성공을 맛보기 전에 장기간 꾸준히 생태계를 만들었던 벤처사업가들의 공동의 노력이 있었다. 생태계를 같이 키우는 이런 문화가 **벤처문화**이다.

애플은 결국 아이디어의 현실화뿐 아니라 사업으로도 큰 성공을 했다. 이같이 창조와 사업 모두를 성공시키는 일은 어렵다. 모두가 스티브 잡스와 같은 천재적이면서도 훌륭한 기업가가 될 수도 없다. 기업가는 남들이 안 하는 새로운 사업 아이디어로 수익을 내는 일에 매진하는 사람들이다. 성과의 크기에 관계없이 그들은 변화를 일으키는 도전자로서 존경받아야 한다.

기업가가 되려면?

다음은 기업가정신을 검증하는 질문들이다. 기업가라면 이에 답을 가지고 있어야 한다.

1. 새로운 아이디어가 있는가?
2. 기존 제품과 어떤 면에서 차별화되는가?
3. 원하는 디자인, 품질, 물량을 제때에 원하는 방식으로 만들(제공할) 수 있는가?

13. 이렇게 성공한 사업들을 우연한 왕국(accidental empire)이라고 부르기도 한다. 주로 실리콘밸리에서 쓰는 말이다.

4 고객은 누구인가? 그들이 일정 기간 얼마나 사줄 것인가?

5 평균생산비 대비 얼마나 높은 가격에 팔 수 있는가?

6 어떤 유통채널로 팔 것인가?

7 영업이 필요하다면 어떻게 할 것인가?

8 시장은 지속하여 커질 수 있는가?

9 경영환경은 어떤가? 이익을 낼 수 있는 환경이 조성된다고 보는가?

10 다른 사람이 무단으로 복제할 수 있는 사업모형은 아닌가?

11 마케팅, 법, 재무, 회계, 전산 등 도와줄 수 있는 사람이 있는가?

12 지식산업인가? 지적재산권을 출원할 수 있는가?

13 왜 하려고 하는가? 어떤 성과를 기대하는가? (구체적으로)

14 체력은 되는가? 추진 의지가 얼마나 강한가?

15 위험을 감수할 수 있는가? 위험보다 성과가 더 크다고 믿는가?

16 다른 조직원, 관련 산업, 이웃, 지역사회 등의 반발은 없는가? 대처방안은 있는가?

기업가와 중소기업

기업가는 중소기업의 설립자요, 운영자이다.[14] 대만의 경우, 중소기업은 GDP 72%를 생산하며 고용의 95%를 차지하고 있다. 그리고 매년 4만여 개의 중소기업이 새로 생긴다. 한편 오스트리아의 경우 중소기업이 GDP의 97%를 창출한다.[15] **중소기업**들은 규모와 자금력에서 밀리지만 기술과 트렌드 변화에 유연하게 대처할 수 있다. 또한 혁신과 창조정신으로 무장한 중소기업들은 기발한 아이디어를 앞세워 각 분야의 최고 기업으로 발돋움할 수 있다. 대만과 오스트리아 중소기업들은 기업을 왜 설립하고 어떻게 성공시켜 나가는지에 대해 많은 시사점을 제공해 준다. 그들의 공통점은 가족기업이라는 점, 국가가 중소기업을 중시하는 대신 중소기업들은 혁신으로 국가에 일자

---

14. 남이 이미 하고 있는 사업을 따라 하는 자영업자는 중소기업에는 포함되지만 기업가라 볼 수 없다. 동네 PC방 사업자는 기업가가 아니다. 그러나 리니지게임을 개발하여 성공한 NC소프트의 김택진은 기업가이다.

15. 중소기업의 정의는 오스트리아는 상시근로자 250명, 한국은 300명, 미국은 500명 미만의 기업으로 한다.

리와 부를 가져다준다는 점이다.

기업 풍토에 있어서도 대만은 국부 손문 선생의 민생주의를 바탕으로 노사 간의 갈등을 피하면서 대기업 중심 구조보다는 백성 개개인이 스스로 잘살게 하는 구조를 선택했고, 오스트리아는 조지프 슘페터의 가르침에 따라 혁신을 지향하되 노사 간의 신뢰를 중시하는 사회계약을 유지하고 있다.[16] 이 같은 바탕 위에서 대만의 우수한 인재들은 기술창업을 당연시 받아들이고, 오스트리아의 유연하고 모험심 많은 기업가들은 혁신을 주도했다. 그러나 이들이 성공할 수 있었던 것은 대만은 거대한 중국으로부터, 오스트리아는 마찬가지로 거대한 독일로부터 많은 일감을 얻고 있었다는 점이다. 작은 나라일수록 큰 나라가 갖지 않은 독특한 강점이 있어야 살아남는다. 마찬가지로 작은 기업일수록 큰 기업이 가질 수 없는 강점을 가져야 하는데 그것이 유연함, 스피드, 개인기, 혁신능력, 노사화합이라 볼 수 있다.[17] 이들 나라의 작은 기업은 이런 강점을 잘 활용하여 다른 나라에서는 대기업이 주도하는 성장을 대신하고, 그 성과는 이 두 나라가 작은 나라라는 약점을 보상하고도 남을 정도로 큰 것이다.

또한 기업가에 의한 창업과 중소기업의 약진은 사회의 건강함을 나타낸다. 사회의 건강함을 나타내는 많은 지표 중에 부자 중 1세대에 부자가 된 사람의 비중을 중요지표로 사용하는데 대개 50%가 기준선이다. 현재 부자(예로 자산 100억원 이상 보유자) 중에 빈손으로 시작하여 부자가 된 1세대 기업가 비중이 50% 넘으면 건강한 사회라는 것이다. 미국의 대학 졸업자의 2/3가 제2의 빌게이츠나 제2의 주커버그를 꿈꾼다 하여 미국의 지식인들은 사회변혁에 대한 희망을 가진다. 많은 한국의 젊은이들도 제2의 정주영이나 제2의 NHN의 이해진을 꿈꿀 것이라 본다.[18]

16. 조지프 슘페터의 가르침의 대표적인 아이디어는 '창조적인 파괴' 이며, 사회계약이란 국민당(보수)과 사민당(진보) 간의 정권교체와 대연정과 같은 것으로 이는 노사화합과 노동시장 유연화에 크게 기여한다.

17. 여기서의 개인기는 대대로 물려 내려온 장인정신과 높은 기술도 포함된다.

18. 기업가정신 수준은 GEDI 지수로 평가하는데 한국은 70개국을 6개 그룹으로 나눴을 때 위에서 4번째인 중위 그룹(47~58위)에 위치한다. 중국 · 멕시코와 같은 그룹에 속하며, 오만 · 사우디 · 칠레보다 낮다(2013년).

기업가 유형

기업가는 보통 기업가라고 말하는 전통적인 기업가와 기업 내에서 기업가로서 활동하는 사내 기업가로 나눌 수 있다.

전통적인 기업가 중에는 앞서 소개한 베르너 필러와 같이 취미처럼 사업을 하는 미니기업가도 있고, 경직적으로 일해야만 하는 조직 생활과 상사의 명령과 창의성을 제한하는 업무환경이 싫어 자아가 강한 젊은이들이 기업가로 변신하는 경우도 있다. 반드시 큰 조직이 있어야만 생산되는 것이 아닌 다양한 분야에서 특히 감성이 발달하고 열정적인 젊은이들이 할 수 있는 분야에서 창업이 늘고 있다. 디자인, 광고기획, 독창적인 식당, 무공해 식품, 무공해 아기 옷, 장애인용 물품 등 다양한 분야에서 혁신적인 아이디어로 사업을 시작하는 소기업가들이 늘어나고 있다.

또한 이와는 달리 애초 대기업으로 키울 목적으로 초기 손실을 부담하면서 기초부터 탄탄히 다지는 기업가도 있다. 예로 중국을 대상으로 하는 기업가는 한 지역에서의 성공을 발판으로 모든 중국지역에서의 큰 사업을 꿈꾼다. 이랜드는 2000년 중국에서의 매장 수가 55개에 불과했으나 2011년 5,000개로 늘어났다. 2016년 매출 10조원, 영업이익 2조원을 목표로 하고 있다. 대부분의 전통적인 기업가는 이 중간쯤에 속한다. 앞서 소개한 대만, 오스트리아, 독일, 실리콘밸리, 판교밸리 등의 수많은 지식기반 신설기업들이 이에 속한다. 왜냐하면 기업가가 작은 기업을 큰 기업으로 키우는 것은 매우 어렵다. 혁신적인 기업가가 큰 기업을 전체적으로 통솔하는 것을 그다지 즐기지도 않고 문화적으로나 능력 면에서 적합하지 않을 수 있기 때문이다. 일반적으로 큰 기업은 전문경영인에 의해 경영되는 것이 효과적이다.

장업 후 회사를 되팔고 이를 기반으로 더 큰 사업을 시작하는 **창업 전문 기업가**도 있다. 과거 Mr. 헤드(1914-1991)가 그랬고 최근에는 테슬라(Tesla)의 머크가 그렇다. 헤드는 원래 항공 엔지니어였는데 스키장에 갔다가 무거운 나무 스키가 초보자에게 너무 어렵고 진절머리가 나 스스로 쉽게 타는 스키 개발에 매달린다. 회사를 그만둔 그는 돈은 포커게임으로 버는 대신 나머지 시간은 가볍고 잘 부러지지 않는 스키 개발에 매달린다. 제품개발과 사업에도 성공한 후 은퇴한 그는 테니스를 치다가 불편함을 느껴 아예 당시 테니스 라켓 회사인 프린스를 인수하여 새로운 라켓 개발에 매달린다. 그 결과 나온 라켓이 oversized 라켓이다. 공이 잘 맞는 면적을 넓혀 누구나 손쉽게 치게 한 것이다. 이후 재질도 나무에서 그래파이트로 바꿨다. 이후 스키는 유리섬유로, 테니스 라켓은 oversized 그래파이트로 그 표준이 바뀌었고, 바뀌게 한 주역이 아이러니하게도 그 운동에 초보자였던 Mr. 헤드였던 것이다.

머크는 온라인 결제서비스 업체인 페이팔(PayPal)을 창업하여 이베이에 15억 달러를 받고 팔아, Zip2라는 인터넷 미디어 업체를 만들어 다시 3억 달러에 팔고 난 후, 현재의 전기자동차 회사인 테슬라를 창업하여 새로운 시대를 여는 일에 매진하고 있다. 전기 스포츠자동차를 시판하고 LA-샌프란시스코 간 지하 초고속열차를 제안하고 구글과는 전국을 움직이는 무인자동차를 공동으로 구상하는 등 다양한 활동을 전개하고 있다. 한국에는 삼성물산에서 일하다 퇴사하여 '옥션 창업 후 매각 → 이니시스 창업 후 매각 → 코글로닷컴 창업' 을 한 이금룡이 있다.

사내 기업가는 신규사업을 책임지며 이를 성공으로 이끄는 소사장들이다. 신규사업을 사내 벤처라고도 부르며 소사장들은 혁신 전문가들이다. 앞 절에서 자세히 설명했듯이 우뇌와 좌뇌를 다 잘 사용하면서 다양한 분야의 융합을 일으켜 기업 내의 성장산업 인큐베이터의 역할을 수행한다. 사내 기업가는 외롭게 투쟁하는 전통적인 기업가와 달리 충분한 자금과 인력을 바탕으로 보다 고도화된 제품개발에 효과적이다. 소사장들이 자금조달, 회계, 세무, 총무와 같은 자질구레한 일들에 매달리지 않아도 되기 때문이다.

혁신과 기업가정신[19]

기업가에게는 뭔가 새로운 일을 저지르려는 욕망이 있어야 한다. 사업이란 뭔가 새로운 일을 저지르는 과정에서 가능성이 확인된다. 사업을 추진함에 있어서 위험을 최소화하려는 노력을 해야 한다. 그러나 위험을 피하는 일에만 매달린다면 가장 큰 위험인 아무것도 안 하는 위험을 저지른다. 고사하는 위험이다.

---

19. 피터 드러커, 『드러커 100년의 철학』, 남상진 옮김, 청림출판, 2004년, 139-142쪽에서 인용했다.

혁신은 개선과 갭을 줄이는 과정에서 많이 일어난다. 그러나 열정적인 혁신 리더, 즉 기업가는 이 정도로는 만족을 못 한다. 성공적인 기업가는 기존의 것과는 전혀 다른 종류의 가치를 창조해야 성이 풀리는 성격의 소유자들이다.

기업가는 기업의 자원을 생산성이 낮은 데서 생산성이 높은 곳으로, 성과가 낮은 데서 높은 곳으로 재배치한다. 위험은 크지만 성과는 더 크다. 매우 큰 (+)NPV 프로젝트를 성사시킨다. 이런 성과로 창업사업자는 다음 단계로 올라갈 수 있으며, 기존의 기업은 가치를 키운다.

기업가는 **혁신의 기회**를 누구보다 먼저 발견해야 한다. 그리고 이를 성과로 연결시키기 위한 원리와 방법을 차근차근 터득하면서 적용해야 한다. 너무 느려서도 안 된다. 타이밍이 중요하기 때문이다. 혁신을 체계적으로 성과와 연결시키는 작업은 기업가의 독특한 기능이며 이는 기존의 기업이나 벤처기업에서도 마찬가지다. 이 작업은 부를 가져다준다.

체계적 작업에는 혁신이 현금흐름에 어떤 영향을 주는가를 조사하는 업무가 포함된다(1단계와 4단계).[20] 혁신을 성공으로 이끄는 사람들은 의외로 보수적인 사람들이다. 위험에 뛰어들지 않고 관리할 줄 알기 때문이다. 그리고 성과에 집중한다. 자기가 하는 일을 정확히 이해하는 사람들은 위험을 관리하면서 보다 더 성과에 집중한다. 이것을 할 수 없다면 자기가 하는 일을 정확히 이해하지 못한다고 보아야 한다.

혁신을 이끄는 사람이 모두 기업가는 아니지만 새로운 가치창출에 열광하는 기업가정신은 보유해야 한다. 혁신과 기업가정신이 기업, 경제, 공공서비스에 자기혁신을 일으키도록 영향을 주는 것은 그것이 단숨에 이뤄져서가 아니라 '어떤 제품 → 정책 → 공공서비스'로 단계적으로 한 번에 하나씩 이뤄지기 때문이다. 버스를 현금으로 지불하던 때 요금을 수납하는 차장이 필요하고 한곳으로만 출입해야 하니 승하차 시간이 많이 걸리는 등 불편이 많았다. 일단 버스카드로 바꾼 혁신이 버스회사의 투명성을 올려 세수가 늘어나고 이를 장려하는 정책이 나오고 이 정책이 지하철에도 카드를 사용하게 하더

20. 혁신 프로세스에서는 고객이나 시장에의 공헌도 같은 성과였으나 기업가는 그것을 현금흐름으로 수량화 할 수 있어야 한다.

니 모든 공공서비스가 다른 교통수단의 환승을 허용하는 정책혁신을 일으켜 오늘날의 교통서비스가 민간과 공공이 합쳐지는 변혁을 일으킨 셈이다. 이런 공공서비스의 변혁은 그 누군가가 충전식 버스카드를 만들기 시작하면서부터이다. 이 사례에서 보듯이, 혁신과 기업가정신은 조직, 경제, 사회에는 없어서는 안 될 생명활동과 같은 것이다. 따라서 규칙적이며 일상적인 활동으로 받아들여야 한다.

기업가정신과 창업

전통적인 기업가는 창업하는 사람들이다. 많은 사람들이 창업을 통해 소기업을 만들고 이후 중기업, 중견기업으로 성장한다. 창업에는 두 가지 방법이 있다. 처음부터 시작하는 경우와 기존의 기업을 인수하는 경우이다. 처음부터 시작하는 것은 적은 자금으로, 매우 다양한 형태로, 매우 다양한 목적으로 사업을 시작할 수 있다는 장점을 가진다. 부실화된 기업의 부채를 안고 인수하는 경우를 제외하고 기존의 기업을 인수하여 창업하는 것은 자금이 많이 든다. 그러나 그런 자금 여력이 있는 경우 기업인수가 가져다주는 장점 또한 크다. 매우 빠르게 자기가 계획했던 일을 시작할 수 있기 때문이다. 위 사례에서 Mr. 헤드가 프린스 라켓을 인수하여 oversized 그래파이트 라켓을 만들 수 있었던 것도 프린스라는 당시 앞서가는 기업을 인수했기 때문에 가능한 것이다.

본 절에서는 처음부터 시작하는 기업가, 즉 남이 하고 있는 일과는 매우 다른, 이 세상에 없던 뭔가 새로운 것 또는 자기만의 것을 실현시키고자 하는 기업가정신을 가지고 큰 수익을 기대하는 창업에 대해 설명한다. 기업가정신으로 창업하는 단계에서 점검해야 할 세 요소에 대해 설명한다.

기업창업의 요소 1, 2, 3

① 창업요소 1. 창업의지의 존재
 —기업가정신에 투철한가?
② 창업요소 2. 기업운영 능력 보유
 —물건을 만들어낼 수 있는가?
 —조직과 프로세스에 대한 경험이 있는가?

③ 창업요소 3. 경영환경

—이익을 낼 수 있는 환경이 조성되고 있는가?

다음으로는 창업과정 중에서 자질점검, 창업계획서 작성법, 창업 아이디어, 기업형태의 선정, 자금조달과 같이 본서에서 다루지 않았던 창업단계의 경영상의 내용을 간략히 설명한다.

창업단계의 세부내용

1. 자질점검과 창업 계획서 작성

창업하려면 자신이 기업가가 될 자질이 있는지 알아야 한다. 다음의 창업계획을 체크해 보면서 대략적으로라도 준비되었는가, 과연 내가 할 수 있겠는가 점검한다. 괄호안의 단어는 사업계획서를 작성할 때의 제목이다.

- 왜 하려는가? 목표는 무엇인가? (1. 회사의 비전과 2. 회사 개요)
- 나는 새로운 일에 열정을 가지고 있는가?
- 나는 체력과 인내심, 신념이 있는가?
- 어떤 시장을 보고 있는가? (3. 제품 요약)
- 시장에 내가 들어갈 자리가 있는가? 시장은 성장하고 있는가? (4. 마케팅 계획)
- 나는 제품과 관련한 부가가치사슬과 경영 프로세스에 이숙한가? (5. 생산, 6. 인사계획)
- 창업계획이 머릿속에 잘 정돈되어 있는가? 도움받을 멘토(mentor)는 있는가?
- 누구 돈으로 할 것인가? 투자자본과 운전자본을 별도로 마련하고 있는가? (7. 재무계획)

만일 위 질문에 대한 답을 명확히 가지고 있다면 괄호의 순으로 5페이지 내로 사업계획서를 작성해 본다.

2. 창업 아이디어

창업 아이디어는 80%가 동종업계에서 종사하면서 틈새시장을 포착하는 경우이다. 잘 아는 부분에서의 혁신이 성공 가능성이 가장 높다. 기회는 잡지를 보다가, 누구의 강연을 듣다가 영감을 얻을 수 있다. 어디서 아이디어를 얻었는가는 중요하지 않다. 다만 자기의 강점을 잘 활용할 수 있는 분야가 유리하다. 예로 회사에서 사업 성공 가능성은 높으나 당장 수익이 안 난다고 분사를 시도할 경우, 그 조직원들을 데리고 나오면서 창업할 때 성공확률이 크다. 열심히 몇 년 버티기만 하면 사업화할 기회가 올 수 있기 때문이다.

3. 기업형태의 선정

사업계획과 맞는 기업형태를 선정한다. 제9장에서 설명한 대로 기업형태별로 장단점이 있다.

혼자 하는 것이면 개인기업, 몇 명의 파트너 간의 사업이면 합명회사, 그럼에도 유한책임을 지고 싶으면 유한회사나 LLC, 그리고 자금조달을 외부로부터 고려하고 있다면 주식회사가 보편적으로 활용되는 제도이다. 형태를 정할 때 조직의 확대, 축소, 분할, 청산, 합병, 증자 및 감자와 같은 유연성도 매우 중요한 요소이다. 현금흐름에 맞춰 세제도 주요 고려대상이다. 창업 후 3년간은 이익이 크지 않아 큰 고려사항은 아니나 본격적으로 이익이 발생할 경우 주식회사 제도는 법인세가 낮다는 측면에서 유리하다.

4. 창업 후 성장단계별 자금조달

외부에서 자금을 조달할 필요가 있을 시 엔젤펀드, 창업투자사(벤처캐피탈리스트라고도 함)의 운영자들을 설득하여 설립자금과 운영자금을 모집해야 한다. 창업단계의 자금조달은 기존 기업의 자금조달방식과는 완연히 다르다. 왜냐하면 창업단계의 기업들은 과거 기업성과에 대한 자료가 없고 향후 기업의 수익에 대한 전망이 지극히 불투명하므로 은

행과 같은 자금중개기관들에 의해 신용도 평가가 실제로 불가능하기 때문이다.

신설기업은 창업 후 여러 단계를 거쳐서 성장한다. 첫 번째 단계는 생산하고자 하는 시제품을 만들어내는 단계이다. 이 단계에서는 커다란 자금이 소요되지는 않지만 실패의 확률이 어느 때보다 높다. 두 번째 단계는 시제품이 출시되어 이 제품에 관심을 가진 매수자가 나타나고 대량생산체제를 갖추어야 하는 단계이다. 초기 단계에 비해서 자금은 많이 들어가지만 위험도는 그만큼 낮아졌다고 볼 수 있다. 마지막 단계는 안정적인 수익모형을 구축하여 공개적인 주식시장인 KOSDAQ 등에 상장하는 단계이다. 이 단계에서는 무차별적인 투자자로부터 자금을 조달할 수 있는 여건을 만들 수 있을 뿐 아니라, 창업자들이 자신들이 보유하는 지분을 현금화할 수 있는 여건이 조성된다. 기업이 설립되어 KOSDAQ 상장까지 이르게 되는 확률은 20만분의 1로 알려져 있다. 만일 초기 단계에 투자한 기업이 KOSDAQ 상장까지 이르게 되었다면 수천 배의 수익을 올릴 수도 있다. 이같이 창업에 대한 투자는 매우 투자리스크가 큰 반면, 수익률도 엄청나다. 따라서 이런 기업에 투자를 전문으로 하는 벤처캐피탈리스트들은 투자 시, 연 25%에 달하는 투자수익을 요구하기도 한다.

벤처캐피탈리스트들은 단순한 자금공급원이기보다는 성공확률을 높이기 위해 같이 노력하는 파트너와 같은 존재이다. 대부분의 창업자들은 기업성공에 필요한 하두 가지 요소만 보유하고 있다. 예로 공과대학 교수가 좋은 물건을 만들 수 있다 하더라도 이를 대량생산할 생산설비 투자에 소요되는 자금공급이 이루어지지 않고, 이를 팔 수 있는 판로를 개척하지 못한다면 그의 아이디어는 단순히 실험실에서 머물다 말 것이다. 벤처캐피탈리스트들은 사업성공률이 높다고 판단하면 창업자가 기술과 같은 한 요소만을 갖고 있다 하더라도 자금공급, 마케팅 지원, 네트워크 형성 등 여러 측면에서 지원한다. 따라서 창업자들이 벤처캐피탈리스트를 선정함에 있어서 자금조달 측면뿐만 아니라 기업성장과정에서 필요한 여러 노하우와 네트워크, 마케팅 등에 대한 지원이 가능한 벤처캐피탈리스트를 선정해야만 한다. 벤처캐피탈리스트들은 대개 특정 분야에 특화되어 있고 국내뿐만 아니라 미국 실리콘밸리와 같은 여러 곳에 산재해 있다.

위에서 잠시 설명한 기업인수를 통한 창업의 경우도 벤처캐피탈리스트들의 자금을 활용할 수 있다. 다만 이들은 지분투자를 주로 하지만, 때로는 대출이지만 주식 매입 옵션을 추가로 요구하기도 하고, 사업의 위험에 따라 창업자의 개인자산을 담보로 요구하는 경우도 있다.

창업위험과 관리

우리나라의 자영업자의 80% 이상은 수년 내에 문을 닫는다. 통계청이 발표한 2004~2009년 기간 동안의 사업체 생멸현황 분석자료를 보면, 연평균 60만 개의 신규 사업체가 생기고 약 58만 개가 사라지고 있다. 두 수치를 단순 비교하자면, 창업하는 대부분의 자영업자들이 몇 년 내에 사라지고 있다고 보면 된다. 이 자료들은 취업의 통로가 막힌 청년들이 취업의 대안으로 하는 창업을 포함한 자료로, 우리가 다루는 혁신적인 기업가 창업과는 질적으로 다르다. 전체적으로 망할 확률이 크다 해도 유형별로 나누면 성공할 확률이 클 수 있다. 잘 준비된 창업을 골라 분석할 경우 성공률은 큰 폭으로 오를 것이다. 그러나 잘 준비했다 해도 위험은 따른다. 새롭고 특별한 것은 누구나 다 얻을 수 없기 때문에 특별한 것이다. 기업가는 위험이란 장벽을 넘어 성과에 집중하여 큰 성과를 내는 사업가다. 그렇기 때문에 세상으로부터 존경받는 것이다. 흔히 범하는 위험은 다음과 같다.

- 제품과 서비스의 미완결성
- 과다한 목표
- 운전자본의 부족
- 창업자 간의 의견충돌과 중도 이탈

최우선적으로 문제가 되는 것은 제품이 제대로 안 나오는 것이다. 애플도 최초의 제품은 상품화에 실패했다. Apple-Ⅱ부터 팔리기 시작했다. 과다한 목표는 과다한 고정비를 일으키고 비현실적인 매출계획은 참여자들의 평가를 낮추는 요인이다. 운전자본의 부족은 대부분의 창업자들이 겪는 문제이다. 제품이나 서비스에 집중하다 보면 모든 자금을 기계, 설비 등에 할애한다. 인건비와 자재비를 충당할 충분한 운전자본은 투자자본과 섞지 말아야 한다. 여러 사람의 유능한 인재들이 불꽃 튀기듯이 일하다 보면 실패하는 과정에서 창업자 간의 의견충돌은 불가피하다. 중요 참여자의 중도 이탈은 배가 침몰하기 전의 모습과 같다. 대체인력을 미리 투입해야 한다. 페이스북은 초기 참여자로 CFO를 맡았던 저커버그의 하버드대 친구가 제 역할을 못하자 냅스터의 설립자인 숀 파커를 새 CFO에 영입하여 자금조달에 성공하게 된다.

혁신적인 제품의 표준화

기업가에 의해 주도된 혁신은 기업에게 **성장의 기회**를 마련해 준다. 창업자는 이로 인해 시장 선점과 같은 다음 단계의 경제적 이득을 누린다. 그러나 이 같은 혁신도 결국 표준화되어 전 세계의 기업들의 보편화된 기술이나 제품이 된다. 저개발국은 낮은 생산단가에 힘입어 이의 주 생산자가 되어 소득을 늘리고 그들도 이 혁신의 소비자가 된다. 결국 혁신은 **표준화** 단계를 거치면서 전 세계인을 혁신의 수혜자로 만든다. 기업은 혁신의 주도자로서의 역할을 수행해 왔고, 기업의 본연의 활동으로 혁신을 받아들였다. 기업가는 이를 기업 내에서 또는 창업을 통해 열정으로 만들어냈다. 혁신을 통해 고객을 감동시킨 것도, 사회변화를 문명으로 바꾼 것도 기업인 것이다.

11.3 결론

기업은 고객만족을 높여 수익을 창출해야 하는 첫 번째 책임이 있다. 수익을 창출하는 방법은 두 가지이다. 기존 사업에서 창출하는 방법과 새로운 사업을 추진해서 창출하는 방법이다. 세상은 빠르게 변화하고 있다. 모든 것이 다 변하고 있다. 따라서 기존 사업에서 창출하는 수익기회는 점차 감소한다. 기업이 전체적으로 수익을 늘리려면 새로운 사업을 추진해서 창출하는 방법 밖에는 없다. 혁신은 변화를 이익창출기회로 전환시키는 활동이다. 기업가정신은 기업 내에서 또는 창업을 통해 뭔가 새롭고 가치 있는 것을 만들어내려는 열망이다. 따라서 혁신과 기업가정신은 기업에게 가치를 부여한다. 이는 다시 경제, 공공서비스에도 자기혁신을 일으키도록 영향을 주기도 한다. 혁신은 언젠가 표준화되어 전 세계의 사업자가 누릴 수 있는 사업으로 변모한다. 전 세계가 기업가에 의해 주도된 혁신의 수혜자가 된다. 이것이 바로 기업에 의한 사회변혁이다.

연습문제

01. 기업의 경영에 있어서 혁신의 위치에 대하여,

1) 그동안 변화에 대한 기업의 태도는 다른 조직과 차별되는가?
2) 혁신이란 무엇인가?
3) 혁신은 진화와 어떤 점이 같고, 어떤 점이 다른가?
4) 경영과제로서의 혁신의 중요도는 무엇인가?

02. 혁신의 대상에 대하여,

1) 어떤 것이 혁신의 대상이 되는가?
2) 자주 일어나는 혁신의 대상은 무엇인가?

03. 혁신과 기업성장과 관련하여,

1) '이익창출기회는 혁신을 통해서만 가능하다'라는 말은 어떤 의미인가?
2) 위 1)의 서술문이 옳다면 '기업은 혁신을 목표로 한다'로 전환될 수 있는가?
3) 혁신은 우연히 되는가 아니면 경영 프로세스의 하나로 진행해야 하는가?

04. 혁신 프로세스에 대하여,

1) 혁신 프로세스 4단계는 무엇인가?

2) 혁신기회를 발굴하는 과정에서 유의할 점은 무엇인가?

3) 혁신기량의 배양하기 위한 3대 요소는 무엇인가?

4) 3대 요소 중 혁신조직의 실행능력(capability)이란 무엇인가?

5) 혁신 리더의 소양과 행태 유형은 무엇인가?

6) 혁신평가에 있어 유의할 점은 무엇인가?

05. 혁신의 위험성에 대하여,

1) 기업 내에서 혁신활동을 벌일 때 일반적으로 당면하는 장벽은 무엇인가?

2) 기업이 혁신을 안 하는 위험은 혁신을 하는 위험보다 큰가?

3) 꼭 피해야 할 위험이 있다면 무엇인가?

06. 인터넷의 발달과 한국의 혁신환경에 대하여,

1) 위키노믹스란 어떤 경제환경인가?

2) 기업이 이를 혁신과 연결시키는 방안은? (본 장의 이데아고라 참조)

3) 한국기업의 혁신 잠재력과 이를 저해하는 환경이 있다면 무엇인가?

07. 기업가와 기업가정신에 대하여,

1) 기업가와 기업가정신이란 무엇인가? 벤처정신은 무엇인가?

2) 기업가와 중소기업의 관계는 어떤 것인가?

3) 강한 중소기업이 가져야 하는 강점은 무엇인가? (본문 대만과 오스트리아의 사례 참조)

4) 혁신과 기업가정신은 어떻게 다르고, 이들의 만남은 어떤 결과를 낳는가?

5) 위 4)를 사내에 적용한다면 어떻게 될까?

08. 창업에 대하여,

1) 창업에 성공하기 위한 요소 1, 2, 3은 무엇인가?

2) 창업계획서에 담겨야 할 내용들은 무엇인가?

3) 창업자금의 조달은 기존 기업의 자금조달과 어떻게 다른가?

09. 혁신과 표준화에 대하여,

1) 혁신과 표준화는 어떻게 연결되는가?
2) 혁신이 세계 문명을 발전시키는 통로로의 표준화 과정은 어떻게 이뤄지는가?
3) 기업의 사회에의 공익적인 활동은 어디서 비롯되어야 한다고 보는가?

미래경영환경

part V

chapter 12_
공적기관과 비영리조직의 경영

chapter 13_
21세기 한국기업의 경영환경

chapter

12

학습목표

독자들은 이 장의 학습을 통해 다음의 주제에 담긴 내용을 알아야 한다.

1. 공적기관의 정의
2. 공적기관의 분류
3. 공적기관의 존재이유
4. 자연독점적 사업
5. 공적기관의 경영상의 문제
6. NPO와 NGO
7. 비영리와 공익의 분류기준
8. 사회적 조합과 사회적 기업
9. 비영리 공익조직의 자금조달상의 특징
10. 공익에 대한 기업의 책무

공적기관과 비영리조직의 경영

⁝⁝ 들어가기

제11장에 이르기까지 수익추구를 제1의 책무로 하는 기업을 대상으로 논의했다. 20세기 인류사회는 생산을 위한 노동과 자본의 투입 방식과, 노동자·자본가 간의 과실배분 방식과 관련하여 이념 간에 경쟁이 있었다. 자본주의와 공산주의 간의 갈등이 바로 이것인데, 일단은 기회평등과 보상차등을 공정사회라 믿는 자본주의 자유경제체제가 적합한 사회구조로 받아들여졌다. 이 기간 기술이 점차 중요한 생산요소가 되고 이에 대한 보상이 늘어나면서 20세기 중반까지 단순 노동을 담당했던 근로자층이 20세기 후반 들어 지식노동자 중산층으로 변모되었다. 국가의 의사결정권은 엘리트 중심의 소수의 귀족계급에서 부와 지식을 갖춘 다수의 중산층으로 이동하였다.

21세기 들어와 경제의 글로벌화는 거대자본과 고급지식의 영향력을 더욱 키우고 있다. 지식근로자 간에도 고급지식을 보유한 근로자들은 고소득 경영진으로 변모한 반면, 대다수의 지식근로자들은 지속적으로 자본재로 대체되고 있다. 중산층에 속했던 대다수의 지식근로자들이 일자리를 잃고 소외계층으로 몰리면서 20세기 굳건했던 중산층 중심 구조가 흔들리고 있다. 이런 변화를 우려하여 자본주의의 틀을 새로 짜서 중산층의 붕괴를 막아야 한다는 운동이 일어나고 있다.

한편 기업 지도자들은 수익추구 책임 외에도 사회적 책임을 늘리려 하나, 이 정도의 활동이 환경, 소외계층 해소, 일자리 창출 등의 사회문제를 근본적으로 해결할 것으로 보이지는 않는다. 향후 공익을 경영의 1차 책무로 두는 수많은 기업들이 출현해야만 문제를 해결할 수 있을 것으로 전망된다. 이런 사회적 압력에 대해 지금의 경영진들은 이해관계자들의 지지 아래 경영진 책무의 축을 점차 수익에서 공익 쪽으로 옮겨야 한다는 주장도 나오고 있다. 장기투자를 중시하는 기관투자자가 기업의 대주주로 변모하는 미래에는 공익활동 증대와 관련하여 주주와의 합의가 가능할 것으로 보인다.

본 장은 경영의 1차 책무를 공공성에 두 기업 형태인 **정부소유기업(공적 기관)**과 **비영리공익조직**을 설명한다. 전자는 정부가 통제하되 거대한 공익 서비스를 수행하며, 후자는 민간인이 통제하지만 사회적 가치, 선(善)의 실천을 위한 자그마한 조직들이다. 이들 기업의 기능, 지배구조상의 문제 등을 살펴보면서 영리적 목적의 기업의 공익에의 역할도 설명한다.

12.1 공적기관

국가의 직접적인 경제 통제는 고대문명 이래로 항상 존재했지만, 18세기 산업혁명 이후 다소 주춤하다가 20세기에 들어서는 경제대공황, 재정위기, 전쟁, 식민제국 붕괴 이후 산업과 하부구조의 재건, 경제 건설 등을 위해 급격하게 증가했다. 경제 통제는 유럽과 일본은 전후 재건을 위해 한국과 터키와 멕시코 등에서는 경제개발을 위한 것이었다. 이런 배경에서 국가는 중요한 전략부문 특히 에너지, 수송, 금융 분야 등에서의 기업들을 설립하거나 기존 기업들을 국유화했다. 공공기관은 정부부처와 공적기관으로 나뉘며, 본 장의 12.1절에서 다루는 공적기관(SOE ; State owned enterprises)은 공기업, 준정부기관, 기타 공공기관으로 나뉜다.

공적기관의 종류

한국정부가 통제하는 공적기관으로는 2012년 말 현재 28개의 **공기업**과 83개의 **준정부기관**과 177개의 **기타 공공기관**이 있다. 공기업은 정부 통솔 하에 운영되어야 적합한 특별한 사업을 하는 기업형 공적기관이고, 준정부기관은 정부가 해야 할 일을 대행하는 기관이다. 기타 공공기관은 민간 기능을 보완하여 정부 나름대로 필요하다고 판단하여 운영하는 기관들이다.

공기업은 다시 시장형 공기업(14개), 준시장형 공기업(14개)으로 나뉜다. **시장형 공기업**이란 전기, 가스와 같이 자연독점적인(natural monopoly)[1] 특성을 가진 산업이지만 소비자가 효용(utility)을 가지면서 돈을 지불하는, 어느 정도의 시장기능이 존재하는 서비스를 제공하는 공기업이다. 이를 국민의 기본적인 효용을 제공하는 공익기업(utility company)이라고도 한다.[2] **준시장형 공기업**은 시장형이 아니면서 고속도로, 화폐, 수자원, 산업단지 조성 등과 같이 정부가 해야 한다고 생각되는 공공사업 주관 기업이다.

---

1. 자연독점이란 진입장벽이 높아 자연히 하나의 독점으로 귀결되고 국가적으로도 하나만 있는 것이 바람직할 수 있는 독점을 말한다. 전통적으로 전력 송전, 통신, 가스, 식수와 같이 망이 필요한 사업이 자연독점이 가능한 사업이었으나, 통신은 이동통신기술의 발전과 망의 공유로 경쟁체제가 되었다.
2. 우리나라는 자산 2조 이상에 자체수입 비중이 50% 이상인 공기업 중에서 정부가 선택 후 지정한다.

- 시장형 공기업(14개): 가스공사, 석유공사, 전력공사, 인천국제공항공사 등
- 준시장형 공기업(14개): 도로공사, 조폐공사, LH공사, 수자원공사 등

준정부기관은 기금관리형과 위탁집행형으로 나뉘는데, 둘 다 정부가 해야 할 일을 대행하는 기관임에는 동일하나, 전자는 정부가 조성한 기금으로 운용되고, 후자는 매년 예산을 받아 업무를 집행한다.

- 기금관리형 공공기관(17개): 3대 공적연금공단, 신용보증기금 등
- 위탁집행형 공공기관(66개): 연구재단, 농수산유통공사, 농어촌공사, 코트라 및 각 공단들

기타 공공기관은 민간 기능이 있는 분야이지만 정부 나름대로 필요하다고 판단하여 운영하는 기관들이다. 민간 금융기관 대비 공공성이 강조되는 정책금융기관, 대학과 민간연구소가 하기 어려운 국책과제 수행을 위한 국책연구기관, 민간대학과 경쟁하는 국립대학과 소속병원 등이다.

- 기타 공공기관(177개): 정책금융기관, 국책연구기관, 국립대학과 소속병원 등

또한 중앙정부가 통제하는 공적기관과 더불어 개별 지방자치단체가 소유 또는 통제하는 지방 공기업들이 있다. 서울의 지하철공사, SH공사 등이 이들이다. 또한 법제상 공적기관은 아니나 매우 중요한 공공기능을 수행하는 기관으로 정부의 예산을 받으나 민간 법인의 형태로 운영되는 공적기관도 존재한다. 한국은행, 금융감독원, 서울대학교처럼 정부로부터 중립성을 지켜야 하든가 예산상의 자율권을 가지기 위한 목적으로 민간특수법인의 형태를 취한다.

공적기관의 사회적 필요성

아래의 문장은 한 서울 시민의 일상을 직설적으로 묘사한 글이다. 우리의 일상생활이 공적기관들과 얼마나 밀접하게 연결되었는지 생각해 보자. 그리고 그 서비스가 얼마나 필요한 것인지, 민영기업에 의해 제공된다면 어떨는지 평가해 보자.

"나는 오늘도 변함없이 아침 일찍 일어났다. 집 근처 공원까지 산보 나갔다. 얼마 전 설치한 운동기구가 있어 한번 해 봤더니 스트레칭이 잘 된다. 아마 구청에서 설치한 모양이다. 산보를 마치고 집에 오니 아내가 가스레인지로 토마토와 소시지를 볶아 주었다. 지하철을 타고 출근하면서 KBS FM 라디오로 클래식 음악을 감상했다. 감기기운이 있어 점심시간을 이용해 잠시 병원에 들렀다. 약국에 가서 약도 지어왔다. 퇴근 후 집에 도착하니 아내가 양재동 화훼공판장에서 꽃도 사오고 근처 농협 마트에서 맛난 먹을거리를 사와 저녁을 준비해 주었다. 식사 중 노후 생활비가 걱정된다고 아내가 말한다. 다달이 붓는 국민연금만 가지고는 노후생활이 어렵지 않겠느냐는 것이다. 그리고 얼마 전 결혼한 아들은 주택금융공사로부터 30년 만기 보금자리론을 대출받는다 하고, 대학 다니는 딸은 교과부가 지원하는 다문화가정 자녀교육 프로그램에 자원했다고 한다. 모두가 애쓰는 모습이 좋다. 나도 일할 수 있을 때까진 열심히 일해야겠다고 생각한다. 전기 불을 끄고 포근히 잠에 든다."

위 문장에서 공원, 운동기구, 가스(도매), 지하철, KBS 방송, 병원진료 · 약(의료보험), 화훼공판장, 농협 유통, 국민연금, 장기주택대출(모기지서비스), 대학교육, 공익성 지원 프로그램, 전기 등이 모두 공적기관에 의해 공급되는 서비스이다. 우리 일상에 꼭 필요한 기본 서비스(utility service)가 거의 공적기관에 의해 공급되고 있는 것이다. 이와 같이 우리 일상에 꼭 필요한 서비스들이 민간기업이 아닌 공적기관 또는 비영리기관에 의해 제공되는 이유는 무엇일까?

첫째, 가스, 전기와 같은 서비스는 **자연독점적인 산업구조**를 가진 인프라 산업이다. 초기에 사업성이 적고 대규모의 자금과 여러 안전 등의 규제를 거쳐야 하기 때문에 대부분 정부 주도로 이들 서비스를 공급하는 기업이 설립된다. 일단 유통망을 형성하면 제2의 기업이 이 시장에 진입하기 어렵다. 왜냐하면 추가적인 고객에 동등한 서비스를 제공하기 위해서는 많은 시간뿐 아니라 엄청난 한계비용을 지불해야 한다. 따라서 다수의 공급자가 존재하기 어려운 구조이며, 아울러 여러 개 있는 것이 국가적으로도 낭비이다. 이런 종류의 산업에 대해 정부는 국가가 관장하는 체제를 유지한다. 전력의 경우 발전은 경쟁, 송전은 독점, 배전은 경쟁하는 것이 일반적인 추세이다. 가스의 경우는 도매는 정부독점, 소매는 민간에 지역독점을 허용하나 가격을 정부가 통제한다.

둘째, 공원, 지하철, 공영방송 등은 일종의 **공공재**로 볼 수 있기 때문에 정부 통제를 받는 준정부기관이나 기타 공공기관이 이를 공급해야만 서비스 공급이 가능한 사업들이다.

셋째, 공영방송, 의료보험, 농산물유통, 국민연금, 모기지서비스, 대학교육, 공익성 지원 프로그램 등은 중립성, 계층 간 이해조정, **사회안전망 구축 등 국가가 해야 할 사업**으로 정부 통제를 받는 준정부기관이나 기타 공공기관이 이를 공급하는 것이 바람직하다.

공적기관의 경영상의 문제

위와 같이 공적기관이 우리에게 매우 중요한 서비스를 제공함에도 불구하고 **공적기관의 비효율성**은 항상 국민으로부터 비난을 받는 부분이다. 왜 '공적기관=비효율' 이란 등식이 붙을 정도로 문제가 되고 있는지 그 원인을 열거해 보자.

1. 우선 공적기관에서는 혁신이나 기업가정신이 보이지 않는다. 그 이유는 첫째, 이를 유도할 인센티브 제도가 없는 것이요, 둘째, 주요 임직원들의 평점에 가장 큰 영향을 주는 감사원 감사 및 정부부처의 평가가 성과보다는 규정에 따라 운영되었는지에 초점을 맞추기 때문이다. 이들 평가는 대체로 변화에 적응하여 내린 경영진의 유연한 판단들에 대해 부정적이다. 규정을 어겼다고 보기 때문이다. 혁신은 사전적으

로 매뉴얼대로 할 수 없음에도 이런 평가제도는 지속되고 있다. 만일 혁신의 결과가 부정적일 경우 경영진은 규정도 어기고 성과도 나쁘다는 비판을 감수해야 한다. 이런 경직적인 인센티브제도와 평가체제에서 변혁은 꿈에 불과하다.[3]

2 대부분의 공적기관은 성과보다는 예산에 따라 움직인다. 따라서 예산을 줄이거나 활동을 중단하는 일은 기관의 지위나 권리를 포기하는 것과 같다. 납세자의 돈으로 조달된 예산의 경우에는 납세자 감시도 따르지 않아 방만한 운영을 해도 당장 감시하는 자가 없다.[4] 따라서 서비스를 낮은 비용에 공급하려는 생산성 향상 노력은 바보짓처럼 생각된다. 예산 낭비는 더 큰 예산을 확보하는 데 도움이 된다. 그러므로 일을 벌이기 좋아하고 무형자산보다는 유형자산, 상당 기간 후 큰 효과가 나타나는 내실 있는 투자보다는 전시성, 과시형, 단기성 투자가 우선적으로 선택된다.

3 공적기관은 중층적인 주인-대리인의 구조를 가진다. 즉, '국민 → 대통령 및 수권정치권력 → 주요부처 → 공적기관' 의 중층 구조이다. 중층 구조에서는 이해관계의 일치를 보기가 더욱 어렵고, 주인의 이익훼손 여부를 감시할 인센티브가 더욱 줄어, 단층 주인-대리인 구조에 비해 대리인 문제가 더욱 증가한다.

제1의 주인은 당연히 세금을 납부하는 개인이고 이들은 그의 대가로 공공서비스를 받을 권리를 가진다. 그러나 공적기관의 주요 임직원들이 '정치권력 → 주요부처의 선발과정' 을 거쳐 선임되기 때문에 경영자들은 주인을 주요부처, 궁극적으로는 권력기관으로 인식한다. 권력기관 책임자의 관심은 정권의 유지, 현재 자리의 연임, 정책 시행 및 조율 등이며 이들은 이 목표에 맞는 사람에게 일자리를 주고 때로는

3. 싱가포르 정부는 혁신적인 지도자들에게 고액의 연봉을 지급하는 것으로 알려져 있다. 이런 임금체계는 우수인력 유치뿐 아니라 국가 자산의 효율적 운용에 기여하는 것으로 평가되고 있다. 싱가포르 국부펀드 테마섹은 어떤 PEF(사모펀드)보다 혁신적인 투자를 잘 하기로 소문나 있다.

4. 참고로 이를 사전적으로 감시해야 할 이사회는 집행임원과 비상임이사로 구성되며, 비상임이사는 대부분 회사 내용을 자세히 인지하기 어려울 뿐 아니라 이사회 결정에 대한 법적 책임이 없어 집행임원의 방만한 경영을 제어할 능력이 극히 작다.

정치자금 등을 모집하는 수단으로 공적기관을 활용한다. 올바른 리더십과 기업문화가 정착되기 어려운 것도 이런 이유가 많이 작용한다.

4 공적기관은 위 3의 주인, 대리인 외에도 외부에 다양한 이해관계자를 가진다. 예로 도로, 송전탑, 화장터, 방폐장, 원전발전소, 공업단지를 세우기 위해 토지를 강제 매집한다고 할 경우 이의 설치에 반대하는 일부 지역주민, 환경단체와의 마찰은 불가피하다. 활동의 성과가 수익이 아니고 공공성이라는 보편적인 개념이고, 공공재적인 특성으로 자원의 제공자에게만 제공되는 것이 아닌 만큼 수용 가치에 대한 이해관계자들의 평가가 각각 다르다. 따라서 공적기관의 새로운 사업들은 사업의 특성상 대부분 한두 이해관계자로부터 저항을 받게 되어 있다.

5 공적기관은 민간기업과 달리 내부에서도 여러 혁신적인 변화에 대해 강한 저항이 일어난다. 대부분 노조를 중심으로 한 집단적인 반발이 경영진들이 당면하는 어려움이다. 공공기관 노조는 어느 나라나 가장 정치색이 강하며 협상보다는 국민을 불편하게 만드는 파업 같은 수단을 자주 사용한다.

6 기관장들의 정체성 부족[5]도 경영비효율이 지속되는 이유의 하나이다. 앞서 2, 3, 4, 5의 요인을 종합하면 기관의 성과(효율성)가 오를수록 그 기관의 일이 줄어든다. 국민의 입장에서는 좋은 일이지만 기관의 입장에서는 조직을 줄여야 하는 등 힘든 일이 된다. 정체성이 부족한 기관장들은 노조와의 시끄러운 소음도 줄일 겸[6] 비효율-는 기관을 택한다. 기관장들의 정체성 부족, 리더십 부족은 기관 이기주의를 판치게 만든다.

7 시장의 압력이나 감시가 불가능하기 때문에 기관의 효율성에 대한 평가가 불가능하다 다수의 수요자와 다수의 공급사 간의 수요 · 공급에

---

5. 전문성보다는 낙하산인사가 일반적이라 리더십을 발휘하기 어렵다. 예로 직원들 연봉 줄이고 나간 기관장은 두고두고 욕먹는다. 연봉을 줄여 비용절감해도 국민은 조용히 있지만 직원들은 원망한다.

6. 임명자, 즉 관련 부처나 정치 권력자들은 기관 내에서의 변화를 위한 소음을 정치적 부담 또는 경영자의 무능으로 본다. 기관장들도 이를 잘 알기에 '조용, 조용'을 선호하게 된다. 세금이 낭비되는 이런 방만 경영은 주인인 국민을 제외하고는 누구도 손해 보는 사람이 없다.

의한 균형가격이 존재하지 않는다. 가격은 '단위당 생산비용 + α' 의 구조에서 결정한다. 문제는 단위당 생산비용이 경쟁상황에서 결정된 가격(competitive price)임에도 이익을 낼 수 있는 비용과 어떤 관계가 있는지 파악하기 어렵다는 데에 있다. 왜냐하면 그 서비스를 공급하는 유일한 기관이기 때문이다. 매우 간접적이지만 국가별 서비스 가격 비교만이 가능하다.[7] 또는 현재 시행되는 공공기관평가제도와 같이 공적기관 간의 평가만이 가능하다.

8 공적기관은 법에 의한 설립이므로 한번 설립되면 안 없어진다. 어떤 공사는 기능이 과거에 비해 거의 없어졌는데도 기관은 계속 유지된다. 고객이나 시장이 퇴출을 결정하는 것이 아니라 권력자들이 이를 결정하기 때문이다. 소위 공적기관 직장은 '철 밥통' 이라는 말로 비유되며 이들 직장은 성과가 나쁘면 즉시 권고사직 압력을 받아야 하는 민간기업의 직장인들에게는 부러움의 대상이다.

변화 및 혁신사례

사례 ❶ 사업구조와 소유구조 변화

공적기관은 민간기업과 달리 내부에서도 여러 혁신적인 변화에 대해 강한 저항이 일어난다. 예를 들면 다음과 같은 상황을 상정할 수 있다.

1 비용절감을 위한 혁신활동에 대해 종업원들은 집단적으로 저항한다.

2 불요불급한 자산의 매각과 같은 사업구조조정에 대해서 노조는 일반적으로 부정적인 태도를 보인다.

3 민영화와 같은 소유구조 변화에 대해 노조는 대부분 격렬하게 반대한다.

효율지향적인 사업구조 변경은 비효율적으로 운영되었던 공적기관 직원

---

7. 우리나라 전기료가 '미국보다 싸다' 라는 식으로 효율성을 주장한다. 그러나 다양한 요금체계를 가진 미국과의 비교는 전기품질이나 피크타임 시 가용성 등을 고려하지 않은 단순 비교이다. 정부정책에 의해 대기업의 공장 전기료가 주택의 전기료에 비해 월등히 저렴한 체제도 이해하기 어려운 부분이다.

들의 고용불안을 확대시킨다. 예로 큰 규모의 자산을 매각하게 되면 일단은 전체적으로 고용을 줄여야 하고, 특히 관련 사업부 직원들은 권고사직이나 명예퇴직과 같은 고용불안 상황에 노출된다. 경영진은 최종적인 매각결정 이전에 불안요인 해소를 위한 사전 단계를 거쳐야 한다. 매각대상인 저수익자산이 기관에 얼마나 부담을 주고 결국 국민에게 얼마나 부담을 주고 있는지 직원들에게 잘 알려야 할 의무가 있다. 그리고 예산을 확보하여 가장 고통받는 직원들에게 최소한의 안전장치를 마련하여 그들의 고통을 줄여야 할 책임이 있다. 재교육, 금전적 보상, 유급휴가 등을 잘 활용하여 새로운 출발을 도와주도록 해야 한다.

민영화는 1) 법인화하는 단계와, 2) 법인화 후 상장법인에 매각 또는 주식시장에 상장하는 단계로 나눌 수 있다. 법인화만 진행할 경우 공기업은 대부분 자산규모가 커 금융당국에 의해 회계투명성이 요구된다. 그리고 상법에 의해 이사회를 구성하고 등기 이사들의 감시를 받게 된다. 또한 제9장에서 배운 주식회사의 다양한 이해관계자들을 만족시키기 위해 여러 활동도 수행해야 한다. 그러나 회계투명성이 확보된 만큼 정부 간섭은 줄고 자율적으로 사업을 추진할 여건이 마련된다. 특히 자금조달 여건이 크게 개선된다. 아직 정부 통제이지만 민간의 기능이 일부 반영되어 경영되는 셈이다.

다음 단계인 상장기업에의 매각 또는 IPO를 통해 일반투자자에게 공개되면 주주감시, 시장감시 등의 다양한 감시기능(accountability)이 작동한다. 이에 응답해야 하는 경영진은 사업부의 지속적인 효율 증대와 함께 임금체계도 성과에 연동되는 성과급 임금체계로 바꾸게 된다. 이런 체제의 변동은 노조가 지향하는 장기고용, 동등임금[8]과 상충을 일으킨다. 노조는 기본적으로 노동(투입량) 한 단위에 대한 개인별 차등보상을 싫어한다. 노조의 단결권을 약화시키기 때문이다. 정부가 50% 이상의 지분을 유지하는 한 정부 통제 기관이지만 민간의 기능이 상당히 많이 반영되어 경영되는 셈이다.

민영화 단계를 순조롭게 밟기 위해서는 그것이 정부계획이라 하더라도

---

8. 기본적으로는 같은 노동에 대한 동등임금을 선호하지만 경력 정도를 반영한 연공서열적 임금체계는 수용한다. 이의 예로 단일 호봉제를 들 수 있는데, 이를 대학에 적용하면 교수나 직원 모두 대학졸업 후 기간에 따라 임금을 똑같이 정하는 경우이다. 생산성이나 성과물에 대한 시장평가를 상당분 배제한 제도이다. 대부분의 국내 대학들은 교수와 직원이 다른 호봉체계를 가진다.

그렇게 해야만 하는 명확한 논리와 작동 가능한 치밀한 계획을 수립해야 한다. 민영화는 일단 종업원의 반발을 유발하는 방만한 고용상태의 정리를 수반한다. 그러나 젊고 유능한 직원들은 승진의 기회, 성과급에 대한 기대 등으로 대부분 환영하는 경우가 많다. 따라서 퇴직 후 다른 직장으로의 수평 이동이 어려운 고위직 직원에 대한 배려가 필요하다. 이들에 대한 금전적 보상을 위한 예산 확보가 가장 어려운 부분이다. 따라서 성공적인 민영화가 되기 위해서는 민영화 시작 전부터 이를 위한 예산 증액분을 확보해야 한다.

KT(당시 한국통신) 민영화 사례를 살펴보면, KT는 '퇴출대상자 관리 프로그램'을 운영하면서 2002년 민영화 직후 1만여 명의 직원을 퇴직시켰다. 이 같은 구조조정은 2010년 이후까지도 이어져 직원들에겐 상당한 스트레스로 작용했다. 11년이 지난 2013년 시점에도 인적 구조조정이 지속되는 것을 보면 공적기관의 인적 자원이 얼마나 방만하게 운용되었는지, 그리고 이들의 구조조정을 위해 얼마나 많은 자금이 지불되었겠는지 가늠할 수 있다. KT 민영화 이후 통신부문에서의 경쟁체제가 확립되었고, 이후 통신 기본료는 평균 2.7만원에서 1.3만원으로 줄어들었다. 주가는 1998년 25,000원에 공개되었고 독점의 혜택으로 한때 14만원대까지 올랐지만 민영화 이후 경쟁체제 도입으로 5만원대로 하락하더니, 2013년 10월 현재 36,000원대이다. KT민영화는 통신산업에의 경쟁체제 도입, 통신가격 하락으로 소비자에게는 득이 있었다고 평가되나 경쟁체제 이후 가격 인하에 따른 수익 악화, 구조조정 비용 및 새로운 수익사업 확보의 실패로 주주가치는 28% 하락한 셈이다. 민영화 이후 종합주가지수가 150% 상승한 것을 고려하면 주주들은 상대적으로 큰 손실을 본 셈이다.[9]

사례 ❷ 내부 부정과 구매제도 혁신

공적기관은 민간기업과 다른 다양한 이해상충 구조로 인해, 경영진이 설혹 혁신적인 변화를 추진한다고 해도 강한 저항에 직면하기 쉽다. 예를 들면 내부자들의 이해관계가 복잡하게 얽힌 구매제도의 변경 같은 것이 그 예이다.

9. KT의 최대 주주는 외국인으로 2013년 9월 기준 보유지분은 총 주식의 46%이다.

이런 혁신에 대해 기관 내외부의 지대추구자들은[10] 다양한 형태로 반대한다. 이런 변혁은 오랜 기간 구축된 부정한 먹이사슬을 무력화시키기 때문이다. 먹이사슬은 주요 보직자들이 월급 외의 추가 수입을 위해 유지하는 것이 일반적이지만 위의 비효율 이유 3에서 지적한 바와 같이, 정치권력을 위한 비용 마련이나 기관장 자리보전 로비를 위한 비자금 조성 등을 위해서도 유지된다.

한국의 시장형 공기업 모 공사에 새로 부임한 A사장은 국내의 정치세력이나 주무 부처와 유대관계가 비교적 적은 분이다. 그는 부임 후 부실한 공사 개혁을 추진하였는데 그중에서도 지나치게 높은 유연탄의 구매단가를 낮추는 일에 착수하였다. 그는 작은 규모 단위로 여러 번 구입하던 것을 기간별로 구매량을 합하여 대량 구매하는 방식으로 바꾸었다. 또한 그때그때 종합상사에 나눠 수의계약으로 구매하던 방식을 국제경쟁입찰 방식으로 바꾸고자 했다. 과거 자료를 분석한 결과 새로운 방식으로 바꾸면 약 30%에 가까운 구입단가의 하락이 예상되었다. 그러나 A사장의 혁신 드라이브는 오래가지 못했다. 정치권에서 지명한 내부 임원의 끈길긴 반대로, 두 사람 간의 마찰은 언론에 자주 보도되었고 결국 A사장은 중도 사퇴하고 말았다.

12.2 비영리조직 NPO

비영리조직(NPO ; non-profit organization)은 영리를 목적으로 하지 않으며 공익을 위해 설립 · 운영되는 조직이다. 조직의 형태는 대부분 법인이지만 법인으로 등기하지 않은 상태로 비영리활동을 하는 단체도 다수 존재한다.[11] 법인은 제9장에서 다룬 대로 사람이 아니면서 법률에 의해 인격이 부여된 단체, 즉 법률상의 권리와 의무의 주체가 되는 단체이다. 이 중에서 주주를 포함하여 조직의 구성원이 영리(profit)를 추구하지 않으면 **비영리법인**이 된다.

10. 지대추구자들(rent seekers)이란 자신이 현재 가지고 있는 기득권을 유지하기 위해 애쓰는 사람들이다. 기득권은 흔히 부모로부터 물려받은 땅을 소작인에게 임대하여 받는 임대료 또는 지대(地代, rent)로 표현된다. 재벌의 시장지배력, 지역주민들의 님비(NIMBY ; not-in-my-back-yard)가 이에 속한다.

11. 기업이 개인기업과 합명회사, 법인 구조를 모두 포함한 영리조직이듯이 비영리조직 NPO는 법인과 비법인 형태 모두를 포함한 비영리조직이다. 경영이론은 이 모두에 해당된다.

이 외에 법률상의 구분은 다르지만 사회적 가치를 실현하고자 설립 · 운영되는 사회적 협동조합과 사회적 기업도 비영리조직에 포함될 수 있다.

비영리법인의 종류

비영리법인은 엄밀히 말해서 국가가 설립한 시장형 공기업인 공법인(公法人)을 제외한 사법인(私法人) 중 영리추구 회사를 제외한 사단법인[12]과 재단법인, 종교법인, 학교법인, 사회복지법인, 의료법인 등이다.

비영리조직과 유사하나 국가권력과 독립적으로 운영되는 비정부기구(NGO ; non-government organization)가 있다. 이는 설립목적상 NPO와 차이가 나지만 비영리성, 자발성의 관점에서 동등하며 다소 정치색을 띤다는 차이 외에는 NPO와 실제적인 차이가 없다.

다음으로 비영리법인 중 사회의 공익을 목적으로 운영되는 공익법인이 있다. 또한 사회적 협동조합은 비영리법인이며, 사회적 기업 중 일부가 비영리법인의 형태를 취한다.

비영리법인의 판단기준

비영리법인으로 분류되기 위한 일반 기준은 다음과 같다.

- 이윤추구 동기가 없고,
- 개인적으로 지분권을 소유하지 않으며 따라서 지분권의 매각이 불가능하다.
- 사업의 수혜자가 불특정이고,
- 구성원 간 이익을 분배함이 없고,
- 기부자나 자본제공자으로부터 재무적인 효익(financial benefit)이 요구되지 않으며,
- 구성원수가 100인 이상이고, 과거 1년간 공익활동 관련 실적이 있어야 한다.

12. 사단법인 중에는 일부 영리를 추구하는 법인도 있다.

또한 법률적 기준으로는 설립이 상법이나 이에 준하는 법률에 의하면 영리법인이며, 민법에 의해 설립되면 비영리법인으로 본다. 세법상의 기준으로는 주주나 사원이 이익을 취득할 목적으로 사업상의 이익을 추구하느냐 여부가 영리 및 비영리 여부를 판단하는 기준이다. 비영리법인으로 분류될 경우 법인세가 면제된다.[13]

공익법인의 판단기준

비영리법인 중 공익법인으로 판정되기 위해서는 다음과 같은 정의에 포함되어야 한다. 공익법인은 실정법상 「상속세 및 증여세법」에[14] 의한 공익법인과 「공익법인의 설립·운영에 관한 법률」에 의한 공익법인이 있다. 전자는 1) 종교, 교육, 사회복지, 의료, 예술 및 문화, 공중위생 및 환경보호, 공원 등 공익을 위해 운영되는 법인이나 사업,[15] 2) 지정 기부금단체나 그들이 수행하는 사업[16]과 3) 「공익법인의 설립·운영에 관한 법률」의[17] 적용을 받는 공익법인이 운영하는 사업 등이다. 후자는 재단법인이나 사단법인으로서 사회일반에 이바지하기 위해 학자금·장학금 또는 연구비의 보조나 지급, 학술, 자선에 관한 사업을 목적으로 하는 법인을 말한다. 전자가 후자를 포함하고 있으므로 전자의 범위가 훨씬 넓다 하겠다. 공익법인으로 인정되면 상속세와 증여세 그리고 부가가치세가 면제된다.[18]

"요약하면, 비영리법인이란 민법상의 사단법인과 재단법인 등으로 구성원의 이익을 위한 것이 아닌 경우이며, 비영리공익법인이란 이 중에서 구성원

---

13. 단, 비영리법인이라도 수익사업(임대, 이자, 광고, 의료수입 등)을 영위하는 경우 비용을 차감한 과세표준이 2억원 이하는 10%, 2억원 초과 200억원 이하는 20%, 200억원 초과분은 22%의 납부의무가 있다. 추가되는 지방소득세는 법인세의 10%이다.
14. 상속세 및 증여세법 시행령 제12조(2010 10 개정) 가호에 열거된 공익사업을 영위하는 법인 참조.
15. 종교, 교육, 사회복지, 의료, 장학 등 사회일반의 이익을 목적으로 민법에 의해 설립되는 비영리법인이다.
16. 법인세법상의 지정기부금단체와 소득세법상 기부금대상 민간단체가 운영하는 사업이다.
17. 2013년 3월 시행.
18. 다만, 부자들이 의결권 있는 주식을 출연하여 장학재단 등을 만드는 경우 증여세 탈루 목적의 편법 승계를 막기 위해 발행주식 총수의 5% 초과분에 대해서는 증여세가 과세된다. 다만, 성실공익법인으로 인정되면 10%까지 증여세가 면제된다.

들의 친목이나 이익 증진이 아닌 공익을 목적으로 한 경우이다."

비영리법인의 설립요건

비영리법인은 상법상의 일반 요건만 갖추어 등기를 신청하면 설립이 가능한 영리법인과 달리 주무관청의 허가를 받아야만 설립이 가능하다. 따라서 주무관청이 요구하는 질적인 요건을 갖추어야만 설립이 가능하다. 일반적으로 이들이 설립목적에 맞게 운영되는지에 대한 감독 책임이 주무관청에 있고, 이는 주무관청의 업무를 증가시키는 요인이 된다. 따라서 주무관청의 입장에서는 거의 관리가 필요 없을 정도의 요건을 갖춘, 즉 신뢰가 가는 단체에 대해서만 허가를 내어주는 것이 현실이다.[19]

사회적 협동조합

협동조합(cooperatives)[20]은 민법에 의해 설립되며 영리법인과 비영리법인의 중간 형태이다. 제9장에서 설명한 바와 같이 1인 1표의 의결방식을 채택한다. 협동조합은 다시 일반 협동조합과 사회적 협동조합으로 나눈다. 사회적 협동조합은 비영리법인으로 분류되고 공익사업이 전체 사업의 40% 이상이어야 하며, 잉여금의 30% 이상을 법정 적립금으로 활용할 수 있다. 사회적 협동조합의 공익사업이란 지역사회 재생, 주민권익 증진, 취약계층 사회서비스, 일자리 제공, 공익증진사업, 국가지자체 위탁사업을 말한다.

사회적 기업

사회적 기업(social enterprise)은 고용노동부 장관의 인증을 받은 기업으로[21] 취약계층에게 사회서비스 또는 일자리를 제공하거나 지역사회에 공헌함으로써 지역주민의 삶의 질을 높이는 등의 사회적 목적을 추구하면서 재화 및

---

19. 예로 어떤 중앙부처에 등록하고자 할 때 과 단위로 공익법인이 관리된다면 해당 과의 과장은 관리해야 할 공익법인의 숫자를 제한할 공산이 크다. 따라서 주무관청의 책임 있는 자, 예로 중앙부처의 과장이 추가 등록에 대해 부정적으로 판단할 경우 그의 배려 없이는 설립이 힘든 것도 현실이다.
20. 2013.3 공포된 협동조합기본법 시행령에 의하면 5명 이상의 발기인으로 설립이 가능하다. 2013.5 현재 전국에 1,201곳이 인가되었고, 서울 서대문구의 경우 45곳 중 1곳이 사회적 협동조합이다.
21. 2007.7 시행된 「사회적 기업 육성법」에 의하며, 2013.7 현재 862개의 사회적 기업이 인증을 받았다.

서비스의 생산 · 판매 등 영업활동을 하는 기업을 말한다. 조직형태로는 비영리법인, 단체, 조합, 상법상의 회사 등 다양한 형태를 취할 수 있다. 그러나 유급근로자를 고용해야 하며 영업활동을 통한 수입이 이들 근로자에 대한 인건비의 30% 이상이어야 자격요건을 가진다.

사회적 기업의 유형은 1) 취약계층을 위한 사회서비스 제공형, 2) 일자리 제공형, 3) 이들의 혼합형, 4) 지역주민의 삶의 질 향상을 위한 지역사회 공헌형, 5) 기타로 분류할 수 있겠다.[22]

비영리조직의 시대적 요구

대다수의 사람들은 일할 수 있는 만큼 일하고 싶어 한다. 그러나 기업과 공적기관의 문은 좁다. 삼성전자나 현대자동차의 입사 경쟁률에서 보듯이 바늘구멍보다도 좁은 것이 취업문이다. 경제는 성장하는데 중산 정도의 능력보유자의 일자리는 점차 줄어들고 있다. 또한 기업의 왕성한 수익추구 활동은 성과가 높은 자와 그렇지 못한 자 간의 소득의 격차를 벌리고, 첨단제품의 지속적인 개발은 이를 따라가지 못하는 계층을 소외시킨다. 먹고 자고 입는 것은 단군 이래 가장 풍요로운데 자신이 불행하다고 생각하는 계층이 늘어나고 있다. 사회변화에 따른 소외계층의 확대는 그들 스스로의 책임이라고 돌리기에는 발생요인이 너무 복잡하며, 그 간극이 점점 벌어지는 양상을 보여서 시장 스스로의 자생적 해결에 기대기는 난망이다. 그 간극이 벌어질수록 비영리 공익조직의 역할은 점점 커지고 있는 것이다.

비영리조직의 운영

비영리조직도 영리기업과 마찬가지로 마케팅, 자금조달, 회계, 조직 등의 기능이 필요하다. 이 중에서도 가장 어려운 점은 자금조달이며, 제일 잘 안되는 부분은 그 돈이 제대로 쓰였는지를 보여주는 회계투명성 부문이다. 이들은 서로 보완적인 관계이나. 예로 기부에 의존하는 조직일 경우, 내 돈이 어떻게 쓰였는지 알아야 또 기부한다. 물론 좋은 프로그램의 설계 및 홍보와

22. 한국사회적기업진흥원 자료 참조. http://www.socialenterprise.or.kr/

같은 마케팅, 직원과 자원봉사자에게 적절한 업무를 배치하고 그들에게 동기부여하는 인사조직도 중요하지만 대부분의 어려움은 자금조달이다.

자금조달

민간기업이 대출이나 증권발행을 통해 자금을 조달하는 것과 달리 비영리조직의 자금조달은 정부로부터의 보조금과 다른 공익재단과 기업 그리고 개인들로부터의 기부금과 프로그램 판매 등이 주를 이룬다. 〈표 12-1〉은 비영리법인의 자금원천을 보여주고 있다.

공익조직의 운영원칙들

비영리 공익조직은 아래와 같은 원칙을 두고 운영되어야 한다. 이 같은 원칙들은 영리조직의 것과 매우 다르다.

원칙 ❶ 비영리 공익조직은 도의적인 절대성에 목표를 두고 운영되어야 한다.

공익조직은 기본적으로 선(善)을 행하기 위해 존재한다. 예로 어떤 공적기관이 결핵퇴치운동을 한다고 하자. 어떤 기관의 리더는 '지구상에 결핵환자가 하나라도 존재한다면 우리의 임무는 지속된다' 라고 한다. 우리 조직의 리더는 '우리가 담당하는 특정 지역에서 우리 예산으로 최대의 결핵퇴치를 함으로써 우리의 임무는 완수된다' 라고 한다. 그렇다면 우리의 임무는 일회성에 그치고 만다. 선을 계속 펼칠 수 있는 한 개별 프로젝트가 아닌 지속적으로 선을 행하고자 하는 데에 집중해야 한다.

원칙 ❷ 공익조직의 목표도 현실적이어야 한다.

지속적으로 선을 행하되 조직의 목표는 영리기업의 경우와 마찬가지로 현실적이어야 한다. '지구상에 결핵환자가 하나라도 존재한다면 ……' 이라는 가정은 현실적이지 않다. 선을 지속시키는 미션에 치중하되 목표는 달성가능한 것이어야 한다. 언제나 예산에는 제약이 따를 뿐 아니라 그 예산은 세금이나 기부자의 비용으로 마련된 것으로 기회비용 있는 자금이기 때문이다.

▶▷ 표 12-1 비영리법인의 자금원천과 비중

자금원천	금액														20×1년
	1월	2월	3월	4월	5월	6월	7월	8월	9월	10월	11월	12월	누계	비율(%)	
〈정부〉															
중앙정부															
지방자치단체															
공적기관															
소계 1															
〈공익재단〉															
공적 재단															
민간 재단															
소계 2															
〈기업〉															
기부금															
기업홍보 등															
현물 기증															
소계 3															
〈개인기부〉															
우편															
전화마케팅															
회비															
특별행사															
기부클럽															
헌금행사															
소계 4															
〈약정기부〉															
기금출연															
유산															
소계 5															
〈사업수입〉															
서비스 수수료															
기타 수수료															
공동사업 수입															
이자수입															
소계 6															
〈부채〉															
채권발행															
대출															
소계 7															
총계															

원칙 ❸ 공익조직도 임무가 끝나면 자동 폐기되는 시스템을 유지해야 한다.

공익조직의 특성은 존재이유에 대한 명확한 기준이 없다는 점이다. 민간 영리조직에서의 경쟁력의 상실이나 파산이라는 개념이 부족하다. 폐기기준을 미리 설정하고 그 임무가 끝나면 그 임무는 자동 폐기되는 시스템을 갖추어야 한다.

원칙 ❹ 사회변화를 또 다른 선을 행하는 기회로 전환하는 혁신이 필요하다.

민간조직과 마찬가지로 사회변화에 맞춰 지속적으로 생기는 사회적 욕구에 조직의 활동을 바꾸는 혁신적인 마인드가 중요하다. 불필요한 것을 붙잡고 있어서도 안 되고 불필요한 일에 사람을 배치해서도 안 된다.

공익에 대한 기업의 책무

앞서 논의한 대로 사회변화에 따른 소외계층의 확대는 그들 스스로의 책임이라고 돌리기에는 발생요인이 너무 복잡하며, 그 간극이 점점 벌어지는 양상을 보여서 시장 스스로의 자생적 해결에 기대기는 난망이라 예상했다. 문제는 소외된 이들의 증가와 이들의 삶의 질이 하락하는 현상의 방치가 또 다른 소외를 키우는 악순환을 일으키는 경우이다. 정부와 영세한 소규모 비영리 공익조직들이 이 문제를 다 해결하기에는 한계가 있을 것이다. 이런 사회변화가 기업의 책임이라 말할 수는 없지만 이를 방치하는 것은 기업의 직무유기이다. 그 이유는 기업이 이를 해결하는 데에 큰 기여를 할 수 있는 힘을 가지고 있기 때문이다.

기업의 입장에서도 사회문제의 해결은 훌륭한 미래 일꾼에 투자하는 경우가 될 수도 있고 소비 기반을 확충하여 기업환경을 개선시킬 수도 있다. 기업 중에서도 수익추구의 1차적인 책임을 다한 기업들은 기업환경 개선에도 도움이 되는 사회문제에 관심을 기울여야 한다. 이는 기업 생태계의 복원이고 기업의 2차적인 책무이다. 충분한 여유가 있어야만 한다는 식이 아닌 큰 여유는 없다 해도 자원의 일부를 떼어내어 사회적 문제에 참여하는 자세가 필요하다.

기업들이 관심을 가질 수 있는 영역으로는 일자리 창출, 지역사회서비스, 환경보호, 기아해소, 탁아소 경영과 같은 정부나 소규모 공익법인의 손으로는 충분히 커버가 안 되는 영역과, 기초학문, 예술 및 문화 분야에 종사하는 지식 및 문화 노동자들이 연구와 창작활동을 원활히 할 수 있도록 하는 영역을 들 수 있다. 이는 기회의 균등을 추구하는 공정사회 건설과 맥을 같이한다. 젊은 이에게 일자리를 제공하여 고학력자와 같은 출발 기회를 마련해 주고, 어려운 가정 살림을 도와주어 그들 자녀가 남들과 같이 어느 정도의 환경에서 먹고 교육받도록 하며, 사내 탁아소 운영으로 육아를 책임지는 여성이 남성과 비슷한 수준의 근무조건에서 경쟁하도록 하는 것이다. 또한 기초연구에 관심을 기울임으로써 유능하지만 연구자금을 얻지 못하는 기초학문과 인문학 연구자에게 연구할 기회를 마련해 주고, 가난한 예술 · 문화계 인사를 지원하여 알려지진 않았지만 발군의 예술가가 창작할 수 있는 여건을 마련해 주는 것이 기회가 균등한 사회를 건설하는 일이다.

이런 공익사업에 접근하는 방식으로는 조직의 혁신능력을 활용하되 이와 더불어 조직원의 공동체적인 가치관과 삶의 보람을 공익사업을 통해 얻도록 한 후 이를 다시 기업의 성과에 반영하도록 하는 것이 바람직하다. 지금까지의 기업이 종업원들에게 경제적 욕구와 안정을 제공하는 것으로 만족했다면, 미래의 기업은 종업원들이 그들의 가치관이나 삶의 보람을 회사를 통해 얻도록 하는 수준으로 올려야 한다. 직장이 노동의 작업장이 아닌 행복을 만들어 내는 작업장으로 바뀌는 것이다. 이를 실현하기 위해 순차적인 단계가 요구된다.

첫 번째 단계는 혁신적인 조직문화의 강화이다. 투명한 경영, 혁신을 추구하는 경영, 기업가정신이 실현되는 경영, 창의가 제품과 서비스로 연결되는 경영이 우선 확립되어야 한다. 기업처럼 변화를 신속하게 가치로 전환할 수 있는 능력을 보유한 조직은 없다. 기업은 이런 바람직하고 앞서가는 조직문화와 에너지를 사회에 분출할 수 있어야 한다. 돈이나 얻으러 찾아오는 사회운동가를 돈으로 지원하는 것은 나름대로 의미가 있지만, 이에 앞서 기업 스스로가 사회혁신에 기여해야 한다. 이런 조직문화가 공익사업으로 연결되도록 해야 한다. 수혜자가 진정으로 감동하는 혁신을 일으키려는 의지가 필요하다.

두 번째 단계는 가장 비전 있고 투명하고 성과가 크고 존경받는 비영리조직을 운영하는 것이다. 기존의 비영리조직의 문제는 사업 및 회계의 불투명성이다. 따라서 공익사업에도 간단한 ERP 모형을 모바일 환경과 융합하여 투명하고 거래비용이 적은 공익사업을 개발하는 것이 필요하다.

세 번째 단계는 조직원의 삶의 보람 또는 철학과 알맞은 공익사업을 지원하는 것이다. 이는 공익사업에서의 성과뿐 아니라 일에 대한 보람을 더욱 키운다. 그들이 공익사업에서 강화된 봉사자로서의 경험과 긍정적인 마인드가 기업의 성과와 연결될 수 있도록 유도하는 것이다. 리더는 공익사업에서는 부하직원의 팔로워로 활동함으로써 서로가 배우면서 가르치는 흥미로운 인간관계를 형성할 수 있다. 유능한 젊은 지식노동자를 붙들어 맬 수 있는 환경이 조성되는 것이다.

이런 기업의 공익활동은 앞으로 기업의 대주주가 될 기관투자자의 비전과도 일치한다. 그들은 장기적인 투자자이다. 따라서 지속가능경영을 잘하는 기업을 선호한다. 공익을 위한 기업의 배려와 종업원의 참여는 그 기업이 기관투자자들로부터 좋은 평판을 받는 데 크게 기여할 것이다. 기업에 있어서 장기투자자 확보는 경영권을 안정적으로 유지해 주는 매우 중요한 자산이다.

12.3 결론

자본주의는 진화하고 있다. 자본주의가 여태껏 가져다주었던 환경훼손을 치유하고 사회의 보편적인 가치를 다시 되찾는 방향으로 진화하고 있다. 경쟁과 공동체 보존은 건전한 사회구성의 요건이다. 기업은 경쟁을 통해 고객만족을 꾀하나, 공동체 정신을 구현하는 데에는 매우 제한적으로 기여한다. 또한 민간기업이 행해서는 안 되는 자연독점적인 사업도 있다. 정부는 개인과 기업으로부터 세금을 걷어 자연독점적인 사업과 공익사업을 주관한다. 그러나 정부도 하나의 이익단체이다. 정부가 통제한 공적기관은 언제나 비효율적이다. 이들과 경쟁하는 시장체제와 이들을 감시·감독하는 중립적인 조직이 필요하다. 바로 비영리 공익조직들이 이들이다. NPO는 비영리 공익사업으로 정부가 다하지 못한 일들을 구석구석 파고들면서 공동체지향적인 사회의 건설에 애쓴다. 자금모집, 사업시행 등이 자발적이고 조직 구성원들의 이익을 위한 것이 아니므로 비영리 공익법인은 선행을 행하는 조직이라 할 수 있다. 선행은 많을수록 좋은 것이므로 필히 지속되어야 한다. 한편 NGO는 정부를 감시하고 견제하는 정치세력으로 성장하고 있다.

기업도 공익에 관심을 기울여야 한다. 그들의 혁신능력이 기업에만 머물러 있지 않고 사회혁신에 반영되도록 해야 한다. 아울러 공익에의 자발적 참여는 종업원들로 하여금 삶의 보람을 얻게 해 직장에서의 성과를 올리는 또 다른 에너지로 작용할 수 있다.

연습문제

01. 공적기관이란?

1) 우리나라의 공적기관의 분류는 어떻게 되는가?
2) 공적기관이 존재해야 하는 이유는 무엇인가?

02. 공적기관의 경영상의 특징과 관련하여,

1) 공적기관의 지배구조상의 문제는 무엇인가?
2) 공적기관에서 혁신이 일어나지 않는 구조적인 문제는 무엇인가?
3) 흔히 지적되는 비전문가 낙하산인사가 가져다주는 폐해는 무엇인가?
4) 왜 공적기관의 노조는 강성으로 보이는가?

03. 비영리조직 NPO의 법적 형태에 대하여,

1) 비영리법인의 판단기준은 무엇인가?
2) 비영리 공익법인은 다른 비영리법인과 어떻게 다른가? 공익법인의 판단기준은 무엇인가?
3) NPO와 NGO의 차이는 무엇인가?

4) 사회적 조합이 다른 비영리 공익법인과 다른 특성은 무엇인가?

04. 사회적 기업에 관하여,

1) 사회적 기업의 설립 형태에는 무엇이 있는가?
2) 사회적 기업의 4가지 유형은 무엇인가?
3) 사회적 기업의 경영상의 최소 요건은 무엇인가? (힌트: 수익과 관련한 요건)

05. 비영리 공익조직의 경영에 관하여,

1) 공익적 사업을 창업하는 이유는 무엇인가?
2) 공익적 사업에서 가장 어려운 점은 무엇인가?
3) 자금조달의 원천과 영리기업의 조달과의 차이점은?
4) 공익법인이 차입이나 채권발행이 가능한가?
5) 공익조직의 운용원칙은 무엇인가? 영리기업의 목표와 크게 다른 점은 무엇인가? 또한 같은 점은 무엇인가?

06. 공익에 대한 기업의 책무에 대하여,

1) 공익에 대한 기업이 책무를 가져야 하는 이유는 무엇인가?
2) 기업이 기여할 수 있는 공익사업들은 어떤 것이 있는가?
3) 기업의 투명경영과 혁신능력이 공익사업에도 적용될 수 있는가?
4) 기관투자자의 역할이 점점 더 중요해지는 21세기에 공익에의 책무수행이 기업에 어떤 영향을 줄 것으로 예상되는가?

chapter 13

학습목표

독자들은 이 장의 학습을 통해 다음의 주제에 담긴 내용을 알아야 한다.

1. 법 환경과 법 체계
2. 기업활동을 규율하는 법들
3. 소비자 관련법
4. 시장질서 관련법
5. 사회적 책임 관련법
6. 글로벌 경영트렌드
7. 보수와 진보사상
8. 고령화사회
9. 중국과 일본의 존재가 의미하는 바
10. 남북한관계
11. 한국기업의 혁신과제

21세기 한국기업의 경영환경

⁝⁝ 들어가기

기업경영에 있어 숲을 보는 것은 중요하다. 큰 움직임과 작은 움직임을 모두 볼 수 있어야 올바른 경영이 가능하다. 미래는 누구나 얘기하고 매우 구체적으로 묘사된다. 경영자는 미래에 일어날 많은 일 중에 의미 있는 미래현상을 추려낼 수 있어야 한다. 이런 미래현상들을 주기적으로 걸러내고 그로부터 혁신적인 아이디어를 추출하고 이를 성과로 연결하는 혁신을 일으켜야 한다. 한국은 1960년대 세계에서 가장 가난한 나라 5개국 안에 들었다. 반세기 만인 2012년 세계 7대 수출국이 되었다. 이런 기적과 같은 일은 정부혁신과 기업혁신에 의해 가능했다. 과거의 혁신이 국가 주도로 인권이 억압된 상태에서 전 국민의 땀으로 이룬 혁신이라면, 현재의 혁신은 아주 자유롭고 풍요로운 혁신이다. 높은 지식과 에너지, 글로벌 네트워크 그리고 자금이 있기 때문이다. 그러나 과거의 혁신이 남을 쫓아가는 혁신이었다면 지금의 혁신은 남과 같은 선 위에서 해야 할 혁신이든가 아니면 한발 앞서는 혁신이어야 한다. 여태껏 해왔던 혁신은 다른 기업을 관찰하는 것으로부터 시작되었다면, 지금부터의 혁신은 선진기업이 해왔듯이 기업을 둘러싼 모든 환경을 조망하는 것으로부터 시작해야 한다. 먼저 숲을 보면서 큰 움직임을 읽어야 한다. 본 장에서는 경영인이 반드시 지켜야 할 법 환경과 경제환경을 각각 13.1, 13.2절로 나눠 설명한다. 지금부터 20, 30년 후의 법적 환경과 경제, 인구, 정치, 기술, 사회 환경과 남북한 간의 평화로운 모습도 상상해 본다.

13.1 기업의 법 환경과 변화 전망

법은 법적 책무를 수행해야 하는 기업의 입장에서 볼 때 기업활동을 가장 강하게 규제하는 환경이다. 법은 경제환경의 변화에 따라 또는 국가의 새로운 정책을 시행하기 위해 개정되며, 법의 개정은 상행위를 선제적으로 규제한다. 따라서 이에 대한 사전적인 준비가 없으면 커다란 비용을 지불해야 한다. 법은 그 조문의 변동도 중요하지만 법을 해석하는 사회환경도 중요하다. 법

적용의 예는 그 시대의 조류 또는 특정 법조인의 성향에 따라 다르며, 이는 기업에게 법 준수와 관련한 비용(legal cost)를 증가시키는 요인이 되고 있다.

법 체계

공법, 사법 및 사회법

법은 그 주체에 따라 공법, 사법, 그리고 그 중간 단계인 사회법으로 나뉜다. 공법(公法, public law)은 헌법, 형법, 행정법, 형사소송법, 민사소송법, 국제법 등으로 구성되며, 국가 통치를 위한 공권력 관계를 다룬다. 사법(私法, private law)은 민법과 상법 및 관련 특별법으로 구성되며 재산관계[1]와 가족관계와 같이 자연인, 사법인 등 사인(私人) 간의 사적 관계를 규율한다.[2] 사회법(社會法, social law)은 시장 독점을 제한하거나 경제적 소외계층 보호와 같은 목적으로 개인 또는 집단 간의 생활관계에 정부 개입을 정당화한 법률이다. 민간 간의 평등관계를 중시하면서도 공법적 규제, 즉 국가기관의 행정적 조치를 허용하여 사적 자치를 제한한다. 사회법에는 공정거래법, 노동법, 소비자기본법 등의 경제관련법과 기초생활보장법과 같은 사회보장법 등이 있다.

요약하면, 공법이 국가적 · 공익적 · 윤리적 · 타율적 · 권력적 · 비대등적 관계를 규율하는 법이라면, 사법은 개인적 · 사익적 · 경제적 · 자율적 · 비권력적 · 대등적 관계를 규율하는 법이다. 공법과 사법의 중간 영역인 사회법의 발달은 공법과 사법을 서로 융화시키는 면이 있으나 여전히 공법과 사법을 구별하여 얻는 법적 실익은 크다.

기업활동을 규율하는 법들

개인기업은 상거래를 하는 상인이고 회사는 사법인으로 형법과 민법이라

1. 재산관계는 다시 물권관계와 채권관계로 나누어지며, 물권관계는 '현재 재화를 직접 지배 · 이용하는 관계' 이며, 채권관계는 사회생활이 발달하여 타인(신용)을 매개하여 '장차 재화 또는 노무를 획득하는 관계' 이며, 이는 기본적으로 물권관계에 도달하기 위한 수단이다.
2. 여기서 주의해야 할 점은 민법은 사법에 속하지만 민사소송법은 공법에 속한다. 사법상의 권리 주체와 관련한 용어를 정리하면, 일반적인 사람을 뜻하는 자연인(自然人), 단체를 뜻하는 법인(法人)이 있고, 법인은 다시 공법인(공적기관)과 사법인(회사 및 조합)으로 나누어진다. 사법인은 영리법인과 비영리법인이 있고, 비영리법인 중 공익적인 사업을 주로 하는 비영리 공익법인이 있다(제12장 참조).

는 큰 우산 밑에서 활동한다. 상법에 의해 이사의 결정이 회사자산을 지키지 못한, 즉 신의성실의무를 못다 한 것이라 판단되면 이는 형법상 배임으로 판단될 수 있다. 즉, 범죄를 행한 것이 되어 인신구속으로 연결된다. 또한 채무에 대한 불이행 등을 다루는 채권법은 기본적으로 민법 제3편에 규정하고 있다. 따라서 기업이 형법과 민법을 피해갈 방법은 없다. 다만, 이들 법은 정도를 지키는 다수 기업의 평상 활동, 즉 부가가치 창출활동과 직접적인 관련성이 적다 하겠다. 본 장에서는 기업의 수익추구 과정에서 그리고 기업의 사회적 책임으로서의 법적 책임을 수행하는 과정에서 자주 마주치는 관련법들을 다룬다.

이들 법을 분류하면 소비자와 관련된 것으로는 소비자기본법, 제조물책임법, 식품안전기본법이 있으며, 시장질서 준수와 관련된 것으로는 공정거래법, 사본시장법이 있고, 그 외에 사회적 책임과 관련된 환경관련법, 노동법, 세법이 있다. 그리고 기업의 모든 활동과 절차를 지배하는 상법이 있으며, 이는 주주권리 신장과 기업지배구조 개선과 깊이 관련된다.

개별 법들의 통제영역과 변화 추이

세법

공공서비스 제공과 공공재에의 투자를 담당하는 국가나 지방자치단체의 운영은 세금에 의한다. 기업의 입장에서는 소득세, 부가가치세, 종합부동산세 등의 **국세**와 재산세, 주민세 등의 **지방세**가 있다. 또한 대주주의 경영권 승계와 관련한 **상속 및 증여세**가 있으며 배당에 대한 **배당세**가 있다. 또한 수입물품에 대한 **관세**가 있다. 한국도 복지수요가 증가함에 따라 개인적으로는 고소득자에 대한 소득세율의 증가를, 개인사업자에 대해서는 세원확충을, 대기업에게는 법인세 증가를 요구하는 추세이다.[3] 또한 세무당국이 기업들의 세금탈루 행위를 파악하기 위해 벌이는 정기적 · 비정기적인 세무조사는 기업에게 상황에 따라서는 많은 부담이 되고 있다.

3. 우리나라의 법인세율 증가 압력은 각국이 법인세율 인하를 추진하는 것과 달라 조세회피지역을 활용한 규제 아비트러지(국가 간 규제 차이를 이용해 이익을 보는 거래행위)가 늘어날 것으로 보인다.

소비자기본법

소비자의 권익을 증진하기 위하여 2011년 제정한 법으로 자유시장경제 구조에서 소비자와 사업자 간의 관계를 규정한 법이다. 제품에 대한 정보제공과 피해보상이 주내용이며, 이 법에 근거하여 국가는 기업과 소비자 간의 분쟁해결 기준과 기구를 마련해야 한다. 대표적인 기구로는 각종 소비자단체, 한국소비자원, 공정거래위원회 내의 소비자정책위원회가 있다. 이와 별도로 금융소비자보호를 위해서 금융소비자보호법이 따로 있고 관련 기구로는 금융감독원 내의 준독립기구인 금융소비자보호원이 있다.

제조물책임법

2000년 제정된 이 법은 PL(Product Liability)법이라고도 하는데, 기업이 제작 · 유통한 제조물에 결함이 발견된 경우 소비자에게 무조건 배상하도록 한 법으로 기업은 이로 인한 소비자의 인적 · 물적 · 정신적 피해까지 부담해야 한다. 여기서의 제조물이란 완제품 · 부품 · 원재료 등의 공산품으로, 가공되지 않은 부동산 · 농수산물 등은 대상에서 제외된다.

공정거래법

시장구조의 독과점화를 억제하고 경쟁을 제한하거나 불공정한 거래행위를 규제하여 경쟁을 촉진하고 사업자의 시장지배적 지위의 남용과 부당한 거래행위 등으로부터 소비자를 보호하고자 하는 법이다. 동법에 의해 설립된 공정거래위원회(fair trade commission)는 기업들의 가격담합, 계열사 간 내부거래[4] 등에 과징금을 부과하고 소유-지배괴리도가 높은 기업집단의 계열사 간 출자제한, 기업분할 명령, 합병철회 등을 명령할 수 있다.

환경법

기업의 환경관련 규제로는 환경정책기본법, 대기환경보전법, 저탄소녹색

4. 계열기업 간 호혜적인 거래를 의미한다. 이 중 총수일가의 지분이 높은 기업에 사업을 몰아주는 행위는 일감몰아주기 또는 터넬링(tunneling), 본사와 해외지사 간의 임의적인 가격의 적용을 이전가격적용(transfer pricing)이라고 한다.

성장기본법, 국제 간 거래에는 각종 국제환경규약과 양자 간 FTA에서의 환경 규제기준 등이 있다. 예컨대 환경정책기본법 제5조는 사업자의 환경적 책무, 대기환경보전법 제16조는 대기오염 배출시설의 배출허용기준, 저탄소녹색성장기본법 제6조는 사업자의 녹색경영 책무 등을 규정한다. 국제거래에서의 환경규제의 한 예로, EU 역내 국가에 자동차를 수출하기 위해서는 EU집행위원회의 자동차배출가스 허용기준을 충족해야 한다.[5]

그런데 환경법이 기업에 있어서 무서운 것은 그 피해에 대한 책임이 무한대라는 점이다. 환경의 주요 대상으로 공기와 물을 들 수 있는데 예로 기업의 폐기물관리 소홀로 지하수가 오염이 되었다면 원상으로 복구하는 데까지의 비용은 모두 기업이 책임져야 한다. 따라서 지하수가 옛날 상태로 돌아오는 무한대의 시점까지 엄청난 비용을 감수해야 된다는 관점에서 무한대 책임이라 할 수 있다.

노동법

노동법은 국민 기본권의 일종인 '근로권' (헌법 제32조), '노동3권' (헌법 제33조) 실현을 위한 법률로 근로기준법, 노동조합과 노동관계조정법(노조법), 최저임금법 등 30여 개 법령과 100여 개의 시행령과 시행규칙으로 구성되어 있다. **근로기준법**은 사용자와 근로자 간의 개별적인 근로계약, 예를 들어 임금, 근로시간, 휴일, 휴가 등과 관련하여 이의 최저 근로조건을 정하고 있다. **노조법**은 근로자의 자주적인 단결권, 단체교섭권, 그리고 단체행동권을 보장하는[6] 법이다. 즉, 근로기준법은 개별적 노사관계를 규율하고, 노조법은 집단적 노사관계를 규율하는 법이다.[7] **최저임금법**은 최소 임금수준을 보장하는 법이다. 최저 임금의 지속적인 상승은 외국인 근로자나 아르바이트 학생을 고

---

5. 참고로 환경관련 규제법 외에 친환경방식에 의한 농업인을 육성하고 지방자치단체가 친환경농업 기반조성 사업을 할 수 있도록 한 '친환경농업육성법' 과 소규모 신 · 재생에너지 발전시설을 운영하는 발전사업자를 지원하는 '신에너지 및 재생에너지의 생산 · 보급 · 이용촉진에 관한 법률' 등 친환경을 지원하는 법도 있으나 생산활동을 하는 대규모 기업을 대상으로 한 육성법은 아니다.
6. 근로계약이란 주로 근로에 대한 임금계약을 말하며, 노조법은 1963년 4월부터 시행되었다.
7. 법 해석상 근로기준법과 노조법에서 인정하는 근로자의 범위가 다를 수 있는데, 이는 양법이 지향하는 보호의 범위가 다르기 때문이다. 양법은 동등한 위치에 있으며, 판례는 근로자 범위를 같이 본다.

용하는 기업주에게는 큰 부담이 된다.[8]

자본시장법

'자본시장과 금융투자업에 관한 법률' 은 자본시장의 공정성 · 신뢰성 · 효율성을 높이고자 종전의 증권거래법, 선물거래법, 간접투자자산운용업법, 신탁업법, 종합금융회사에 관한 법률, 증권선물거래소법의 6개 법을 통합하여 2009년 2월 4일부터 시행되었고 2013년 개편한 법률(자통법으로 부름)이다. 일차적으로는 증권회사나 자산관리회사 등이 고객보다는 회사를 우선시 하는 행태를 규제하는 법이나, 비금융 일반기업 중 불특정다수로부터 자금을 주식과 채권 발행을 통해 조달하는 상장기업에 대해서도 투자자가 회사가치를 판단하기 위해 필요한 회계정보를 작성하는 기준이나 공시원칙을 정하고, 분식회계를 통한 회사자산의 사적 이용, 내부정보를 이용한 주가 조작 및 내부거래(insider trading), 사기적인 증권발행 등 주주, 채권자, 회사의 이익을 침해하는 행위 등을 규제한다. 자본주의를 채택하는 자유경제체제 국가의 법원들은 상행위로 인한 공익훼손도 주목하지만 회사를 좌지우지하는 경영자, 대주주의 기업을 이용한 사취 및 투자자의 기만행위는 자유경제체제 자체를 위협하는 매우 중대한 반공익적 행위로 평가한다.[9]

식품안전기본법

식품위생법 등 29개의 식품안전 법령과 규정에 근거하여 식품의 위해여부를 평가하고 유통경로에 대한 추적조사를 하여 사업자의 책임을 규명하고 관계 행정기관이 유통금지 등의 행정조치를 취할 수 있도록 한 법이다. 미국의 식품안전법은 국민이 먹는 먹을거리의 안전에 관한 책임을 정부가 아닌 생산자나 유통업자가 최종적으로 지도록 했다. 과거에는 식품으로 인한 질병발생이나 불량식품의 유통에 대한 최종적인 책임을 식품의약국(FDA; Food

---

8. 2013년 7월 현재 진보적인 의원들은 의원입법으로 국회에 상정한 노조법 개정안은 근로자 및 사용자 범위 확대, 근로시간면제제도(타임오프제) 및 교섭창구단일화제도 폐지, 단체협약 해지권 제한, 사용자의 직장폐쇄 요건 강화 등으로 주로 노조 측의 입장을 대변하고 있다.

9. 미국과 같은 경우 회계정보를 고의로 거짓 공표한 후 보너스나 주식거래로 사적 이득을 취한 경영진들은 수억 달러에 달하는 벌과금과 감형 없는 장기간의 금고형(예: 25년)을 판결받기도 한다.

Drug Administration)이 졌지만, 2011년 법 개정으로 이 책임은 생산자가 지게 되었다. 관련 당사자인 미국 내 수입업체 및 한국 공급업자, 생산가공시설에서는 개정법안에 따른 허가서, 증명서 등 각종 서류검사 강화, 샘플검사 및 성분분석 강화, FDA의 한국 내 시설감사에 따른 철저한 대비와 식품안전인증(HACCP) 획득이 필요하게 되었다.[10] 참고로 한국은 우수제조규범(GMP)을 일부 대기업 식품업체에만 적용하고 있고 미국은 1973년부터 전 식품에 적용하고 있다. 그리고 HACCP의 경우 EU, 미국은 각각 2006년과 2011년부터 전 식품에 강제 적용하고 있어 한국도 조만간 국제적인 식품안전시스템을 전 식품에 적용하게 될 것이다.

상법

상법은 기업, 특히 주식회사에 관한 법이다. 우리나라 상법은 5편 895조로 구성되며, 제1편 **총칙**(總則)에서는 상인, 상업등기, 영업양도 등을, 제2편 **상행위**(商行爲)에서는 매매, 상호계산, 중개업, 위탁매매업, 운송업, 창고업 등을, 제3편 **회사**(會社)에서는 주식회사 등의 회사를, 제4편은 **보험**(保險)을, 제5편은 **해상**(海商)을 다룬다. 회사법이라고도 불리는 제3편은 상법의 핵심 내용으로 주식회사의 운영, 주주총회, 이사회 등 주식회사의 주인인 주주의 권리를 지키기 위한 지배구조 내용을 담고 있다. 주주총회에서의 소액주주의 의사를 반영하기 위한 전자투표제도의 도입, 이사회 구성에 있어 사외이사 비율 및 선정기준의 변경, 감독위원회 설치의무 등 다양한 형태의 상법개정이 이뤄지고 있다.[11]

---

10. 한국정부는 검역당국 간 식품시험방법의 상호인정 등을 통해 동등위생지위국의 자격을 확보해야 한다.

11. 법무부가 2013년 7월 내놓은 상법개정안의 골자는 1) 감사위원회 위원인 이사의 분리선출, 2) 집중투표제 의무화, 2) 집행임원제도 의무화, 3) 다중대표소송 도입, 4) 소액주주들을 위한 전자투표제 의무화 등이다.

13.2 21세기 한국기업의 경영환경 변화

한국은 1960년만 해도 세계 최빈국이었으나, 2010년 이후 선진국 대열에 들어섰고, 수출규모도 크게 늘어나 세계 7위의 수출국으로 성장했다. 1960년대에서 1980년 후반까지 이어진 정부 주도의 압축성장과 1990년대 이후 민주주의 정착과 기업들의 자율경영 확립은 2000년대 들어와 우리나라의 모든 산업이 세계 선진 수준으로 상승하는 데 가장 큰 요인으로 작용했다. 그러나 2008년 금융위기를 시점으로 우리나라 경제는 저성장의 패턴에서 벗어나지 못하고 있다. 그 원인은 이렇다. 첫째, 미국의 금융위기와 이에 이은 유럽의 재정위기 그리고 중국의 성장률이 10% 밑으로 하강한 거시경제상황이 크다. 둘째, 기업의 부가가치 하락이다. 그동안 작동되던 기업전략은 크게 보아 선진국 제품을 싸게 모방하여 더 잘 만드는 전략이었다. 1인당 국민소득이 2만 달러를 넘어서면서 더 이상 싸게 만들 수 없어졌고, 또한 모방을 통해서는 앞서가는 제품보다 더 잘 만들 수 없게 된 것이다. 모방의 함정에 빠진 것이다.

앞으로의 환경은 더욱 녹녹하지 않다. 이를 열거하며 기업의 개별 전략을 논해 본다.

글로벌 경제환경

앞서의 분석에서 보았듯이 경제환경은 기업활동에 가장 크고 직접적인 영향을 미친다. 세계 경제가 움츠려들 때는 아무리 날고 기어도 어쩔 수 없다. 시간이 올 때까지 기다려야 한다. 정부가 세금을 감면하고 재정 기반의 사업으로 일자리를 만들고 돈을 풀어 자산가격의 폭락을 막지만 한번 저성장으로 돌아간 경제 사이클은 망할 기업이 다 정리되고 부채율 높은 기업이 자산을 매각해 재무구조를 개선하고 개인들이 여유자금이 생겨 꾹 참았던 소비를 본격적으로 늘릴 때까지는 정상 위치로 돌아오지 않는다. 이 기간 기업은 효율성 증대, 품질개선, 신제품 개발 등 돈 크게 안 들이고 할 수 있는 혁신노력과 신시장 개척에 집중하다가 시장이 바닥을 치고 올라서면 본격적으로 시장을 선점할 수 있어야 한다.

2012년 투자은행인 골드만삭스는 글로벌 미래 트렌드를 1) 개도국 인구 증가와 고령화사회의 가속, 2) 중국을 위시한 신흥국 부상, 3) 기후변화와 에너지 고갈 위협, 4) 스마트 세상의 변화, 5) 중산층 위기와 고용구조의 변화 등 5가지로 정리하면서, 한국은 혁신으로 이에 잘 대응한다고 평가했다. 한국의 **성장잠재력지수**(Growth Environment Scores)가 7.7로 전 세계 190개국 중 4위이며, 많은 국가들이 중국 등 브릭스 국가들의 부상을 불안해하며 자국에 미칠 영향만을 걱정하고 있는 동안 한국은 기술혁신을 선도하고 새로운 시장을 개척하고 자국시장 개방 등을 통해 이 같은 변화에 긍정적으로 대응해 왔다고 평가했다.[12]

정치환경

사람들의 생각이 바뀌면 사회가 바뀌고 자연히 정치환경이 바뀐다. 정치환경은 거시적으로 볼 때 보수적 정권 또는 진보적인 정권 중 누가 국가권력을 가지느냐에 따라 결정된다. 공정한 사회에 대한 인식은 존 롤의 공정한(fairness) 사회로 **기회평등**과 **보상차등**이 그 바탕이다. 보수정권은 국민의 사유재산권과 자유로운 선택을 중시하며 자유를 중시하는 만큼 자신의 선택에 대해 스스로 책임져야 한다는 보수적 자유사상을 지지하는 정권이다. 예로 소외계층에 대해 상당분 자신의 노력 부족의 결과로 인식한다. 보상차등을 보다 더 강조하는 편이다. 진보정권은 인권을 중시하며 사람은 태어날 때 저마다 초기상태(재산, 교육받을 환경, 건강)가 다르기 때문에 기회평등은 중요하지만 완전한 기회평등은 불가능하다고 본다. 이런 인식을 근기로 한 보상차등은 원칙적으로 받아들이지만 실제로는 공정하다 보기 어렵기 때문에 정부가 보상평등 실현을 위해 개입해야 된다는 사상을 지지하는 정권이다. 모두가 다 그렇진 않지만 기득권층은 보수정당을 지지하는 편이고, 중산층 이하는 진보정당을 지지한다. 일반적으로 경쟁력 갖춘 대기업은 보수정당을, 중소기업은 진보정당을 지지한다. 따라서 국가는 이들 정권이 번갈아가면서 통치를

12. 싱가포르, 노르웨이, 홍콩에 이어 한국이 4위이며, 미국은 7점, 중국과 브라질, 멕시코 등은 5점대이다.

하면 한번은 경쟁적인 분위기에 젖었다가, 한번은 서로 나누는 식이 되어 균형 잡힌 국가가 될 것으로 보인다. 그러나 길게는 그런 패턴을 그리지만 반드시 그렇지는 않다. 최근에는 두 정당 **강령**(platform)이 거의 비슷하다. 특히 경제정책에 있어서는 더욱 그렇다. 왜냐하면 경제는 사상에 관계없이 누구나 비슷하게 느끼기 때문이다. 따라서 정당들은 경제가 어려워질수록 비슷한 경제 강령을 내놓고 경쟁적으로 표를 유혹한다. 대표적인 강령은 복지에 대한 것이다. 문제는 복지소비는 정부의 부채로 충당하는 경우가 많은데, 이는 미래 젊은이들이 갚아야 할 채무이다. 이를 막기 위해 세금을 올리게 된다. 기업의 입장에서 보면 복지수요의 증가가 반드시 나쁘지는 않다. 전반적인 수요를 증가시키기 때문이다. 그러나 재정 악화는 소비 감소로 이어져 장기적으로는 바람직하지 않다. 세금이 오를 것으로 생각하면 국민들이 결국 소비를 줄이고 미래 불확실성에 대비하기 때문이다.

정권에 따라 크게 변동하는 환경은 노동에 관한 법 개정과 법의 시행과 관련한 부분이다. 진보정권은 노조에 우호적이다. 그들이 약자이기 때문이다. 또한 환경단체와 정부를 감시하는 NGO에 우호적이다. 따라서 기업은 정권과 관련 없이 노조와 소통하고 회사 발전을 위해 서로 힘을 합하는 노력을 해야 한다. 대기업 규제, 지배구조개선이나 개방과 같은 통상환경도 정권에 따라 정책이 달라질 수 있다. 우리나라의 경우는 북한과의 관계에 있어 정권별로 차이가 큰 편이다.

정치환경은 국제 간 사업을, 특히 현지법인 설립이나 현지투자를 하는 기업에 있어서 매우 중요한 사항이 된다. 어떤 경우는 전 정권 때 추진되어 진행 중인 대규모 사업이 새정권 들어 불법화되는 경우도 있다. 또한 노동법의 변경, 이익송금에 대한 규제, 조세제도 변경, 외환규제 등은 매우 흔한 사안들이다. 이런 정치환경의 변화로 기업이 부담해야 하는 위험을 **정치위험**(political risk)이라 한다.

인구통계학적인 요인

인구통계상의 변화(demographic change)는 고객이 바뀐다는 측면에서 기업활동에 큰 변화를 준다. 6.25 전쟁 후인 1955년 후 출산한 많은 어린이들이 2013년에 58세 정년을 맞이하면서 이들 베이비붐 세대가 노령으로 접어들고 있다. 우리나라는 이미 2000년 고령화사회에 들어섰다.[13] 이 같은 추세를 감안하면 2019년에 65세 이상 고령인구의 비중이 15%를 돌파하여, 고령사회로 접어들 것으로 전망된다. 특히 초고령사회로의 진전 속도가 너무 빠른 것으로 지적되고 있다. 이런 고령화 속도는 생산가능인구(15~64세)를 급속히 감소시키고 생산가능인구의 노인부양비를 크게 증가시킬 것이며, 이런 구조는 민간저축의 감소, 가용재원 감소에 따른 투자위축 등으로 향후 경제성장을 둔화시키고 연금부실과 재정수지 악화 등의 사회적 문제를 일으킨다. 의학의 발달로 인한 수명연장이 또 하나의 원인이다.

이를 슬기롭게 해결하는 방법은 개인 스스로가 자기 미래를 책임지도록 하는 것이다. 스스로 건강에 투자하여 75살까지도 어떤 형태로든 일할 수 있도록 하자는 것이다. 따라서 대대적인 임금조정(예 : 55세에 임금 피크 적용)으로 기업 부담을 줄이는 대신 이로 절약된 인건비를 경험 많은 고령직원의 일자리로 전환하는 체제로 노동환경을 바꾸는 것이다. 한편 정부는 고용연수를 늘리는 연금 수혜기간을 줄이는 제도 보완을 한다. 이것이 성공한다면 고용, 생산, 소비, 연금부실, 재정수지의 모든 문제가 일괄적으로 해결된다. 이런 사회혁신은 소비의 신장으로 연결되어 경제 활력의 요소가 된다. 이런 추세 아래 개인들은 30년(25~55세) 열심히 일하고 20년 슬슬 일하고(10년은 현장근로, 10년은 파트타임 자문역), 나머지 20년은 신나게 노는 그런 인생설계를 하게 된다.

한편 여성들의 전문직에의 도전이 늘면서 결혼 시기가 늦어지고 아이들의 높아진 육아비와 교육비로 인해 아이를 원하면서도 낳지 못하는 기현상이 일어나고 있다. 한편 결혼을 기피하는 싱글족도 늘어나 새로운 계층이 된다. 고

13. 65세 이상 노인인구가 339만여 명이고 전체 인구(4천5백98만명)의 7.2%로 UN기준 7%를 넘어선다. 고령인구 비중은 1980년 3.9%, 1985년 4.3%, 1990년 5.2%, 1995년 5.9%, 2000년 7.3% 등으로 지속적으로 늘어나는 추세를 보였으며 1995-2000년 기간 고령화 진행속도는 매우 빨라졌다. UN은 전체 인구 중 65세 이상 고령인구 비중을 기준으로 고령화 사회를 분류 · 정의하였는데, 고령화사회(aging society)는 고령인구비율이 7% 이상~14% 미만인 사회이고, 고령사회(aged society)는 고령인구비율이 14% 이상~20% 미만인 사회를 가리키며, 초고령사회(super-aged society)는 고령인구비율이 20% 이상인 사회를 의미한다. 통계청은 2026년에는 우리나라가 초고령사회에 도달할 것이라고 전망했다.

령화사회와 더불어 무자식 부부, 싱글 세대주의 증가는 사회문제이기도 하지만 새로운 트렌드를 형성할 것이다. 문제의 관점에서 보면 아이 없는 세상은 현재의 젊은 세대의 미래를 위협하는 요소로 작용한다. 이런 상황이 고착화된다면 해외로부터의 이주민들이 대다수가 되는 그런 사회가 될지도 모른다.

중국과 일본

한국의 희망은 주변에 중국과 일본처럼 우리에게 꼭 필요한 나라가 있다는 점이고, 한국의 위험은 마찬가지로 이들 두 나라가 언제든지 우리의 강점을 빼앗아갈 수 있다는 점이다. 우리는 2000년 초반까지만 해도 일본으로부터 기술을 배워와 우리 것으로 만들어 미국을 비롯한 세계 시장에 팔아 성장해 왔다. 2000년 들어서는 미국, 유럽이 주춤하는 대신 중국이 부상하면서 새로운 판로를 개척하면서 성장을 유지할 수 있었다. 일본은 기술에 있어 우리보다 많이 앞서 있어 그들로부터 많은 것을 배우고 좋은 부품을 쓸 수 있다는 점과 중국은 기술은 낮으나 우리가 팔 수 있는 물건에 대한 수요가 매우 컸다는 점, 그리고 그들 두 나라가 바로 옆에 위치한다는 점은 어느 나라도 갖지 못하는 천금만금과 같은 조건이었다.

그러나 이런 절묘한 구조가 지속될 리 없다. 중국이 많은 분야에서 한국을 따라오고 있고 일본의 혁신능력이 떨어지면서 이젠 우리 스스로가 난관을 헤쳐 나가지 않으면 안 되는 상황이 되고 있다. 다행히 이들 국가에의 한류는 우리에게 새로운 기회로 다가오고 있다. 한국의 희망은 이들 국가와 선린우호관계를 유지하면서 한국제품의 브랜드 품질을 한 단계 올리는 일이다. 쿠쿠 밥통이나 설화수 화장품이 대표적인 성공사례이다. 특히 중소기업의 경우, 대만과 오스트리아의 중소기업이 중국과 독일이라는 큰 시장을 잘 활용했다는 점을 살려 중국이란 큰 시장을 잘 활용하는 전략을 구사해야 한다.

남북 간의 긴장완화와 통일

1945년 해방 후 제2차 세계대전 승전국들에 의해 결정된 우리의 분단 역사는 아직도 이어지고 있다. 북한은 우리와 한 민족이면서도 우리의 적이다. 한국기업은 전 세계 주식시장에서 단지 북한이 인접해 있다는 것만으로도 주가 할인(korea discount)을 받아야 한다. 북한의 전쟁도발 능력이 현저히 떨어지면서 북한의 한국기업에의 부정적인 효과는 과거에 비해 크게 떨어졌다. 그 증거로 한국은 2012년 세계적인 3대 신용평가기관으로부터 일본과 같은 신용등급을 받았다. 이렇게 북한은 짐이지만 기회일 수도 있다. 짐이란 측면은 우리가 대군을 유지하면서 국방비를 계속 늘려가야 한다는 부담이고 어떤 형태로든 도움을 주어야 하는 형제국이라는 점이다. 유사시 통일로 이어질 경우 단기간 동안의 경제적인 충격은 피할 수 없다. 실제 도발이 난다면 이는 국가적인 재앙이다. 주요 산업시설이 폭파된다면 인명의 살상뿐 아니라 재산상의 손실, 외국 투자자들의 썰물 같은 퇴출 등 상상하기 어려운 일들이 일어날 것이다. 그러나 이런 일들이 일어날 것으로 믿는 사람은 적다.

기회의 측면은 위의 반대논리이다. 우선, 북한 주민과 그들의 산하가 엄청난 자원이다. 평화관계와 인적 교류만 유지된다 해도 그들 자원을 활용할 수 있다. 북한 주민은 우리의 훌륭한 근로자가 될 것이고 북한 산천은 가장 가고 싶은 우리의 휴식처가 된다. 또한 러시아, 중국과의 통로 개설은 시베리아 가스의 파이프라인 개설을 통한 가스 직송을 가능하게 하고, 중국 동북3성 및 중국 전역, 심지어 유럽까지의 철도 연결을 현실화한다. 국방비 절감과 인건비 하락은 직접적이지만 부수적인 경제효과이다. 북한 인프라 건설은 수십 년간 지속될 대규모 사업의 시작이다. 만일 정치적인 통일까지 이뤄진다면 8,000만 명의 인구에 첨단기술을 보유한 국가가 될 수 있다. 북한은 어찌 보면 몰래 숨겨놓은 보고(寶庫)와 같은 것이다.

13.3 결론

기업은 주어진 환경에서 가치혁신을 일으키는 유기체이다. 따라서 환경은 기업활동의 효과뿐 아니라 그 내용을 바꾼다. 법은 기업이 반드시 준수해야 하는 환경이다. 법은 공익을 대변하고 그것은 사회의 욕구를 반영한다. 매우 구체성을 띠어 무지할 경우 민·형사적인 책무가 크기 때문에 경영자는 업무관련 법에 대한 해박한 지식을 가져야 한다. 한국처럼 사회변혁이 심한 나라는 법제도 수시로 바뀐다.

한국의 기업은 혁신으로만 살 수 있다. 미래 경제 트렌드에 과감히 적응하여 혁신을 일으키지 못하면 어느 날 문을 닫아야 한다. 개도국 인구증가와 고령화, 중국부상, 에너지 고갈, 스마트화가 오늘 바라본 미래 트렌드라면 10년 후에는 이는 이미 과거이고 다른 것이 밀려올 것이다. 그 트렌드가 두려운 것이 아니라 그 트렌드에 적응하지 못하는 것이 두려운 일이다. 복지수요의 증가, 국가재정의 부실, 과도한 고령화 속도, 저출산, 중국의 부상 등 많이 이야기해 왔던 것들이다. 미래의 변화는 이미 현재에 와 있다. 이것이 어떻게 혁신과 연결되고, 혁신의 수익이란 가치로 나타낼 수 있는지 고민해 봐야 한다. 남보다 조금은 빨라야 한다.

남북한의 문제는 멀지만 어느 날 갑자기 닥쳐올지도 모른다. 한국기업에게는 가장 큰 블랙스완인 셈이다.

마지막으로 '실패하는 CEO들의 7가지 습관'을 소개한다.[14]

1 장애물을 과소평가한다.
2 과거의 성공방식에 지나치게 집착한다.
3 자신과 회사가 업계를 장악하고 있다고 착각한다.
4 자신이 모든 답을 알고 있다고 생각한다.
5 본인의 의견에 반대하는 사람을 쫓아낸다.
6 언론에 노출되는 것을 지나치게 즐긴다.
7 본인과 회사를 지나치게 동일시한다.

실패하는 CEO는 오만하여 옳은 지적을 하는 사람을 내쫓고, 아집에 빠져 혁신에 저항하고, 회사를 자기 분신으로 생각하는 유형임을 알 수 있다.

14. 이는 2012년 1월 미국의 포브스 잡지가 실패한 CEO 유형을 정리하여 축약한 것이다.
자료: http://www.hankyung.com/news/app/newsview.php?aid=2012010362831

연습문제

01. 법 환경과 법체계에 대하여,

1) 법 환경의 변화가 법 관련 비용(legal cost)을 증가시키고 있다고 보는가?
2) 법체계상 우리나라 법은 공법, 사법 및 사회법으로 나뉜다. 각각 법의 특성은 어떤가?

02. 기업활동을 규율하는 법들에 대하여,

1) 소비자와 관련된 법들에는 어떤 법이 있는가?
2) 시장질서 준수와 관련된 법들에는 어떤 법이 있는가?
3) 사회적 책임과 관련된 법들에는 어떤 법이 있는가?

03. 개별 법들의 통제범위와 변화추세와 관련하여,

1) 복지수요 증가가 세법에 미치는 효과를 전망하시오.
2) 소비자기본법의 관장을 받는 기업과 소비자 간의 분쟁조정기구에는 어떤 것이 있는가?
3) 배상과 관련된 제조물책임법의 특징은 무엇인가?
4) 공정거래법에 의한 공정거래관련 기구는 무엇이며, 이들의 세 가지 기능은 무엇인가? 경제민주화 관련하여 이 기구의 역할은 무엇인가?
5) 기업인수 시 환경관련법이 인수기업에 엄청난 부담을 줄 수 있는 상황은 어떤 경우인가?

04. 글로벌 경영트렌드와 관련하여,

1) 세계경기의 장기침체와 같은 상황을 극복할 수 있는 경영방침은 무엇인가?
2) 본 장에서 골드만삭스가 제시한 글로벌 미래트렌드에서 특히 유의해야 할 부분은 무엇인가?
3) 위 2)에서 한국기업이 앞으로 개선해 나가야 할 부분은 무엇인가?

05. 정치환경 변화와 관련하여,

1) 보수와 진보사상의 공정한 사회에 대한 의식 차이는 무엇인가?

2) 진보와 보수 정당이 달리하는 정책 선택은 무엇인가?

3) 정권 교체에 대비한 기업의 대응자세는 무엇인가?

4) 기업의 정부와의 관계는 어떻게 발전해 나가야 하는가?

06. 고령화 사회와 관련하여,

1) 우리나라 고령화 추세는 심각한가?

2) 수명연장 시대의 장수위험(longevity risk)이란 무엇인가?

3) 사회안전망 부족에 대한 기업의 역할은 무엇인가?

07. 한중일 관계와 관련하여,

1) 이웃나라로서 일본과 중국의 존재가 최근 50년간 경제적으로 어떤 의미가 있었는가?

2) 향후 일본의 저성장과 중국의 부상이 한국경제에 미치는 영향은 긍정적인가?

3) 불안정한 한중일 관계에서 한국의 대기업 중심 경제구조가 유효한가? 아니라면 중소기업 중심의 경제구조로 전환해야 하는가?

08. 남북한 관계와 관련하여,

1) 북한이 한국경제에 끼치는 영향의 양면성을 설명해 보시오.

2) 남북한 간의 정치적인 통일이나 획기적인 평화체제가 정착된다면 남북 간 어떤 사업 및 교류가 가능한가?

3) 위 2)의 상황이 이뤄진다면 한국기업의 매출과 비용, 세금 그리고 사회적 책임 측면에서 어떤 변화가 있을 것으로 예상하는가?

찾아보기

ㄴ

ㄷ

ㄹ

ㅁ

ㅂ

ㅇ

ㅈ

영문

지은이에 대하여

선우 석호 (鮮于 奭皓)

서울대학교 공과대학 졸업 공학사(응용수학 전공)
美 노스웨스턴大, 켈로그경영대학원 MBA
美 펜실바니아大, 와튼경영대학원 Ph. D.
산업연구원 연구위원(1987～1991)
홍익대학교 경영대학 교수(1991～2017)
UR 협상 한국대표단
총리실 산하 세계화추진위 위원
삼성그룹, 두산그룹 고문(재무분야)
한국통신, 한국투자신탁, 대한재보험 자문교수
대통령 정책기획위원회 위원
한미은행, 외환은행, (주)LG패션 사외이사
정부투자기관 경영평가 팀장
기업지배구조개선지원센터 연구위원장
외교통상부 통상교섭 민간자문위원
공정거래위자문위원회 위원장(금융서비스분야)
총리실 산하 금융감독혁신T/F 위원
동아일보 객원 칼럼니스트
(사)한국경영학회 이사
(사)한국공기업학회 부회장
(사)한국재무학회 회장
(사)한국금융학회 회장
홍익대학교 경영대학원장
한국신용보증기금 기금운용위원
한국지배구조원(CGS) 지배구조등급위원회 위원장

現 서울대학교 경영대학 객원교수(재무/금융 전공)
現 홍익대학교 경영대학 초빙교수
現 KB금융지주 사외이사
現 한국금융연구원, 자산관리공사 자문위원

주요 저서 및 논문

『ALM: 자산부채종합관리』(법문사, 1993)
『주가변동과 이례현상』(학현사, 1994)
『21세기 미래경영—가치경영』(김영사, 2000)
『고성장의 미련을 버려라』(매일경제신문사, 2002)
『선우 석호 교수의 재무관리』(율곡출판사, 2004)
『M&A—기업합병 · 매수와 구조재편』(제1～3판 법문사, 1997; 제4판 율곡출판사, 2010)

이외 십여 편의 경영 및 경제 관련 서적의 집필과 수십 편의 경영 관련 논문 게재.

주요 관심분야

M&A시장과 산업구조조정, 기업지배구조의 효율성, 지주회사와 기업재편, 금융기관의 위험관리

E-mail: sonu@hongik.ac.kr

선우 석호 교수의 경영학원론

초판 1쇄 발행 2013년 10월 16일
초판 4쇄 발행 2020년 9월 10일

지은이 선우 석호
펴낸이 박기남
펴낸곳 **율곡출판사**
08590 서울시 금천구 가산디지털1로 84(에이스하이엔드 8차), 803호
전화 02) 718-9872~3
팩스 02) 718-9874
home-page www.yulgokbooks.co.kr
e-mail yulgokbook@naver.com
등록 1989.11.10. 제2014-000031호
ISBN 978-89-97428-35-9 93320

정가 23,000원